# 小学特殊需要学生 学科课程评估系统

## 语文

魏寿洪　著

重庆大学出版社

**图书在版编目（CIP）数据**

小学特殊需要学生学科课程评估系统.语文/魏寿

洪著.－－重庆：重庆大学出版社，2025.3.－－ISBN

978-7-5689-4804-3

Ⅰ.G76

中国国家版本馆CIP数据核字第2024KT9180号

小学特殊需要学生学科课程评估系统 · 语文

XIAOXUE TESHU XUYAO XUESHENG XUEKE KECHENG PINGGU XITONG · YUWEN

魏寿洪 著

策划编辑：陈 曦

责任编辑：陈 曦　　　　版式设计：陈 曦

责任校对：刘志刚　　　　责任印制：张 策

\*

重庆大学出版社出版发行

出版人：陈晓阳

社址：重庆市沙坪坝区大学城西路21号

邮编：401331

电话：（023）88617190　88617185（中小学）

传真：（023）88617186　88617166

网址：http://www.cqup.com.cn

邮箱：fxk@cqup.com.cn（营销中心）

全国新华书店经销

重庆正文印务有限公司印刷

\*

开本：889mm×1194mm　1/16　印张：21　字数：464千

2025年3月第1版　2025年3月第1次印刷

ISBN 978-7-5689-4804-3　定价：100.00元

## 编写人员

魏寿洪　何　浪　雷雨莼　曹思嘉

朱倩妮　钟英萍　罗　颖　徐春燕

齐锦涛　顾珂菲　巨梓君　张贤林

梁　莹　孙雅兰　王　瑶　曹艺馨

刘志英　王鑫琦　赫嘉欣　鲍素婷

陈　蒙　魏瑾辉　郝永峰

随班就读是融合教育在我国的普遍形式。2017 年的《残疾人教育条例》提出"普校优先"的政策，之后一系列的政策文件都遵循这一描述。"全面推进融合教育，发展高质量的融合教育"已成为我国高质量特殊教育体系建设的重要任务，而对特殊学生进行科学、准确的评估是高质量融合教育的前提。教育部、国务院颁布的诸多文件也对此提出了要求，如 2022 年颁布的《"十四五"特殊教育发展提升行动计划》就明确指出要推进残疾学生教育评估的规范及时、科学专业，2022 年颁布的《特殊教育办学质量评价指南》中也指出"要针对不同类别、不同程度、不同阶段特殊儿童的需要，分类设计分类评价方式"。然而，我国融合教育正处在起步发展阶段，缺少随班就读学生的评估工具，特别是针对学业的评估工具，使得教师在给学生制订个别化教育计划、实施课程与教学，以及监控学生学习质量方面缺乏较为准确的依据。

令人欣喜的是，重庆师范大学魏寿洪教授带领的团队自 2012 年就开始探索编制随班就读学生的学科课程评估系统，先后经历了基于课程调整的编制、基于课程标准与测验相结合的编制、统整性的课程评估三个阶段，历经数十载，形成了《小学特殊需要学生学科课程评估系统·语文》和《小学特殊需要学生学科课程评估系统·数学》。

该评估系统以 2022 年义务教育课程标准为基础，在对义务教育阶段教材、教参大量阅读的基础上，结合随班就读学生的特点，并以随班就读教师的循证实践经验为参考，经过诸多课题研究而最终成形。

该评估系统不仅体现了当前教育领域对核心素养的要求，更为重要的是确定了基于课程目标和学业质量标准的个别化评估标准，并用综合的、多样化的评估方式对随班就读学生进行评估，凸显出特殊教育评估的新趋势。

该评估系统内容体系完整，包含了语文与数学两个学科，涵盖 6 个年级，共 12 册，实现学段、年级、册的连接。此外，该评估系统兼顾了教师和学生的使用需求，如为教师增加了评估案例，便于操作者实施；学生可在线评估，实时动态更新。

该评估系统集合了大量随班就读教师的智慧，在实践中得到过检验；评估操作方便、直观，可用于随班就读学生个别化教育计划制订、调整性学业成就标准编制、课程与教学调整参考、学生学业质量评价检测等多方面。特向广大读者推荐该评估系统。

北京师范大学教育学部

我国融合教育经历了几个阶段。首先是 1987 年，我国开始探索的"随班就读"阶段，该阶段主要是将听力障碍、视力障碍及轻度智力障碍学生招到普通学校就读，主要是解决特殊学生入学问题。此阶段虽然在随班就读对象、随班就读教育教学策略上做了一定探索，但由于缺乏强有力的支持系统，随班就读学生在普通学校出现"随班就坐""随班混读"等现象，随班就读学生的学习质量不高。其次是 2014 年，开始提出的融合教育阶段，该阶段提出要不断扩大融合教育的规模，并开始在融合教育支持系统建设上做了积极探索。如今，我国对融合教育的研究深入到融合教育的评估以及课程与教学研究上，对普通学校特殊学生的精准评估也提上日程。"十四五"期间，特殊教育及融合教育高质量的发展成为特殊教育的重要任务，而对普通学校特殊学生的精准评估则是高质量融合教育发展的第一步。

以魏寿洪教授为首的作者团队由高校专家和一线随班就读教师组合而成，已经就普通学校特殊需要学生的学业课程评估进行了相当长时间的研讨与实践。他们经历了基于课程调整编制的工具阶段、课程评估与测验相结合的工具研制阶段和统合性的以课程本位评估的工具形成阶段，形成了如今的评估系统，是建立在循证实践基础上的一套普通小学特殊需要学生评估的课程评估系统，与当前高质量融合教育发展的要求契合。

该评估系统在内容上有自己的特色，首先依据了 2022 年的义务教育课程标准，体现了核心素养的要求；其次，基于特殊学生的认知发展水平，根据不同评估条目制订了个别化的 4 级评估标准，便于教师评估以及制订合适的教育计划；此外，该评估系统采取了访谈、观察、测验相结合的综合评估方式，这样更有利于对特殊学生的学情进行综合判断，提供了多版本的评估材料，契合特殊学生的考试调整、替代性评估等理念。

该评估系统既有很强的理论性，反映国际融合教育发展最新趋势，同时又有非常实用的操作性。内容扎实、操作性强，案例分析具体具有代表性和示范性，可供普通学校随班就读教师、资源教师参考示范。

该评估系统应用广泛，不仅可以为随班就读学生制订个别化教育计划，为教师教学提供依据，还可以有效监测随班就读学生的学习质量；不仅可以给随班就读教师、资源教师以及巡回指导教师使用，还可以给从事融合教育相关研究人员以及特教专业大学生、研究生使用。

北京联合大学特殊教育学院

许家成

课程评估在重庆师范大学特殊教育三十多年发展历程中始终随伴随行。

1993年，重庆师范大学成立了儿童智能发展研究中心并开始招收特殊儿童，当时遇到的问题就是对特殊儿童教什么、评什么、怎么教的问题。可以说课程问题是最本质的问题。在张文京教授的带领下，重师特教团队在此后的二十年中编制了特殊儿童的发展性课程以及适应性课程。有了这些课程，就以这些课程进行课程本位的评估，来为特殊儿童制订个别化教育计划。这一做法在重师特教深入人心。

随着特殊学生开始进入到普通学校，特殊学生的课程学习也发生了变化。让特殊学生尽可能学习普通教育课程成为融合教育推进的关键内容。而如何基于普通教育课程对随班就读学生进行评估也提上日程。如2022年颁布的《特殊教育办学质量评价指南》就指出要针对不同类别、不同程度、不同阶段特殊儿童的需要、分类设计评价方式。然而，目前针对随班就读学生的学业课程评估工具较少，特别是基于2022年义务教育阶段课程标准的学业课程评估更是稀缺，编制符合新时代体现核心素养的课程本位评估工具就显得尤为重要。

2010年，张文京教授就意识到融合教育课程评估的重要性。她带领重师特教的教师团队以通用学习设计为指导理念，依据当时的义务教育课程标准，编制了小学语文（一年级）、小学数学（一年级）的课程评估表，以便为教师对随班就读学生进行课程与教学调整提供依据。此后，由于张文京教授退休，这个接力棒就交到我身上。从2013年开始，我对前面所做的工作进行了梳理，继续编制了1—6年级语文、数学课程评估表，并进行了初步的试用，发现只是课程评估表，没有具体的评估方法，对教师而言，仍然难以具体了解特殊学生的真实情况，于是我们进一步在课程评估表的基础上编制了配套的测验作为补充。经过一段时间的试用，我们又发现测验题目与课程评估表有些不能实现一一对应，只是测验无法对一些条目做出评估。于是从2022年开始，我们对原有的课程表进行了重新调整，以国际融合教育评估的理念为指导，以中国基础教育评价改革为方向，进行如下调整：①将2022年新颁布的义务教育课程标准作为课程评估表编制的重要依据，体现新时代基础教育改革方向；②确定了每一道题的具体评价标准；③每一道题目将视情况采取访谈、观察、测验等评估手段；④增加相应测验材料；⑤基于无障碍评估理念，将考试调整和替代性评估的策略体现在测验材料上；⑥增加评估案例。

本评估系统应用广泛，不仅可以为随班就读学生制订个别化教育计划、制订调整性的学业成就标准、评价其学习成效提供依据，还可以为随班就读教师提供课程与教学调整的参考；不仅可供随班就读教师、资源教师、巡回指导教师使用，还可以给从事融合教育相关研究的专业人士、特教及相关专业的本科生、研究生学习提供参考。

本评估系统是高校教师团队和一线随班就读教师团队共同完成的成果。核心编写团队如下：魏寿洪（重庆师范大学）负责了整个评估系统的设计、参与具体评估项目的讨论及编制；何浪（成都市锦江区教育科学研究院）负责评估系统指导及修订；语文课程评估组由雷雨莼（成都市天涯石小学）、曹思嘉（成都市娇子小学）、朱倩妮（成都市锦江区外国语小学）、钟英萍（成都师范附属小学华润分校）、罗颖（成都市盐道街小学通桂校区）、徐春燕（成都市龙舟路小学）、齐锦涛（长沙市特殊教育学校）、顾珂菲（无锡市锡山特殊教育学校）、巨梓君（德阳市特殊教育学校）、张贤林（重庆市合川区特殊教育学校）、梁莹（深圳市福田区竹香学校）组成；孙雅兰、王瑶、曹艺馨、刘志英、王鑫奇、赫嘉欣、鲍素婷、陈蒙、魏瑾辉、郝永峰等历届重庆师范大学特殊教育融合平台的研究生以及本科生都参与本课程评估系统的前期编制工作。

　　本评估系统在编制时参考了国家课程标准、相关文件以及已有的评估工具，尽量对其引用的学术观点进行注明，但由于水平有限，难免会有不当之处，敬请读者和同行批评指正，以便修正完善。

　　本评估系统是 2021 年重庆市社会科学规划英才计划项目"义务教育阶段随班就读学生评价体系建构及应用研究"（项目批准号：2021YC073）、2022 年重庆市教育委员会人文社会科学研究重大项目"智能媒体时代残疾青少年社交媒体使用技能的评估及干预研究"（项目批准号：22SKGH079）、2022 年重庆市教育科学"十四五"规划重点课题"特殊教育'医教康'结合一体化运行模式研究"（项目号：B059）、2022 年重庆市语言文字科研项目"孤独症儿童隐喻能力康复训练研究"的阶段性成果，得到重庆师范大学教育学重点学科建设出版基金资助，在此表示感谢。

　　伴随着国家融合教育发展的进程，我们以推进高质量融合教育发展为目标，始终与融合教育一线工作者战斗在一起，共同解决融合教育现场的实践问题。未解决的问题还有很多，本评估系统仅是万里长征的一小步，未来还需要进一步去探索。本评估系统是在张文京教授的影响下才得以完成，也是进一步完成了张文京教授生前的愿望。融合教育我们在路上，重师特教始终与特教一线在一起。

魏寿洪

2024 年 12 月

## 一、编制背景

### （一）落实融合教育高质量发展要求

自 2014 年第一期《特殊教育提升计划（2014—2016 年）》提出要全面推进全纳教育以来，优先让特殊学生进入普通学校接受融合教育已成为我国特殊教育发展的重要方向。此后，在新修订的《残疾人教育条例》、第二期《特殊教育提升计划（2017—2020 年）》等一系列文件中融合教育得到进一步加强。在高质量教育发展背景下，高质量融合教育已成为中国融合教育发展的重要目标。高质量的融合教育不仅是让特殊学生进入普通学校就读，更为重要的是让特殊学生在普通学校学得好，有成就感。因此，提高对特殊学生评估的科学性、准确性，为其制订精准的个别化教育计划，发展有效的融合课堂教育教学策略成为提升特殊学生融合教育质量的重要抓手，而科学精准的教育评估是一切问题的源头。为此，教育部、国务院颁布的诸多文件均对特殊学生的评估做出了要求。如 2020 年颁布的《教育部关于加强残疾儿童少年义务教育阶段随班就读工作的指导意见》指出，要将调整后的知识和能力作为评价依据，实施个别化评价；2022 年颁布的《"十四五"特殊教育发展提升计划》提到要推进残疾学生教育评估的规范及时、科学专业。在此背景下，本学科课程评估系统正是为落实国家融合教育高质量发展要求所做出的积极尝试，可有助于解决特殊学生的学业评估问题。

### （二）满足融合教育实践需求

长期以来，融合教育领域都缺乏适当的评估工具，特别是在学业评估领域。由于缺乏恰当的学业评估工具，教师在制订个别化教育计划时往往以个人经验为主要依据，忽视了特殊学生在评估中的主体地位，大大降低了评估结果的准确性。此外，教师在对特殊学生进行课程与教学调整时亦然。基于此，为了能满足当前融合教育实践发展的需求，本学科课程评估系统从课程标准出发，编制符合一线学校教师需求的课程评估系统，以期解决当前融合教育学业评估的问题。

## 二、编制历程

### （一）探索阶段

2012—2013 年，基于课程调整的编制。

此阶段，以张文京教授为代表的团队参考义务教育阶段课程标准，编制了小学 1—2 年级语文、数学课程评量表，设计出相应的实施步骤，并针对特殊学生的课程与教学调整，在普通学校进行了试用，取得了初步成效。

### （二）深入阶段

2014—2020 年，基于课程标准与测验相结合的编制。

基于张文京教授对融合教育课程调整的思路，以魏寿洪教授为代表的团队继续将小学 1—6 年级的语文、数学课程评估表进行了编制，完成了小学阶段的全套评估表。然而，在实践中发现，仅靠课程评估表难以获取更加准确的信息，所以又编制了小学语文、小学数学各年级的测验题目。此测验是课程评估表的进一步补充，能够帮助评估者更加准确地了解特殊学生的学业情况，也在普通学校进行广泛运用，取得了一定成效。

### （三）统合阶段

2021—2023 年，统整性的课程评估。

为积极响应新的义务教育课程标准，团队制订了符合随班就读学生发展的调整性课程标准。基于随班就读学生的特点，结合《义务教育阶程标准（2022 年版）》、教材与教师教学用书，在大量调研及实践的基础上，研究团队邀请普通学校随班就读学科教师共同参与课程评估系统的编制，进一步细化评估指标，制订出了四级评分标准，对各评估方法进行了详细描述，并附设相应的评估材料（教师版和学生版）。重新调整后的课程评估工具获得了普通学校随班就读教师的普遍认可，具有评估方便、操作性强、使用灵活、评估时间短的优点，能够帮助教师科学有效地对随班就读学生进行学科课程评估。

## 三、编制依据

### （一）义务教育课程标准

课程标准规定了学生应该学习的内容标准和学完课程后应该达到的质量标准，是普通学校学生学习和教师教学的重要指南。作为在普通学校就读的特殊学生，接受普通教育课程是提高融合教育质量的要求。为此，在编制本课程评估系统时，研究团队将 2022 新修订的义务教育课程标准作为编制的根本依据。我们细致解读了课程标准中的课程理念，包括课程目标中的核心素养、总体目标、各学段要求、课程内容、学业质量标准，以及课程评价的过程性和整体性结合的原则，以求课程评估系统能反映新课标的要求。同时进一步细化了评估系统的内容，以便在评估时更具有操作性。

### （二）普通学校教材

为更加贴合教师的实际教学情况，让教师在评估时能更加落地，并使评估更具衔接性，在编制评估系统时，研究团队参考普通学校教材，将各科教材、各年级（上下册）教材与课程评估指标进行整合对接。在此过程中，我们参考了各个版本的教材，发现在课程内容安排方面存在各个年级的差异，于是我们整理出其共同点和差异性，以求能最大程度扩展使用范围。最终我们以小学语文、数学部编版教材为主，适当参考其他版本教材的编写特点与逻辑，完成了课程评估系统的编制。

### （三）教师教学用书

教师教学用书是教师实施教学的重要参考。教学用书对教材特点、教学内容、各领域教学、学生应达到的学业质量标准等方面都有详细说明。教师教学用书为本课程评估系统在选择各年级指标、确定各评估条目、划分评估标准等级等方面提供了重要参考。

### （四）特殊学生的认知发展水平

特殊学生的认知发展水平是细化课程目标、划分评估标准等级的重要依据。部分国家的做法是根据特殊学生的认知发展水平采取不同的学业评估方式，如认知发展程度与普通学生一致的，采取的是与普通学生一致的评估方式；如若特殊学生认知发展水平稍差，则会在普通学生学业成就标准的基础上适当降低要求，考虑使用调整性的学业成就标准；如若特殊学生的认知障碍程度较重，则会考虑使用替代性学业成就标准，这些国家的替代性学业成就标准相当于我国特殊教育学校的课程标准。在融合教育环境下，我国随班就读学生主要包括听力障碍学生、视力障碍学生、肢体障碍学生、智力障碍学生、孤独症学生、注意力缺陷多动症学生、学习障碍学生等。各类特殊学生的认知发展水平差异较大，有与普通学生一致的，也有落后于普通学生的，但多数特殊学生还是存在认知障碍。基于此，本课程评估系统在编制时，一方面需要将原有课程标准细化，以便对特殊学生进行评估，另一方面将各类评估项目按不同认知发展层次进行划分，以便评估出不同认知发展水平的特殊学生的学业水平，同时也为调整性学业成就标准提供依据。

### （五）随班就读学科教师的教学经验

随班就读学科教师长期从事融合班级的特殊学生教育教学，一方面他们了解普通学生的发展水平，另一方面他们也具有教导不同类别、不同认知发展水平特殊学生的教学经验，对不同认知发展水平的特殊学生在课程学习中能达到什么样的水平具有充分认知，在对特殊学生的评估标准等级划分以及评估方式选择上有独到见解。此外，随班就读学科教师对课程标准、教材、教学参考书等非常熟悉，能够对本课程评估系统编制的科学性、合理性、适用性提供准确建议。在本次课程评估系统编制过程中，我们邀请了成都市锦江区、重庆市沙坪坝区具有丰富融合教育实战经验的随班就读教师共同参与编制，他们将多年经验充分运用到评估系统编制过程中，为研究团队出谋划策、反复推敲、共同讨论，并在实践中运用、调整、完善课程评估系统，最大程度保证了该评估系统接地气。

## 四、编制特色

### （一）体现核心素养

核心素养是学生通过课程学习逐步形成的正确价值观、必备品格和关键能力，是课程育人价值的集中体现。本课程评估系统在编写时，围绕各学科领域的具体指标，力求在评估项目上反映核心素养的要求，除了知识、技能目标，还增加了以解决实际问题为导向的跨学科综合目标。此外，在评估方式上，本课程评估系统采用综合评估方式来体现核心素养的要求，同时突破单一的纸笔测验限制，通过多种形式展现评估结果，以评估特殊学生的真实学业水平。

### （二）确定基于课程目标和学业质量标准的个别化评估标准

课程目标是学习课程内容应达到的要求。《义务教育课程标准（2022年版）》既有总体目标，又有各学段的具体要求，对于学生应该学习的内容有较为详细的规定。学业质量是学生在完成课程阶段性学习后的学业成就表现，反映学生学习后的成果。课程目标和学习质量两者相互支撑，前者反映学习内容，后者反映学习成效。本课程评估系统编制时，基于课程目标制订、细化评估条目，以期达到评估的最佳效果；在评分标准上，参考了学业质量标准所反映的质量要求，并依据特殊学生认知发展水平对其进行了细化。该课程评估系统较好地反映了新课程标准的要求，不同于以往课程评估工具中仅靠学生达成率的百分等级或独立完成率来评估，而是针对每个评估条目制订个别化的评分等级，更加便于教师评分，同时为特殊学生制订个别化教育计划和调整性学业成就标准提供精准参考。

### （三）采用综合的、个别化的评估方式

纸笔测验是传统的学业评估方式，该方式可以在一定程度上检测出学生的学习情况，但难以展示出学生在日常生活中的听说读写、动手操作等方面的综合能力，与当前倡导的核心素养理念不相符合。此外，特殊学生在测验中也会因为自身障碍，难以展示出真实的学业水平，需要考试调整或者替代性评估的方式作为辅助。为此，本课程评估系统采取了综合评估方式，将访谈、观察等评估方法与测验相结合。教师在评估时，对于不确定的项目，可以综合采用多种方式得到较为准确的结果，提高评估的准确性。此外，虽然本课程评估系统准备了大量的材料，但教师仍可以根据特殊学生的学习特性或者评估方式进行调整。

### （四）体现年级和学段衔接

《义务教育课程标准（2022 年版）》特别强调要注重幼小衔接和学段衔接。为了体现学习的阶段性和顺序性，本课程评估系统首先注重学段衔接，每个学段间的评估项目与下一个阶段的评估项目具有衔接性；其次，注重学段内部年级之间评估条目的统一性和顺序性，体现学习层级的提升；最后注重同一年级上下册评估条目的衔接，并充分考虑学生学习发展的阶梯性，便于承上启下。总之，本课程评估系统将小学阶段 1～6 年级进行了总体设计，并注重"学段—年级—年级上下册"的衔接，使之成为一体。

## 五、内容和结构

本书涵盖小学一至六年级各个学段，内容相互联系，层次螺旋上升。每个部分配备了对应的教师评估指导和学生评估记录，并且每个年级附有一个评估案例，供评估者参考。

教师评估指导包含评估表、评估材料和评估案例三个部分。其中，评估表分为评估领域、次领域、评估指标、评估题目、评估标准、评估方法和评估结果。每个评估领域的内容以表格形式呈现，包括三级目标。评估材料包括对应题目的使用说明和测验题目。

依据《义务教育语文课程标准（2022 年版）》，评估表分为识字与写字、阅读与理解、表达与交流、梳理与探究 4 个领域，每个领域包含若干个次领域，再依据次领域能力要求，将其分为若干个评估指标，每个评估指标都包含对应的评估题目，每个评估题目有四级评分标准及对应的评估方法。

以一年级上册为例，4 大领域下设置 10 个次领域、29 个评估指标、52 个评估题目。如识字与写字领域包含识字和写字 2 个次领域，识字次领域包含学习汉字、认读拼音、认读生字、指认笔画、指认偏旁 5 个评估指标，共计 10 个评估题目。

学生评估记录手册包含评估表和评估材料两个部分。评估表分为评估领域、次领域、评估指标、评估题目、评估标准和评估结果。评估材料只包含学生的测验试题，不包含使用说明。

评估案例包括学生的基本情况、教师填表的基本情况、学生书写情况、教师使用评估材料、评估系统得分侧面图和评估结果分析六个部分。学生的基本情况包括评估的时间、地点、评估人员、评估对象的具体情况以及评估说明。教师填表的基本情况主要为评估注意事项和学生案例评估的得分及表现情况。学生书写情况主要为学生作答的部分书面材料。教师使用评估材料包括评估所需的生字卡片、图画卡片和语段材料等。评估系统得分侧面图主要为学生在各个评估指标的得分情况。评估结果分析包含学生在各领域表现出的优弱势情况、对学生的总体评价以及教学建议。

## 六、评估方法

根据考试调整和替代性评估的要求，结合学生的实际情况，本套评估手册采用的评估方法主要有观察、访谈和测验三种方法。在实际评估过程中，评估者可灵活选用一种或者综合使用多种评估方法。评估者可根据评估系统中提供的方法作为参考，结合学生实际情况，选用合适的方式进行评估。

### （一）观察法

观察法主要是评估者根据制订的各个评估题项通过感官和辅助工具直接观察学生在日常学习和生活中的表现情况。首先，评估者可通过感官观察学生日常生活和学习情况，通过近距离接触，直观地了解学生的掌握水平，根据评价标准的描述，直接给出合适的分数；其次，评估者可以收集学生的笔记本、作业本等替代性材料，将其作为辅助评估的工具，以便得出合理的评估结果。

## （二）访谈法

访谈法主要是指评估者在评估中遇到无法直接评分的条目时，可询问特殊学生家长、同学以及其他熟悉学生的教师，获取其表现情况。教师是特殊学生学习的引导者，也是最了解他们学习情况的人，评估者可以通过访谈教师来快速获得特殊学生的信息，掌握其真实的学业水平；家长是特殊学生最亲近的人，能够清楚地知道孩子的优势与不足，评估者可通过与家长沟通，及时了解学生的近况，辅助评分；同学是与特殊学生年龄相近的伙伴，在一定程度上能够较好地把握学生的学习表现，同学的反馈可以作为评估特殊学生的补充途径。

## （三）测验法

测验法主要是指让学生现场完成测验题目，评估者根据测验题目的得分和学生表现进行评价。如果评估者需现场测验，可参考本评估手册给出的评估材料进行。评估过程中应充分考虑学生的特殊需要，及时调整评估方式。为了满足不同特殊学生的学业评估需求，本评估材料已对部分题目做出了适应性调整，为评估者调整测验内容提供参考。如对有视力障碍的学生，提供放大字体图卡、为其朗读题目等辅助；对有语言障碍的学生，允许其用手势或文字表达；对有肢体障碍的学生，为其配备辅助人员或设施等。

# 七、评估标准

评估者在使用评估系统对学生进行评估时，要根据评估标准进行准确评判。本套评估工具的评估标准分为"0、1、2、3"四个分数等级，每个分数等级代表不同的表现水平，每个题目从0开始标准依次提高。0分代表学生完全无法达到该题目的要求；1分代表学生初步达到该题目的要求；2分代表学生基本达到题目的要求，但表现欠佳；3分代表学生完全达到该题目的要求，并有良好的表现。

评估题目类型不同，评分标准的设计逻辑也会有所区别，总体而言，评分标准由易至难，螺旋上升。基于特殊学生的身心发展特点、核心素养的要求，本评估系统主要按照学生对知识的掌握程度、学生所需辅助程度来划分评估标准。

## （一）按照学生对知识的掌握程度划分

（1）从答题正确率的角度划分

| 2-2-1<br>能将声母正确地写声母在四线格中 | 0 无法将声母正确地写在四线格中 | 1. 观察：教师在日常教学过程中，观察学生能否在四线格中正确书写声母 |
| --- | --- | --- |
| | 1 能在四线格中正确书写 1—7 个声母 | |
| | 2 能在四线格中正确书写 8—15 个声母 | 2. 测验：教师提供四线格，要求学生书写 23 个声母，并记录正确率 |
| | 3 能在四线格中正确书写 16—23 个声母 | |

| 1-2-2<br>能背诵本册要求背诵的古诗 | 0 无法背诵本册要求背诵的古诗 | 1. 观察：教师在日常教学过程中，观察学生背诵本册儿歌的情况 |
| --- | --- | --- |
| | 1 教师随机抽取一首要求背诵的古诗，能背诵古诗 30% 的内容 | |
| | 2 教师随机抽取一首要求背诵的古诗，能背诵古诗 60% 的内容 | 2. 测验：教师出示本册要求背诵的古诗标题，要求学生背诵，记录学生背诵情况 |
| | 3 教师随机抽取一首要求背诵的古诗，能背诵古诗 90% 的内容 | |

（2）从题目完成度的角度划分

| 2-1-3 能通过浏览快速搜索需要的信息 | 0 不能通过浏览快速搜索需要的 | 1. 观察：教师在日常教学过程中，观察学生能否通过浏览快速搜索需要的信息 |
| | 1 能初步掌握浏览的方式，但是无法根据需要搜寻信息 | 2. 测验：教师随机出示一篇课文，要求学生在快速浏览后找到文章的中心句，记录其表现 |
| | 2 能初步掌握浏览的方式，能从一段话中搜索需要的信息 | |
| | 3 能初步掌握浏览的方式，能从一篇短文中搜索需要的信息 | |

| 2-2-2 能写简单的纪实作文 | 0 纪实作文记叙不清楚，无逻辑 | 1. 观察：教师在日常教学过程中，通过收集习作本观察学生能否写简单的纪实作文 |
| | 1 能简单撰写纪实作文，交代清楚时间、地点、人物、起因、经过、结果 | 2. 访谈：访谈家长，了解学生能否书写简单的纪实作文 |
| | 2 能详细书写纪实作文，内容具体并分段表述 | 3. 测验：教师创设情境，要求学生书写一篇纪实作文，记录其表现 |
| | 3 能根据内容表达的需要分段表述，并表达自己的感情 | |

（二）按照学生所需的辅助程度划分

| 2-1-1 能理解读物中图画的内容 | 0 不能理解读物中图画的内容 | 1. 观察：教师在日常教学过程中，观察学生能否理解读物中图画的内容 |
| | 1 在大量提示和帮助下，能理解读物中图画想要表达的意思和内容 | 2. 访谈：访谈家长或其他同学，学生能否理解读物中图画的内容 |
| | 2 在少量提示和帮助下，能理解读物中图画想要表达的意思和内容 | 3. 测验：教师呈现课本插图，要求学生说出图画内容和要素，记录学生理解情况 |
| | 3 理解读物中图画想要表达的意思和内容 | |

## 八、评估与应用

　　评估者可根据实际需要，选择在学期初、学期中或学期末对随班就读学生进行小学语文课程评估。在评估时，评估者根据特殊学生的实际情况，可灵活选用观察、访谈和测验等评估方法，依照本书中的评分标准进行评估，并记录学生的得分及表现情况。评估材料分为教师使用版和学生使用版，当需要使用测验的方法进行评估时，教师和学生可使用各自对应的版本进行测验。评估完成后，评估者将得分按识字与写字、阅读与鉴赏、表达与交流和梳理与探究四大领域汇总，以此绘制出侧面图，了解学生目前的语文学业水平。

　　本书通过评估题目和侧面图，清晰呈现特殊学生小学语文学业水平。科学利用本套评估系统可了解随班就读学生现有的知识与技能，以便教师制订学生个别化教育计划、调整性学业成就标准、课程与教学调整方案，同时评价并监测学生学业质量。

### （一）学生个别化教育计划制订

　　个别化教育计划是指为接受特殊教育的每一位学生而制订的适应其个人发展需要的教育方案，包括特殊学生的基本信息、周计划、月计划、长期目标、短期目标和个别化服务内容。本评估系统贯穿一到六年级，共十二册，能够帮助评估者了解特殊学生小学阶段语文学业的基本情况。评估者在开展评估的过程中，可以初步了解学生对各具体条目的掌握情况，评估完成后，可根据学生得分情况对识字与写字、阅读与鉴赏、表达与交流、梳理与探究四大领域展开深入分析，掌握学生现阶段的整体发展水平，制订和调整现阶段的个别化教育计划，同时为下一阶段的个别化教育计划提供依据。

### （二）调整性学业成就标准制订

随着融合教育的发展，越来越多的特殊学生进入普通学校就读，然而普通学校现有的学业评价方式在一定程度上无法真实反映出随班就读学生的学业水平。因此，不少学者提出要为随班就读学生提供调整性学业成就评价标准。基于此，本评估系统充分考虑随班就读学生的身心发展特点，在制订评估指标、评分标准、评估方法等方面做出了合理化调整。一方面有利于学生在接受学业评估时更合理便利，另一方面也为普通学校对特殊学生进行学业评估提供借鉴，推动调整性学业成就标准的制订。

### （三）课程与教学调整制订参考

目前，随班就读的特殊学生难以跟上普通班级的教学进度，普通教师也难以为特殊学生确定合理的教学内容和教学方式。本评估系统根据义务教育语文课程标准（2022年版），制订了详细的评估内容，基本涵盖了学生在各个年级所需掌握的全部知识点。根据评估结果，评估者可以全面了解特殊学生的学业水平，分析其优势和弱势，以便在后续对该生的教学过程中，针对课程与教学做出个别化调整，取长补短，促进特殊学生的全面发展。

### （四）学生学业质量评价监测

教育部等部门在第二期特殊教育提升计划（2017—2020年）的总体目标中提出要完善特殊教育质量监测制度、探索适合特殊学生发展的考试评价体系、建立督导检查和问责机制。"十四五"特殊教育发展提升行动计划中指出要全面提高特殊教育质量，基本建立特殊教育质量评价制度。为积极响应国家政策，评估者可以基于学期初的评估结果，在学期中、学期末使用相应年级的评估系统再次评估，监测学生的学业发展变化和教师教学质量。

# 目　录

# 一、一年级语文课程评估

## （一）一年级语文课程评估案例（上册）

### 1. 评估的基本情况

评估时间：2023年5月21日

评估地点：重庆师范大学教育科学学院融合教育研究中心

评估人员：该生语文老师、个训老师

评估对象具体情况：X同学，7岁，男，轻度孤独症、注意缺陷与多动症障碍，语言较少。目前随班就读于S市F小学一年级，周末在融合教育研究中心上个训课以及团体课。为更好地了解X同学随班就读的情况以及对于一年级上册知识的掌握情况，由其语文老师以及个训老师共同完成该生一年级上册语文课程的评估。

评估说明：评估时该学生已经读一年级下学期，采用一年级上册语文评估表进行评估，旨在了解学生一年级上册语文知识的掌握情况，根据评估结果为一年级下册语文知识学习计划的制订提供依据和教学建议。

### 2. 教师评估表的填写情况

在实际评估过程中，可根据学生的实际情况，选择合适的考试调整与替代性评估方式，以更好地了解学生情况。如老师对该生的语文学习情况较为熟悉，可灵活选用观察、访谈、测验的方式来进行评估。同时，由于该生存在注意缺陷与多动症障碍，无法一直保持专注配合评估，因此评估前与学生约定好若较好地配合老师完成评估内容则奖励其观看一集动画。在评估过程中，减少使用一问一答的评估方法，而是以出示字词图卡、图片等方式吸引学生注意力，从而获得最为真实的评估结果。

**领域一：识字与写字（得分：52）**

| 次领域 | 评估指标 | 评估题目 | 评分标准 | 评估方法 | 评估结果 |
|---|---|---|---|---|---|
| 1 识字 | 1-1 学习汉字 | 1-1-1 能在日常学习中主动学习汉字 | 0 不能在日常学习中主动学习汉字<br>1 能在大量提醒下，在课前、课中、课后等日常学习中学习汉字<br>2 能在少量提醒下，在课前、课中、课后等日常学习中学习汉字<br>3 能主动在课前、课中、课后等日常学习中学习汉字 | 1. 观察：教师在日常教学过程中，观察学生能否进行课前预习、课上学习、课后复习<br>2. 访谈：访谈家长，了解学生能否在日常学习中进行课前预习、课上学习、课后复习 | 得分：1<br>表现：缺乏主动意识，需要老师或者家长的提醒和辅助才能学习汉字 |

续表

| 次领域 | 评估指标 | 评估题目 | 评分标准 | 评估方法 | 评估结果 |
|---|---|---|---|---|---|
| 1 识字 | 1-1 学习汉字 | 1-1-2 能在日常生活中主动学习汉字 | 0 不能在日常生活中主动学习汉字<br>1 能在大量提醒下，学习日常生活中的汉字（如超市物品标签、沿路商店名称）<br>2 能在少量提醒下，学习日常生活中的汉字<br>3 能在日常生活中主动学习汉字 | 1.观察：老师观察学生能否在日常生活中主动学习汉字<br>2.访谈：访谈家长，了解学生能否在日常生活中主动学习汉字 | 得分：1<br>表现：缺乏主动意识，需要老师或者家长的提醒和辅助才能学习汉字 |
| | 1-2 认读拼音 | 1-2-1 能准确认读23个声母 | 0 无法认读声母<br>1 能准确认读1—7个声母<br>2 能准确认读8—15个声母<br>3 能准确认读16—23个声母 | 1.观察：教师在日常教学过程中，观察学生认读声母情况<br>2.测验：教师出示23个声母，要求学生认读，并记录正确率 | 得分：2<br>表现：对于个别声母的读音记忆不清晰 |
| | | 1-2-2 能准确认读24个韵母 | 0 无法认读韵母<br>1 能准确认读1—8个韵母<br>2 能准确认读9—17个韵母<br>3 能准确认读18—24个韵母 | 1.观察：教师在日常教学过程中，观察学生认读韵母情况<br>2.测验：教师出示24个韵母，要求学生认读，并记录正确率 | 得分：2<br>表现：对于个别韵母的读音记忆不清晰 |
| | | 1-2-3 能准确认读声调 | 0 无法认读声调<br>1 能准确认读1个声调（阴平、阳平、上声、去声）<br>2 能准确认读2—3个声调<br>3 能独立正确认读4个声调 | 1.观察：教师在日常教学过程中，观察学生认读声调情况<br>2.测验：教师出示4个声调，要求学生认读，并记录正确率 | 得分：2<br>表现：无法自己独立正确认读所有声调，需要老师提示 |
| | | 1-2-4 能准确认读16个整体认读音节 | 0 无法认读整体认读音节<br>1 能准确认读1—5个整体认读音节<br>2 能准确认读6—10个整体认读音节<br>3 能准确认读11—16个整体认读音节 | 1.观察：教师在日常教学过程中，观察学生认读整体认读音节情况<br>2.测验：教师出示16个整体认读音节，要求学生认读，并记录正确率 | 得分：2<br>表现：认识所有的音节对其有难度 |
| | | 1-2-5 能准确地拼读音节 | 0 无法拼读音节<br>1 能准确拼读出简单的两拼音节（如bu、le、ji、zhe、wo）<br>2 能准确拼读出复杂的两拼音节（如dao、you、zhong、ren、chen、cheng）<br>3 能准确拼出三拼音节（如xian、lian、xiong、duan、yuan） | 1.观察：教师在日常教学过程中，观察学生拼读音节情况<br>2.测验：教师由简单到复杂地出示若干两拼音节和三拼音节，要求学生认读，并记录正确率 | 得分：2<br>表现：三拼音节无法读准确 |
| | 1-3 认读生字 | 1-3-1 能借助汉语拼音认读本册300个生字 | 0 无法借助汉语拼音识字<br>1 能借助汉语拼音认读本册30%的生字<br>2 能借助汉语拼音认读本册60%的生字<br>3 能借助汉语拼音认读本册90%的生字 | 1.观察：教师在日常教学过程中，观察学生借助汉语拼音认读本册生字的情况<br>2.测验：教师随机抽取本册写字表中的10个汉字，要求学生认读，记录正确率（如10个汉字中能正确书写3个、6个、9个） | 得分：2<br>表现：能认识部分汉字 |

续表

| 次领域 | 评估指标 | 评估题目 | 评分标准 | 评估方法 | 评估结果 |
|---|---|---|---|---|---|
| 1 识字 | 1-4 指认笔画 | 1-4-1 能正确指认汉字的基本笔画 | 0 无法正确指认汉字的基本笔画 | 1. 观察：教师在日常教学过程中，观察学生指认常用汉字的情况<br>2. 测验：教师由简单到复杂地出示若干汉字的基本笔画，要求学生指认，并记录正确率 | 得分：1<br>表现：对于复杂一点的笔画学生无法指认 |
| | | | 1 能正确指认汉字的简单基本笔画（如横、竖、点、撇、捺） | | |
| | | | 2 能正确指认汉字的部分复杂基本笔画（如横折提、横折弯钩、竖折折钩） | | |
| | | | 3 能正确指认汉字的基本笔画 | | |
| | 1-5 指认偏旁 | 1-5-1 能正确指认本册汉字常用的偏旁部首 | 0 无法正确指认本册汉字常用的偏旁部首 | 1. 观察：教师在日常教学过程中，观察学生指认本册汉字常用偏旁部首的情况<br>2. 测验：教师由简单到复杂地出示若干本册常用偏旁部首，要求学生指认，并记录正确率 | 得分：1<br>表现：对于较难的偏旁部首，学生无法掌握 |
| | | | 1 能正确指认本册汉字的简单偏旁部首（如氵、讠、扌、亻、艹） | | |
| | | | 2 能正确指认本册汉字的部分复杂偏旁部首（如辶、彡、灬、彳） | | |
| | | | 3 能正确指认本册汉字的偏旁部首 | | |
| 2 写字 | 2-1 握笔 | 2-1-1 能牢牢地握住铅笔 | 0 不能握住铅笔 | 1. 观察：教师在日常教学过程中，观察学生抓握铅笔的情况<br>2. 访谈：访谈家长，了解学生能否牢牢地握住铅笔 | 得分：3<br>表现：写字时，能独立较好地握住铅笔 |
| | | | 1 能握住铅笔，但经常会出现掉落、歪斜等情况 | | |
| | | | 2 能握住铅笔，但偶尔会出现掉落、歪斜等情况 | | |
| | | | 3 能牢牢地握住铅笔，不掉落、不歪斜 | | |
| | 2-2 书写拼音 | 2-2-1 能将声母正确地写在四线格中 | 0 无法将声母正确地写在四线格中 | 1. 观察：教师在日常教学过程中，观察学生能否在四线格中正确书写声母<br>2. 测验：教师提供四线格，要求学生书写23个声母，并记录正确率 | 得分：2<br>表现：对于不熟悉和不认识的声母无法正确书写 |
| | | | 1 能在四线格中正确书写1—7个声母 | | |
| | | | 2 能在四线格中正确书写8—15个声母 | | |
| | | | 3 能在四线格中正确书写16—23个声母 | | |
| | | 2-2-2 能将声母工整地写在四线格中 | 0 无法将声母工整写在四线格中 | 1. 观察：教师在日常教学过程中，观察学生能否在四线格中工整书写声母<br>2. 测验：教师提供四线格，要求学生书写23个声母，记录学生书写情况 | 得分：2<br>表现：书写声母能做到基本工整 |
| | | | 1 书写的声母有笔画歪曲、跳出格的情况 | | |
| | | | 2 书写的声母整体端正，但存在书写大小不一的情况 | | |
| | | | 3 每个声母都能书写工整 | | |
| | | 2-2-3 能将韵母正确地写在四线格中 | 0 无法将韵母正确地写在四线格中 | 1. 观察：教师在日常教学过程中，观察学生能否在四线格中正确书写韵母<br>2. 测验：教师提供四线格，要求学生书写24个韵母，并记录正确率 | 得分：2<br>表现：对于不熟悉和不认识的韵母无法正确书写 |
| | | | 1 能在四线格中正确书写1—8个韵母 | | |
| | | | 2 能在四线格中正确书写9—17个韵母 | | |
| | | | 3 能在四线格中正确书写18—24个韵母 | | |

续表

| 次领域 | 评估指标 | 评估题目 | 评分标准 | 评估方法 | 评估结果 |
|---|---|---|---|---|---|
| 2 写字 | 2-2 书写拼音 | 2-2-4 能将韵母工整地写在四线格中 | 0 无法将韵母工整写在四线格中<br>1. 写字的韵母有笔画歪曲、出格的情况<br>2 书写的韵母整体端正，但存在书写大小不一的情况<br>3 每个韵母都能书写工整 | 1. 观察：教师在日常教学过程中，观察学生能否在四线格中工整书写韵母<br>2. 测验：教师提供四线格，要求学生书写 24 个韵母，记录学生书写情况 | 得分：2<br>表现：书写韵母能做到基本工整 |
| | | 2-2-5 能将音节正确地写在四线格中 | 0 无法将音节正确地写在四线格中<br>1 能将音节写在四线格中，但是仍存在声母或韵母书写错误的情况（如将声韵母位置颠倒书写、音调错误标注）<br>2 能将音节写在四线格中，且少量存在声母或韵母书写错误的情况<br>3 能将音节正确地写在四线格中 | 1. 观察：教师在日常教学过程中，观察学生能否在四线格中正确书写音节<br>2. 测验：教师提供四线格，要求学生书写若干音节，记录学生书写情况 | 得分：2<br>表现：若遇到不认识或者不熟悉的声母、韵母时会书写错误 |
| | | 2-2-6 能将音节工整地写在四线格中 | 0 无法将音节工整写在四线格中<br>1 书写的音节有笔画歪曲、跳出格的情况<br>2 书写的音节整体端正，但存在书写大小不一的情况<br>3 每个音节都能书写工整 | 1. 观察：教师在日常教学过程中，观察学生能否在四线格中工整书写音节<br>2. 测验：教师提供四线格，要求学生书写若干音节，记录学生书写情况 | 得分：2<br>表现：基本能做到工整 |
| | 2-3 书写笔画 | 2-3-1 能正确书写汉字的基本笔画 | 0 无法正确书写汉字的基本笔画，笔顺错误<br>1 能按照笔画顺序正确书写汉字的简单笔画（如横、竖、点、撇、捺）<br>2 能按照笔画顺序正确书写汉字的部分复杂笔画（如横折提、横折弯钩、竖折折钩）<br>3 能按照笔画顺序正确书写汉字的基本笔画 | 1. 观察：教师在日常教学过程中，观察学生能否正确书写汉字的基本笔画<br>2. 测验：教师由简单到复杂地口述笔画，要求学生书写汉字的基本笔画，记录学生书写情况 | 得分：2<br>表现：需要教师或家长在旁提醒，能书写正确 |
| | | 2-3-2 能工整书写汉字的基本笔画 | 0 无法工整书写汉字的基本笔画，字迹潦草<br>1 能工整书写汉字的简单笔画（如横、竖、点、撇、捺），字迹清晰<br>2 能工整书写汉字的部分复杂笔画（如横折提、横折弯钩、竖折折钩），字迹清晰<br>3 能工整书写汉字的基本笔画，字迹清晰 | 1. 观察：教师在日常教学过程中，观察学生能否工整书写汉字的基本笔画<br>2. 测验：教师由简单到复杂地口述笔画，要求学生书写汉字的基本笔画，并记录学生书写情况 | 得分：2<br>表现：大部分能书写工整 |

续表

| 次领域 | 评估指标 | 评估题目 | 评分标准 | 评估方法 | 评估结果 |
|---|---|---|---|---|---|
| 2 写字 | 2-4 书写偏旁部首 | 2-4-1 能正确书写本册汉字常用的偏旁部首 | 0 无法正确书写本册汉字的常用偏旁部首 | 1.观察：教师在日常教学过程中，观察学生能否正确书写本册汉字偏旁部首 2.测验：教师由简单到复杂地口述汉字的偏旁部首，要求学生书写汉字的偏旁部首，并记录学生书写情况 | 得分：2 |
| | | | 1 能正确书写本册汉字的简单偏旁部首（如氵、讠、扌、亻、艹） | | 表现：能基本正确书写学过的偏旁部首 |
| | | | 2 能正确书写本册汉字的部分复杂偏旁部首（如辶、彡、灬、彳） | | |
| | | | 3 能正确书写本册汉字的常用偏旁部首，能做到不漏、不添、不换 | | |
| | | 2-4-2 能工整书写本册汉字常用的偏旁部首 | 0 无法工整书写本册汉字的常用偏旁部首，字迹潦草 | 1.观察：教师在日常教学过程中，观察学生能否工整书写本册汉字偏旁部首 2.测验：教师由简单到复杂地口述汉字的偏旁部首，要求学生书写汉字的偏旁部首，并记录学生书写情况 | 得分：2 |
| | | | 1 能工整书写本册汉字的简单偏旁部首（如氵、讠、扌、亻、艹），字迹清晰 | | 表现：对于较难的偏旁部首，无法书写工整 |
| | | | 2 能工整书写本册汉字的部分复杂偏旁部首（如辶、彡、灬、彳），字迹清晰 | | |
| | | | 3 能工整书写本册汉字的常用偏旁部首，字迹清晰 | | |
| | 2-5 书写常用字 | 2-5-1 能书写本册常用汉字100个 | 0 无法书写本册常用汉字 | 1.观察：教师在日常教学过程中，观察学生平时书写汉字的情况 2.测验：教师随机抽取本册写字表中的10个汉字进行听写，记录正确率（如10个汉字中能正确书写3个、6个、9个） | 得分：2 |
| | | | 1 能书写本册30%常用汉字 | | 表现：简单的汉字能书写出来，但是复杂的汉字无法书写出来 |
| | | | 2 能书写本册60%常用汉字 | | |
| | | | 3 能书写本册90%常用汉字 | | |
| | 2-6 按笔顺书写 | 2-6-1 能按笔顺规则用硬笔书写汉字 | 0 书写笔顺完全错误 | 1.观察：教师在日常教学过程中，观察学生能否按照笔顺规则书写汉字 2.测验：教师出示学习过的汉字，要求学生按照笔顺规则书写，记录学生书写情况 | 得分：1 |
| | | | 1 在大量提示下，能按照笔顺规则用硬笔书写汉字（如先横后竖、先撇后捺、从上到下、从左到右等） | | 表现：需要老师不断地提醒和辅助才能按照笔顺笔画正确书写 |
| | | | 2 在少量提示下，能按照笔顺规则用硬笔书写汉字（如先横后竖、先撇后捺、从上到下、从左到右等） | | |
| | | | 3 能独立按笔顺规则用硬笔写字 | | |
| | 2-7 硬笔书写 | 2-7-1 能使用硬笔正确书写汉字 | 0 不能用硬笔正确书写，错误、间架结构颠倒 | 1.观察：教师在日常教学过程中，观察学生平时使用硬笔书写汉字的笔顺、笔画、间架结构等情况，查看是否出现错别字 2.测验：教师出示本册汉字，要求学生书写，记录学生书写情况 | 得分：2 |
| | | | 1 能用硬笔书写汉字，但会出现大量的笔顺、笔画错误，间架结构颠倒等问题 | | 表现：简单的汉字能书写正确 |
| | | | 2 能用硬笔书写汉字，但只有个别汉字出现笔顺、笔画错误，间架结构颠倒等问题 | | |
| | | | 3 能使用硬笔正确书写汉字，笔顺、笔画、间架结构正确 | | |

续表

| 次领域 | 评估指标 | 评估题目 | 评分标准 | 评估方法 | 评估结果 |
|---|---|---|---|---|---|
| 2 写字 | 2-7 硬笔书写 | 2-7-2 能使用硬笔端正书写汉字 | 0 书写的汉字无法辨认 | 1. 观察：教师在日常教学过程中，观察学生平时使用硬笔书写汉字是否端正 2. 访谈：访谈家长，了解学生能否使用硬笔端正书写汉字 3. 测验：教师出示本册汉字，要求学生书写，记录学生书写情况 | 得分：2 表现：对于不太熟悉的笔画和较难的笔画无法书写清楚 |
| | | | 1 书写的汉字大小不一、间距不整齐 | | |
| | | | 2 写字整体端正，但部分笔画书写不清（如"辶"连写） | | |
| | | | 3 能使用硬笔端正书写汉字 | | |
| | | 2-7-3 能使用硬笔整洁书写汉字 | 0 书写的汉字无法辨认，十分潦草 | 1. 观察：教师在日常教学过程中，观察学生平时使用硬笔书写汉字时涂抹痕迹的情况，观察书写的整洁度 2. 访谈：访谈家长，了解学生能否使用硬笔整洁书写汉字 3. 测验：教师出示本册汉字，要求学生书写，记录学生书写情况 | 得分：2 表现：书写涂抹痕迹较少 |
| | | | 1 书写过程中涂抹痕迹明显、严重，甚至擦破纸 | | |
| | | | 2 书写过程中有轻微的涂抹痕迹 | | |
| | | | 3 书写过程中没有任何涂抹痕迹 | | |
| | 2-8 写字姿势习惯 | 2-8-1 能保持正确的写字姿势 | 0 书写姿势存在严重问题（如偏头、侧身写字幅度过大；眼离书本不足半尺） | 1. 观察：教师在日常教学过程中，观察学生平时写字的姿势是否正确 2. 访谈：访谈家长，了解学生写字姿势是否正确 3. 测验：教师出示本册汉字，要求学生书写，评估学生的写字姿势 | 得分：2 表现：书写姿势基本正确，但无法一直坚持 |
| | | | 1 书写姿势存在轻度问题（如轻微幅度的偏头、侧身写字；写字腰板不直） | | |
| | | | 2 书写姿势基本正确，只存在书写姿势的个别轻微问题 | | |
| | | | 3 能保持正确书写汉字姿势（如眼离书本一尺远、胸离书桌一拳远、指离笔尖一寸远） | | |
| | | 2-8-2 能初步养成良好的书写习惯 | 0 没有良好的书写习惯，坐姿歪曲，书写潦草 | 1. 观察：教师在日常教学过程中，观察学生平时能否保持良好的书写习惯 2. 访谈：访谈家长，了解学生在家写字时是否养成良好的书写习惯 3. 测验：教师出示本册汉字，要求学生书写，记录学生的书写情况 | 得分：2 表现：能以正确的姿势书写汉字，但无法保持长时间的专注 |
| | | | 1 能在他人提醒下，做到姿势正确，字迹工整规范 | | |
| | | | 2 能独立做到姿势正确，字迹工整规范 | | |
| | | | 3 能始终保持良好的书写姿势，初步养成良好的书写习惯 | | |

领域二：阅读与鉴赏（得分：21）

| 次领域 | 评估指标 | 评估题目 | 评分标准 | 评估方法 | 评估结果 |
|---|---|---|---|---|---|
| 1<br>诵读与理解 | 1-1<br>朗读课文 | 1-1-1<br>能用普通话正确朗读本册课文 | 0 不会用普通话朗读课文，且在朗读过程中无法发准字音，存在严重的替代音、歪曲音、增减音问题 | 1.观察：教师在日常教学过程中，观察学生是否用普通话正确朗读课文<br>2.测验：教师出示一篇本册课文，要求学生用普通话正确地朗读课文，记录学生朗读情况 | 得分：2<br><br>表现：对于课文中的不熟悉的字词读音不准确 |
| | | | 1 能使用普通话朗读课文，但会大量出现音节拼读错误、音调失准等问题 | | |
| | | | 2 能使用普通话朗读课文，但会少量出现音节拼读错误、音调失准等问题 | | |
| | | | 3 能熟练运用普通话朗读课文，朗读发音正确、字正腔圆 | | |
| | | 1-1-2<br>能用普通话流利朗读本册课文 | 0 不会用普通话朗读课文，且由于多种因素导致在朗读过程中结巴、阻塞、单字读 | 1.观察：教师在日常教学过程中，观察学生是否用普通话流利朗读课文<br>2.测验：教师出示一篇本册课文，要求学生用普通话流利地朗读课文，记录学生朗读情况 | 得分：2<br><br>表现：读课文时，遇到不熟悉的字词会卡壳或者停顿 |
| | | | 1 能使用普通话朗读课文，但由于多种因素导致在朗读过程中结巴、阻塞、单字读 | | |
| | | | 2 能使用普通话朗读课文，在朗读过程中基本可以做到连贯、流利 | | |
| | | | 3 能熟练运用普通话朗读课文，朗读流畅自然，语速适中 | | |
| | 1-2<br>背诵课文 | 1-2-1<br>能背诵本册要求背诵的儿歌 | 0 无法背诵本册指定的儿歌 | 1.观察：教师在日常教学过程中，观察学生背诵本册儿歌的情况<br>2.测验：教师出示本册要求背诵的儿歌标题，要求学生背诵，记录学生背诵情况 | 得分：2<br>表现：能记住一首儿歌的部分内容，需要老师提示才能背出完整儿歌 |
| | | | 1 能背诵本册指定儿歌 30% 的内容 | | |
| | | | 2 能背诵本册指定儿歌 60% 的内容 | | |
| | | | 3 能背诵本册指定儿歌 90% 的内容 | | |
| | | 1-2-2<br>能背诵本册要求背诵的古诗 | 0 无法背诵本册指定的古诗 | 1.观察：教师在日常教学过程中，观察学生背诵本册儿歌的情况<br>2.测验：教师出示本册要求背诵的古诗标题，要求学生背诵，记录学生背诵情况 | 得分：1<br>表现：对于古诗的记忆存在困难，仅能记住一句 |
| | | | 1 能背诵本册指定古诗 30% 的内容 | | |
| | | | 2 能背诵本册指定古诗 60% 的内容 | | |
| | | | 3 能背诵本册指定古诗 90% 的内容 | | |
| 2<br>阅读与理解 | 2-1<br>理解图画内容 | 2-1-1<br>能理解读物中图画的内容 | 0 不能理解读物中图画的内容 | 1.观察：教师在日常教学过程中，观察学生对读物中图画内容的理解情况<br>2.测验：教师出示一幅图画，请学生根据图画说出内容，并注意学生是否需要多次提示 | 得分：2<br>表现：课堂上，在老师的引导下对于图画的内容能较好地理解 |
| | | | 1 能在大量提示和帮助下，理解读物中图画想要表达的意思和内容 | | |
| | | | 2 能在少量提示和帮助下，理解读物中图画想要表达的意思和内容 | | |
| | | | 3 能独立理解读物中图画的内容 | | |

续表

| 次领域 | 评估指标 | 评估题目 | 评分标准 | 评估方法 | 评估结果 |
|---|---|---|---|---|---|
| 2 阅读与理解 | 2-2 指认标点符号 | 2-2-1 能指认本册课文中常见的标点符号 | 0 不认识本册课文中常见的标点符号（逗号、句号、感叹号、双引号、冒号、破折号、单引号、问号）<br>1 能指认 1—3 个标点符号<br>2 能指认 4—6 个标点符号<br>3 指认 7—8 个标点符号 | 1. 观察：教师在日常教学过程中，观察学生指认标点符号的情况<br>2. 测验：教师随机出示本册学习的标点符号，要求学生指认，并记录正确率 | 得分：3<br>表现：能认识本册学过的四个标点符号 |
| | 2-3 标注段落 | 2-3-1 能标注自然段 | 0 不能标注文章中的自然段<br>1 在大量提示和帮助下，标注文章自然段<br>2 在少量提示和帮助下，标注文章自然段<br>3 能独立标注文章自然段 | 1. 观察：教师在日常教学过程中，观察学生能否标注自然段<br>2. 测验：教师出示一篇课文，要求学生标出该文章的自然段 | 得分：2<br>表现：课堂上，能在老师的引导下标注自然段 |
| | 2-4 主动阅读 | 2-4-1 能感受阅读的乐趣 | 0 不能从阅读中感受乐趣，甚至在阅读时感觉很痛苦<br>1 能被故事内容吸引，但对阅读不感兴趣，不能坚持读完一个片段或一篇文章<br>2 能被故事内容吸引，并充满兴趣，但是只能短时间地保持阅读状态<br>3 能被故事内容吸引，长时间地保持阅读状态，并从阅读中有收获 | 1. 观察：教师观察学生平时阅读时，能否乐在其中<br>2. 访谈：访谈家长，了解学生能否长时间独立阅读，是否能感受阅读的乐趣 | 得分：2<br>表现：无法长时间地保持专注 |
| | | 2-4-2 能主动阅读 | 0 不喜欢阅读甚至排斥阅读，无法静心地进行简单阅读（如一段话、一首诗等）<br>1 能在大量提醒下，阅读绘本或书籍<br>2 能在少量提醒下，阅读绘本或书籍<br>3 能不需要他人提醒，自己主动阅读绘本或书籍 | 1. 观察：教师在日常教学过程中，观察学生能否主动进行课内或课外阅读<br>2. 访谈：访谈家长，了解学生能否主动进行课内或课外阅读 | 得分：2<br>表现：对于自己的喜欢的绘本故事，能主动打开书本进行阅读 |
| | 2-5 爱护图书 | 2-5-1 养成爱护图书的习惯 | 0 不爱护图书，甚至随意摆放、涂画、撕毁<br>1 能在大量提醒下，正确摆放图书的位置，不在书上乱涂乱画，爱惜图书<br>2 能在少量提醒下，正确摆放图书的位置，不在书上乱涂乱画，爱惜图书<br>3 能不需要他人提醒，有意识地爱护图书，正确摆放图书的位置，不在书上乱涂乱画 | 1. 观察：教师在日常教学过程中，观察学生能否爱护图书<br>2. 访谈：访谈家长，了解学生能否爱护图书 | 得分：2<br>表现：有时看完绘本后会随意摆放，需要老师的提醒 |

续表

| 次领域 | 评估指标 | 评估题目 | 评分标准 | 评估方法 | 评估结果 |
|---|---|---|---|---|---|
| 3<br>文学积累 | 3-1<br>积累格言警句 | 3-1-1<br>积累本册课本中的格言警句 | 0 无法积累本册的格言警句<br><br>1 能积累本册1—4句格言警句（如竹篮打水——一场空）<br><br>2 能积累本册5—8句格言警句<br><br>3 能积累本册9—12句格言警句 | 1.观察：教师在日常教学过程中，观察学生能否积累本册的格言警句<br>2.访谈：访谈家长，了解学生积累本册格言警句的情况<br>3.测验：教师出示本册格言警句，说出上半句或下半句，让学生背诵缺少部分 | 得分：1<br><br>表现：能积累简单易上口的格言警句，并且还需要老师的提示 |

### 领域三：表达与交流（得分：11）

| 次领域 | 评估指标 | 评估题目 | 评分标准 | 评估方法 | 评估结果 |
|---|---|---|---|---|---|
| 1<br>倾听 | 1-1<br>听人讲话 | 1-1-1<br>能认真听他人讲话 | 0 无法认真听他人讲话（如在别人讲话时不能保持安静、不断说话、插话打断等）<br>1 能在他人讲话时短时间保持安静，但不够认真，只对自己感兴趣的话题保持认真的态度，耐心倾听（如在别人讲话时发呆、走神等）<br>2 能有意识地专注别人的话语，但注意力持续时间较短，不够耐心，需要提醒<br>3 能有意识地、较长时间地专注听他人讲话 | 1.观察：教师在日常教学过程中，观察学生能否认真听他人讲话<br>2.访谈：访谈家长，了解学生能否认真听他人讲话 | 得分：1<br><br>表现：专注度不够，且更愿意参与自己感兴趣的话题 |
| | | 1-1-2<br>能理解别人说话的内容 | 0 不能理解别人说话的主要内容<br><br>1 能理解别人说话的小部分内容（如知道爸爸妈妈要去超市）<br><br>2 能理解别人说话的大部分内容<br><br>3 能理解别人说话的完整内容 | 1.观察：教师在日常教学过程中，观察学生能否理解别人说话的内容<br>2.访谈：访谈家长及其他教师，了解学生能否理解别人说话的内容 | 得分：2<br><br>表现：能理解老师和同学说话时表达的大部分内容，但是偶尔也会理解错误 |
| 2<br>表达 | 2-1<br>说普通话 | 2-1-1<br>能说普通话 | 0 不会使用普通话交谈，与人交流存在障碍<br>1 能使用普通话交谈，但是发音的声调异常，普通话不够标准<br>2 能用普通话交谈，但不流利<br>3 能流畅地能用普通话交谈，说话字正腔圆 | 1.观察：教师在日常教学过程中，观察学生日常是否会说普通话<br>2.访谈：访谈家长，了解学生是否会说普通话 | 得分：2<br><br>表现：在日常中基本使用普通话交谈 |

续表

| 次领域 | 评估指标 | 评估题目 | 评分标准 | 评估方法 | 评估结果 |
|---|---|---|---|---|---|
| 2<br>表达 | 2-1<br>说普通话 | 2-1-2<br>能在学习中养成说普通话的习惯 | 0 在学习生活中不会说普通话，不愿意说普通话<br>1 在学习中，少部分时间能说普通话<br>2 在学习中，大部分时间能说普通话<br>3 喜欢说普通话，在学习生活中能养成自觉说普通话的习惯 | 1. 观察：教师观察学生在课堂上回答问题时说普通话的情况<br>2. 访谈：其他同学，了解学生学习中是否坚持说普通话，是否养成说普通话的习惯 | 得分：2<br>表现：偶尔会说方言 |
| | | 2-1-3<br>能在日常生活中养成说普通话的习惯 | 0 在日常生活中不会说普通话，不愿意说普通话<br>1 在日常生活中，少部分时间会说普通话<br>2 在日常生活中，大部分时间下能说普通话<br>3 喜欢说普通话，在日常生活中能养成自觉说普通话的习惯 | 1. 观察：教师观察学生平时日常生活中能否坚持说普通话是否养成说普通话的习惯<br>2. 访谈：访谈家长，了解学生平时生活中是否坚持说普通话，是否养成说普通话的习惯 | 得分：2<br>表现：偶尔会说方言 |
| 3<br>交流 | 3-1<br>交谈礼仪 | 3-1-1<br>与别人交谈，态度自然大方，有礼貌 | 0 无法以良好的态度与他人交谈，态度拘谨不礼貌，甚至说脏话<br>1 能与他人有礼貌地交谈，但是不愿与他人过多地交谈，且交谈过程中，神情略显紧张，态度不够自然大方<br>2 能与他人有礼貌地交谈，且态度自然大方，但是难以长时间保持良好的姿态<br>3 与别人交谈时，能始终保持礼貌，且态度自然大方 | 1. 观察：教师在日常教学过程中，观察学生与别人交谈时是否有礼貌<br>2. 访谈：访谈家长，学生在平时生活中与他人对话是否自然大方有礼貌 | 得分：2<br>表现：和不熟悉的人交流时，会表现紧张不自然，不愿意和他人接触 |

**领域四：梳理与探究（得分：10）**

| 次领域 | 评估指标 | 评估题目 | 评分标准 | 评估方法 | 评估结果 |
|---|---|---|---|---|---|
| 1<br>梳理 | 1-1<br>复习拼音 | 1-1-1<br>能复习学过的拼音 | 0 无法复习学过的平翘舌、前后鼻音、两拼音节、三拼音节<br>1 在大量提示下，能对本册学过的拼音进行复习<br>2 在少量提示下，能对本册学过的拼音进行复习<br>3 能独立对本册学过的拼音进行复习 | 1. 观察：教师在日常教学过程中，观察学生能否正确梳理学过的拼音<br>2. 访谈：访谈家长，了解学生对拼音的熟悉度，能否梳理学过的拼音 | 得分：1<br>表现：自己复习的情况较少，需要老师多次提示和要求 |

续表

| 次领域 | 评估指标 | 评估题目 | 评分标准 | 评估方法 | 评估结果 |
|---|---|---|---|---|---|
| 1 梳理 | 1-2 复习汉字 | 1-2-1 能复习本册学过的汉字 | 0 无法复习本册学过的字，没有足够的字词积累<br>1 能在大量提示下，复习学过的汉字<br>2 能在少量提示下，复习学过的汉字<br>3 能独立复习本册学过的字 | 1.观察：教师在日常教学过程中，观察学生能否正确梳理本册学过的字，了解学生对本册汉字的熟悉度<br>2.访谈：访谈家长，了解学生对本册汉字的熟悉度，能否梳理本册学过的汉字 | 得分：1<br>表现：自己复习的情况较少，需要老师多次提示和要求 |
| 2 探究 | 2-1 生活中学习汉字 | 2-1-1 结合语文学习，在生活中学习汉字 | 0 无法结合语文学习，在生活中识字<br>1 能结合语文学习，在大量引导下，在生活中学习汉字（如学习广告牌、报纸上的汉字）<br>2 能结合语文学习，在少量引导下，在生活中学习汉字<br>3 能结合语文学习，独立在生活中学习汉字 | 1.观察：教师在日常教学过程中，观察学生能否结合语文学习，在生活中学习汉字<br>2.访谈：访谈家长，了解学生能否结合语文学习，在生活中学习汉字 | 得分：1<br>表现：自己独立主动学习的情况较少，缺乏主动性 |
| | 2-2 生活中运用汉字 | 2-2-1 结合语文学习，在生活中运用学过的汉字 | 0 无法结合语文学习，在生活中运用学过的汉字<br>1 能结合语文学习，在大量引导下，在生活中运用学过的汉字（如在超市里用学过的汉字认识物品名称、标价等）<br>2 能结合语文学习，在少量引导下，在生活中运用学过的汉字<br>3 能结合语文学习，独立将所学汉字在生活中运用 | 1.观察：教师在日常教学过程中，观察学生平时能否将学过的汉字与日常生活联系起来，在生活中运用学过的汉字<br>2.访谈：访谈家长，了解学生能否在生活中运用学过的汉字 | 得分：2<br>表现：能将学习的汉字与生活中的熟悉的物品和地点对应 |
| | 2-3 观察表达 | 2-3-1 能结合语文学习，口头表达自己的观察所得 | 0 不能口头表达自己观察所得的内容<br>1 能结合语文学习，用词汇口头描述看到的事物，但不详细（如老师问，去动物园看到了什么？能回答大象）<br>2 能结合语文学习，口头详细描述看到的事物或现象的主要内容（如我看到大象长长的鼻子）<br>3 能结合语文学习，能将观察到的事物或现象的主要内容和细节进行口头描述（如我看到大象用长长的鼻子在吸水） | 1.观察：教师在日常教学过程中，观察学生平时日常生活中能否口头表达自己所观察到的事物<br>2.访谈：访谈家长，了解学生平时生活中能否口头表达自己所观察到的事物 | 得分：1<br>表现：对于事物的描述不甚仔细，需要他人不断地追问和提示 |

续表

| 次领域 | 评估指标 | 评估题目 | 评分标准 | 评估方法 | 评估结果 |
|---|---|---|---|---|---|
| 2 探究 | 2-3 观察表达 | 2-3-2 能结合语文学习,用图画表达自己的观察所得 | 0 不能用图画表达自己的观察所得 | 1.观察:教师在日常教学过程中,观察学生平时日常生活中能否用图画将自己所观察到的事物记录下来<br>2.访谈:访谈家长,了解学生平时生活中能否用图画将自己所观察到的事物记录下来 | 得分:2<br><br>表现:能通过绘画的方式将所看到的事物表达出来,但是在环境等细节方面有所欠缺 |
| | | | 1 能结合语文学习,画出看到的事物(如教师问,去动物园看到了什么?能用图画简单画出大象的样子) | | |
| | | | 2 能结合语文学习,画出看到的事物及其形态(如在画出大象样子的基础上,能详细绘画大象吸水的细节) | | |
| | | | 3 能结合语文学习,将观察到的事物及其形态、环境等主要内容和细节使用图画描述(如绘画出大象在阳光下,用长长的鼻子吸水) | | |
| | | 2-3-3 能表达参加校园活动的见闻和看法 | 0 不积极参与活动,没有参与活动的主动性 | 1.观察:教师在日常教学过程中,观察学生平时日常生活中是否愿意参加校园活动,能否分享自己的见闻和看法<br>2.访谈:访谈家长,了解学生平时生活中能否与家人分享在校园活动中所经历的事,并发表自己的看法 | 得分:2<br><br>表现:无法很好地表达自己参加校园活动后的见闻和看法 |
| | | | 1 能简单说出参加校园活动的名称(如老师问,今天参加了学校什么活动?学生能回答出参加了运动会) | | |
| | | | 2 能较完整说出参加校园活动的部分内容(如参加运动会的跑步项目) | | |
| | | | 3 能详细说出参加校园活动的见闻和看法(如运动会的跑步项目后,获得了一等奖,很开心) | | |

## 3. 学生书写情况(部分示例)

(1)声母、韵母、音节的书写

（2）基本笔画、偏旁部首的书写

基本笔画：

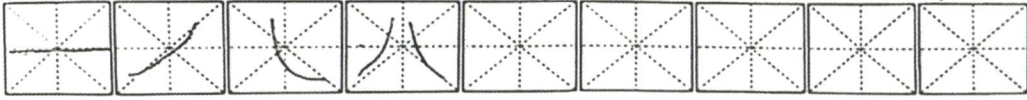

偏旁部首：

（3）常用汉字的书写

常用汉字：

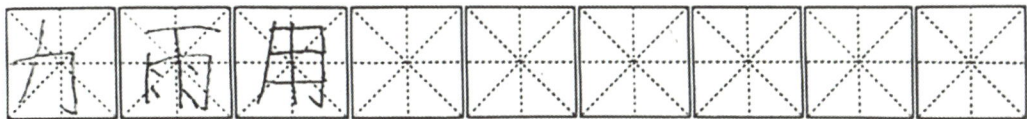

4.教师使用评估材料（部分示例）

（1）部分生字卡片

（2）部分基本笔画卡片

（3）部分偏旁部首卡片

## 5. 评估表得分侧面图

### 语文课程评估侧面图（一年级上册）

学生姓名：X 同学　第一次评估时间：2023.5.21　颜色：黑色　评估者：语文教师、个训教师

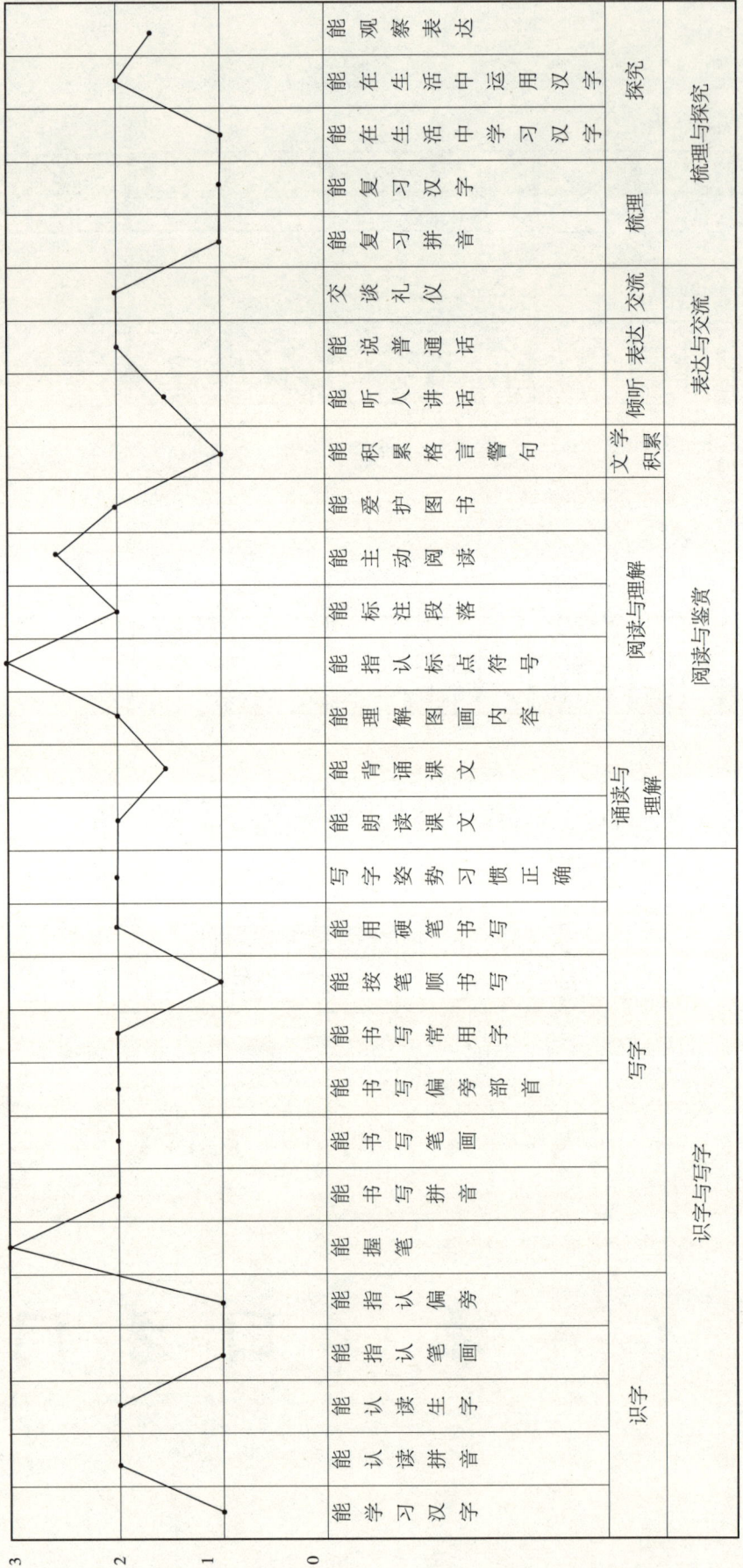

| 评估项目 | 子项 | 细目 |
|---|---|---|
| 识字与写字 | 识字 | 能学习汉字 |
| | | 能认读拼音 |
| | | 能认读生字 |
| | | 能指认笔画 |
| | | 能指认偏旁 |
| | | 能握笔 |
| | 写字 | 能书写拼音 |
| | | 能书写笔画 |
| | | 能书写偏旁部首 |
| | | 能书写常用字 |
| | | 能按笔顺书写 |
| | | 能用硬笔书写 |
| | | 写字姿势习惯正确 |
| 阅读与鉴赏 | 诵读与理解 | 能朗读课文 |
| | | 能背诵课文 |
| | 阅读与理解 | 能理解图画内容 |
| | | 能指认标点符号 |
| | | 能标注段落 |
| | | 能主动阅读 |
| | | 能爱护图书 |
| | 文学积累 | 能积累格言警句 |
| 表达与交流 | 倾听 | 能听人讲话 |
| | 表达 | 能说普通话 |
| | 交流 | 交谈礼仪 |
| 梳理与探究 | 梳理 | 能复习拼音 |
| | | 能复习汉字 |
| | 探究 | 能在生活中学习汉字 |
| | | 能在生活中运用汉字 |
| | | 能观察表达 |

纵轴刻度：3　2　1　0

## 6.评估结果分析

（1）评估结果

| 领域 | 现况摘要 | |
| --- | --- | --- |
| | 优势 | 弱势 |
| 识字与写字 | 能正确朗读和书写出所学的大部分声母、韵母、音节以及汉字 | 学生在识字写字能力方面的自觉性和主动性有待提高，对于不熟悉和较为复杂的声母、韵母、音节、汉字等会存在读音不正确以及书写不正确的情况 |
| 阅读与鉴赏 | 能基本正确流利地朗读课文，初步养成阅读书籍的好习惯 | 在需要学生记忆和背诵的部分完成度较低，如背诵儿歌、古诗以及格言警句 |
| 表达与交流 | 能就自己感兴趣的话题和事物与他人有礼貌地交流 | 在与他人交流的过程中存在注意力不集中，无法长时间地保持专注，不愿意和他人长时间交谈的情况 |
| 梳理与探究 | 能通过绘画和说话的形式将语文学习和生活实际初步联系 | 无法自觉主动地对所学语文知识进行整理复习，且迁移难度大 |

（2）总体评价

通过评估表的得分结果以及侧面图可以看出，该生对于一年级上册所学知识的掌握情况较好，初步养成了语文听、说、读、写等方面的能力且初步形成了良好的行为规范以及学习习惯。但是该生注意力集中程度较低，容易走神，专注程度不够，对于需要学生进行记忆和迁移的知识点无法很好掌握，难度较大。

（3）教学建议

●该生已初步具有良好的识字写字能力和书写习惯，对于较难的生字词和拼音等，可通过拆解字词和多次少时不间断的教学方式让学生掌握书写。

●针对课文需要背诵和记忆的部分，可采取碎片化小步子教学，将需要记忆背诵的内容拆成小块，让学生分句分段记忆。

●该生能就感兴趣的话题与他人进行交流，但兴趣单一且专注度低，可建立不同层次、不同类型的强化物以保持学生的专注力以及扩大学生的兴趣面。

●该生能初步将语文知识和生活实际联系，可在课堂上多采用生活化、实际化的例子进行情境教学，为学生搭建经验化的生活语文教学平台，以提高该生的语文学习兴趣和知识迁移能力。

## （二）一年级语文课程评估表填写说明（下册）

| 次领域 | 评估指标 | 评估题目 | 评估方法 | 填写说明 |
|---|---|---|---|---|
| 1 识字 | 1-1 学习汉字 | 1-1-1 能在日常学习中主动学习汉字 | 1.观察：教师在日常教学过程中，观察学生能否进行课前预习、课上学习、课后复习<br>2.访谈：访谈家长，了解学生能否在日常学习中进行课前预习、课上学习、课后复习 | 教师可选择观察、访谈的方式，了解学生在日常学习中是否存在主动学习汉字的行为 |
| | | 1-1-2 能在日常生活中主动学习汉字 | 1.观察：教师在日常教学中，观察学生能否在日常生活中主动学习汉字<br>2.访谈：访谈家长，了解学生能否在日常生活中主动学习汉字 | 教师可选择观察、访谈的方式，了解学生在日常生活中是否存在主动学习汉字的行为 |
| | 1-2 认读生字 | 1-2-1 能借助汉语拼音认读本册400个生字 | 1.观察：教师在日常教学过程中，观察学生认读汉字情况<br>2.测验：教师随机抽取本册写字表中10个汉字，要求学生进行认读，并记录正确率（如10个汉字中能正确书写3个、6个、9个） | 教师可选择观察、测验的方式，了解学生借助拼音认读生字的能力 |
| | 1-3 指认笔画 | 1-3-1 能正确指认汉字的基本笔画 | 1.观察：教师在日常教学过程中，观察学生指认汉字基本笔画情况<br>2.测验：教师随机出示本册汉字笔画，要求学生指认，记录其表现 | 教师可选择观察、测验的方式，了解学生指认汉字基本笔画的能力 |
| | 1-4 指认偏旁 | 1-4-1 能正确指认本册汉字常用的偏旁部首 | 1.观察：教师在日常教学过程中，观察学生指认汉字基本偏旁部首情况<br>2.测验：教师随机出示本册偏旁部首，要求学生指认，记录其表现 | 教师可选择观察、测验的方式，了解学生指认汉字偏旁部首的能力 |
| | 1-5 指认大写字母 | 1-5-1 能指认随机抽查的大写字母 | 1.观察：教师在日常教学过程中，观察学生指认汉语拼音大写字母的情况<br>2.测验：教师随机出示本册汉语拼音大写字母，记录学生正确率 | 教师可选择观察、测验的方式，了解学生指认大写字母的能力 |
| | 1-6 查字典 | 1-6-1 能独立使用音序检字法查字典 | 1.观察：教师在日常教学过程中，观察学生使用音序检字法查字典的情况<br>2.访谈：访谈家长，了解学生使用音序检字法查字典的情况 | 教师可选择观察、访谈的方式，了解学生使用音序检字法查字典的能力 |

续表

| 次领域 | 评估指标 | 评估题目 | 评估方法 | 填写说明 |
|---|---|---|---|---|
| 2 写字 | 2-1 书写笔画 | 2-1-1 能正确书写汉字的基本笔画 | 1.观察：教师在日常教学过程中，观察学生书写汉字情况<br>2.测验：教师由简单到复杂地口述笔画，要求学生书写汉字的基本笔画，记录学生书写情况 | 教师可选择观察、测验的方式，了解学生正确书写汉字基本笔画的能力 |
| | 2-2 书写偏旁部首 | 2-2-1 能正确书写本册汉字常用的偏旁部首 | 1.观察：教师在日常教学过程中，观察学生能否正确书写本册汉字偏旁部首<br>2.测验：教师由简单到复杂地口述本册汉字的偏旁部首，要求学生书写汉字的偏旁部首，并记录学生书写情况 | 教师可选择观察、测验的方式，了解学生书写汉字偏旁部首的能力 |
| | 2-3 书写常用字 | 2-3-1 能书写本册常用汉字200个 | 1.观察：教师在日常教学过程中，观察学生能书写本册汉字的数量<br>2.测验：教师随机抽取本册写字表中的10个汉字进行听写，记录正确率（如10个汉字中能正确书写3个、6个、9个） | 教师可选择观察、测验的方式，了解学生书写汉字的能力 |
| | 2-4 按笔顺书写 | 2-4-1 能按笔顺规则用硬笔书写汉字 | 1.观察：教师在日常教学过程中，观察学生书写汉字笔顺规则的情况<br>2.测验：教师出示本册汉字，要求学生书写，记录学生书写汉字的笔顺是否正确 | 教师可选择观察、测验的方式，了解学生按笔顺用硬笔书写汉字的能力 |
| | 2-5 按结构书写 | 2-5-1 能根据汉字的间架结构书写汉字 | 1.观察：教师在日常教学过程中，观察学生书写汉字间架结构的情况<br>2.测验：教师出示本册汉字，要求学生书写，记录学生书写汉字的间架结构是否正确 | 教师可选择观察、测验的方式，了解学生按照间架结构书写汉字的能力 |
| | 2-6 硬笔书写 | 2-6-1 能使用硬笔规范书写汉字 | 1.观察：教师在日常教学过程中，观察学生书写汉字是否规范<br>2.访谈：访谈家长，了解学生能否使用硬笔规范书写汉字<br>3.测验：教师出示本册汉字，要求学生书写，记录学生书写情况 | 教师可选择观察、访谈、测验的方式，了解学生用硬笔规范书写汉字的能力 |
| | | 2-6-2 能使用硬笔端正书写汉字 | 1.观察：教师在日常教学过程中，观察学生书写汉字是否端正<br>2.访谈：访谈家长，了解学生能否使用硬笔端正书写汉字<br>3.测验：教师随机出示本册汉字，要求学生书写，记录学生书写情况 | 教师可选择观察、访谈、测验的方式，了解学生使用硬笔端正书写汉字的能力 |

续表

| 次领域 | 评估指标 | 评估题目 | 评估方法 | 填写说明 |
|---|---|---|---|---|
| 2<br>写字 | 2-6<br>硬笔书写 | 2-6-3<br>能使用硬笔整洁书写汉字 | 1.观察：教师在日常教学过程中，观察学生书写汉字是否整洁<br>2.访谈：访谈家长，了解学生能否使用硬笔整洁书写汉字<br>3.测验：教师随机出示本册汉字，要求学生书写，记录书写情况 | 教师可选择观察、访谈、测验的方式，了解学生使用硬笔整洁书写汉字的能力 |
| | 2-7<br>写字姿势习惯 | 2-7-1<br>能保持正确的写字姿势 | 1.观察：教师在日常教学过程中，观察学生平时写字的姿势是否正确<br>2.访谈：访谈家长，了解学生写字姿势是否正确<br>3.测验：教师随机出示本册汉字，要求学生书写，评估学生的写字姿势 | 教师可选择观察、访谈、测验的方式，了解学生保持正确写字姿势的能力 |
| | | 2-7-2<br>能初步养成良好的书写习惯 | 1.观察：教师在日常教学过程中，观察学生是否养成良好的书写习惯<br>2.访谈：访谈家长，学生书写汉字时是否有良好的书写习惯<br>3.测验：教师随机出示本册汉字，要求学生书写，记录学生的书写情况 | 教师可选择观察、访谈、测验的方式，了解学生是否养成良好的书写习惯 |

## 领域二：阅读与鉴赏

| 次领域 | 评估指标 | 评估题目 | 评估方法 | 填写说明 |
|---|---|---|---|---|
| 1<br>诵读与理解 | 1-1<br>朗读课文 | 1-1-1<br>能用普通话正确朗读本册课文 | 1.观察：教师在日常教学过程中，观察学生是否用普通话正确朗读课文<br>2.测验：教师出示一篇本册课文，要求学生用普通话正确地朗读课文，记录学生朗读情况 | 教师可选择观察、测验的方式，了解学生用普通话正确朗读课文的能力 |
| | | 1-1-2<br>能用普通话流利朗读本册课文 | 1.观察：教师在日常教学过程中，观察学生是否用普通话流利朗读课文<br>2.测验：教师出示一篇本册课文，要求学生用普通话流利地朗读课文，记录学生朗读情况 | 教师可选择观察、测验的方式，了解学生用普通话流利朗读课文的能力 |
| | 1-2<br>背诵课文 | 1-2-1<br>能背诵本册要求背诵的儿歌 | 1.观察：教师在日常教学过程中，观察学生背诵本册儿歌的情况<br>2.测验：教师出示本册要求背诵的儿歌标题，要求学生背诵，记录学生背诵情况 | 教师可选择观察、测验的方式，了解学生背诵儿歌的能力 |
| | | 1-2-2<br>能背诵本册要求背诵的古诗 | 1.观察：教师在日常教学过程中，观察学生背诵本册儿歌的情况<br>2.测验：教师出示本册要求背诵的古诗标题，要求学生背诵，记录学生背诵情况 | 教师可选择观察、测验的方式，了解学生背诵古诗的能力 |

续表

| 次领域 | 评估指标 | 评估题目 | 评估方法 | 填写说明 |
|---|---|---|---|---|
| 2<br>阅读与理解 | 2-1<br>阅读兴趣 | 2-1-1<br>能感受阅读的乐趣 | 1.观察：教师在日常教学过程中，观察学生平时阅读时，能否乐在其中<br>2.访谈：访谈家长，了解学生能否长时间独立阅读，是否能感受阅读的乐趣 | 教师可选择观察、访谈的方式，了解学生能否感受阅读的乐趣 |
| | | 2-1-2<br>能主动阅读 | 1.观察：教师在日常教学过程中，观察学生能否主动进行课内或课外阅读<br>2.访谈：访谈家长，了解学生能否主动进行课内或课外阅读 | 教师可选择观察、访谈的方式，了解学生能否主动阅读 |
| | | 2-1-3<br>能喜欢阅读 | 1.观察：教师在日常教学过程中，观察学生是否喜欢阅读<br>2.访谈：访谈家长，了解学生平时在家里的阅读情况 | 教师可选择观察、访谈的方式，了解学生是否喜欢阅读 |
| | 2-2<br>理解图画内容 | 2-2-1<br>能理解读物中图画的内容 | 1.观察：教师在日常教学过程中，观察学生对读物中图画内容的理解情况<br>2.测验：教师出示一幅图画，请学生根据图画说出内容，并注意学生是否需要多次提示 | 教师可选择观察、测验的方式，了解学生理解读物中图画内容的能力 |
| | 2-3<br>理解词句意思 | 2-3-1<br>能联系上下文理解词句的意思 | 1.观察：教师在日常教学过程中，观察学生能否联系上下文理解词句的意思<br>2.测验：教师出示本册学习的课文，请学生根据某段内容，说一说该段内容中某个词语的意思 | 教师可选择观察、测验的方式，了解学生联系上下文理解词句的能力 |
| | | 2-3-2<br>能结合生活实际理解词句意思 | 1.观察：教师观察学生能否在校园环境中理解词句意思<br>2.访谈：访谈家长，了解学生在生活情境中是否能通过生活经验理解词句意思<br>3.测验：教师出示本册学习的课文，请学生根据生活实际，说一说该段内容中某个词语的意思 | 教师可选择观察、访谈、测验的方式，了解学生结合生活理解词句的能力 |
| | 2-4<br>积累词语 | 2-4-1<br>在阅读中积累词语 | 1.观察：教师在日常教学过程中，观察学生能否在阅读中积累词语<br>2.访谈：访谈家长，了解学生在阅读中是否有积累词语的习惯 | 教师可选择观察、访谈的方式，了解学生积累词语的能力 |
| | 2-5<br>指认标点符号 | 2-5-1<br>能指认本册课文中常见的标点符号 | 1.观察：教师在日常教学过程中，观察学生指认标点符号的情况<br>2.测验：教师随机出示本册学习的标点符号，要求学生指认，并记录正确率 | 教师可选择观察、测验的方式，了解学生指认标点符号的能力 |

续表

| 次领域 | 评估指标 | 评估题目 | 评估方法 | 填写说明 |
|---|---|---|---|---|
| 2<br>阅读与理解 | 2-6<br>体会标点符号语气 | 2-6-1<br>在阅读过程中，能体会句号所表达的语气 | 1. 观察：教师在日常教学过程中，观察学生体会句号所表达的语气情况<br>2. 测验：教师出示带句号的语句，请学生阅读，观察学生能否读出陈述语气 | 教师可选择观察、测验的方式，了解学生体会句号语气的能力 |
| | | 2-6-2<br>在阅读过程中，能体会问号所表达的语气 | 1. 观察：教师在日常教学过程中，观察学生体会问号所表达的语气情况<br>2. 测验：教师出示带问号的语句，请学生阅读，观察学生能否读出问号语气 | 教师可选择观察、测验的方式，了解学生体会问号语气的能力 |
| | | 2-6-3<br>在阅读过程中，能体会感叹号所表达的语气 | 1. 观察：教师在日常教学过程中，观察学生体会感叹号所表达的语气情况<br>2. 测验：教师出示带感叹号的语句，请学生阅读，观察学生能否读出感叹语气 | 教师可选择观察、测验的方式，了解学生体会感叹号语气的能力 |
| 3<br>文学积累 | 3-1<br>积累格言警句 | 3-1-1<br>积累本册课本中的格言警句 | 1. 观察：教师在日常教学过程中，观察学生能否积累本册的格言警句<br>2. 访谈：访谈家长，了解学生积累本册格言警句的情况<br>3. 测验：教师出示本册格言警句，说出上半句或下半句，让学生背诵缺少部分 | 教师可选择观察、访谈、测验的方式，了解学生积累格言警句的能力 |

### 领域三：表达与交流

| 次领域 | 评估指标 | 评估题目 | 评估方法 | 填写说明 |
|---|---|---|---|---|
| 1<br>倾听 | 1-1<br>听人讲话 | 1-1-1<br>能认真听他人讲话 | 1. 观察：教师在日常教学过程中，观察学生能否认真听他人讲话<br>2. 访谈：访谈家长，了解学生能否认真听他人讲话 | 教师可选择观察、访谈的方式，了解学生认真听他人讲话的能力 |
| | | 1-1-2<br>能理解别人说话的内容 | 1. 观察：教师观察学生能否理解别人说话的内容<br>2. 访谈：访谈家长及其他教师，了解学生能否理解别人说话的内容 | 教师可选择观察、访谈的方式，了解学生理解别人说话内容的能力 |
| | | 1-1-3<br>能抓住要点，了解谈话内容 | 1. 观察：教师在日常教学过程中，观察学生能否抓住谈话要点<br>2. 访谈：访谈家长，了解学生与家人日常对话的情况 | 教师可选择观察、访谈的方式，了解学生与他人日常对话的情况 |

续表

| 次领域 | 评估指标 | 评估题目 | 评估方法 | 填写说明 |
|---|---|---|---|---|
| 1 倾听 | 1-2 听故事 | 1-2-1 能专心地听故事 | 1. 观察：教师在日常教学过程中，观察学生能否专心听故事<br>2. 访谈：访谈家长，了解学生能否认真倾听睡前小故事<br>3. 测验：教师讲述一则小故事，记录学生听故事表现 | 教师可选择观察、访谈、测验的方式，了解学生听故事时的专心程度 |
| 2 表达 | 2-1 故事转述 | 2-1-1 能记住故事要点并进行简要的转述 | 1. 观察：教师在日常教学过程中，观察学生能否记住故事要点，并进行简要转述<br>2. 访谈：访谈家长，了解学生能否记住故事并进行简要转述<br>3. 测验：教师讲述一则小故事，要求学生记住要点并进行简要转述，记录学生表现 | 教师可选择观察、访谈、测验的方式，了解学生记住故事要点的能力，以及简要转述故事的能力 |
| | 2-2 说普通话 | 2-2-1 会说普通话 | 1. 观察：教师在日常教学过程中，观察学生说普通话的情况<br>2. 访谈：访谈家长，了解学生平时说普通话的情况 | 教师可选择观察、访谈的方式，了解学生说普通话的能力 |
| | | 2-2-2 能在学习中养成说普通话的习惯 | 1. 观察：在学校环境中，教师观察学生是否习惯说普通话<br>2. 访谈：访谈其他同学，了解学生在平时生活中同他人对话的情况 | 教师可选择观察、访谈的方式，了解学生是否在学习中养成说普通话的习惯 |
| | | 2-2-3 能在日常生活中养成说普通话的习惯 | 1. 观察：教师观察学生日常生活中，能否坚持说普通话，是否养成说普通话的习惯<br>2. 访谈：访谈家长，了解学生在日常生活中是否习惯说普通话 | 教师可选择观察、访谈的方式，了解学生是否在生活中养成说普通话的习惯 |
| 3 交流 | 3-1 交谈礼仪 | 3-1-1 与别人交谈，态度自然大方，有礼貌 | 1. 观察：教师在日常教学过程中，观察学生与别人交谈时是否有礼貌<br>2. 访谈：访谈家长，了解学生在平时生活中与他人对话是否自然、大方、有礼貌 | 教师可选择观察、访谈的方式，了解学生在平时生活中与他人对话是否自然、大方、有礼貌 |
| | 3-2 讨论时发表意见 | 3-2-1 敢于在讨论中发表自己的意见 | 1. 观察：教师在日常教学过程中，观察学生能否敢于在讨论中发表自己的意见<br>2. 访谈：访谈其他同学，了解学生能否在讨论中发表自己的意见 | 教师可选择观察、访谈的方式，了解学生能否在讨论中发表自己的意见 |

**领域四：梳理与探究**

| 次领域 | 评估指标 | 评估题目 | 评估方法 | 填写说明 |
|---|---|---|---|---|
| 1 梳理 | 1-1 复习拼音 | 1-1-1 能复习学过的拼音 | 1. 观察：教师在日常教学过程中，观察学生是否能正确梳理学过的拼音 2. 访谈：访谈家长，了解学生对拼音的熟悉度，能否梳理学过的拼音 | 教师可选择观察、访谈的方式，了解学生对拼音的熟悉度，能否梳理学过的拼音 |
| | 1-2 复习汉字 | 1-2-1 能复习本册学过的汉字 | 1. 观察：教师在日常教学过程中，观察学生是否能正确梳理本册学过的字，了解学生对本册汉字的熟悉度 2. 访谈：访谈家长，了解学生对本册汉字的熟悉度，能否梳理本册学过的汉字 | 教师可选择观察、访谈的方式，了解学生对本册汉字的熟悉度，能否梳理本册学过的汉字 |
| 2 探究 | 2-1 生活中学习汉字 | 2-1-1 结合语文学习，在生活中学习汉字 | 1. 观察：教师在日常教学过程中，观察学生能否结合语文学习，在生活中学习汉字 2. 访谈：访谈家长，了解学生能否结合语文学习，在生活中学习汉字 | 教师可选择观察、访谈的方式，了解学生能否结合语文学习，在生活中学习汉字 |
| | 2-2 生活中运用汉字 | 2-2-1 结合语文学习，在生活中运用学过的汉字 | 1. 观察：教师在日常教学过程中，观察学生平时能否将学过的汉字与日常生活联系起来，在生活中运用学过的汉字 2. 访谈：访谈家长，了解学生联系汉字和生活的能力，能否在生活中运用学过的汉字 | 教师可选择观察、访谈的方式，了解学生联系汉字和生活的能力，能否在生活中运用学过的汉字 |
| | 2-3 观察表达 | 2-3-1 能结合语文学习，口头表达自己的观察所得 | 1. 观察：教师在日常教学过程中，观察学生平时日常生活中能否口头表达自己所观察到的事物 2. 访谈：访谈家长，了解学生平时生活中能否口头表达自己所观察到的事物 | 教师可选择观察、访谈的方式，了解学生平时生活中能否口头表达自己所观察到的事物 |
| | | 2-3-2 能结合语文学习，用图画表达自己的观察所得 | 1. 观察：教师在日常教学过程中，观察学生平时日常生活中能否用图画将自己所观察到的事物记录下来 2. 访谈：访谈家长，了解学生平时生活中能否用图画将自己所观察到的事物记录下来 | 教师可选择观察、访谈的方式，了解学生平时生活中能否用图画将自己所观察到的事物记录下来 |

续表

| 次领域 | 评估指标 | 评估题目 | 评估方法 | 填写说明 |
|---|---|---|---|---|
| 2 探究 | 2-3 观察表达 | 2-3-3 能表达参加校园活动的见闻和看法 | 1.观察：教师在日常教学过程中，观察学生平时日常生活中能否分享自己参加校园活动的见闻和看法<br>2.访谈：访谈家长，了解学生平时生活中能否与家人分享在校园活动中所经历的事物，并发表自己的看法 | 教师可选择观察、访谈的方式，了解学生平时生活中能否与他人分享在校园活动中所经历的事物，并发表自己的看法 |

# （三）一年级上册语文课程评估材料

领域一：识字与写字

1 识字

**1-2 认读拼音**

1-2-1 声母表

使用说明：教师出示声母表，依次指出声母，让学生依次认读声母，教师记录正确的个数并打分。

| b | p | m | f | d |
|---|---|---|---|---|
| t | n | l | g | k |
| h | j | q | x | zh |
| ch | sh | r | z | c |
| s | y | w | | |

1-2-2 韵母表

使用说明：教师出示韵母表，依次指出韵母，让学生依次认读韵母，教师记录正确的个数并打分。

| a | o | e | i | u |
|---|---|---|---|---|
| ü | ai | ei | ui | ao |
| ou | iu | ie | üe | er |
| an | en | in | un | ün |
| ang | eng | ing | ong | |

1-2-3 声调

使用说明：教师出示并依次指出音调，让学生依次认读声调，教师记录正确的个数并打分。

| ā | á | ǎ | à |
|---|---|---|---|

### 1-2-4 整体认读音节

使用说明：教师出示并依次指出整体认读音节，让学生依次认读整体认读音节，教师记录正确的个数并打分。

| | | | |
|---|---|---|---|
| zhi | chi | shi | ri |
| zi | ci | si | yi |
| wu | yu | ye | yue |
| yuan | yin | yun | ying |

### 1-2-5 两拼音节、三拼音节

使用说明：教师由简单到复杂地出示并依次指出两拼音节和三拼音节，让学生依次认读两拼音节和三拼音节，教师记录正确的个数并打分。

| 两拼音节 | | | | |
|---|---|---|---|---|
| （简单） | b—u | le | ji | zhe | wo |
| （复杂） | d—ao | you | liu | chen | reng |
| 三拼音节 | | | | |
| x—i—an | lian | xiong | duan | yuan | qiao |

## 1-3 认读生字

### 1-3-1 识字表

使用说明：教师根据出示的识字表，随机指出若干汉字，请学生根据拼音读出汉字，教师记录正确率并打分。

| tiān 天 | dì 地 | rén 人 | nǐ 你 | wǒ 我 | tā 他 | yī 一 | èr 二 | sān 三 | sì 四 |
|---|---|---|---|---|---|---|---|---|---|
| wǔ 五 | shàng 上 | xià 下 | kǒu 口 | ěr 耳 | mù 目 | shǒu 手 | zú 足 | zhàn 站 | zuò 坐 |
| rì 日 | yuè 月 | huǒ 火 | shān 山 | shí 石 | tián 田 | hé 禾 | duì 对 | yún 云 | yǔ 雨 |
| fēng 风 | huā 花 | niǎo 鸟 | chóng 虫 | liù 六 | qī 七 | bā 八 | jiǔ 九 | shí 十 | bà 爸 |
| mā 妈 | qí 棋 | jī 鸡 | mǎ 马 | tǔ 土 | bù 不 | zì 字 | cí 词 | yǔ 语 | jù 句 |
| zǐ 子 | huà 画 | dǎ 打 | zhuō 桌 | zhǐ 纸 | wén 文 | shù 数 | xué 学 | yīn 音 | yuè 乐 |
| mèi 妹 | nǎi 奶 | bái 白 | cǎo 草 | jiā 家 | shì 是 | xiǎo 小 | qiáo 桥 | tái 台 | chē 车 |
| lù 路 | dēng 灯 | zǒu 走 | xuě 雪 | ér 儿 | qiū 秋 | qì 气 | le 了 | shù 树 | yè 叶 |

续表

| | | | | | | | | | |
|---|---|---|---|---|---|---|---|---|---|
| piàn 片 | dà 大 | fēi 飞 | huì 会 | gè 个 | de 的 | chuán 船 | liǎng 两 | tóu 头 | zài 在 |
| lǐ 里 | kàn 看 | jiàn 见 | shǎn 闪 | xīng 星 | jiāng 江 | nán 南 | kě 可 | cǎi 采 | lián 莲 |
| yú 鱼 | dōng 东 | xī 西 | běi 北 | jiān 尖 | shuō 说 | chūn 春 | qīng 青 | wā 蛙 | xià 夏 |
| wān 弯 | pí 皮 | de 地 | dōng 冬 | nán 男 | nǚ 女 | kāi 开 | guān 关 | zhèng 正 | fǎn 反 |
| yuǎn 远 | yǒu 有 | sè 色 | jìn 近 | tīng 听 | wú 无 | shēng 声 | qù 去 | hái 还 | lái 来 |
| duō 多 | huáng 黄 | shǎo 少 | niú 牛 | zhǐ 只 | māo 猫 | biān 边 | yā 鸭 | píng 苹 | guǒ 果 |
| xìng 杏 | táo 桃 | shū 书 | bāo 包 | chǐ 尺 | zuò 作 | yè 业 | běn 本 | bǐ 笔 | dāo 刀 |
| kè 课 | zǎo 早 | xiào 校 | míng 明 | lì 力 | chén 尘 | cóng 从 | zhòng 众 | shuāng 双 | mù 木 |
| lín 林 | sēn 森 | tiáo 条 | xīn 心 | shēng 升 | guó 国 | qí 旗 | zhōng 中 | hóng 红 | gē 歌 |
| qǐ 起 | me 么 | měi 美 | lì 丽 | lì 立 | wǔ 午 | wǎn 晚 | zuó 昨 | jīn 今 | nián 年 |
| yǐng 影 | qián 前 | hòu 后 | gǒu 狗 | zuǒ 左 | yòu 右 | hǎo 好 | péng 朋 | yǒu 友 | bǐ 比 |
| wěi 尾 | bā 巴 | shuí 谁 | cháng 长 | duǎn 短 | bǎ 把 | sǎn 伞 | tù 兔 | zuì 最 | gōng 公 |
| shuì 睡 | zhǎng 长 | chū 出 | lǜ 绿 | gèng 更 | méi 没 | fāng 方 | dào 到 | wèn 问 | kōng 空 |
| bàn 半 | cǎi 彩 | shǔ 数 | chéng 成 | yǐ 以 | men 们 | chuàn 串 | dāng 当 | gěi 给 | guò 过 |
| yào 要 | diǎn 点 | shī 诗 | xiě 写 | nà 那 | hǎi 海 | zhēn 真 | lǎo 老 | shī 师 | ma 吗 |
| tóng 同 | shén 什 | cái 才 | liàng 亮 | shí 时 | hòu 候 | jué 觉 | de 得 | zì 自 | jǐ 己 |
| hěn 很 | chuān 穿 | yī 衣 | fú 服 | mén 门 | kuài 快 | lán 蓝 | yòu 又 | xiào 笑 | zhe 着 |
| xiàng 向 | hé 和 | bèi 贝 | wá 娃 | guà 挂 | huó 活 | jīn 金 | gē 哥 | jiě 姐 | dì 弟 |
| shū 叔 | yé 爷 | qún 群 | zhú 竹 | yá 牙 | yòng 用 | jǐ 几 | bù 步 | wèi 为 | cān 参 |
| jiā 加 | dòng 洞 | zháo 着 | wū 乌 | yā 鸦 | chù 处 | zhǎo 找 | bàn 办 | páng 旁 | xǔ 许 |
| fǎ 法 | fàng 放 | jìn 进 | gāo 高 | zhù 住 | hái 孩 | wán 玩 | ba 吧 | fā 发 | yá 芽 |
| pá 爬 | ya 呀 | jiǔ 久 | huí 回 | quán 全 | biàn 变 | gōng 工 | chǎng 厂 | yī 医 | yuàn 院 |

### 1-4 指认笔画

#### 1-4-1 基本笔画

使用说明：教师根据出示的基本笔画表，从上到下、从简单到复杂请学生对基本笔画进行指认，记录正确率并打分。

| 笔画 | 名称 | 例字 |
|---|---|---|
| 一 | 横 | 开、土 |
| 丨 | 竖 | 中、上 |
| 丿 | 撇 | 天、禾 |
| 丶 | 捺 | 人、尺 |
| 丶 | 点 | 头、下 |
| 提 | 提 | 虫、把 |
| ㄱ | 横折 | 口、五 |
| フ | 横撇 | 子、水 |
| ㄱ | 横钩 | 你 |
| ㄴ | 竖折 | 山、牙 |
| ㄴ | 竖提 | 长、比 |
| ㄴ | 竖弯 | 四、西 |
| 亅 | 竖钩 | 小、可 |
| 亅 | 弯钩 | 了、手 |
| 乀 | 斜钩 | 我 |
| 乚 | 撇折 | 去、东 |
| 乚 | 卧钩 | 心 |
| 〱 | 撇点 | 女 |
| ㄱ | 横折钩 | 力、月 |
| ㄴ | 竖弯钩 | 儿、巴 |
| 乙 | 横折弯钩 | 几 |
| 𠃌 | 竖折折钩 | 马、鸟 |

## 1-5 指认偏旁

### 1-5-1 偏旁部首

使用说明：教师根据出示的偏旁部首表，从上到下、从简单到复杂请学生对偏旁部首进行指认，记录正确率并打分。

| 偏旁 | 名称 | 例字 |
|---|---|---|
| 亻 | 单人旁 | 作、们 |
| 八 | 八字头 | 公 |
| 人 | 人字头 | 会、全 |

续表

| 偏旁 | 名称 | 例字 |
|---|---|---|
| ⺈ | 斜刀头 | 兔 |
| 勹 | 包字头 | 包、句 |
| 亠 | 京字头 | 亮 |
| 冖 | 秃宝盖 | 写 |
| 讠 | 言字旁 | 说、课 |
| 扌 | 提手旁 | 把、挂 |
| 艹 | 草字头 | 莲、芽 |
| 口 | 口字旁 | 叶、吗 |
| 囗 | 国字框 | 国、回 |
| 彳 | 双人旁 | 得、很 |
| 彡 | 三撇 | 彩、影 |
| 犭 | 反犬旁 | 猫、狗 |
| 夂 | 折文 | 夏、冬 |
| 门 | 门字框 | 闪、问 |
| 氵 | 三点水 | 江、洞 |
| 忄 | 竖心旁 | 快 |
| 宀 | 宝盖 | 它、家 |
| 辶 | 走之 | 远、边 |
| 女 | 女字旁 | 好、妹 |
| 纟 | 绞丝旁 | 红、绿 |
| 王 | 王字旁 | 玩 |
| 木 | 木字旁 | 树、桃 |
| 日 | 日字旁 | 明、晚 |
| 月 | 月字旁 | 朋 |
| 灬 | 四点底 | 点 |
| 目 | 目字旁 | 睡 |
| 禾 | 禾木旁 | 和、秋 |
| 鸟 | 鸟字边 | 鸭 |
| 穴 | 穴宝盖 | 空、穿 |
| 虫 | 虫字旁 | 蛙 |
| 竹 | 竹字头 | 笔、笑 |

2 写字

**2-2 书写拼音**

2-2-1 ～ 2-2-6 四线格

使用说明：教师准备纸笔，根据出示声母、韵母、音节表，随机抽取若干声母、韵母、音节，请学生书写于四线格中，教师进行记录并打分。

**2-3 书写笔画**

2-3-1 ～ 2-3-2　能正确工整地书写汉字基本笔画

使用说明：教师准备纸笔，根据上面出示的基本笔画表，随机抽取简单或复杂的基本笔画请学生书写于田字格中，教师进行记录并打分。

**2-4 书写偏旁部首**

2-4-1 ～ 2-4-2 能正确工整地书写本册常用汉字的偏旁部首

使用说明：教师准备纸笔，根据上面出示的偏旁部首表，随机抽取简单或复杂的偏旁部首请学生书写于田字格中，教师进行记录并打分。

**2-5 ～ 2-8 能使用硬笔，按照笔顺规则书写本册常用汉字**

使用说明：教师准备纸笔，根据下方出示的写字表，随机抽取简单或复杂的常用汉字请学生书写于田字格中，并观察学生的书写习惯，教师进行记录并打分。

写字表：

| 早 | 书 | 刀 | 尺 | 一 | 二 | 上 | 木 | 土 | 力 |
|---|---|---|---|---|---|---|---|---|---|
| 中 | 五 | 立 | 口 | 目 | 耳 | 手 | 日 | 田 | 禾 |
| 火 | 在 | 后 | 我 | 好 | 虫 | 云 | 山 | 长 | 比 |
| 把 | 八 | 十 | 下 | 个 | 雨 | 了 | 子 | 大 | 问 |
| 有 | 半 | 从 | 你 | 儿 | 头 | 里 | 才 | 明 | 同 |
| 学 | 东 | 西 | 自 | 己 | 门 | 衣 | 天 | 四 | 是 |
| 白 | 的 | 又 | 和 | 女 | 开 | 竹 | 牙 | 马 | 用 |
| 几 | 只 | 石 | 出 | 见 | 水 | 去 | 来 | 不 | 对 |
| 妈 | 全 | 回 | 小 | 少 | 牛 | 果 | 鸟 | 工 | 厂 |

### 领域二：阅读与鉴赏

1 诵读与理解

**1-1 朗读课文**

1-1-1 ~ 1-1-2 本册课文范例

使用说明：教师根据下方出示的课文范例，请学生进行朗读，在朗读过程中记录学生能否正确读准字音、能否流畅不卡顿地读完整篇课文，并打分。

wū yā hē shuǐ
**乌 鸦 喝 水**

yì zhǐ wū yā kǒu kě le dào chù zhǎo shuǐ hē
一 只 乌 鸦 口 渴 了 ，到 处 找 水 喝 。

wū yā kàn jiàn yí gè píng zi píng zi lǐ yǒu shuǐ dàn shì píng zi
乌 鸦 看 见 一 个 瓶 子 ，瓶 子 里 有 水 。但 是 ，瓶 子

lǐ shuǐ bù duō píng kǒu yòu xiǎo wū yā hē bù zháo shuǐ zěn me bàn ne
里 水 不 多 ，瓶 口 又 小 ，乌 鸦 喝 不 着 水 。怎 么 办 呢 ？

wū yā kàn jiàn páng biān yǒu xǔ duō xiǎo shí zǐ xiǎng chū bàn fǎ lái
乌 鸦 看 见 旁 边 有 许 多 小 石 子 ，想 出 办 法 来

le
了 。

wū yā bǎ xiǎo shí zǐ yì kē yì kē de fàng jìn píng zi lǐ píng zi
乌 鸦 把 小 石 子 一 颗 一 颗 地 放 进 瓶 子 里 ，瓶 子

lǐ de shuǐ jiàn jiàn shēng gāo wū yā jiù hē zháo shuǐ le
里 的 水 渐 渐 升 高 ，乌 鸦 就 喝 着 水 了 。

**1-2 背诵课文**

1-2-1 本册儿歌范例

使用说明：教师随机抽取一篇本册需要背诵的儿歌，请学生进行背诵，教师记录学生所背诵儿歌的正确率并打分（包括《金木水火土》《对韵歌》《小小的船》《四季》《大小多少》《升国旗》《比尾巴》《前后左右 东南西北》《雪地里的小画家》）。

xiǎo xiǎo de chuán
**小 小 的 船**

wān wān de yuè ér xiǎo xiǎo de chuán
弯 弯 的 月 儿 小 小 的 船 。

xiǎo xiǎo de chuán ér liǎng tóu jiān
小 小 的 船 儿 两 头 尖 。

wǒ zài xiǎo xiǎo de chuán lǐ zuò
我 在 小 小 的 船 里 坐 ，

zhǐ kàn jiàn shǎn shǎn de xīng xing lán lán de tiān
只 看 见 闪 闪 的 星 星 蓝 蓝 的 天 。

## 1-2-2 本册古诗范例

使用说明：教师随机抽取一篇本册需要背诵的古诗，请学生进行背诵，教师记录学生所背诵古诗的正确率并打分（包括《咏鹅》《江南》《画》《悯农（其二）》《古朗月行》《风》）。

huà
**画**

táng　wáng wéi
[唐] 王 维

yuǎn kàn shān yǒu  sè
远 看 山 有 色，

jìn  tīng shuǐ wú shēng
近 听 水 无 声。

chūn qù huā hái zài
春 去 花 还 在，

rén  lái niǎo bù  jīng
人 来 鸟 不 惊。

## 2 阅读与理解

### 2-1 理解图画内容

#### 2-1-1 能理解读物中图画的内容

使用说明：教师出示一篇本册课文中的插图，先给学生提供若干图案，让学生选择图片中包含的图案，再请学生说说图画中的内容，教师记录学生情况并打分。

读物图画范例：

A.　　B.　　C.　　D.

### 2-2 指认标点符号

#### 2-2-1 能指认本册课文中的标点符号

使用说明：教师以下方出示的课文语句为例，请学生分别指认逗号、句号、问号、感叹号，教师进行记录并打分。

（1）有时候，我觉得自己很大。

（2）这是什么花啊？

（3）花生可好吃啦！

### 2-3 标注段落

#### 2-3-1 能标注自然段

使用说明：教师出示一段课文，让学生标注段落号，教师记录情况并打分。

## 秋　天

天气凉了，树叶黄了，一片片叶子从树上落下来。

天那么蓝，那么高。一群大雁往南飞，一会儿排成个"人"字，一会儿排成个"一"字。

啊！秋天来了！

### 3 文学积累

### 3-1 积累格言警句

#### 3-1-1 积累本册格言警句

使用说明：教师随机说出格言警句的上半句或下半句，请学生补充完整，教师记录正确个数并打分。

（1）一年之计在于春，一日之计在于晨。

（2）一寸光阴一寸金，寸金难买寸光阴。

（3）站如松，坐如钟。行如风，卧如弓。

（4）种瓜得瓜，种豆得豆。

（5）前人栽树，后人乘凉。

（6）千里之行，始于足下。

（7）百尺竿头，更进一步。

# （四）一年级下册语文课程评估材料

领域一：识字与写字

1 识字

**1-2 认读生字**

1-2-1 识字表

使用说明：教师根据出示的识字表，随机指出若干汉字，请学生根据拼音读出汉字，教师记录正确率并打分。

| lǐ 李 | chuī 吹 | luò 落 | wú 吴 | piāo 飘 | yóu 游 | chí 池 | rù 入 | xìng 姓 | shì 氏 |
|---|---|---|---|---|---|---|---|---|---|
| shuāng 霜 | zhāng 张 | gǔ 古 | jiàng 降 | zhào 赵 | qián 钱 | sūn 孙 | zhōu 周 | wáng 王 | guān 官 |
| qīng 清 | qíng 晴 | yǎn 眼 | jīng 睛 | bǎo 保 | hù 护 | hài 害 | shì 事 | qíng 情 | qǐng 请 |
| ràng 让 | bìng 病 | xiāng 相 | yù 遇 | xǐ 喜 | huān 欢 | pà 怕 | yán 言 | hù 互 | lìng 令 |
| dòng 动 | wàn 万 | chún 纯 | jìng 净 | yīn 阴 | léi 雷 | diàn 电 | zhèn 阵 | bīng 冰 | dòng 冻 |
| jiā 夹 | chī 吃 | wàng 忘 | jǐng 并 | cūn 村 | jiào 叫 | máo 毛 | zhǔ 主 | xí 席 | xiāng 乡 |
| qīn 亲 | zhàn 战 | shì 士 | miàn 面 | xiǎng 想 | gào 告 | sù 诉 | jiù 就 | jīng 京 | ān 安 |
| guǎng 广 | fēi 非 | cháng 常 | zhuàng 壮 | guān 观 | jiē 接 | jiào 觉 | zài 再 | zuò 做 | gè 各 |
| zhòng 种 | yàng 样 | huǒ 伙 | bàn 伴 | què 却 | yě 也 | qù 趣 | zhè 这 | tài 太 | yáng 阳 |
| dào 道 | sòng 送 | máng 忙 | cháng 尝 | xiāng 香 | tián 甜 | wēn 温 | nuǎn 暖 | gāi 该 | yán 颜 |
| yīn 因 | liàng 辆 | pǐ 匹 | cè 册 | zhī 支 | qiān 铅 | kē 棵 | jià 架 | kuài 块 | zhuō 捉 |
| jí 急 | zhí 直 | hé 河 | xíng 行 | sǐ 死 | xìn 信 | gēn 跟 | hū 忽 | hǎn 喊 | shēn 身 |
| zhǐ 只 | wō 窝 | gū 孤 | dān 单 | zhòng 种 | dōu 都 | lín 邻 | jū 居 | zhāo 招 | hū 呼 |
| jìng 静 | lè 乐 | zěn 怎 | dú 独 | tiào 跳 | shéng 绳 | jiǎng 讲 | děi 得 | yǔ 羽 | qiú 球 |
| xì 戏 | pái 排 | lán 篮 | lián 连 | yùn 运 | yè 夜 | sī 思 | guāng 光 | yí 疑 | chuáng 床 |
| jǔ 举 | wàng 望 | dī 低 | gù 故 | dǎn 胆 | gǎn 敢 | wǎng 往 | wài 外 | yǒng 勇 | chuāng 窗 |
| luàn 乱 | piān 偏 | sàn 散 | yuán 原 | xiàng 像 | wēi 微 | duān 端 | zòng 粽 | jié 节 | zǒng 总 |
| mǐ 米 | jiān 间 | fēn 分 | dòu 豆 | ròu 肉 | dài 带 | zhī 知 | jù 据 | niàn 念 | hóng 虹 |
| zuò 座 | jiāo 浇 | tí 提 | sǎ 洒 | tiāo 挑 | xìng 兴 | jìng 镜 | ná 拿 | qiān 千 | zhào 照 |
| méi 眉 | bí 鼻 | zuǐ 嘴 | bó 脖 | bì 臂 | dù 肚 | tuǐ 腿 | jiǎo 脚 | qíng 蜻 | tíng 蜓 |
| mí 迷 | cáng 藏 | zào 造 | mǎ 蚂 | yǐ 蚁 | shí 食 | liáng 粮 | zhī 蜘 | zhū 蛛 | wǎng 网 |
| yuán 圆 | yán 严 | hán 寒 | kù 酷 | shǔ 暑 | liáng 凉 | chén 晨 | xì 细 | zhāo 朝 | xiá 霞 |
| xī 夕 | yáng 杨 | cāo 操 | chǎng 场 | bá 拔 | pāi 拍 | pǎo 跑 | tī 踢 | líng 铃 | rè 热 |

续表

| nào 闹 | duàn 锻 | liàn 炼 | tǐ 体 | zhī 之 | chū 初 | xìng 性 | shàn 善 | xí 习 | jiào 教 |
|---|---|---|---|---|---|---|---|---|---|
| qiān 迁 | guì 贵 | zhuān 专 | yòu 幼 | yù 玉 | qì 器 | yì 义 | fàn 饭 | néng 能 | bǎo 饱 |
| chá 茶 | pào 泡 | qīng 轻 | biān 鞭 | pào 炮 | shǒu 首 | zōng 踪 | jì 迹 | fú 浮 | píng 萍 |
| quán 泉 | liú 流 | ài 爱 | róu 柔 | hé 荷 | lù 露 | jiǎo 角 | zhū 珠 | yáo 摇 | tǎng 躺 |
| jīng 晶 | tíng 停 | jī 机 | zhǎn 展 | tòu 透 | chì 翅 | bǎng 膀 | chàng 唱 | duǒ 朵 | yāo 腰 |
| pō 坡 | chén 沉 | shēn 伸 | cháo 潮 | shī 湿 | ne 呢 | kòng 空 | mēn 闷 | xiāo 消 | xī 息 |
| bān 搬 | xiǎng 响 | gùn 棍 | tāng 汤 | shàn 扇 | yǐ 椅 | yíng 萤 | qiān 牵 | zhī 织 | dòu 斗 |
| jù 具 | cì 次 | diū 丢 | nǎ 哪 | xīn 新 | měi 每 | píng 平 | tā 她 | xiē 些 | zǐ 仔 |
| jiǎn 检 | chá 查 | suǒ 所 | zhōng 钟 | dīng 丁 | yuán 元 | chí 迟 | xǐ 洗 | bèi 背 | gāng 刚 |
| gòng 共 | qì 汽 | jué 决 | dìng 定 | yǐ 已 | jīng 经 | wù 物 | hǔ 虎 | xióng 熊 | tōng 通 |
| zhù 注 | yì 意 | biàn 遍 | bǎi 百 | shé 舌 | guǐ 鬼 | liǎn 脸 | zhǔn 准 | dì 第 | hóu 猴 |
| jié 结 | bāi 掰 | mǎn 满 | káng 扛 | rēng 扔 | bèng 蹦 | pěng 捧 | guā 瓜 | bào 抱 | zhāi 摘 |
| zhuī 追 | chǎo 吵 | pàng 胖 | suì 岁 | xiàn 现 | piào 票 | jiāo 交 | gōng 弓 | gān 甘 | mián 棉 |
| niáng 娘 | zhì 治 | yàn 燕 | bié 别 | gàn 干 | rán 然 | qí 奇 | kē 颗 | piáo 瓢 | bì 碧 |
| tǔ 吐 | la 啦 | gū 咕 | dōng 咚 | shú 熟 | diào 掉 | xià 吓 | yáng 羊 | lù 鹿 | táo 逃 |
| mìng 命 | xiàng 象 | yě 野 | lán 拦 | lǐng 领 | bì 壁 | qiáng 墙 | wén 蚊 | yǎo 咬 | duàn 断 |
| nín 您 | bō 拨 | shuǎi 甩 | gǎn 赶 | fáng 房 | shǎ 傻 | zhuàn 转 | wèi 卫 | shuā 刷 | shū 梳 |

## 1-3 指认笔画

### 1-3-1 基本笔画

使用说明：教师根据出示的基本笔画表，从上到下、从简单到复杂请学生对基本笔画进行指认，记录正确率并打分。

| 笔画 | 名称 | 例字 |
|---|---|---|
| 一 | 横 | 开、土 |
| 丨 | 竖 | 中、上 |
| 丿 | 撇 | 天、禾 |
| ㇏ | 捺 | 人、尺 |
| 丶 | 点 | 头、下 |
| ㇀ | 提 | 虫、把 |
| ㇕ | 横折 | 口、五 |
| ㇆ | 横撇 | 子、水 |
| ㇇ | 横钩 | 你 |

续表

| 笔画 | 名称 | 例字 |
|---|---|---|
| ㄴ | 竖折 | 山、牙 |
| ㇙ | 竖提 | 长、比 |
| ㇄ | 竖弯 | 四、西 |
| ㇐ | 竖钩 | 小、可 |
| ㇕ | 弯钩 | 了、手 |
| ㇂ | 斜钩 | 我 |
| ㇋ | 撇折 | 去、东 |
| ㇀ | 卧钩 | 心 |
| ㇇ | 撇点 | 女 |
| ㇆ | 横折钩 | 力、月 |
| ㇠ | 竖弯钩 | 儿、巴 |
| ㇉ | 横折弯钩 | 几 |
| ㇈ | 竖折折钩 | 马、鸟 |

## 1-4 指认偏旁

### 1-4-1 偏旁部首

使用说明：教师根据出示的偏旁部首表，从上到下、从简单到复杂请学生对偏旁部首进行指认，记录正确率并打分。

| 偏旁 | 名称 | 例字 |
|---|---|---|
| 厂 | 厂字头 | 原 |
| 刂 | 立刀 | 刚、别 |
| 冫 | 两点水 | 冰、净 |
| ⺌ | 倒八 | 单 |
| 卩 | 单耳旁 | 却 |
| 又 | 又字旁 | 欢、观 |
| 阝 | 双耳旁 | 降、都 |
| 土 | 提土旁 | 块、场 |
| 大 | 大字头 | 奇、牵 |
| 广 | 广字旁 | 席 |
| 弓 | 弓字旁 | 张、弯 |

续表

| 偏旁 | 名称 | 例字 |
|---|---|---|
| 孑 | 子字旁 | 孤、孩 |
| 牛 | 牛字旁 | 物 |
| 斤 | 斤字旁 | 新、断 |
| 车 | 车字旁 | 转、辆 |
| 攵 | 反文旁 | 故、敢 |
| 火 | 火字旁 | 炼、炮 |
| 户 | 户字头 | 房、扇 |
| 心 | 心字底 | 忘、想 |
| 钅 | 金字旁 | 钱、铅 |
| 疒 | 病字旁 | 病 |
| 立 | 立字旁 | 端、站 |
| 衤 | 衣字旁 | 裙、初 |
| 页 | 页字边 | 颜、领 |
| 舌 | 舌字旁 | 甜、乱 |
| 米 | 米字旁 | 粽、粮 |
| 走 | 走字旁 | 赵、赶 |
| 𧾷 | 足字旁 | 跟、跳 |
| 身 | 身字旁 | 躺 |
| 雨 | 雨字头 | 霜、雷 |

## 1-5 指认大写字母

### 1-5-1 大写字母

使用说明：教师根据出示的字母表，依次请学生指认读出，教师记录正确率并打分。

| | | | | |
|---|---|---|---|---|
| A | B | C | D | E |
| F | G | H | I | J |
| K | L | M | N | O |
| P | Q | R | S | T |
| U | V | W | X | Y |
| Z | | | | |

## 2 写字

### 2-1 书写笔画

#### 2-1-1 能正确书写汉字的基本笔画

使用说明：教师准备纸笔，根据上面出示的基本笔画表，随机抽取简单或复杂的基本笔画请学生书写于田字格中，教师进行记录并打分。

### 2-2 书写偏旁部首

#### 2-2-1 能正确书写本册常用汉字的偏旁部首

使用说明：教师准备纸笔，根据上面出示的偏旁部首表，随机抽取简单或复杂的偏旁部首请学生书写于下方的田字格中，教师进行记录并打分。

### 2-3 ~ 2-7 能使用硬笔，按照笔顺规则、汉字结构书写本册常用汉字

使用说明：教师准备纸笔，根据出示的基本笔画表、偏旁部首表、写字表，随机抽取简单或复杂的基本笔画、偏旁部首以及常用汉字请学生书写于下方的田字格中，并观察学生的书写习惯，教师进行记录并打分。

写字表：

| | | | | | | | | | |
|---|---|---|---|---|---|---|---|---|---|
| 春 | 冬 | 风 | 雪 | 花 | 飞 | 入 | 姓 | 什 | 么 |
| 双 | 国 | 王 | 方 | 青 | 清 | 气 | 晴 | 情 | 请 |
| 生 | 字 | 左 | 右 | 红 | 时 | 动 | 万 | 吃 | 叫 |
| 主 | 江 | 住 | 没 | 以 | 多 | 会 | 走 | 北 | 京 |
| 广 | 过 | 各 | 种 | 样 | 伙 | 伴 | 这 | 太 | 阳 |
| 校 | 金 | 秋 | 因 | 为 | 他 | 地 | 河 | 说 | 也 |
| 听 | 哥 | 单 | 居 | 招 | 呼 | 快 | 乐 | 玩 | 很 |
| 当 | 音 | 讲 | 行 | 许 | 思 | 床 | 前 | 光 | 低 |
| 故 | 乡 | 色 | 外 | 看 | 爸 | 晚 | 笑 | 再 | 午 |
| 节 | 叶 | 米 | 真 | 分 | 豆 | 那 | 着 | 到 | 高 |
| 兴 | 千 | 成 | 识 | 字 | 迷 | 造 | 运 | 池 | 网 |
| 古 | 凉 | 细 | 夕 | 李 | 语 | 香 | 打 | 拍 | 跑 |
| 足 | 声 | 身 | 体 | 之 | 相 | 近 | 习 | 远 | 玉 |
| 义 | 首 | 采 | 无 | 树 | 爱 | 尖 | 角 | 亮 | 机 |
| 台 | 放 | 鱼 | 朵 | 美 | 直 | 呀 | 边 | 呢 | 吗 |
| 吧 | 加 | 文 | 次 | 找 | 平 | 办 | 让 | 包 | 钟 |
| 丁 | 元 | 共 | 已 | 经 | 坐 | 要 | 连 | 还 | 舌 |
| 点 | 块 | 非 | 常 | 往 | 瓜 | 进 | 空 | 病 | 医 |
| 别 | 干 | 奇 | 七 | 星 | 吓 | 怕 | 跟 | 家 | 羊 |
| 象 | 都 | 捉 | 条 | 爬 | 姐 | 您 | 草 | 房 | 生 |

领域二：阅读与鉴赏

### 1 诵读与理解

**1-1 朗读课文**

1-1-1 ~ 1-1-2 本册课文范例

使用说明：教师出示现代文范例，请学生进行朗读，在朗读过程中记录学生能否正确读准字音、能否流畅不卡顿地读完整篇课文，教师记录情况并打分。

chī shuǐ bú wàng wā jǐng rén
## 吃水不忘挖井人

ruì jīn chéng wài yǒu gè cūn zi jiào shā zhōu bà máo zhǔ xí zài jiāng xī
瑞 金 城 外 有 个 村 子 叫 沙 洲 坝，毛 主 席 在 江 西

lǐng dǎo gé mìng de shí hou zài nàr zhù guo
领 导 革 命 的 时 候，在 那 儿 住 过。

cūn zi lǐ méi yǒu shuǐ jǐng xiāng qīn men chī shuǐ yào dào hěn yuǎn de dì
村 子 里 没 有 水 井，乡 亲 们 吃 水 要 到 很 远 的 地

fang qù tiāo máo zhǔ xí jiù dài lǐng zhàn shì hé xiāng qīn men wā le yì kǒu jǐng
方 去 挑。毛 主 席 就 带 领 战 士 和 乡 亲 们 挖 了 一 口 井。

jiě fàng yǐ hòu xiāng qīn men zài jǐng páng biān lì le yí kuài shí bēi
解 放 以 后，乡 亲 们 在 井 旁 边 立 了 一 块 石 碑，

shàng miàn kè zhe chī shuǐ bú wàng wā jǐng rén shí kè xiāng niàn máo zhǔ xí
上 面 刻 着："吃 水 不 忘 挖 井 人，时 刻 想 念 毛 主 席。"

**1-2 背诵课文**

1-2-1 本册儿歌范例

使用说明：教师随机抽取一篇本册需要背诵的儿歌，请学生进行背诵，教师记录学生所背诵儿歌的正确率并打分（包括《姓氏歌》《古对今》《人之初》）。

xiǎo qīng wā
## 小 青 蛙

hé shuǐ qīng qīng tiān qì qíng
河 水 清 清 天 气 晴，

xiǎo xiǎo qīng wā dà yǎn jing
小 小 青 蛙 大 眼 睛。

bǎo hù hé miáo chī hài chóng
保 护 禾 苗 吃 害 虫，

zuò le bù shǎo hǎo shì qíng
做 了 不 少 好 事 情。

qǐng nǐ ài hù xiǎo qīng wā
请 你 爱 护 小 青 蛙，

hǎo ràng hé miáo bù shēng bìng
好 让 禾 苗 不 生 病。

### 1-2-2 本册古诗范例

使用说明：教师随机抽取一篇本册需要背诵的古诗，请学生进行背诵，教师记录学生所背诵古诗的正确率并打分（包括《春晓》《静夜思》《寻隐者不遇》《池上》《小池》《画鸡》）。

chūn xiǎo

**春　晓**

táng mèng hào rán

［唐］孟　浩　然

chūn mián bù jué xiǎo

春　眠　不　觉　晓，

chù chù wén tí niǎo

处　处　闻　啼　鸟。

yè lái fēng yǔ shēng

夜　来　风　雨　声，

huā luò zhī duō shǎo

花　落　知　多　少。

### 2 阅读与理解

### 2-2 理解图画内容

### 2-2-1 读物图画范例

使用说明：教师出示一篇本册课文中的插图，先给学生提供若干图案，让学生选择图片中包含的图案，请学生说说图画中的内容，教师记录学生情况并打分。

**2-3 理解词句意思**

**2-3-1 ~ 2-3-2 能联系上下文和结合生活实际理解词句意思**

使用说明：教师根据下方出示的课文范例，请学生根据上下文内容和生活经验，说一说画线词语的意思，教师记录并打分，教师可为学生提供一张图片，让学生更好理解词句意思。

（1）李老师看了看手表，说："元元，今天你迟到了二十分钟。"元元非常<u>后悔</u>。

（2）树很孤单，喜鹊也很<u>孤单</u>。

**2-5 指认标点符号**

**2-5-1 标点符号**

使用说明：教师出示标点符号图卡，请学生指认，教师记录情况并打分。

，　。　？　！

：　''　""　——

## 2-6 体会标点符号语气

### 2-6-1 ～ 2-6-3 句子示例

使用说明：教师根据下方出示的课文语句，请学生分别指认标点符号，读出句号、问号、感叹号表达的语气，教师进行记录并打分。

（1）你姓什么？我姓李。中国姓氏有很多，上官、欧阳……

（2）我对爸爸说，我多想去看看，我多想去看看！

（3）解放以后，乡亲们在井旁边立了一块石碑，上面刻着："吃水不忘挖井人，时刻想念毛主席。"

## 3 文学积累

## 3-1 积累格言警句

### 3-1-1 积累本册课本中的格言警句

使用说明：教师根据下面出示的格言警句，说出上半句或者下半句，请学生背诵出缺少的部分，教师记录正确个数并打分。

（1）小葱拌豆腐，一清（青）二白。

（2）竹篮子打水，一场空。

（3）敏而好学，不耻下问。

（4）不知则问，不能则学。

（5）读书百遍，而义自见。

（6）芝麻开花，节节高。

（7）读万卷书，行万里路。

（8）十五个吊桶打水，七上八下。

（9）朝霞不出门，晚霞行千里。

（10）有雨山带帽，无雨半山腰。

（11）早晨下雨当日晴，晚上下雨到天明。

（12）蚂蚁搬家蛇过道，大雨不久要来到。

### 领域三：表达与交流

#### 1 倾听

**1-2 听故事**

1-2-1 能专心地听故事

使用说明：教师讲述一篇故事或播放故事音频，让学生聆听故事内容，教师记录学生情况并打分。

在一座大森林里，住着小猪一家。有一天，猪妈妈要出去，叫小猪看家。中午了，小猪要做馅饼吃，于是他出去买面。路上，一条鱼"从天而降"，小猪看见了，想：既然天上会掉鱼，一定也会掉馅饼了！

于是，小猪坐在原地等，一小时过去了。一只鱼鹰从天上飞下来，把鱼叼走了。小猪才明白鱼原来是鱼鹰的。回到家，小猪把事情原原本本地说了一遍，猪妈妈听了哭笑不得，说："孩子啊！你要记住，世上没有免费的午餐！"

#### 2 表达

**2-1 故事转述**

2-1-1 能记住故事要点并进行简要的转述

使用说明：教师讲述上方出示的故事或播放故事音频，让学生聆听并转述故事内容，教师记录学生情况并打分。

## （一）二年级语文课程评估案例（上册）

### 1. 评估的基本情况

（1）评估时间：2023 年 5 月 21 日

（2）评估地点：重庆师范大学教育科学学院融合教育研究中心

（3）评估人员：语文教师、个训教师

（4）评估对象具体情况： 同学，9 岁，女，轻度智力障碍，轻度脑瘫。目前随班就读于 C 市 B 小学二年级，周末在融合教育研究中心上个训课以及团体课。为更好地了解同学随班就读的情况以及对于二年级上册知识的掌握情况，由其语文老师以及个训老师共同完成该生二年级上册语文的评估。

（5）评估说明：评估时该学生已经读二年级下学期，采用二年级上册评估表进行评估，旨在了解学生掌握二年级上册语文知识的情况，根据评估结果为二年级下册语文知识学习计划的制定提供依据和教学建议。

### 2. 教师评估表的填写情况

在实际评估过程中，可根据学生的实际情况，选择合适的考试调整与替代性评估方式，以更好地了解学生情况。如：老师对该生的语文学习情况较为熟悉，可灵活选用观察、访谈、测验的方式来进行评估。此外，在评估过程中教师可依据行为主义心理学的理论设置奖励机制，或用该生感兴趣的物品、游戏等吸引其注意力。在评估过程中，减少使用一问一答的评估方法，而是以出示字词图卡、图片等方式吸引学生注意力，从而获得最为真实的评估结果。

**领域一：识字与写字（得分：21 ）**

| 次领域 | 评估指标 | 评估题目 | 评分标准 | 评估方法 | 评估结果 |
|---|---|---|---|---|---|
| 1 识字 | 1-1 学习汉字 | 1-1-1 能在日常学习中主动学习汉字 | 0 不能在日常学习中主动学习汉字 | 1.观察：教师在日常教学过程中，观察学生能否进行课前预习、课上学习、课后复习 2.访谈：访谈家长，了解学生能否在日常学习中进行课前预习、课上学习、课后复习 | 得分：1 表现：缺乏主动意识，需要老师或者家长的提醒和辅助才能学习汉字 |
| | | | 1 能在大量提醒下，在课前、课中、课后等日常学习中学习汉字 | | |
| | | | 2 能在少量提醒下，在课前、课中、课后等日常学习中学习汉字 | | |
| | | | 3 能主动在课前、课中、课后等日常学习中学习汉字 | | |
| | | 1-1-2 能在日常生活中主动学习汉字 | 0 不能在日常生活中主动学习汉字 | 1.观察：老师观察学生能否在日常生活中主动学习汉字 2.访谈：访谈家长，了解学生能否在日常生活中主动学习汉字 | 得分：1 表现：缺乏主动意识，需要老师或者家长的提醒和辅助才能学习汉字 |
| | | | 1 能在大量提醒下，学习日常生活中的汉字（如超市物品标签、沿路商店名称） | | |
| | | | 2 能在少量提醒下，学习日常生活中的汉字（如超市物品标签、沿路商店名称） | | |
| | | | 3 能在日常生活中主动学习汉字 | | |
| | 1-2 认读生字 | 1-2-1 能借助汉语拼音认读本册识字表中常用汉字300个 | 0 无法借助汉语拼音认读生字 | 1.观察：教师在日常教学过程中，观察学生借助汉语拼音认读本册生字的情况 2.测验：教师随机抽取本册写字表中10个汉字，要求学生进行认读，并记录正确率 | 得分：2 表现：能认识部分汉字 |
| | | | 1 能借助汉语拼音认读本册30%的生字 | | |
| | | | 2 能借助汉语拼音认读本册60%的生字 | | |
| | | | 3 能借助汉语拼音认读本册90%的生字 | | |
| | 1-3 认读词语 | 1-3-1 能正确认读本册词语表中词语 | 0 无法正确认读本册词语表中词语 | 1.观察：教师在日常教学过程中，观察学生认识本册词语的情况 2.测验：教师随机抽取本册词语表中10个词语，要求学生认读，并记录正确率 | 得分：2 表现：能认识部分词语，四字词语提示2个字能说出后面2个字 |
| | | | 1 能正确认读本册30%的词语 | | |
| | | | 2 能正确认读本册60%的词语 | | |
| | | | 3 能正确认读本册90%的词语 | | |
| | 1-4 查字典 | 1-4-1 能运用部首查字法查字典 | 0 无法正确使用部首查字法查字典 | 1.观察：教师在日常教学过程中，观察学生遇到生字能否运用部首查字法查字典 2.访谈：访谈家长，了解学生运用部首查字法查字典的情况 | 得分：1 表现：能说出所查字的部首及笔画，在目录中找到部首对应的页码 |
| | | | 1 能确定所查字的部首，数清部首笔画并在部首目录中找到这个字的部首和页码 | | |
| | | | 2 能根据页码在"检字表"中找到这个部首，并确定所查字除去部首之外的笔画，据此确定所在页码 | | |
| | | | 3 能按照页码在正文中查到该汉字，正确熟练地使用部首查字法查字典 | | |

续表

| 次领域 | 评估指标 | 评估题目 | 评分标准 | 评估方法 | 评估结果 |
|---|---|---|---|---|---|
| 2 写字 | 2-1 书写常用字 | 2-1-1 能正确书写本册写字表中常用汉字250字 | 0 无法书写常用汉字 | 1. 观察：教师在日常教学过程中，观察学生书写汉字的情况 2. 测验：教师随机抽取本册写字表中的10个汉字，要求学生书写，记录正确率 | 得分：2 表现：能书写笔画较少的汉字，笔画较多的汉字学生无法书写 |
| | | | 1 能正确书写本册30%的常用汉字 | | |
| | | | 2 能正确书写本册60%的常用汉字 | | |
| | | | 3 能正确书写本册90%的常用汉字 | | |
| | 2-2 硬笔书写 | 2-2-1 能使用硬笔在田字格中正确书写汉字 | 0 不能用硬笔正确书写，笔顺、笔画错误、间架结构颠倒 | 1. 观察：教师在日常教学过程中，观察学生使用硬笔在田字格中书写汉字的情况 2. 测验：教师随机出示本册写字表中若干汉字，要求学生书写，记录正确率 | 得分：2 表现：简单的汉字能书写正确 |
| | | | 1 能用硬笔在田字格中书写汉字，但会大量出现笔顺、笔画错误，间架结构颠倒等错别字问题 | | |
| | | | 2 能用硬笔在田字格中书写汉字，但只有个别汉字出现笔顺、笔画错误，间架结构颠倒等错别字问题 | | |
| | | | 3 能使用硬笔在田字格中正确书写汉字，不出现错别字 | | |
| | | 2-2-2 能使用硬笔端正书写汉字 | 0 不能用硬笔书写汉字 | 1. 观察：教师在日常教学过程中，观察学生使用硬笔书写汉字是否端正 2. 访谈：访谈家长，了解学生能否使用硬笔端正书写汉字 3. 测验：教师随机出示本册写字表中若干汉字，要求学生书写，记录书写情况 | 得分：2 表现：对于不太熟悉的笔画和较难的笔画无法书写清楚 |
| | | | 1 书写的汉字大小匀称，但间距不均，笔画不清 | | |
| | | | 2 书写的汉字大小匀称，间距均匀，但笔画不清 | | |
| | | | 3 书写的汉字端正，大小匀称，间距均匀，笔画清晰 | | |
| | | 2-2-3 能使用硬笔整洁书写汉字 | 0 书写的汉字无法辨认 | 1. 观察：教师在日常教学过程中，观察学生使用硬笔书写汉字是否整洁 2. 访谈：访谈家长，了解学生能否使用硬笔整洁书写汉字 3. 测验：教师随机出示本册写字表中若干汉字，要求学生书写，记录书写情况 | 得分：2 表现：书写涂抹痕迹较少 |
| | | | 1 书写过程中涂抹痕迹严重 | | |
| | | | 2 书写过程中有轻微的涂抹痕迹 | | |
| | | | 3 书写过程中没有任何涂抹痕迹 | | |

续表

| 次领域 | 评估指标 | 评估题目 | 评分标准 | 评估方法 | 评估结果 |
|---|---|---|---|---|---|
| 2 写字 | 2-3 写字姿势习惯 | 2-3-1 能按照正确的握笔姿势书写汉字 | 0 无法按照正确的握笔姿势使用硬笔写字，写字时出现斜握、无力、握笔位置偏上或偏下等问题<br><br>1 握笔姿势存在轻度问题<br><br>2 握笔姿势基本正确，只存在握笔姿势的个别轻微问题<br><br>3 能保持正确握笔姿势（如手指尖距笔尖约3厘米。笔杆与纸面保持六十度的倾斜，掌心虚圆，指关节略弯曲，力度、位置适中） | 1. 观察：教师在日常教学过程中，观察学生握笔姿势<br>2. 访谈：访谈家长，了解学生在家书写情况<br>3. 测验：教师随机出示本册写字表中若干汉字，要求学生书写，记录书写情况 | 得分：2<br><br>表现：握笔姿势正确，但不能自觉保持 |
| | | 2-3-2 能保持正确的写字姿势 | 0 书写姿势存在严重问题（如偏头、侧身写字幅度过大；眼离书本不足半尺）<br><br>1 书写姿势存在轻度问题（如轻微幅度的偏头、侧身写字；写字腰板不直）<br><br>2 书写姿势基本正确，只存在书写姿势的个别轻微问题<br><br>3 能保持正确书写汉字姿势（如眼离书本一尺远、胸离书桌一拳远、指离笔尖一寸远） | 1. 观察：教师在日常教学过程中，观察学生写字的姿势是否正确<br>2. 访谈：访谈家长，了解学生写字姿势是否正确<br>3. 测验：教师随机出示本册写字表中若干汉字，要求学生书写，记录书写情况 | 得分：2<br><br>表现：书写姿势正确，但不能自觉保持 |
| | | 2-3-3 能初步养成良好的书写习惯 | 0 没有良好的书写习惯，坐姿歪曲，书写潦草<br><br>1 能在提醒下，做到姿势正确，字迹工整规范<br><br>2 能独立做到姿势正确，字迹工整规范<br><br>3 能始终保持良好的书写姿势，初步养成良好的书写习惯 | 1. 观察：教师在日常教学过程中，观察学生是否养成良好的书写习惯<br>2. 访谈：访谈家长，了解学生书写汉字时是否有良好的书写习惯<br>3. 测验：教师随机出示本册汉字，要求学生书写，记录学生的书写情况 | 得分：2<br><br>表现：能以正确的姿势书写汉字，但无法保持长时间的专注 |

**领域二：阅读与鉴赏（得分：30）**

| 次领域 | 评估指标 | 评估题目 | 评分标准 | 评估方法 | 评估结果 |
|---|---|---|---|---|---|
| 1<br>诵读与理解 | 1-1<br>朗读课文 | 1-1-1<br>能用普通话正确朗读本册课文 | 0 不会用普通话朗读课文，且在朗读过程中无法发准字音，存在严重的替代音、歪曲音、增减音问题<br>1 能使用普通话朗读课文，但会大量出现音节拼读错误，音调失准等问题<br>2 能使用普通话朗读课文，但会少量出现音节拼读错误，音调失准等问题<br>3 能熟练运用普通话朗读课文，朗读发音正确、字正腔圆，声音饱满 | 1.观察：教师在日常教学过程中，观察学生用普通话朗读课文的正确情况<br>2.测验：教师出示一篇本册课文，要求学生用普通话正确地朗读课文，记录学生朗读情况 | 得分：2<br>表现：对于课文中的不熟悉的字词读音不准确 |
| | | 1-1-2<br>能用普通话有感情地朗读本册课文 | 0 无法流利地朗读课文<br>1 能使用普通话朗读课文，在朗读过程中结巴、阻塞、单字读<br>2 能使用普通话朗读课文，在朗读过程中基本可以做到连贯、流利<br>3 能熟练运用普通话朗读课文，朗读流畅自然，语速适中 | 1.观察：教师在日常教学过程中，观察学生用普通话朗读课文的流利情况<br>2.测验：教师出示一篇本册课文，要求学生用普通话流利地朗读课文，记录学生朗读情况 | 得分：2<br>表现：朗读课文时基本连贯但还是会偶尔卡顿 |
| | | 1-1-3<br>能用普通话有感情地朗读本册课文 | 0 无法流利地朗读课文<br>1 能使用普通话朗读课文，在朗读过程中结巴、阻塞、单字读<br>2 能使用普通话朗读课文，在朗读过程中基本可以做到连贯、流利<br>3 能熟练运用普通话朗读课文，朗读流畅自然，语速适中 | 1.观察：教师在日常教学过程中，观察学生用普通话朗读课文的流利情况<br>2.测验：教师出示一篇本册课文，要求学生用普通话流利地朗读课文，记录学生朗读情况 | 得分：2<br>表现：朗读课文时基本连贯但还是会偶尔卡顿 |
| | 1-2<br>背诵课文 | 1-2-1<br>能用普通话正确地背诵本册要求背诵的现代文 | 0 不会用普通话正确背诵现代文<br>1 在背诵现代文时，大部分字词发音正确，但会掺杂错别字，致使背诵错误<br>2 能使用普通话背诵现代文，但在背诵过程中仍出现个别字发音错误<br>3 能熟练运用普通话背诵现代文，做到发音正确、字正腔圆，声音饱满 | 1.观察：教师在日常教学过程中，观察学生是否能用普通话正确背诵本册课文<br>2.测验：教师随机抽取一篇本册要背诵的课文，要求学生背诵，记录学生背诵情况 | 得分：1<br>表现：背诵时普通话不够标准，且掺杂错别字 |
| | | 1-2-2<br>能用普通话流利地背诵本册要求背诵的现代文 | 0 不会用普通话流利背诵现代文（如只能用普通话背诵个别词句）<br>1 能使用普通话背诵现代文，但在背诵过程中停顿十分频繁<br>2 能使用普通话背诵现代文，在背诵过程中基本可以做到连贯、流利，个别句子有停顿<br>3 能熟练运用普通话背诵现代文，背诵流畅自然，基本没有停顿，且语速适中 | 1.观察：教师在日常教学过程中，观察学生是否能用普通话流利背诵本册课文<br>2.测验：教师随机抽取一篇本册要背诵的课文，要求学生背诵，记录学生背诵情况 | 得分：1<br>表现：在背诵时停顿十分频繁，需要多次提醒 |

续表

| 次领域 | 评估指标 | 评估题目 | 评分标准 | 评估方法 | 评估结果 |
|---|---|---|---|---|---|
| 1<br>诵读与理解 | 1-2<br>背诵课文 | 1-2-3<br>能背诵本册要求背诵的儿歌 | 0 无法背诵本册指定的儿歌 | 1.观察：教师在日常教学过程中，观察学生背诵本册儿歌的情况<br>2.测验：教师出示本册要求背诵的儿歌标题，要求学生背诵，记录学生背诵情况 | 得分：3 |
| | | | 1 能背诵本册指定儿歌 30% 的内容 | | 表现：<br>能流利地背诵儿歌 |
| | | | 2 能背诵本册指定儿歌 60% 的内容 | | |
| | | | 3 能背诵本册指定儿歌 90% 的内容 | | |
| | | 1-2-4<br>能背诵本册要求背诵的古诗 | 0 无法背诵本册指定的古诗 | 1.观察：教师在日常教学过程中，观察学生背诵本册古诗的情况<br>2.测验：教师出示本册要求背诵的古诗标题，要求学生背诵，记录学生背诵情况 | 得分：2 |
| | | | 1 能背诵本册指定古诗 30% 的内容 | | 表现：<br>对于古诗的记忆存在一定困难，需要教师提示才能背出完整古诗 |
| | | | 2 能背诵本册指定古诗 60% 的内容 | | |
| | | | 3 能背诵本册指定古诗 90% 的内容 | | |
| 2<br>阅读与理解 | 2-1<br>理解词句意思 | 2-1-1<br>能联系上下文理解本册中词句的意思 | 0 不能联系上下文内容，理解文中词句意思 | 1.观察：教师在日常教学过程中，观察学生能否结合上下文理解词句的意思<br>2.测验：教师选择本册中的一篇课文，请学生根据某段内容，说一说该段内容中某个词语的意思 | 得分：2 |
| | | | 1 能在他人帮助下联系上下文，理解词句的意思（如学习《八角楼上》时，能经过老师提示阅读下文，理解第一段中"艰苦"的意思） | | 表现：<br>在教师帮助下能做到，没有教师帮助时有联系上下文的意识，但是理解词句意思不完全正确 |
| | | | 2 能联系上下文内容，但理解词句意思存在偏差（如不能理解《黄山奇石》中"陡峭"一词的意思） | | |
| | | | 3 能独立地联系上下文正确理解词句的意思（如阅读完《葡萄沟》一文，能理解最后一段中"好地方"好在哪里——有热情的维吾尔族老乡、最甜的葡萄和葡萄干） | | |
| | 2-2<br>理解文章大意 | 2-2-1<br>能联系上下文理解本册的课文大意 | 0 无法理解课文大意（如不知道课文的主要人物、事件） | 1.观察：教师在日常教学过程中，观察学生能否理解课文大意<br>2.测验：教师选择本册中的一篇课文，要求学生说出大意 | 得分：1 |
| | | | 1 能对课文形成初步印象，理解并说出部分词句的意思 | | 表现：<br>能对课文形成初步印象 |
| | | | 2 能找到课文中的主要人物，说出主要的情节 | | |
| | | | 3 能找到课文的中心词句，联系上下文，说出课文大意（如学生学完《我是什么》一课后，能知道并说出云、雨、雪、雹子等自然现象都是由水变化形成的） | | |

续表

| 次领域 | 评估指标 | 评估题目 | 评分标准 | 评估方法 | 评估结果 |
|---|---|---|---|---|---|
| 2 阅读与理解 | 2-3 理解古诗大意 | 2-3-1 能正确理解古诗大意 | 0 无法理解古诗的含义（如不能说出《望庐山瀑布》这首古诗的意思）<br><br>1 能理解古诗个别词句的含义（如只能说出《望庐山瀑布》中："日照香炉生紫烟"一句的含义）<br><br>2 能正确理解古诗的含义（如能说出《望庐山瀑布》全诗的含义）<br><br>3 能正确理解古诗的含义和作者表达的情感（如能正确说出《望庐山瀑布》的大意和诗人对庐山瀑布的喜爱之情） | 1.观察：教师日常教学过程中，观察学生能否正确理解古诗<br>2.测验：教师选择本册中一篇古诗，要求学生说出古诗的大意 | 得分：2<br>表现：理解古诗情感有困难，很难说出作者表达的情感，问情感时会保持沉默 |
| | 2-4 理解童话、寓言或故事 | 2-4-1 能正确理解浅近的童话、寓言或故事 | 0 无法理解童话、寓言或故事的大意<br><br>1 能在他人的帮助下，正确理解童话、寓言或故事的大意<br><br>2 能独立正确理解童话、寓言或故事的大意<br><br>3 能独立正确理解童话、寓言或故事的大意，并能对其中的人物或事件表达自己的感受 | 1.观察：教师在日常教学过程中，观察学生能否正确理解浅近的童话、寓言或故事<br>2.测验：教师选择本册中一篇童话或寓言故事，要求学生说出大意 | 得分：2<br>表现：不能针对童话、寓言或故事说出自己的感受，只能说出作品表达的意思 |
| | 2-5 表达感受 | 2-5-1 能表达出对课文中人物或事件的感受及想法 | 0 无法表达对课文中人物或事件的感受或想法（如老师提问时无法回答或答非所问）<br><br>1 能简单阐述课文中人物或事件（如能说出课文中人物的名字或部分情节）<br><br>2 能体会并说出文章作者的思想感情（如能说出作者对日月潭或葡萄沟等祖国河山喜爱之情）<br><br>3 能简单表达对课文中的人物或事件感受及想法（如学生能说出刘胡兰的事迹并表达对刘胡兰的敬仰之情，或者说出要以刘胡兰为榜样等） | 1.观察：教师在日常教学过程中，观察学生能否表达对课文中人物或事件的感受及想法<br>2.测验：教师选择本册中的一篇课文，要求学生说出对课文中人物及事件的感受及想法 | 得分：2<br>表现：不能表达自己对课文中人物或事件的感受及想法 |

续表

| 次领域 | 评估指标 | 评估题目 | 评分标准 | 评估方法 | 评估结果 |
|---|---|---|---|---|---|
| 2<br>阅读与理解 | 2-6<br>体会标点符号语气 | 2-6-1<br>能认识句号，并能读出正确的语气 | 0 不认识句号，不能正确使用<br><br>1 能认识句号（如教师呈现句号图卡，学生能正确认读）<br><br>2 能认识文章中的句号，了解句号用于陈述句的末尾（如学生能在课文中指出所有的句号）<br><br>3 能认识文章中的句号，并读出正确的语气 | 1.观察：教师在日常教学过程中，观察学生对句号的认识情况<br>2.测验：教师出示句号图卡和句子，看学生能否认识句号图卡，并通过朗读语气判断学生能否理解句号的语气 | 得分：2<br><br>表现：<br>不理解不同标点符号语气上的区别，无法读出正确的语气 |
| | | 2-6-2<br>能认识问号，并能读出正确的语气 | 0 不认识问号，不能正确使用<br><br>1 能认识问号（如教师呈现问号图卡，学生能正确认读）<br><br>2 能认识文章中的问号，知道问号用于疑问句的末尾（如：学生能在课文中指出所有的问号）<br><br>3 能认识文章中的问号，并读出正确的语气 | 1.观察：教师在日常教学过程中，观察学生对问号的认识情况<br>2.测验：教师出示问号图卡和句子，看学生能否认识问号图卡，并通过朗读语气判断学生能否理解问号的语气 | 得分：2<br><br>表现：<br>不理解不同标点符号语气上的区别，无法读出正确的语气 |
| 3<br>文学积累 | 3-1<br>积累成语 | 3-1-1<br>能积累本册课本中的成语 | 0 无法积累本册课本中的成语<br><br>1 能积累本册课本中成语1～7个<br><br>2 能积累本册课本中成语8～14个<br><br>3 能积累本册课本中成语15～20个及以上 | 1.观察：教师在日常教学过程中，观察学生积累本册成语的情况<br>2.访谈：访谈家长及其他同学，了解学生积累本册成语的情况 | 得分：2<br><br>表现：<br>对成语的兴趣很大，能积累本册常见的成语 |
| | 3-2<br>积累格言警句 | 3-2-1<br>能积累本册课本中的格言警句 | 0 无法积累本册课本中的格言警句<br><br>1 能积累本册课本中格言警句1～4个<br><br>2 能积累本册课本中格言警句5～7个<br><br>3 能积累本册课本中格言警句8～11个及以上 | 1.观察：教师在日常教学过程中，观察学生积累本册格言警句的情况<br>2.测验：教师出示本册格言警句，说出上半句或下半句，要求学生背诵缺少部分 | 得分：1<br><br>表现：<br>能积累简单易上口的格言警句，还需要老师的提示 |
| | 3-3<br>课外阅读 | 3-3-1<br>本学期课外阅读总量不少于1万字 | 0 无课外阅读量<br><br>1 本学期课外阅读总量1-3300字<br><br>2 本学期课外阅读总量3301～6600字<br><br>3 本学期课外阅读总量6601～10000字 | 1.观察：教师在日常教学过程中，观察学生阅读情况<br>2.访谈：访谈家长，了解学生本学期阅读课外书数量 | 得分：1<br><br>表现：<br>能在教师和家长要求下，阅读课外书，主动性不强 |

领域三：表达与交流（得分：21）

| 次领域 | 评估指标 | 评估题目 | 评分标准 | 评估方法 | 评估结果 |
|---|---|---|---|---|---|
| 1 倾听 | 1-1 听人说话 | 1-1-1 能认真听他人讲话 | 0 无法认真听他人讲话（如在别人讲话时不能保持安静、不断说话、插话打断等）<br>1 能在他人讲话时短时间保持安静但不够认真，只对自己感兴趣的话题保持认真的态度，耐心倾听（如在别人讲话时发呆、走神等）<br>2 能有意识地专注别人的话语，但注意力持续时间较短，不够耐心，需要教师或家长提醒<br>3 能有意识地、较长时间地专注听他人讲话 | 1. 观察：教师在日常教学过程中，观察学生能否认真听他人讲话<br>2. 访谈：访谈家长，了解学生能否认真听他人讲话 | 得分：2<br>表现：<br>在提醒下能认真听他人讲话，但不能长时间保持 |
| | | 1-1-2 能理解别人说话的内容 | 0 不能理解别人说话的内容<br>1 能理解别人说话的小部分内容（如通过对话，知道爸爸妈妈要去超市）<br>2 能理解别人说话的大部分内容（如通过对话，知道爸爸妈妈要和奶奶一起去超市）<br>3 能理解别人说话的完整内容（如通过对话，知道爸爸妈妈要和奶奶一起去超市买菜） | 1. 观察：教师观察学生能否理解别人说话的内容<br>2. 访谈：访谈家长及其他教师，了解学生能否理解别人说话的内容 | 得分：2<br>表现：<br>理解他人的完整讲话内容有困难，需要家长和老师多次重复 |
| | | 1-1-3 能抓住要点，了解谈话内容 | 0 无法认真听人说话，无法抓住谈话要点<br>1 能倾听他人的谈话，但是不能了解谈话内容，无法抓住谈话要点<br>2 能理解别人说话的内容和表达的意思，但是不能抓住要点<br>3 能抓住要点，完全听懂他人说话的内容 | 1. 观察：教师在日常教学过程中，观察学生能否抓住谈话要点<br>2. 访谈：访谈家长，了解学生与家人日常对话的情况 | 得分：2<br>表现：<br>能理解谈话的大致意思，但抓不住要点 |
| 2 表达 | 2-1 复述大意 | 2-1-1 能复述故事或影视作品的大意 | 0 不能在听故事、看影视作品后复述大意（如完全不明白、说不出来故事或影视作品的内容）<br>1 能对故事或影视作品形成初步印象，简单说出部分情节的内容（如能说出课文中刘胡兰是由于叛徒出卖而被捕）<br>2 能找到故事的主人公或影视作品的主角，说出主要的情节，且复述具体、有条理<br>3 能找到故事或影视作品的中心思想，复述其梗概和大意（如能完整复述《刘胡兰》一文的意思） | 1. 观察：教师通过为学生播放故事和影视作品，观察学生对其大意的复述情况<br>2. 访谈：访谈教师，观察学生在听故事或看影视作品后复述大意的情况<br>3. 测验：教师讲述一篇故事，要求学生在听完后复述故事的大意，记录其表现 | 得分：2<br>表现：<br>不能具体复述情节，只能简单说自己印象比较深刻的 |

续表

| 次领域 | 评估指标 | 评估题目 | 评分标准 | 评估方法 | 评估结果 |
|---|---|---|---|---|---|
| 2<br>表达 | 2-2<br>讲小故事 | 2-2-1<br>能较完整地讲述小故事 | 0 对小故事不感兴趣，不能完整讲述故事<br>1 能在他人的提示和帮助下讲述故事的一部分片段<br>2 能在他人的提示和帮助下讲述故事的完整片段<br>3 能独立较完整地讲述小故事 | 1. 观察：教师在日常教学过程中，观察学生讲述故事的情况<br>2. 访谈：访谈家长及其他同学，了解学生在讲故事活动中的表现<br>3. 测验：要求学生讲述一个小故事，教师根据其表现，进行评估 | 得分：2<br>表现：<br>教师提示部分情节或人物，学生才能讲述完整故事 |
| | 2-3<br>讲述感兴趣的人或事 | 2-3-1<br>能简要讲述自己感兴趣的人或事 | 0 对周围环境不敏感，不知道自己观察什么、说什么<br>1 具有一定的环境感受能力，但难以清楚表达见到的人或事（如只能说出今天学校来了一个新同学）<br>2 能简要讲述见到的人或事，说出至少一个关键点，但会经常遗漏部分信息（如能说出今天学校来了一个新同学，是一个可爱的女生，但忘记了她穿什么颜色的衣服）<br>3 能简要讲述自己感兴趣的人或事，至少说出三个关键点（如能说出今天学校来了一个新同学，是一个可爱的女生，她穿了一条白裙子） | 1. 观察：教师在日常教学过程中，观察学生能否简要讲述自己感兴趣的人或事<br>2. 访谈：访谈教师或家长，了解学生能否简要讲述自己感兴趣的人或事<br>3. 测验：要求学生简要讲述自己感兴趣的人或事，教师根据其表现，进行评估 | 得分：1<br>表现：<br>讲述见闻时较为模糊，遗漏很多信息 |
| | 2-4<br>看图说话 | 2-4-1<br>能清楚有条理地看图说话 | 0 无法看图说话<br>1 能看懂图画的内容，但只能简单说出图上的人或事物（如图上有一个男生和一个女生）<br>2 能简单描述图画上的人物正在做的动作或者正在发生的事情（如图上的两个小朋友在剪纸）<br>3 能在看图说话时做到清楚有条理（如图上的两个小朋友在剪纸，男生剪了一只小狗，女生剪了一只小猫） | 1. 观察：教师在日常教学过程中，观察学生能否清楚有条理地看图说话<br>2. 访谈：访谈教师，了解学生看图说话的情况<br>3. 测验：教师出示一幅图画，要求学生看图说话，记录其表现 | 得分：2<br>表现：<br>能看图说话，但条理性不强 |
| 3<br>交流 | 3-1<br>说普通话 | 3-1-1<br>能用普通话与他人交流 | 0 无法用普通话与他人交流（如听不懂别人说普通话）<br>1 能听懂普通话，并会用普通话说一些日常用语（如能听到老师问"今天吃早饭了吗？"学生回答："吃过了。"）<br>2 能有意识地用普通话与他人交流，但普通话不够标准（如讲话时部分词语发音错误）<br>3 能主动用普通话与他人交流，发音标准，表达自如（如能用普通话向老师提出不懂的问题） | 1. 观察：教师在日常教学过程中，观察学生在课堂和课间与人交谈时使用普通话的情况<br>2. 访谈：访谈家长，了解学生能否用普通话与他人交流 | 得分：3<br>表现：<br>平时上课和课间都能主动用普通话交流 |

续表

| 次领域 | 评估指标 | 评估题目 | 评分标准 | 评估方法 | 评估结果 |
|---|---|---|---|---|---|
| 3 交流 | 3-2 交流礼仪 | 3-2-1 与他人交谈，态度自然大方，有礼貌 | 0 无法以良好的态度与他人交谈，态度拘谨不礼貌，甚至说脏话 | 1. 观察：教师在日常教学过程中，观察学生与别人交谈时是否有礼貌<br>2. 访谈：访谈家长，了解学生在平时生活中与他人对话是否自然大方有礼貌 | 得分：3 |
| | | | 1 能与他人有礼貌地交谈，但是不愿与他人过多地交谈，且交谈过程中，神情略显紧张，态度不够自然大方 | | 表现：在与教师和其他同学的交谈过程中都比较礼貌，态度自然 |
| | | | 2 能与他人有礼貌地交谈，且态度自然大方，但是难以长时间保持良好的姿态 | | |
| | | | 3 与别人交谈时，能始终保持礼貌，且态度自然大方 | | |
| | 3-3 讨论时发表意见 | 3-3-1 能积极参与小组讨论并发表自己的意见 | 0 无法参与讨论（如在小组讨论时沉迷于自己感兴趣的事物，完全不参与讨论） | 1. 观察：教师在日常教学过程中，观察学生在课堂小组活动时，是否能积极参与讨论，发表意见<br>2. 访谈：访谈其他同学，了解学生能否在讨论中发表自己的意见 | 得分：2 |
| | | | 1 能意识到自己是小组成员，在小组讨论时认真倾听他人的意见 | | 表现：不会清晰表达自己的意见 |
| | | | 2 能在小组讨论时简单发表自己的意见（如同意或不同意） | | |
| | | | 3 能积极参与讨论并发表自己的意见（如主动表达"我认为……"） | | |

领域四：梳理与探究（得分：12）

| 次领域 | 评估指标 | 评估题目 | 评分标准 | 评估方法 | 评估结果 |
|---|---|---|---|---|---|
| 1 梳理 | 1-1 梳理汉字 | 1-1-1 能说出所学汉字的音、形、义和书写规律 | 0 不能说出所学汉字的音、形、义和书写规律 | 1. 观察：教师观察学生在习作或交流中，对汉字音、形、义和书写规律的掌握情况<br>2. 访谈：访谈教师，观察学生在学习汉字时，对汉字音、型、义和书写规律的掌握情况<br>3. 测验：教师随机出示本册10个汉字，要求学生说出汉字的音、形、义和书写规律，记录其正确率（如10个汉字中能正确书写3个、6个、9个） | 得分：1 |
| | | | 1 能说出本册30%汉字音形义和书写规律（如："肥"是左右结构，书写时左边窄，右边宽） | | 表现：能说个别字的特点，并且需要教师提示 |
| | | | 2 能说出本册60%汉字的音形义和书写规律（如："肥"是左右结构，书写时左边窄，右边宽） | | |
| | | | 3 能说出本册90%汉字音、形、义和书写规律（如："肥"是左右结构，书写时左边窄，右边宽） | | |
| 2 探究 | 2-1 活动参与 | 2-1-1 能参与校园活动 | 0 不参与校园活动，没有参与活动的主动性 | 1. 观察：教师在日常教学过程中，观察学生在活动过程中担任的角色和表现<br>2. 访谈：访谈教师或其他同学，了解学生参与校园活动的情况 | 得分：2 |
| | | | 1 能参与校园活动，但属于旁观者 | | 表现：能参加校园活动但表现不够积极 |
| | | | 2 能参加校园活动，但发言不积极，做事少，活动参与较少（如在校园大扫除中，无教师监督就在一边偷懒） | | |
| | | | 3 能积极参加校园活动，发言积极，积极行动，活动参与较多（如在校园大扫除中，能积极主动地扫地、拖地） | | |

续表

| 次领域 | 评估指标 | 评估题目 | 评分标准 | 评估方法 | 评估结果 |
|---|---|---|---|---|---|
| 2 探究 | 2-1 活动参与 | 2-1-2 能参与社区活动 | 0 不参与社区活动，没有参与活动的主动性<br>1 能在教师或家长的要求下参与社区活动，但属于旁观者<br>2 能参加社区活动，但发言不积极，做事少，活动参与较少（如社区环境清洁时，无教师监督就在一边偷懒）<br>3 能积极参加社区活动，发言积极，积极行动，活动参与较多（如社区环境清洁时，能积极主动地扫地、拖地） | 1.观察：教师或家长观察学生在活动过程中担任的角色和表现<br>2.访谈：访谈教师或家长，了解学生参与社区活动的情况 | 得分：0<br>表现：需要教师和家长要求才能参加社区活动，不发言也不做事情 |
| | | 2-1-3 能表达活动感受 | 0 不参与活动，无法表达自身感受<br>1 主动参加活动，比如打扫校园、运动会、文艺汇演等活动，能感受到快乐等情绪，但不用语言表达<br>2 能主动与他人交流自己的所见所闻所想，用语言表达自己在活动中的感受<br>3 能结合语文学习的知识与经验，用图文的方式整理、描述自己在活动中的见闻和想法 | 1.观察：教师观察学生能否在参与活动后表达自己的感受<br>2.访谈：访谈教师或其他同学，了解学生能否表达活动感受 | 得分：2<br>表现：只能用语言表达活动感受，不能用其他方式 |
| | 2-2 记录观察 | 2-2-1 能热爱自然 | 0 不愿意走近大自然、感受生活中的自然风光<br>1 能主动走到室外，观察自然万物，通过拍照、录像、绘图、文字等多种方式记录观察的内容<br>2 对自然万物保持好奇心，能就观察到的现象或感兴趣的内容提出问题，并表达自己的观点想法<br>3 能结合语文学习的知识与经验，主动与他人交流自己的所见所闻所想 | 1.观察：教师观察学生在综合实践活动中对大自然的态度<br>2.访谈：访谈教师或家长，了解学生能否与他人交流自己对自然万物的看法 | 得分：1<br>表现：愿意进行室外活动，在室外画画、拍照等 |
| | | 2-2-2 能记录自己观察所得 | 0 无法观察事物，也不会进行观察记录<br>1 能运用口头语言，记录自己观察所得<br>2 能运用书面语言，记录自己观察所得<br>3 能运用多种方式，如表格、图像、音频或文字等多种媒介，记录自己观察所得 | 1.观察：教师通过学生的观察日志或记录表等，了解学生观察记录的情况<br>2.访谈：访谈教师或家长，了解学生的观察记录情况 | 得分：2<br>表现：能表达问题但需要教师提醒 |
| | 2-3 发现问题 | 2-3-1 能发现并提出学习上的问题 | 0 不能发现并提出学习上的问题<br>1 能在他人的口头或肢体提示下发现学习上的问题，但无法表达<br>2 能在他人的口头或肢体提示下发现学习上的问题，并简单表达<br>3 能发现并主动提出学习上的问题 | 1.观察：教师在日常教学过程中，观察学生能否发现并提出学习上的问题<br>2.访谈：访谈教师或家长，了解学生能否发现并提出学习上的问题 | 得分：2<br>表现：能表达问题但需要教师提醒 |

续表

| 次领域 | 评估指标 | 评估题目 | 评分标准 | 评估方法 | 评估结果 |
|---|---|---|---|---|---|
| 2 探究 | 2-4 收集资料 | 2-4-1 能针对学习上的问题收集资料 | 0 不能针对学习上的问题收集资料<br>1 能在教师的指导下明白解决问题需要收集的资料有哪些<br>2 能针对学习上的问题，从单一渠道收集资料（如查找课本）<br>3 能针对问题，从多种渠道收集资料（如询问教师或家长、图书馆、互联网） | 1. 观察：教师在日常教学过程中，观察学生能否针对学习上的问题从多种途径收集资料<br>2. 访谈：访谈教师或家长，了解学生能否针对学习上的问题从多种途径主动收集资料 | 得分：1<br>表现：<br>不能针对问题搜集资料，需要教师提示 |
| | 2-5 解决问题 | 2-5-1 能运用语文并结合其他学科知识解决问题 | 0 不能联系生活实际解决问题，无法意识到问题所在<br>1 能参照课文，运用语文的知识解决问题（如在和别人商量事情时，使用口语交际中学到的商量词汇和句式）<br>2 能内化并运用所学的语文知识，解决问题（如在学完《玲玲的画》一课后，懂得肯动脑筋，坏事也能变好事的道理）<br>3 能运用语文结合其他学科的知识，解决问题（如生命的来源，联系《小蝌蚪找妈妈》和相关生物知识，寻求答案） | 1. 访谈：访谈教师或家长，了解学生在遇到问题时，能否运用语文和其他学科知识解决问题的情况<br>2. 测验：教师出示一段本册课文中的材料，要求学生运用语文并结合其他学科知识解决问题，记录其表现 | 得分：1<br>表现：<br>遇到语文课上讲过的问题能参照课文解决问题，比较依赖课本 |

**3.学生书写情况（部分示例）**

常用汉字：

**4.教师使用评估材料（部分示例）**

（1）句号卡片　　　　　　　　　（2）问号卡片

## 5. 评估表得分侧面图

### 语文课程评估侧面图（二年级上册）

学生姓名：D同学　　第一次评估时间：2023年5月21日　　颜色：黑色　　评估者：语文老师、个训老师

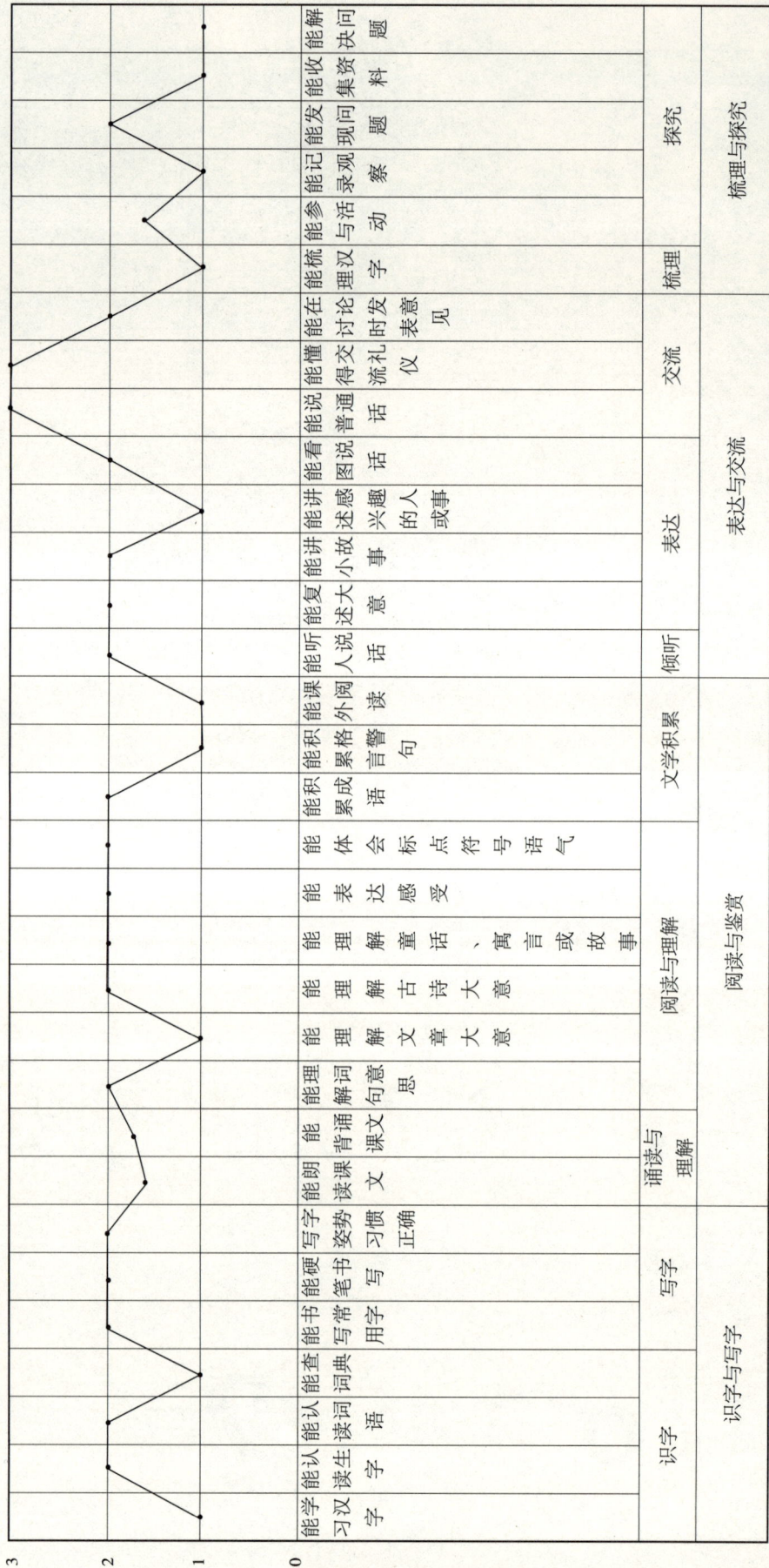

| 大类 | 识字与写字 | | 阅读与鉴赏 | | | 表达与交流 | | | 梳理与探究 | |
|---|---|---|---|---|---|---|---|---|---|---|
| 小类 | 识字 | 写字 | 诵读与理解 | 阅读与理解 | 文学积累 | 倾听 | 表达 | 交流 | 梳理 | 探究 |
| 指标 | 能学习汉字／能认读生字／能查词典／能书写常用字 | 能硬笔书写／能写字姿势习惯正确 | 能朗读课文／能背诵课文／能理解词语句意思 | 能理解文章大意／能理解古诗大意／能理解童话、寓言或故事／能表达感受／能体会标点符号语气 | 能积累语／能积累成语格言警句／能课外阅读 | 能听人说话／能复述大小故事意 | 能讲小故事／能讲述感兴趣的人或事／能看图说话／能说普通话 | 能懂交流礼仪／能在讨论时发表意见 | 能梳理双字活动／能参与 | 能记录现象／能发观察／能收集问资料／能解决问题 |

## 6.评估结果分析

### （1）评估结果

| 领域 | 现况摘要 | |
|---|---|---|
| | 优势 | 弱势 |
| 识字与写字 | 能正确朗读和书写出所学的大部分汉字，写字姿势基本正确 | 学生在识字写字能力方面的自觉性和主动性有待提高，对部分汉字存在读音、书写错误的情况，不擅长查字典 |
| 阅读与鉴赏 | 能基本达到正确流利地朗读课文、背诵古诗和儿歌 | 背诵现代文存在一定困难，格言警句的积累较少 |
| 表达与交流 | 能在他人讲话时认真倾听，能就自己感兴趣的话题和事物与他人有礼貌地交流 | 在与他人交流的过程中存在注意力不集中的情况，不擅长复述故事或电影情节、讲述自己的见闻 |
| 梳理与探究 | 能参加活动，能在学习中发现并提出问题 | 无法自觉主动地对所学语文知识进行整理复习，不擅长记录观察情况，不擅长针对问题收集资料、解决问题 |

### （2）总体评价

通过评估表得分结果以及侧面图可知，该生对于二年级上册所学知识有了一定掌握，但是存在一些短板。该生在识字与写字、阅读与鉴赏、表达与交流和梳理与探究四大领域的部分次领域有良好的行为表现和学习能力，但是学生的学习主动性和对于文章的情感体会能力有待提高，教师应针对这些及评估表中其他得分较低的指标，制订教学计划，将教学重点放在该生的薄弱部分，以帮助学生更好地掌握所学知识，提高语文能力和素养。

### （3）教学建议

●该生在识字方面的自觉性和主动性有待提高，教师在后续教学过程中要注重汉字教学的趣味性，提高学生对识字的主动性、积极性；学生不擅长查字典，教师可将查字典的步骤分开教学，然后针对查字典用时组织活动，如每天给定一个生字要求该生查询，每次用时比上次减少就可以获得一份奖励，直到学生熟练掌握查字典技能。

●该生在有感情地朗读课文、背诵现代文和理解文章词句意思和情感方面存在困难，教师在二年级下册的教学过程中要帮助学生减少畏难情绪，分段背诵较长的现代文，鼓励学生尝试体会作者想要表达的情感。

●该生在复述故事或电影情节、讲述见闻方面存在困难，教师可开展故事会、电影分享会、生活分享会等语文活动，让学生勇敢表达自己，在活动中锻炼自己的复述和表达能力，拉近和同学们的距离。

●学生的成长需要家庭和学校的共同参与，教师在日常教学之外要搭建沟通的桥梁，加强和家长的联系，针对该生的变化及时进行沟通，如教师询问家长该生在生活中识字和解决问题的情况并对此提出合理计划建议；教师可建议家长陪同该生参加社区活动，走进大自然进行观察和记录等。

# （二）二年级语文课程评估表填写说明（下册）

领域一：识字与写字

| 次领域 | 评估指标 | 评估题目 | 评估方法 | 填写说明 |
|---|---|---|---|---|
| 1 识字 | 1-1 学习汉字 | 1-1-1 能在日常学习中主动学习汉字 | 1. 观察：教师在日常教学过程中，观察学生能否进行课前预习、课上学习、课后复习 <br> 2. 访谈：访谈家长，了解学生能否在日常学习中进行课前预习、课上学习、课后复习 | 教师可选择观察、访谈的方式，了解学生在日常学习中是否存在主动学习汉字的行为 |
| | | 1-1-2 能在日常生活中主动学习汉字 | 1. 观察：老师观察学生能否在日常生活中主动学习汉字 <br> 2. 访谈：访谈家长，了解学生能否在日常生活中主动学习汉字 | 教师可选择观察、访谈的方式，了解学生在日常生活中是否存在主动学习汉字的行为 |
| | 1-2 认读生字 | 1-2-1 能借助汉语拼音认读本册识字表中常用汉字400个 | 1. 观察：教师在日常教学过程中，观察学生借助汉语拼音认读本册生字的情况 <br> 2. 测验：教师随机抽取本册写字表中10个汉字，要求学生进行认读，并记录正确率（如10个汉字中能正确认读3个、6个、9个） | 教师可选择观察、测验的方式，了解学生借助拼音学习生字的能力 |
| | 1-3 认读词语 | 1-3-1 能正确认读本册词语表中词语 | 1. 观察：教师在日常教学过程中，观察学生认识本册词语的情况 <br> 2. 测验：教师随机抽取本册词语表中10个词语，要求学生认读，并记录正确率（如10个词语中能正确认读3个、6个、9个） | 教师可选择观察、测验的方式，了解学生认读词语的能力 |
| | 1-4 查字典 | 1-4-1 能运用部首查字法查字典 | 1. 观察：教师在日常教学过程中，观察学生遇到生字能否运用部首查字法查字典 <br> 2. 访谈：访谈家长，了解学生遇到生字查字典的情况 | 教师可选择观察、访谈的方式，了解学生运用部首查字法查字典的能力 |
| 2 写字 | 2-1 书写常用字 | 2-1-1 能正确书写本册写字表中汉字250个 | 1. 观察：教师在日常教学过程中，观察学生书写汉字的情况 <br> 2. 测验：教师随机抽取本册写字表中的10个汉字，要求学生书写，记录正确率（如10个汉字中能正确书写3个、6个、9个） | 教师可选择观察、测验的方式，了解学生书写本册汉字的能力 |
| | 2-2 硬笔书写 | 2-2-1 能使用硬笔端正书写汉字 | 1. 观察：教师在日常教学过程中，观察学生使用硬笔书写汉字是否端正 <br> 2. 访谈：访谈家长，了解学生能否使用硬笔端正书写汉字 <br> 3. 测验：教师随机出示本册写字表中若干汉字，要求学生书写，记录书写情况 | 教师可选择观察、访谈、测验的方式，了解学生使用硬笔端正书写汉字的能力 |

续表

| 次领域 | 评估指标 | 评估题目 | 评估方法 | 填写说明 |
|---|---|---|---|---|
| 2<br>写字 | 2-2<br>硬笔书写 | 2-2-2<br>能使用硬笔整洁书写汉字 | 1.观察：教师在日常教学过程中，观察学生使用硬笔书写汉字是否整洁<br>2.访谈：访谈家长，了解学生能否使用硬笔整洁书写汉字<br>3.测验：教师随机出示本册写字表中若干汉字，要求学生书写，记录书写情况 | 教师可选择观察、访谈、测验的方式，了解学生使用硬笔整洁书写汉字的能力 |
| | 2-3<br>写字姿势习惯 | 2-3-1<br>能按照正确的握笔姿势书写汉字 | 1.观察：教师在日常教学过程中，观察学生握笔姿势<br>2.访谈：访谈家长，了解学生在家书写情况<br>3.测验：教师随机出示本册写字表中若干汉字，要求学生书写，记录书写情况 | 教师可选择观察、访谈、测验的方式，了解学生书写汉字时的握笔姿势 |
| | | 2-3-2<br>能保持正确的写字姿势 | 1.观察：教师在日常教学过程中，观察学生写字的姿势是否正确<br>2.访谈：访谈家长，了解学生写字姿势是否正确<br>3.测验：教师随机出示本册写字表中若干汉字，要求学生书写，记录书写情况 | 教师可选择观察、访谈、测验的方式，了解学生的写字姿势 |
| | | 2-3-3<br>能初步养成良好的书写习惯 | 1.观察：教师在日常教学过程中，观察学生是否养成良好的书写习惯<br>2.访谈：访谈家长，了解学生书写汉字时是否有良好的书写习惯<br>3.测验：教师随机出示本册汉字，要求学生书写，记录学生的书写情况 | 教师可选择观察、访谈、测验的方式，了解学生的书写习惯 |

## 领域二：阅读与鉴赏

| 次领域 | 评估指标 | 评估题目 | 评估方法 | 填写说明 |
|---|---|---|---|---|
| 1<br>诵读与理解 | 1-1<br>普通话朗读课文 | 1-1-1<br>能用普通话正确朗读本册课文 | 1.观察：教师在日常教学过程中，观察学生用普通话朗读课文的正确情况<br>2.测验：教师出示一篇本册课文，要求学生用普通话正确地朗读课文，记录学生朗读情况 | 教师可选择观察、测验的方式，了解学生使用普通话朗读本册课文的正确程度 |
| | | 1-1-2<br>能用普通话流利朗读本册课文 | 1.观察：教师在日常教学过程中，观察学生用普通话朗读课文的流利情况<br>2.测验：教师出示一篇本册课文，要求学生用普通话流利地朗读课文，记录学生朗读情况 | 教师可选择观察、测验的方式，了解学生使用普通话朗读本册课文的流利程度 |

续表

| 次领域 | 评估指标 | 评估题目 | 评估方法 | 填写说明 |
|---|---|---|---|---|
| 1<br>诵读与理解 | 1-1<br>普通话朗读课文 | 1-1-3<br>能用普通话有感情地朗读本册课文 | 1. 观察：教师在日常教学过程中，观察学生能否用普通话有感情地朗读本册课文<br>2. 测验：教师出示一篇本册课文，要求学生用普通话有感情地朗读课文，记录学生朗读情况 | 教师可选择观察、测验的方式，了解学生使用普通话朗读本册课文的感情程度 |
| | 1-2<br>背诵课文 | 1-2-1<br>能背诵本册要求背诵的儿歌 | 1. 观察：教师在日常教学过程中，观察学生背诵儿歌的情况<br>2. 测验：教师随机抽取一篇本册要背诵的课文，要求学生背诵，记录学生背诵情况 | 教师可选择观察、测验的方式，了解学生背诵本册儿歌的能力 |
| | | 1-2-2<br>能背诵本册要求背诵的现代文 | 1. 观察：教师在日常教学过程中，观察学生背诵本册现代文的情况<br>2. 测验：教师随机抽取一篇本册要背诵的现代文，要求学生背诵，记录学生背诵情况 | 教师可选择观察、测验的方式，了解学生背诵本册现代文的能力 |
| | | 1-2-3<br>能背诵本册要求背诵的古诗 | 1. 观察：教师在日常教学过程中，观察学生背诵本册古诗的情况<br>2. 测验：教师出示本册要求背诵的古诗标题，要求学生背诵，记录学生背诵情况 | 教师可选择观察、测验的方式，了解学生背诵本册古诗的能力 |
| 2<br>阅读与理解 | 2-1<br>理解词句意思 | 2-1-1<br>能联系上下文理解本册中词句的意思 | 1. 观察：教师在日常教学过程中，观察学生能否结合上下文理解词句的意思<br>2. 测验：教师出示本册学习的课文，要求学生根据某段内容，说一说该段内容中某个词语的意思 | 教师可选择观察、测验的方式，了解学生联系上下文理解词句的能力 |
| | 2-2<br>理解文章大意 | 2-2-1<br>能联系上下文理解本册课文大意 | 1. 观察：教师在日常教学过程中，观察学生能否理解课文大意<br>2. 测验：教师选择本册中的一篇课文，要求学生说出大意 | 教师可选择观察、测验的方式，了解学生联系上下文理解课文的能力 |
| | 2-3<br>理解古诗大意 | 2-3-1<br>能正确理解古诗大意 | 1. 观察：教师在日常教学过程中，观察学生能否正确理解古诗<br>2. 测验：教师选择本册中一篇古诗，要求学生说出古诗的大意 | 教师可选择观察、测验的方式，了解学生理解古诗大意的能力 |
| | 2-4<br>理解童话、寓言或故事 | 2-4-1<br>能正确理解浅近的童话、寓言或故事 | 1. 观察：教师在日常教学过程中，观察学生能否正确理解浅近的童话、寓言或故事<br>2. 测验：教师选择本册中一篇童话或寓言故事，要求学生说出大意 | 教师可选择观察、测验的方式，了解学生理解浅近的童话、寓言或故事的能力 |
| | 2-5<br>表达感受 | 2-5-1<br>能表达出对课文中人物或事件的感受及想法 | 1. 观察：教师在日常教学过程中，观察学生能否表达对课文中人物或事件的感受及想法<br>2. 测验：教师选择本册中一篇课文，要求学生说出对课文中人物及事件的感受及想法 | 教师可选择观察、测验的方式，了解学生表达对课文中人物、事件的感受、想法的能力 |

续表

| 次领域 | 评估指标 | 评估题目 | 评估方法 | 填写说明 |
|---|---|---|---|---|
| 2<br>阅读与理解 | 2-6<br>体会标点符号语气 | 2-6-1<br>能认识句号，并能读出正确的语气 | 1.观察：教师在日常教学过程中，观察学生对句号的认识情况<br>2.测验：教师出示句号图卡和句子，看学生能否认识句号图卡，并通过朗读语气判断学生能否理解句号的语气 | 教师可选择观察、测验的方式，了解学生认读句号的能力 |
| | | 2-6-2<br>能认识问号，并能读出正确的语气 | 1.观察：教师在日常教学过程中，观察学生对问号的认识情况<br>2.测验：教师出示问号图卡和句子，看学生能否认识问号图卡，并通过朗读语气判断学生能否理解问号的语气 | 教师可选择观察、测验的方式，了解学生认读问号的能力 |
| 3<br>文学积累 | 3-1<br>积累成语 | 3-1-1<br>能积累本册课本中的成语 | 1.观察：教师在日常教学过程中，观察学生积累本册成语的情况<br>2.访谈：访谈家长及其他同学，了解学生积累本册成语的情况 | 教师可选择观察、访谈的方式，了解学生积累成语的能力 |
| | 3-2<br>积累格言警句 | 3-2-1<br>能积累本册课本中的格言警句 | 1.观察：教师在日常教学过程中，观察学生积累本册格言警句的情况<br>2.测验：教师出示本册格言警句，说出上半句或下半句，要求学生背诵缺少部分 | 教师可选择观察、测验的方式，了解学生积累格言警句的能力 |
| | 3-3<br>课外阅读 | 3-3-1<br>本学期阅读总量不少于2万字 | 1.观察：教师在日常教学过程中，观察学生阅读情况<br>2.访谈：访谈家长，学生本学期阅读课外书数量 | 教师可选择观察、访谈的方式，了解学生本学期阅读总量 |
| | 3-4<br>爱护图书 | 3-4-1<br>养成爱护图书的习惯 | 1.观察：教师在日常教学过程中，观察学生的课本是否有乱涂乱花等损坏的情况<br>2.访谈：访谈家长或其他同学，了解学生的图书使用习惯 | 教师可选择观察、测验的方式，了解学生使用图书的习惯 |

**领域三：表达与交流**

| 次领域 | 评估指标 | 评估题目 | 评估方法 | 填写说明 |
|---|---|---|---|---|
| 1<br>倾听 | 1-1<br>听人说话 | 1-1-1<br>能认真听他人讲话 | 1.观察：教师在日常教学过程中，观察学生能否认真听他人讲话<br>2.访谈：访谈家长，了解学生能否认真听他人讲话 | 教师可选择观察、访谈的方式，了解学生听人讲话的能力 |
| | | 1-1-2<br>能理解别人说话的内容 | 1.观察：教师观察学生能否理解别人说话的内容<br>2.访谈：访谈家长及其他教师，了解学生能否理解别人说话的内容 | 教师可选择观察、访谈的方式，了解学生理解别人讲话内容的能力 |

续表

| 次领域 | 评估指标 | 评估题目 | 评估方法 | 填写说明 |
|---|---|---|---|---|
| 1 倾听 | 1-1 听人说话 | 1-1-3 能抓住要点，了解谈话内容 | 1. 观察：教师在日常教学过程中，观察学生能否抓住谈话要点<br>2. 访谈：访谈家长，了解学生与家人日常对话的情况 | 教师可选择观察、访谈的方式，了解学生抓住谈话要点的能力 |
| 2 表达 | 2-1 复述大意 | 2-1-1 能复述故事或影视作品的大意 | 1. 观察：教师通过为学生播放故事和影视作品，观察学生对其大意的复述情况<br>2. 访谈：访谈教师，学生在听故事或看影视作品后复述大意的情况<br>3. 测验：教师讲述一篇故事，要求学生在听完后复述故事的大意，记录其表现 | 教师可选择观察、访谈、测验的方式，了解学生复述故事或影视作品大意的能力 |
| | 2-2 讲小故事 | 2-2-1 能较完整地讲述小故事 | 1. 观察：教师在日常教学过程中，观察学生讲述故事的情况<br>2. 访谈：访谈家长及其他同学，了解学生在讲故事活动中的表现<br>3. 测验：要求学生讲述一个小故事，教师根据其表现，进行评估 | 教师可选择观察、访谈、测验的方式，了解学生讲述故事的完整性 |
| | 2-3 讲述感兴趣的人或事 | 2-3-1 能简要讲述自己感兴趣的人或事 | 1. 观察：教师在日常教学过程中，观察学生能否简要讲述自己感兴趣的人或事<br>2. 访谈：访谈教师或家长，学生能否简要讲述自己感兴趣的人或事<br>3. 测验：要求学生简要讲述自己感兴趣的人或事，教师根据其表现，进行评估 | 教师可选择观察、访谈、测验的方式，了解学生简要讲述自己感兴趣的人或事的能力 |
| | 2-4 书面表达 | 2-4-1 能看图写话，写自己想说的话 | 1. 观察：教师在日常教学过程中，观察学生看图写话的情况<br>2. 访谈：访谈家长或其他同学，了解学生看图写话的情况<br>3. 测验：教师出示一幅图画，要求学生看图写话，记录其写话情况 | 教师可选择观察、访谈、测验的方式，了解学生看图说话、写话的能力 |
| | | 2-4-2 能写想象中的事物 | 1. 观察：教师在日常教学过程中，观察学生能否书写想象中的事物<br>2. 访谈：访谈家长，了解学生能否书写想象中的事物<br>3. 测验：教师创设一个情景，要求学生展开想象，并书写想象中的事物，记录其表现 | 教师可选择观察、访谈、测验的方式，了解学生写想象事物的能力 |
| 3 交流 | 3-1 说普通话 | 3-1-1 养成说普通话的习惯 | 1. 观察：教师在日常教学过程中，观察学生说普通话的情况<br>2. 访谈：访谈家长或其他同学，了解学生说普通话的情况 | 教师可选择观察、访谈的方式，了解学生说普通话的情况 |
| | 3-2 交流礼仪 | 3-2-1 与他人交谈，态度自然大方，有礼貌 | 1. 观察：教师在日常教学过程中，观察学生与别人交谈时是否有礼貌<br>2. 访谈：访谈家长，了解学生在平时生活中与他人对话是否自然大方有礼貌 | 教师可选择观察、访谈的方式，了解学生与他人交谈时的礼仪态度 |

续表

| 次领域 | 评估指标 | 评估题目 | 评估方法 | 填写说明 |
|---|---|---|---|---|
| 3 交流 | 3-3 讨论时发表意见 | 3-3-1 能积极参与小组讨论并发表自己的意见 | 1.观察：教师在日常教学过程中，观察学生在课堂小组活动时，是否能积极参与讨论，发表意见<br>2.访谈：访谈其他同学，了解学生能否在讨论中发表自己的意见 | 教师可选择观察、访谈的方式，了解学生小组讨论时的表现 |

### 领域四：梳理与探究

| 次领域 | 评估指标 | 评估题目 | 评估方法 | 填写说明 |
|---|---|---|---|---|
| 1 梳理 | 1-1 梳理汉字 | 1-1-1 能说出所学汉字的音、形、义和书写规律 | 1.观察：教师观察学生在习作或交流中，对汉字音、形、义和书写规律的掌握情况<br>2.访谈：访谈教师，学生在学习汉字时，对汉字音、形、义和书写规律的掌握情况<br>3.测验：教师随机出示本册10个汉字，要求学生说出汉字的音、形、义和书写规律，记录其表现 | 教师可选择观察、访谈、测验的方式，了解学生梳理汉字的能力 |
| 2 探究 | 2-1 活动参与 | 2-1-1 能积极参加语文实践活动 | 1.观察：教师在日常教学过程中，观察学生在活动过程中担任的角色和表现<br>2.访谈：访谈教师或其他同学，了解学生参加语文实践活动的情况 | 教师可选择观察、访谈的方式，了解学生参加语文实践活动的表现 |
| | | 2-1-2 能在活动中与其他同学合作完成任务 | 1.观察：教师在日常教学过程中，观察学生在活动过程中与其他同学合作完成任务的情况<br>2.访谈：访谈其他同学，了解学生在活动中是否与他人合作完成任务 | 教师可选择观察、访谈的方式，了解学生在集体活动的合作情况 |
| | 2-2 记录观察 | 2-2-1 结合语文学习，通过文字记录大自然 | 1.观察：教师通过学生的观察笔记或日志，了解学生的记录情况<br>2.访谈：访谈教师或家长，了解学生在综合实践活动中的记录情况 | 教师可选择观察、访谈的方式，了解学生使用文字记录大自然的情况 |
| | | 2-2-2 结合语文学习，通过音视频记录大自然 | 1.观察：教师观察学生是否能使用相机或手机等记录大自然<br>2.访谈：访谈家长或其他同学，了解学生能否通过音视频记录大自然 | 教师可选择观察、访谈的方式，了解学生通过音视频记录大自然的情况 |
| | 2-3 发现问题 | 2-3-1 能发现并提出学习上的问题 | 1.观察：教师在日常教学过程中，观察学生能否发现并提出学习上的问题<br>2.访谈：访谈教师或家长，了解学生能否发现并提出学习上的问题 | 教师可选择观察、访谈的方式，了解学生发现并提出问题的能力 |

续表

| 次领域 | 评估指标 | 评估题目 | 评估方法 | 填写说明 |
|---|---|---|---|---|
| 2 探究 | 2-4 收集资料 | 2-4-1 能针对学习上的问题收集资料 | 1.观察：教师在日常教学过程中，观察学生能否针对学习上的问题从多种途径收集资料<br>2.访谈：访谈教师或家长，了解学生能否针对学习上的问题从多种途径主动收集资料 | 教师可选择观察、访谈的方式，了解学生针对学习问题收集资料的能力 |
| | 2-5 解决问题 | 2-5-1 能运用语文并结合其他学科知识解决问题 | 1.访谈：访谈教师或家长，了解学生在遇到问题时，能否运用语文和其他学科知识解决问题的情况<br>2.测验：教师出示一段本册课文中的材料，要求学生运用语文并结合其他学科知识解决问题，记录其表现 | 教师可选择观察、测验的方式，了解学生运用语文并结合其他学科知识解决问题的能力 |

# （三）二年级上册语文课程评估材料

领域一：识字与写字

1 识字

**1-2 认读生字**

1-2-1 识字表

使用说明：教师根据出示的识字表，随机指出若干汉字，请学生读出汉字，教师根据认读情况记录正确率并打分。

| 塘 | 脑 | 袋 | 灰 | 哇 | 教 | 捕 | 迎 | 阿 | 姨 |
|---|---|---|---|---|---|---|---|---|---|
| 宽 | 龟 | 顶 | 披 | 鼓 | 晒 | 极 | 傍 | 越 | 滴 |
| 溪 | 奔 | 洋 | 坏 | 淹 | 没 | 冲 | 毁 | 屋 | 灾 |
| 猜 | 植 | 如 | 为 | 旅 | 备 | 纷 | 刺 | 底 | 啪 |
| 炸 | 离 | 识 | 粗 | 得 | 套 | 帽 | 登 | 鞋 | 裤 |
| 图 | 壶 | 帐 | 篷 | 指 | 针 | 帆 | 艘 | 军 | 舰 |
| 稻 | 园 | 翠 | 队 | 铜 | 号 | 梧 | 桐 | 掌 | 枫 |
| 松 | 柏 | 装 | 桦 | 耐 | 守 | 疆 | 银 | 杉 | 化 |
| 桂 | 世 | 界 | 孔 | 雀 | 锦 | 雄 | 鹰 | 翔 | 雁 |
| 丛 | 深 | 猛 | 灵 | 粒 | 山 | 休 | 季 | 蝴 | 蝶 |
| 麦 | 苗 | 桑 | 肥 | 农 | 归 | 戴 | 场 | 谷 | 粒 |
| 虽 | 辛 | 苦 | 了 | 葡 | 富 | 紫 | 狐 | 狸 | 笨 |
| 酸 | 曹 | 称 | 员 | 根 | 柱 | 议 | 论 | 重 | 杆 |
| 秤 | 砍 | 线 | 止 | 量 | 玲 | 详 | 幅 | 评 | 炎 |
| 催 | 脏 | 伤 | 报 | 另 | 及 | 懒 | 并 | 糟 | 肯 |
| 封 | 削 | 锅 | 朝 | 始 | 刮 | 胡 | 修 | 冷 | 肩 |
| 团 | 重 | 完 | 希 | 期 | 结 | 束 | 鲜 | 哄 | 先 |
| 梦 | 闭 | 紧 | 润 | 等 | 累 | 吸 | 发 | 粘 | 汗 |
| 额 | 沙 | 乏 | 弹 | 钢 | 琴 | 练 | 捏 | 泥 | 滚 |
| 铁 | 环 | 荡 | 滑 | 梯 | 依 | 尽 | 欲 | 穷 | 层 |

续表

| | | | | | | | | |
|---|---|---|---|---|---|---|---|---|
| 瀑 | 布 | 炉 | 烟 | 遥 | 川 | 闻 | 名 | 景 | 区 |
| 省 | 部 | 秀 | 尤 | 其 | 仙 | 巨 | 位 | 都 | 著 |
| 形 | 状 | 潭 | 湾 | 湖 | 绕 | 茂 | 盛 | 围 | 胜 |
| 岛 | 纱 | 童 | 境 | 引 | 客 | 沟 | 产 | 份 | 枝 |
| 搭 | 淡 | 好 | 够 | 收 | 城 | 市 | 干 | 留 | 钉 |
| 利 | 分 | 味 | 昌 | 铺 | 调 | 硬 | 卧 | 限 | 乘 |
| 售 | 沿 | 答 | 渴 | 喝 | 话 | 弄 | 错 | 际 | 哪 |
| 抬 | 号 | 堵 | 缝 | 当 | 鹊 | 朗 | 街 | 枯 | 劝 |
| 趁 | 将 | 难 | 且 | 狂 | 吼 | 复 | 哀 | 葫 | 芦 |
| 藤 | 谢 | 啊 | 蚜 | 赛 | 感 | 怪 | 慢 | 锋 | 蜜 |
| 蜂 | 幕 | 扫 | 墓 | 慕 | 抄 | 炒 | 楼 | 争 | 代 |
| 临 | 腊 | 章 | 握 | 视 | 察 | 油 | 朱 | 德 | 扁 |
| 担 | 志 | 伍 | 泽 | 敌 | 陡 | 整 | 仗 | 疼 | 料 |
| 敬 | 泼 | 族 | 民 | 度 | 敲 | 龙 | 驶 | 容 | 踩 |
| 铺 | 盛 | 碗 | 祝 | 福 | 健 | 康 | 寿 | 刘 | 兰 |
| 派 | 被 | 血 | 拉 | 兵 | 血 | 挺 | 杀 | 烈 | 轿 |
| 救 | 摩 | 托 | 防 | 渔 | 货 | 轮 | 科 | 考 | 宿 |
| 寺 | 危 | 辰 | 恐 | 惊 | 似 | 庐 | 笼 | 盖 | 苍 |
| 茫 | 雾 | 淘 | 于 | 暗 | 岸 | 街 | 梁 | 甚 | 至 |
| 切 | 躲 | 失 | 添 | 柴 | 烧 | 旺 | 渐 | 哎 | 呀 |
| 冒 | 呛 | 烫 | 终 | 浑 | 淋 | 灭 | 激 | 瞧 | 滩 |
| 椰 | 壳 | 漠 | 聚 | 驼 | 骏 | 悬 | 崖 | 假 | 威 |
| 转 | 扯 | 嗓 | 兽 | 违 | 抗 | 爪 | 趟 | 神 | 猪 |
| 纳 | 闷 | 受 | 骗 | 借 | 筝 | 鼠 | 折 | 漂 | 扎 |
| 抓 | 幸 | 俩 | 包 | 愿 | 哭 | 取 | 帮 | 助 | 抽 |
| 续 | 使 | 劲 | 秧 | 表 | 示 | 摆 | 翻 | 仍 | 栽 |
| 责 | 狼 | 狸 | 蛇 | 鸽 | 羚 | 蚯 | 蚓 | 螃 | 蟹 |
| 虾 | 蚕 | | | | | | | | |

### 1-3 认读词语

#### 1-3-1 词语表

使用说明：教师根据出示的词语表，随机指出若干词语，请学生读出词语，教师根据认读情况记录正确率并打分。

| 看见 | 哪里 | 那边 | 头顶 | 眼睛 | 雪白 | 孩子 | 天空 | 傍晚 | 人们 |
|---|---|---|---|---|---|---|---|---|---|
| 冬天 | 花朵 | 平常 | 江河 | 海洋 | 田地 | 工作 | 办法 | 如果 | 长大 |
| 娃娃 | 只要 | 皮毛 | 那里 | 知识 | 花园 | 石桥 | 队旗 | 铜号 | 欢笑 |
| 杨树 | 树叶 | 枫树 | 松柏 | 木棉 | 化石 | 金桂 | 写字 | 丛林 | 深处 |
| 竹林 | 熊猫 | 朋友 | 水杉 | 棉衣 | 一同 | 柱子 | 一边 | 到底 | 秤杆 |
| 力气 | 出来 | 船身 | 石头 | 地方 | 四季 | 农事 | 月光 | 辛苦 | 评奖 |
| 时间 | 报纸 | 事情 | 坏事 | 好事 | 出国 | 今天 | 果然 | 以前 | 还有 |
| 台灯 | 这时 | 阳光 | 电影 | 开心 | 故事 | 头发 | 窗外 | 黄山 | 南部 |
| 那些 | 明亮 | 云海 | 巨石 | 前方 | 每当 | 山顶 | 群山 | 树木 | 中央 |
| 美丽 | 灯光 | 它们 | 展现 | 风光 | 出产 | 水果 | 月份 | 山坡 | 枝叶 |
| 展开 | 中午 | 老乡 | 城市 | 空气 | 水分 | 井沿 | 回答 | 口渴 | 大话 |
| 井口 | 好客 | 当作 | 前面 | 晴朗 | 枯草 | 正好 | 清早 | 山脚 | 枝头 |
| 从前 | 细长 | 可爱 | 每天 | 南瓜 | 邻居 | 奇怪 | 现在 | 将来 | 难过 |
| 同志 | 带领 | 队伍 | 会师 | 红军 | 来回 | 战士 | 白天 | 起来 | 难忘 |
| 龙船 | 花炮 | 欢呼 | 人群 | 欢乐 | 开始 | 多么 | 年轻 | 村子 | 知道 |
| 广场 | 民兵 | 于是 | 欢乐 | 无论 | 船只 | 连同 | 岸边 | 同时 | 房屋 |
| 于是 | 不久 | 出现 | 散步 | 空地 | 唱歌 | 回家 | 赶快 | 旁边 | 火星 |
| 连忙 | 浑身 | 时候 | 谢谢 | 水汽 | 食物 | 身边 | 爪子 | 面前 | 野猪 |
| 往常 | 纸船 | 松果 | 纸条 | 可是 | 但是 | 屋顶 | 和好 | 田野 | 风车 |
| 飞快 | 秧苗 | 不住 | 点头 | 急忙 | 伤心 | 路边 | 生气 | 来不及 | |
| 圆珠笔 | | 八角楼 | | 泼水节 | | 柏树枝 | | 为什么 | |
| 四海为家 | | 一动不动 | | 名胜古迹 | | 五光十色 | | 坐井观天 | |
| 无边无际 | | 自言自语 | | 星星之火 | | 一年一度 | | 四面八方 | |
| 神气活现 | | 信以为真 | | | | | | | |

### 2 写字

#### 2-1 ～ 2-3 能使用硬笔书写本册常用汉字

使用说明：教师准备纸笔，根据下方出示的写字表，随机抽取简单或复杂的常用汉字请学生书写于下方的田字格中，并观察学生的书写习惯，教师进行记录并打分。

写字表：

| | | | | | | | | | |
|---|---|---|---|---|---|---|---|---|---|
| 两 | 哪 | 宽 | 顶 | 眼 | 睛 | 肚 | 皮 | 孩 | 跳 |
| 变 | 极 | 片 | 傍 | 海 | 洋 | 作 | 坏 | 给 | 带 |
| 法 | 如 | 公 | 它 | 娃 | 她 | 毛 | 更 | 知 | 识 |
| 处 | 园 | 桥 | 群 | 队 | 旗 | 铜 | 号 | 领 | 巾 |
| 杨 | 壮 | 桐 | 枫 | 松 | 柏 | 棉 | 杉 | 化 | 桂 |
| 歌 | 写 | 丛 | 深 | 六 | 熊 | 猫 | 九 | 朋 | 友 |
| 季 | 吹 | 肥 | 农 | 事 | 忙 | 归 | 戴 | 辛 | 苦 |
| 称 | 柱 | 底 | 杆 | 秤 | 做 | 岁 | 站 | 船 | 然 |
| 画 | 幅 | 评 | 奖 | 纸 | 报 | 另 | 及 | 拿 | 并 |
| 封 | 信 | 谷 | 支 | 圆 | 珠 | 笔 | 灯 | 电 | 影 |
| 哄 | 先 | 闭 | 脸 | 沉 | 发 | 窗 | 沙 | 依 | 尽 |
| 黄 | 层 | 照 | 炉 | 烟 | 川 | 南 | 部 | 些 | 巨 |
| 位 | 向 | 每 | 升 | 闪 | 狗 | 湾 | 名 | 胜 | 迹 |
| 央 | 丽 | 展 | 现 | 产 | 份 | 坡 | 枝 | 起 | 客 |
| 老 | 收 | 城 | 市 | 井 | 观 | 沿 | 答 | 渴 | 喝 |
| 话 | 际 | 脚 | 面 | 阵 | 朗 | 枯 | 却 | 第 | 将 |
| 难 | 纷 | 棵 | 谢 | 想 | 盯 | 言 | 邻 | 治 | 怪 |
| 楼 | 年 | 夜 | 披 | 轻 | 利 | 扁 | 担 | 志 | 伍 |
| 师 | 军 | 战 | 士 | 忘 | 泼 | 度 | 龙 | 炮 | 穿 |
| 始 | 令 | 刘 | 民 | 反 | 村 | 被 | 关 | 道 | 兵 |
| 危 | 敢 | 惊 | 阴 | 似 | 野 | 苍 | 茫 | 于 | 论 |
| 岸 | 屋 | 切 | 久 | 散 | 步 | 唱 | 赶 | 旺 | 旁 |
| 浑 | 候 | 谁 | 汽 | 食 | 物 | 爷 | 就 | 爪 | 神 |
| 活 | 猪 | 折 | 张 | 祝 | 扎 | 抓 | 吵 | 但 | 哭 |
| 车 | 得 | 秧 | 苗 | 汗 | 急 | 场 | 伤 | 路 | |

## 领域二：阅读与鉴赏

### 1 诵读与理解

#### 1-1 朗读课文

1-1-1 ~ 1-1-3 本册课文范例

使用说明：教师根据下方出示的课文范例，请学生进行朗读，在朗读过程中记录学生能否正确读准字音、流畅不卡顿、富有感情。

### 黄山奇石（节选）

中外闻名的黄山风景区在我国安徽省南部。那里景色秀丽神奇，尤其是那些怪石，有趣极了。

就说"仙桃石"吧，它好像从天上飞下来的一个大桃子，落在山顶的石盘上。

在一座陡峭的山峰上，有一只"猴子"。它两只胳膊抱着腿，一动不动地蹲在山头，望着翻滚的云海，这就是有趣的"猴子观海"。

"仙人指路"就更有趣了！远远望去，那巨石真像一位仙人站在高高的山峰上，伸着手臂指向前方。

每当太阳升起，有座山峰上的几块巨石，就变成了一只金光闪闪的雄鸡。它伸着脖子，对着天都峰不住地啼叫。不用说，这就是著名的"金鸡叫天都"了。

黄山的奇石还有很多，如"天狗望月""狮子抢球""仙女弹琴"。那些叫不出名字的奇形怪状的岩石，正等你去给它们起名字呢！

## 1-2 背诵课文

### 1-2-1 ~ 1-2-2 本册现代文范例

使用说明：教师随机抽取本册需要背诵的现代文，请学生进行背诵，在背诵过程中记录学生的背诵情况并打分。

#### 日月潭（节选）

日月潭很深，湖水碧绿。湖中央有个美丽的小岛，把湖水分成两半：北边像圆圆的太阳，叫日潭；南边像弯弯的月亮，叫月潭。

清晨，湖面上飘着薄薄的雾。天边的晨星和山上的点点灯光，隐隐约约地倒映在湖水中。

中午，太阳高照，整个日月潭的美景和周围的建筑，都清晰地展现在眼前。要是下起蒙蒙细雨，日月潭好像披上轻纱，周围的景物一片朦胧，就像童话中的仙境。

### 1-2-3 本册儿歌范例

使用说明：教师随机抽取本册需要背诵的儿歌（包括《场景歌》《树之歌》《拍手歌》等），请学生进行背诵，在背诵过程中记录学生的背诵情况并打分。

#### 树之歌

杨树高，榕树壮，

梧桐树叶像手掌。

枫树秋天叶儿红，

松柏四季披绿装。

木棉喜暖在南方，

桦树耐寒守北疆。

银杏水杉活化石。

金桂开花满院香。

### 1-2-4 本册古诗范例

使用说明：教师随机抽取本册需要背诵的古诗（包括《登鹳雀楼》《望庐山瀑布》《夜宿山寺》《敕勒歌》等），请学生进行背诵，在背诵过程中记录学生的背诵情况并打分。

**登鹳雀楼**

[唐] 王之涣

白日依山尽，

黄河入海流。

欲穷千里目，

更上一层楼。

## 2 阅读与理解

### 2-1 理解词句意思

### 2-1-1 能联系上下文理解本册中词句的意思

使用说明：教师根据下方出示的课文范例，请学生根据上下文内容，联系上下文，说一说画线词语的意思，教师记录情况并打分。

**植物妈妈有办法**

孩子如果已经长大，
就得告别妈妈，四海为家。
牛马有脚，鸟有翅膀，
植物旅行又用什么办法？

蒲公英妈妈准备了降落伞，
把它送给自己的娃娃。
只要有风轻轻吹过，
孩子们就乘着风纷纷出发。

苍耳妈妈有个好办法，
她给孩子穿上带刺的铠甲。
只要挂住动物的皮毛，
孩子们就能去田野、山洼。

石榴妈妈的胆子挺大，
她不怕小鸟吃掉娃娃。
孩子们在鸟肚子里睡上一觉，
就会钻出来落户安家。

豌豆妈妈更有办法，
她让豆荚晒在太阳底下。
啪的一声，豆荚炸开，
孩子们就蹦着跳着离开妈妈。

植物妈妈的办法很多很多，
不信你就仔细观察。
那里有许许多多的知识，
粗心的小朋友却得不到它。

### 2-2 理解文章大意

#### 2-2-1 能联系上下文理解本册课文大意

使用说明：教师随机选择本册中的一篇课文，让学生说出课文大意，教师记录情况并打分。

**我是什么**

我会变。太阳一晒，我就变成汽。升到天空，我又变成无数极小极小的点儿，连成一片，在空中飘浮。有时候我穿着白衣服，有时候我穿着黑衣服，早晨和傍晚我又把红袍披在身上。人们叫我"云"。

我在空中越升越高，体温越来越低，变成了无数小水滴。小水滴聚在一起落下来，人们叫我"雨"。有时候我变成小硬球打下来，人们就叫我"冰雹"。到了冬天，我变成小花朵飘下来，人们又叫我"雪"。

平常我在池子里睡觉，在小溪里散步，在江河里奔跑，在海洋里跳舞，唱歌，开大会。

有时候我很温和，有时候我却很暴躁。我做过许多好事，灌溉田地，发动机器，帮助人们工作。我也做过许多坏事，淹没庄稼，冲毁房屋，给人们带来灾害。人们想出种种办法管住我，让我光做好事，不做坏事。

小朋友，你们猜猜，我是什么？

### 2-3 理解古诗大意

#### 2-3-1 能正确理解古诗大意

使用说明：教师随机选择本册中的一首古诗（包括《登鹳雀楼》《望庐山瀑布》《夜宿山寺》《敕勒歌》等），请学生说出古诗大意及体现的思想感情，教师记录情况并打分。

**敕勒歌**

北朝民歌

敕勒川，阴山下，

天似穹庐，笼盖四野。

天苍苍，野茫茫，

风吹草低见牛羊。

### 2-4 理解童话、寓言或故事

#### 2-4-1 能正确理解浅近的童话、寓言或故事

使用说明：教师随机选择本册的一篇童话或寓言故事，请学生说出文章大意，可为学生提供一张图片，让学生更好理解文章大意，教师记录情况并打分。

## 坐井观天

青蛙坐在井里。小鸟飞来，落在井沿上。

青蛙问小鸟："你从哪儿来呀？"

小鸟回答说："我从天上来，飞了一百多里，口渴了，下来找点儿水喝。"

青蛙说："朋友，别说大话了！天不过井口那么大，还用飞那么远吗？"

小鸟说："你弄错了。天无边无际，大得很哪！"

青蛙笑了，说："朋友，我天天坐在井里，一抬头就看见天。我不会弄错的。"

小鸟也笑了，说："朋友，你是弄错了。不信，你跳出井来看一看吧。"

### 2-5 表达感受

**2-5-1 能表达出对课文中人物或事件的感受及想法**

使用说明：教师随机选择本册的一篇课文，让学生说出对课文中人物及事件的感受及想法，教师记录情况并打分。

## 朱德的扁担

1928 年，朱德同志带领队伍到井冈山，跟毛泽东同志带领的队伍会师了。红军在山上，山下不远处就是敌人。

红军要巩固井冈山根据地，粉碎敌人的围攻，需要储备足够的粮食。井冈山上生产的粮食不多，常常要抽出一些人到山下宁冈的茅坪去挑粮。从井冈山到茅坪，来回有五六十里，山高路陡，非常难走。可是每次挑粮，大家都争着去。

朱德同志也跟战士们一块儿去挑粮。他穿着草鞋，戴着斗笠，挑起粮食，跟大家一块儿爬山。白天挑粮爬山，晚上还常常整夜整夜地研究怎样跟敌人打仗。大家看了心疼，就把他那根扁担藏了起来。不料，朱德同志又找来一根扁担，写上"朱德的扁担"五个字。

大家见了，越发敬爱朱德同志，不好意思再藏他的扁担了。

### 2-6 体会标点符号语气

**2-6-1 ～ 2-6-2 能认识句号、问号，并能读出正确的语气**

使用说明：教师以下方出示的课文语句为例，请学生分别指认标点符号，读出句号、问号表达的语气，教师进行记录并打分。

（1）池塘里有一群小蝌蚪，大大的脑袋，黑灰色的身子，甩着长长的尾巴，快活地游来游去。

（2）古时候有个叫曹操的人。

（3）天不过井口那么大，还用飞那么远吗？

（4）谁有那么大的力气提得起这杆大秤呢？

3 文学积累

### 3-2 积累格言警句

3-2-1 能积累本册课本中的格言警句

使用说明：教师根据下面出示的格言警句，说出上半句或者下半句，请学生背诵出缺少的部分，教师记录正确个数并打分。

（1）己所不欲，勿施于人。

（2）不以规矩，不能成方圆。

（3）有志者事竟成。

（4）穷且益坚，不坠青云之志。

领域三：表达与交流

2 表达

### 2-1 复述大意

2-1-1 能复述故事或影视作品的大意

使用说明：教师讲述一篇故事或播放一则影视作品，请学生仔细聆听或观看，并复述大意，教师记录学生情况并打分。

在小兔生日这天，它的好朋友小花猪送给它一大把五颜六色的气球，可是小兔刚拿到气球，气球就把小兔带上了天。小兔说："小花猪，救我。"

小花猪已经够不到小兔了，它说："别急，我去叫大象伯伯。"

小兔越飞越高，越飞越远，这时小兔心惊肉跳，小兔飞到了树林里，小兔多么想抓到一根树枝呀！可是它总是在大树的上面。

忽然，小兔看到了大象伯伯在前面，小兔说："大象伯伯，救救我。"可是它已经到了大象伯伯的头上了，大象伯伯只能望洋兴叹。小兔害怕得泪如泉涌，嚎啕大哭。它飞呀飞，飞到了一棵大树的上面，这时小松鼠说小兔，我来救你。

可是小松鼠在树上怎么也够不到小兔，小兔吓得目瞪口呆，这回它真的灰心丧气了。这时，麻雀飞来了，它们商量了一会儿，最后，麻雀们把气球啄破了，小兔慢慢悠悠地下来了。它对小麻雀说："谢谢你们救了我！"

### 2-2 讲小故事

2-2-1 能较完整地讲述小故事

使用说明：教师可通过"小小交流会"的形式，让学生讲述一个小故事，教师根据其表现，进行评价。

如：王二小的故事

### 2-3 讲述感兴趣的人或事

2-3-1 能简要讲述自己感兴趣的人或事

使用说明：教师可通过"小小交流会"的形式，让学生简要讲述自己感兴趣的人或事：喜欢的人、平时的爱好、早晨上学路上遇到的新鲜事等，教师根据学生表现进行评分。

如：简要介绍自己喜欢的一位朋友

### 2-4 看图说话

2-4-1 能清楚有条理地看图说话

使用说明：教师给出一幅图画，先给学生提供若干图案，让学生选择图片中包含的图案，再让学生看图说话，教师记录学生情况并打分。

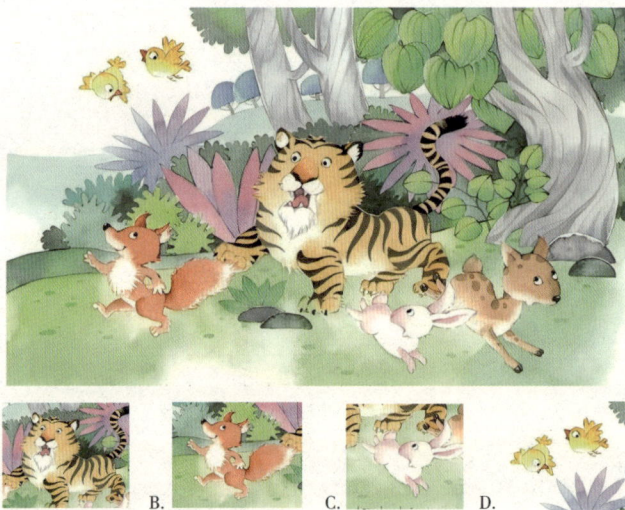

领域四：梳理与探究

1 梳理

### 1-1 梳理汉字

1-1-1 能说出所学汉字的音、形、义和书写规律

使用说明：教师随机给出本册若干汉字，要求学生能正确说汉字的音、形、义和书写规律。

| 海 | 船 | 洋 | 园 | 急 |
|---|---|---|---|---|
| 丛 | 深 | 六 | 熊 | 猫 |

2 探究

**2-5 解决问题**

2-5-1 能运用语文并结合其他学科知识解决问题

使用说明：教师随机呈现二年级上册课文中的一段材料，让学生运用语文知识和其他学科知识解决问题，教师记录情况并打分。

### 曹冲称象

　　古时候有个叫曹操的人。别人送他一头大象，他很高兴，带着儿子曹冲和官员们一同去看。

　　大象又高又大，身子像一堵墙，腿像四根柱子。官员们一边看一边议论："这么大的象，到底有多重呢？"

　　曹操问："谁有办法把这头大象称一称？"有的说："得造一杆大秤，砍一棵大树做秤杆。"有的说："有了大秤也不行啊，谁有那么大的力气提得起这杆大秤呢？"曹操听了直摇头。

　　曹冲才七岁，他站出来，说："我有个办法。把大象赶到一艘大船上，看船身下沉多少，就沿着水面，在船舷上画一条线。再把大象赶上岸，往船上装石头，装到船下沉到画线的地方为止。然后称一称船上的石头。石头有多重，大象就有多重。"

　　曹操微笑着点了点头。他叫人照曹冲说的办法去做，果然称出了大象的重量。

## （四）二年级下册语文课程评估材料

领域一：识字与写字

1 识字

**1-2 认读生字**

1-2-1 识字表

使用说明：教师根据出示的识字表，随机指出若干汉字，请学生读出汉字，教师根据认读情况记录正确率（0%、30%、60%、90%）并打分。

| | | | | | | | | | |
|---|---|---|---|---|---|---|---|---|---|
| 莺 | 拂 | 堤 | 柳 | 醉 | 咏 | 妆 | 丝 | 绦 | 裁 |
| 鸳 | 脱 | 袄 | 寻 | 羞 | 姑 | 遮 | 掩 | 探 | 嫩 |
| 符 | 解 | 触 | 杜 | 鹃 | 邮 | 递 | 裹 | 寄 | 局 |
| 堆 | 破 | 漏 | 懊 | 丧 | 啊 | 猾 | 绚 | 籽 | 礼 |
| 邓 | 坛 | 龄 | 格 | 握 | 致 | 勃 | 挖 | 选 | 苗 |
| 移 | 挥 | 填 | 扶 | 亭 | 咨 | 询 | 剧 | 管 | 理 |
| 宝 | 塔 | 餐 | 厅 | 曾 | 蒙 | 泞 | 顺 | 迈 | 踏 |
| 荆 | 棘 | 瓣 | 莹 | 觅 | 需 | 献 | 糕 | 特 | 嘛 |
| 买 | 粉 | 糖 | 蔗 | 汁 | 菜 | 熬 | 算 | 销 | 劳 |
| 的 | 确 | 应 | 郊 | 泛 | 波 | 纹 | 葱 | 软 | 毯 |
| 异 | 恋 | 舍 | 求 | 株 | 拾 | 骑 | 跨 | 程 | 魔 |
| 术 | 建 | 筑 | 演 | 营 | 务 | 判 | 饲 | 养 | 州 |
| 华 | 涌 | 峰 | 耸 | 隔 | 峡 | 与 | 陆 | 谊 | 浓 |
| 齐 | 奋 | 繁 | 荣 | 传 | 统 | 贴 | 宵 | 巷 | 祭 |
| 舟 | 艾 | 堂 | 乞 | 巧 | 郎 | 饼 | 赏 | 菊 | 甲 |
| 骨 | 类 | 漂 | 珍 | 饰 | 品 | 随 | 易 | 损 | 币 |
| 财 | 赚 | 赔 | 购 | 贫 | 菠 | 煎 | 腐 | 茄 | 烤 |
| 煮 | 爆 | 炖 | 蘑 | 菇 | 蒸 | 饺 | 炸 | 酱 | 粥 |
| 蛋 | 津 | 溜 | 辣 | 乎 | 喷 | 腻 | 绵 | 脆 | 邦 |
| 盒 | 聊 | 坪 | 郁 | 卤 | 般 | 精 | 叮 | 渡 | 荫 |
| 蔽 | 撑 | 拼 | 母 | 冈 | 懂 | 案 | 堡 | 插 | 凶 |
| 狠 | 补 | 充 | 攻 | 商 | 量 | 驾 | 轰 | 驳 | 药 |
| 赞 | 合 | 记 | 屁 | 股 | 昏 | 泡 | 尿 | 茸 | 醒 |
| 晃 | 兔 | 费 | 列 | 屎 | 撞 | 贪 | 脾 | 婶 | 陀 |
| 螺 | 毽 | 倒 | 翁 | 枪 | 橡 | 板 | 控 | 坦 | 克 |
| 寓 | 则 | 亡 | 牢 | 圈 | 钻 | 叼 | 坊 | 悔 | 此 |
| 焦 | 筋 | 疲 | 喘 | 截 | 室 | 靠 | 而 | 班 | 哈 |
| 倒 | 审 | 视 | 页 | 肃 | 响 | 抢 | 嘻 | 悦 | 海 |
| 棚 | 驮 | 磨 | 坊 | 挡 | 伯 | 浅 | 刻 | 突 | 叹 |
| 唉 | 试 | 蹄 | 既 | 厨 | 厕 | 厢 | 厦 | 穴 | 窟 |
| 窿 | 窑 | 窄 | 晓 | 慈 | 毕 | 竟 | 映 | 绝 | 鹇 |
| 鸣 | 行 | 舍 | 岭 | 泊 | 压 | 蝉 | 垂 | 户 | 扑 |
| 慌 | 辨 | 忠 | 实 | 导 | 盏 | 永 | 闯 | 碰 | 稠 |
| 稀 | 渠 | 积 | 航 | 宇 | 宙 | 稳 | 固 | 舱 | 杯 |
| 饮 | 件 | 题 | 密 | 浴 | 桶 | 博 | 馆 | 览 | 技 |
| 育 | 研 | 究 | 哨 | 诊 | 似 | 奔 | 咦 | 竖 | 竿 |
| 舞 | 痛 | 烦 | 扇 | 店 | 蹲 | 寂 | 寞 | 罩 | 编 |
| 顾 | 付 | 夫 | 换 | 颈 | 袜 | 匆 | 蜈 | 蚣 | 卖 |
| 烂 | 脾 | 喝 | 坑 | 挺 | 舒 | 集 | 播 | 撒 | 茵 |
| 灌 | 缺 | 泳 | 愣 | 昆 | 怜 | 挪 | 仿 | 佛 | 尽 |
| 任 | 何 | 纺 | 竭 | 规 | 律 | 待 | 挣 | 愉 | 绒 |
| 扫 | 帚 | 抹 | 拖 | 簸 | 箕 | 玻 | 璃 | 垃 | 圾 |
| 祖 | 掏 | 逗 | 蔷 | 薇 | 逮 | 忆 | 纪 | 必 | 须 |
| 功 | 譬 | 糙 | 敏 | 式 | 简 | 由 | 睁 | 秩 | 序 |
| 哦 | 射 | 值 | 熔 | 艰 | 箭 | 裂 | 窜 | 炎 | 庄 |
| 稼 | 滋 | 腾 | 钩 | 铲 | 梅 | 柿 | 源 | 涨 | 炬 |
| 灿 | 垮 | 坟 | | | | | | | |

### 1-3 认读词语

#### 1-3-1 词语表

使用说明：教师根据出示的词语表，随机指出若干词语，请学生读出词语，教师根据认读情况记录正确率并打分。

| | | | | | | | | | |
|---|---|---|---|---|---|---|---|---|---|
| 春天 | 寻找 | 姑娘 | 野花 | 柳枝 | 桃花 | 鲜花 | 先生 | 原来 | 大叔 |
| 邮局 | 太太 | 做客 | 惊奇 | 快活 | 美好 | 礼物 | 爷爷 | 植树 | 公园 |
| 格外 | 笔直 | 汗珠 | 休息 | 树苗 | 小心 | 叔叔 | 足迹 | 昨天 | 迷路 |
| 温暖 | 爱心 | 也许 | 桌子 | 平时 | 难道 | 味道 | 就是 | 加工 | 种子 |
| 农具 | 甜菜 | 工具 | 劳动 | 经过 | 出色 | 妹妹 | 河水 | 碧绿 | 波纹 |
| 河岸 | 柳叶 | 景色 | 柳树 | 枝条 | 神州 | 中华 | 山川 | 黄河 | 长江 |
| 长城 | 海峡 | 民族 | 奋发 | 龙舟 | 中秋 | 节日 | 春节 | 花灯 | 先人 |
| 转眼 | 团圆 | 热闹 | 可以 | 钱币 | 动物 | 贝壳 | 张开 | 样子 | 钱财 |
| 有关 | 比如 | 美食 | 红烧 | 茄子 | 烤鸭 | 羊肉 | 彩色 | 脚尖 | 森林 |
| 雪松 | 歌声 | 苹果 | 精灵 | 季节 | 好像 | 一直 | 说话 | 童话 | 对岸 |
| 发现 | 弟弟 | 游戏 | 发明 | 字母 | 周围 | 补充 | 公主 | 飞机 | 地道 |
| 火药 | 合力 | 胜利 | 忘记 | 屁股 | 苍耳 | 留神 | 干净 | 从来 | 幸运 |
| 使劲 | 夜晚 | 听见 | 草地 | 劝告 | 禾苗 | 明白 | 大笑 | 图画 | 老师 |
| 讲桌 | 座位 | 教室 | 哈哈 | 然后 | 画纸 | 神情 | 角度 | 突然 | 愿意 |
| 麦子 | 为难 | 四周 | 伯伯 | 立刻 | 吃惊 | 认真 | 脚步 | 清新 | 雷雨 |
| 乌云 | 闪电 | 雷声 | 房子 | 窗户 | 迎面 | 方向 | 向导 | 特别 | 积雪 |
| 野外 | 天然 | 帮助 | 指点 | 永远 | 黑夜 | 帮忙 | 太空 | 生活 | 别处 |
| 主要 | 方便 | 活动 | 杯子 | 喝水 | 使用 | 洗澡 | 容易 | 浴桶 | 不安 |
| 耳朵 | 扇子 | 遇到 | 兔子 | 毛病 | 后来 | 头痛 | 最后 | 人家 | 决定 |
| 商店 | 工夫 | 终于 | 围巾 | 星期 | 青蛙 | 草籽 | 野鸭 | 泉水 | 竹子 |
| 应该 | 花丛 | 尽情 | 道路 | 怎样 | 毛虫 | 叶子 | 目光 | 周游 | 纺织 |
| 编织 | 声音 | 花纹 | 消失 | 蓝天 | 野果 | 祖先 | 原始 | 意思 | 浓绿 |
| 野兔 | 赛跑 | 回忆 | 世界 | 学习 | 成功 | 月亮 | 主意 | 变化 | 开头 |
| 方式 | 简单 | 自由 | 生长 | 相当 | 结局 | 苦海 | 光明 | 觉得 | 值日 |
| 人类 | 艰难 | 决心 | 生机 | 炎热 | 害怕 | 从此 | | 北极星 | |

| | | | | |
|---|---|---|---|---|
| 邮递员 | 台湾岛 | 蛋炒饭 | 清明节 | 五角星 |
| 甲骨文 | 难为情 | 指南针 | 大自然 | 反反复复 |
| 花草树木 | 碧空如洗 | 万里无云 | 引人注目 | 恋恋不舍 |
| 亡羊补牢 | 筋疲力尽 | 一望无边 | | |

## 2 写字

### 2-1 ~ 2-3 能使用硬笔书写本册常用汉字

使用说明：教师准备纸笔，根据下方出示的写字表，随机抽取简单或复杂的常用汉字请学生书写于下方的田字格中，并观察学生的书写习惯，教师进行记录并打分。

| 诗 | 村 | 童 | 碧 | 妆 | 绿 | 丝 | 剪 | 冲 | 寻 |
|---|---|---|---|---|---|---|---|---|---|
| 姑 | 娘 | 吐 | 柳 | 荡 | 桃 | 杏 | 鲜 | 邮 | 递 |
| 员 | 原 | 叔 | 局 | 堆 | 礼 | 邓 | 植 | 格 | 引 |
| 注 | 满 | 休 | 息 | 锋 | 昨 | 冒 | 留 | 弯 | 背 |
| 洒 | 温 | 暖 | 能 | 桌 | 味 | 买 | 具 | 甘 | 甜 |
| 菜 | 劳 | 匹 | 妹 | 波 | 纹 | 像 | 景 | 恋 | 舍 |
| 求 | 识 | 字 | 州 | 华 | 岛 | 峡 | 民 | 族 | 谊 |
| 齐 | 奋 | 贴 | 街 | 舟 | 艾 | 敬 | 转 | 团 | 热 |
| 闹 | 贝 | 壳 | 甲 | 骨 | 钱 | 币 | 与 | 财 | 关 |
| 烧 | 茄 | 烤 | 鸭 | 肉 | 鸡 | 蛋 | 炒 | 饭 | 彩 |
| 梦 | 森 | 拉 | 结 | 苹 | 般 | 精 | 灵 | 伞 | 姨 |
| 弟 | 便 | 教 | 游 | 戏 | 母 | 周 | 围 | 句 | 补 |
| 充 | 药 | 合 | 死 | 记 | 屁 | 股 | 尿 | 净 | 屎 |
| 幸 | 使 | 劲 | 亡 | 牢 | 钻 | 劝 | 丢 | 告 | 筋 |
| 疲 | 图 | 课 | 摆 | 座 | 室 | 交 | 哈 | 页 | 抢 |
| 嘻 | 愿 | 意 | 麦 | 该 | 伯 | 刻 | 突 | 掉 | 湖 |
| 莲 | 穷 | 荷 | 绝 | 含 | 岭 | 吴 | 雷 | 乌 | 黑 |
| 压 | 垂 | 户 | 新 | 迎 | 扑 | 指 | 针 | 帮 | 助 |
| 导 | 永 | 碰 | 特 | 积 | 杯 | 失 | 洗 | 澡 | 容 |
| 易 | 浴 | 桶 | 扇 | 慢 | 遇 | 兔 | 安 | 根 | 痛 |
| 最 | 店 | 决 | 定 | 商 | 夫 | 终 | 完 | 换 | 期 |
| 蛙 | 卖 | 搬 | 倒 | 籽 | 泉 | 破 | 应 | 整 | 抽 |
| 纺 | 织 | 编 | 怎 | 布 | 消 | 祖 | 啊 | 浓 | 望 |
| 蓝 | 摘 | 掏 | 赛 | 忆 | 世 | 界 | 功 | 反 | 复 |
| 式 | 简 | 弄 | 由 | 觉 | 值 | 类 | 艰 | 弓 | 炎 |
| 害 | 此 |  |  |  |  |  |  |  |  |

## 领域二：阅读与鉴赏

### 1 诵读与理解

#### 1-1 普通话朗读课文

1-1-1 ～ 1-1-3 本册课文范例

使用说明：教师根据下方出示的课文范例，请学生进行朗读，在朗读过程中记录学生能否正确读准字音、流畅不卡顿、富有感情。

## 一匹出色的马

一个春天的傍晚，妈妈牵着妹妹，爸爸牵着我，一起到郊外去散步。我们沿着一条小河走。河水碧绿碧绿的，微风吹过，泛起层层波纹。河岸上垂下来的柳叶，拂过妈妈和爸爸的头发，我和妹妹看着都笑了。

路的一边是田野，葱葱绿绿的，非常可爱，像一片柔软的绿毯。

春天的郊外，景色异常美丽。我们一边看，一边走，路已经走了不少，却还恋恋不舍，不想回去。

当我们往回走的时候，妹妹求妈妈抱她："我很累，走不动了，抱抱我。"

妈妈摇摇头，回答说："不行啊，我也很累，抱不动你了。"

妹妹转过头求爸爸。爸爸不作声，他松开我的手，从路旁一株柳树下，拾起一根又长又细的枝条，把它递给了妹妹，说："这是一匹出色的马，你走不动了，就骑着它回家吧。"

妹妹高兴地跨上"马"，蹦蹦跳跳地奔向前去。等我们回到家时，她已经在门口迎接我们，笑着说："我早回来啦！"

## 1-2 背诵课文

### 1-2-1 本册儿歌范例

使用说明：教师出示本册需要背诵的儿歌《传统节日》，请学生进行背诵，教师记录背诵情况并打分。

## 传统节日

春节到，人欢笑，

贴窗花，放鞭炮。

元宵节，看花灯，

大街小巷人如潮。

清明节，雨纷纷，

先人墓前去祭扫。

过端午，赛龙舟，

粽香艾香满堂飘。

七月七，来乞巧，

牛郎织女会鹊桥。

过中秋，吃月饼，

十五圆月当空照。

重阳节，要敬老，

踏秋赏菊去登高。

转眼又是新春到，

全家团圆真热闹。

### 1-2-2 本册现代文范例

使用说明：教师随机抽取本册需要背诵的现代文（如：《雷雨》），请学生进行背诵，教师记录背诵情况并打分。

**雷雨**

满天的乌云，黑沉沉地压下来。树上的叶子一动不动，蝉一声也不出。

忽然一阵大风，吹得树枝乱摆。一只蜘蛛从网上垂下来，逃走了。

闪电越来越亮，雷声越来越响。

哗，哗，哗，雨下起来了。

雨越下越大。往窗外望去，树啊，房子啊，都看不清了。

渐渐地，渐渐地，雷声小了，雨声也小了。

天亮起来了。打开窗户，清新的空气迎面扑来。

雨停了。太阳出来了。一条彩虹挂在天空。蝉叫了。蜘蛛又坐在网上。池塘里水满了，青蛙也叫起来了。

### 1-2-3 本册古诗范例

使用说明：教师随机抽取本册需要背诵的古诗（包括《村居》《咏柳》《赋得古原草送别（节选）》《晓出净慈寺送林子方》《绝句》《舟夜书所见》），请学生进行背诵，在背诵过程中记录学生的背诵情况并打分。

**晓出净慈寺送林子方**

[宋] 杨万里

毕竟西湖六月中，

风光不与四时同。

接天莲叶无穷碧，

映日荷花别样红。

## 2 阅读与理解

### 2-1 理解词句意思

#### 2-1-1 能联系上下文理解本册中词句的意思

使用说明：教师出示课文范例，可朗读给学生听，并要求通过游戏抢答的方式，请学生根据上下文内容，联系上下文，说一说画线词语的意思，教师记录并打分。

### （1）枫树上的喜鹊（节选）

我们村的渡口旁有一棵枫树，我很喜欢它。它好像一把很大又很高的绿色太阳伞，一直打开着。它的绿荫遮蔽了村里的渡口。枫树上有一个喜鹊的窝，我喜欢极了。

是的，我喜欢站在枫树下，抬头看喜鹊的窝。我常常觉得喜鹊会跟我说话，我像童话书里那样，在心中称呼她喜鹊阿姨。

我真是喜欢极了。上个星期天早上，我正要撑着渡船到对岸的树林里去打柴，发现喜鹊阿姨的窝里有几只小喜鹊了。

### （2）千人糕

一天，爸爸对孩子说："今天我们来吃千人糕吧。"

"爸爸，什么是千人糕？"孩子好奇地问。

"需要很多很多人才能做成的糕。"爸爸回答。

孩子想：这糕要很多很多人才能做成，一定特别大，也许比桌子还大吧？

爸爸端来一块糕，那糕看上去跟平时吃的糕没什么两样。难道它的味道很特别吗？孩子急忙尝了尝，笑了："这就是平常吃过的米糕嘛！您给我买过。"

爸爸说："是的，就是平常吃的米糕。你知道这糕是怎么做成的吗？"

孩子说："是把大米磨成粉做的，还加了糖。"

爸爸说："是啊，大米是用农民种的稻子加工出来的。农民种稻子需要种子、农具、肥料、水……"

爸爸接着说："糖呢，是用甘蔗汁或甜菜汁熬出来的。甘蔗、甜菜也要有人种。熬糖的时候，要有工具，还得有火……就算米糕做好了，还得要人包装、送货、销售，这些又需要很多人的劳动。"

爸爸拿起面前的糕，说："你看，一块平平常常的糕，经过很多很多人的劳动，才能摆在我们面前。"

孩子听了爸爸的话，仔细想了想，说："爸爸，这糕的确应该叫'千人糕'啊！"


**2-2 理解文章大意**

**2-2-1 能联系上下文理解本册课文大意**

使用说明：教师随机选择本册中的一篇课文，让学生说出课文大意，教师记录情况并打分。

### 沙滩上的童话

海边的沙滩是我们的快乐天地。

在沙堆上，我们垒起城堡，城堡周围筑起围墙，围墙外再插上干树枝，那就是我们的树。

不知道谁说了一句："这城堡里住着一个凶狠的魔王。"

有人接着补充："他抢去了美丽的公主！"

第三个小伙伴说："你们快听，公主在城堡里哭呢！"

就这样，我们编织着童话。

转眼间，我们亲手建造的城堡成了一座魔窟，我们也成了攻打魔窟的勇士。

我们一起商量怎样攻下那座城堡。

一个小伙伴说："我驾驶飞机去轰炸。"

有人反驳："那时候还没有飞机呢！"

我说："挖地道，从地下装上火药，把城堡炸平。"

我的办法得到了大家的赞赏。于是我们趴在沙滩上，从四面八方挖着地道。

挖呀，挖呀，我们终于挖到了城堡下面，然后合力用手往上一抬，就把城堡给轰塌了。

我们欢呼着胜利，欢呼着炸死了魔王，欢呼着救出了公主。

但公主在哪儿？

忽然，我发现妈妈就站在我们身后，微笑着望着我们。

我大声说："公主被我们救出来了，救出来了！在这儿，在这儿！"我抱住了妈妈。

大家跟着一起叫喊着，欢呼着。

妈妈开心地笑了。她一边笑一边说："妈妈怎么能当公主呢？"

但我们这群孩子都坚持说，她就是被我们救出来的公主。

真的，那时候，连我也忘记了她是我的妈妈！

### 2-3 理解古诗大意

#### 2-3-1 能正确理解古诗大意

使用说明：教师随机选择本册中的一首古诗（包括《村居》《咏柳》《晓出净慈寺送林子方》《绝句》等），请学生说出古诗大意及体现的思想感情。

**咏 柳**

[唐] 贺知章

碧玉妆成一树高，

万条垂下绿丝绦。

不知细叶谁裁出，

二月春风似剪刀。

### 2-4 理解童话、寓言或故事

#### 2-4-1 能正确理解浅近的童话、寓言或故事

使用说明：教师随机选择本册的一篇童话或寓言故事，可为学生提供一张图片，请学生说出文章大意。

## 亡羊补牢

从前有个人，养了几只羊。一天早上，他去放羊，发现羊少了一只。原来羊圈破了个窟窿，夜里狼从窟窿钻进去，把羊叼走了。

街坊劝他说："赶紧把羊圈修一修，堵上那个窟窿吧！"

他说："羊已经丢了，还修羊圈干什么？"

第二天早上，他去放羊，发现羊又少了一只。原来狼又从窟窿钻进去，把羊叼走了。

他很后悔没有听街坊的劝告，心想，现在修还不晚。他赶紧堵上那个窟窿，把羊圈修得结结实实的。从此，他的羊再也没丢过。

### 2-5 表达感受

**2-5-1 能表达出对课文中人物或事件的感受及想法**

使用说明：教师随机选择本册的一篇课文，让学生说出对课文中人物及事件的感受及想法。

#### 雷锋叔叔，你在哪里

沿着长长的小溪，

寻找雷锋的足迹。

雷锋叔叔，你在哪里，

你在哪里？

小溪说：

昨天，他曾路过这里，

抱着迷路的孩子，

冒着蒙蒙的细雨。

瞧，那泥泞路上的脚窝，

就是他留下的足迹。

顺着弯弯的小路，

寻找雷锋的足迹。

雷锋叔叔，你在哪里，

你在哪里？


小路说：

昨天，他曾路过这里，

背着年迈的大娘，

踏着路上的荆棘。

瞧，那花瓣上晶莹的露珠，

就是他洒下的汗滴。


乘着温暖的春风，

我们四处寻觅。

啊，终于找到了——

哪里需要献出爱心，

雷锋叔叔就出现在哪里。


## 2-6 体会标点符号语气

### 2-6-1 ～ 2-6-2 能认识句号、问号，并能读出正确的语气

使用说明：教师根据下方出示的课文语句为例，请学生分别指认标点符号，读出句号、问号表达的语气，教师进行记录并打分。

（1）我们村的渡口旁有一棵枫树，我很喜欢它。

（2）我们几个孩子脱掉棉袄，冲出家门，奔向田野，去寻找春天。

（3）爸爸，什么是千人糕?

（4）小草从地下探出头来，那是春天的眉毛吧?


## 3 文学积累

## 3-2 积累格言警句

### 3-2-1 能积累本册课本中的格言警句

使用说明：教师根据下面出示的格言警句，说出上半句或者下半句，请学生背诵出缺少的部分，教师记录正确个数并打分。

（1）予人玫瑰，手有余香。

（2）平时肯帮人，急时有人帮。

（3）与其锦上添花，不如雪中送炭。

（4）诚信者，天下之结也。

（5）小信成则大信立。

（6）冠必正，纽必结，袜与履，俱紧切。

（7）置冠服，有定位，勿乱顿，致污秽。

（8）唯德学，唯才艺，不如人，当自励。

（9）若衣服，若饮食，不如人，勿生戚。

## 领域三：表达与交流

### 2 表达

#### 2-1 复述大意

**2-1-1 能复述故事或影视作品的大意**

使用说明：教师讲述一篇故事或播放一则影视作品，请学生仔细聆听或观看，并复述大意，教师记录学生情况并打分。

在小兔生日这天，它的好朋友小花猪送给它一大把五颜六色的气球，可是小兔刚拿到气球，气球就把小兔带上了天。小兔说："小花猪，救我。"

小花猪已经够不到小兔了，它说："别急，我去叫大象伯伯。"

小兔越飞越高，越飞越远，这时小兔心惊肉跳，小兔飞到了树林里，小兔多么想抓到一根树枝呀！可是它总是在大树的上面。

忽然，小兔看到了大象伯伯在前面，小兔说："大象伯伯，救救我。"它已经到了大象伯伯的头上了。

可是大象伯伯只能望洋兴叹。小兔害怕得泪如雨下，嚎啕大哭。它飞呀飞，飞到了一棵大树的上面，这时小松鼠说小兔，我来救你。

可是小松鼠在树上怎么也够不到小兔，小兔吓得目瞪口呆，这回它真的灰心丧气了。这时，麻雀飞来了，它们商量了一会儿，最后，麻雀们把气球啄破了，小兔慢慢悠悠地下来了。它对小麻雀说："谢谢你们救了我！"

#### 2-2 讲小故事

**2-2-1 能较完整地讲述小故事**

使用说明：教师可通过"小小交流会"的形式，让学生讲述一个小故事，教师根据其表现，进行评价。

如：小马过河

### 2-3 讲述感兴趣的人或事

#### 2-3-1 能简要讲述自己感兴趣的人或事

使用说明：教师可通过"小小交流会"的形式，让学生简要讲述自己感兴趣的人或事——喜欢的人、平时的爱好、早晨上学路上遇到的新鲜事等，教师根据学生表现进行评分。

如：简要介绍自己喜欢的一项运动

### 2-4 书面表达

#### 2-4-1 能看图写话，写自己想说的话

使用说明：教师给出一幅图画，让学生看图写话，评价其表现。

#### 2-4-2 能写想象中的事物

使用说明：教师出示一个主题或情境，可提供学生一张图片，让学生展开想象，写出想象中的事物，教师记录情况并打分。

假如你现在正在公园，你会做什么？看到了什么？请展开想象，并写一写你想象中的事物。

领域四：梳理与探究

1 梳理

**1-1 梳理汉字**

1-1-1 能说出汉字音、形、义和书写规律

使用说明：教师随机给出本册若干汉字，要求学生能正确说汉字的音、形、义和书写规律。

| 荡 | 堆 | 递 | 植 | 杏 |
|---|---|---|---|---|
| 休 | 息 | 锋 | 昨 | 冒 |

2 探究

**2-5 解决问题**

2-5-1 能运用语文并结合其他学科知识解决问题

使用说明：教师随机呈现二年级下册课文中的一段材料，让学生运用语文知识和其他学科知识解决问题。

**要是你在野外迷了路**

要是你在野外迷了路，

可千万别慌张。

大自然有很多天然的指南针，

会帮助你辨别方向。


太阳是个忠实的向导，

它在天空给你指点方向。

中午的时候它在南边，

地上的树影正指着北方。


北极星是盏指路灯，

它永远高挂在北方。

要是你能认出它，

就不会在黑夜里乱闯。


要是碰上阴雨天，

大树也会来帮忙。

枝叶稠的一面是南方，

枝叶稀的一面是北方。


雪特别怕太阳，

沟渠里的积雪会给你指点方向。

看看哪边雪化得快，哪边化得慢，

就可以分辨北方和南方。


要是你在野外迷了路，

可千万别慌张。

大自然有很多天然的指南针，

需要你细细观察，多多去想。

# 三、三年级语文课程评估

## （一）三年级语文课程评估案例（上册）

### 1. 评估的基本情况

（1）评估时间：2023 年 5 月 29 日

（2）评估地点：重庆师范大学教育科学学院融合教育研究中心

（3）评估人员：该生语文老师、个训老师

（4）评估对象具体情况：S 同学，12 岁，男，轻度智力发育迟缓。目前随班就读于 C 市 Y 小学三年级，周末在融合教育研究中心上个训课以及团体课。为更好地了解 S 同学随班就读的情况以及对于三年级上册知识的掌握情况，由其语文老师以及个训老师共同完成该生三年级上册语文的评估。

（5）评估说明：评估时该学生已经读三年级下学期，采用三年级上册评估表进行评估，旨在了解学生三年级上册语文知识的情况，根据评估结果为三年级下册语文知识学习计划的制订提供依据和教学建议。

### 2. 教师评估表的填写情况

在实际评估过程中，可根据学生的实际情况，选择合适的考试调整与替代性评估方式，以更好地了解学生情况。例如，老师对该生的语文学习情况较为熟悉，可灵活选用观察、访谈、测验的方式来进行评估。此外，在评估过程中教师可依据行为主义心理学的理论设置奖励机制，或用该生感兴趣的物品、游戏等吸引其注意力。在评估过程中，减少使用一问一答的评估方法，而是以出示字词图卡、图片等方式吸引学生注意力，从而获得最为真实的评估结果。

领域一：识字与写字（得分：22）

| 次领域 | 评估指标 | 评估题目 | 评分标准 | 评估方法 | 评估结果 |
|---|---|---|---|---|---|
| 1 识字 | 1-1 学习汉字 | 1-1-1 能初步养成主动识字的习惯 | 0 不能主动学习汉字<br>1 能在大量提醒下，在日常学习和生活中学习汉字<br>2 能在少量提醒下，在日常学习和生活中学习汉字<br>3 能主动在日常学习和生活中学习汉字 | 1. 观察：老师在日常教学过程中，观察学生能否进行课前预习、课上学习、课后复习<br>2. 访谈：访谈家长，了解学生能否在日常生活中学习汉字 | 得分：2<br>表现：对学习汉字有一定兴趣，但仍然需要老师或家长的提醒 |
| 1 识字 | 1-2 认读生字 | 1-2-1 能认读本册识字表中常用汉字250个 | 0 无法正确认读本册识字表中常用汉字<br>1 能正确认读本册30%的生字<br>2 能正确认读本册60%的生字<br>3 能正确认读本册90%的生字 | 1. 观察：教师在日常教学过程中，观察学生认读本册生字的情况<br>2. 测验：教师出示本册生字，让学生认读生字，并记录正确率（如10个汉字中能正确指认3个、6个、9个） | 得分：2<br>表现：能认读大部分汉字，对笔画多的汉字不熟悉，需要教师提醒 |
| 1 识字 | 1-3 认读词语 | 1-3-1 能正确认读本册词语表中词语259个 | 0 无法正确认读本册词语表中常用汉字<br>1 能正确认读本册30%的词语<br>2 能正确认读本册60%的词语<br>3 能正确认读本册90%的词语 | 1. 观察：教师日常教学过程中，观察学生认识本册词语的情况<br>2. 测验：教师随机抽取本册词语表中10个词语，要求学生认读，并记录正确率（如10个词语中能正确认读3个、6个、9个） | 得分：2<br>表现：能认读课文和习题中经常出现的词语，对于不熟悉的词语无法正确认读 |
| 1 识字 | 1-4 查字典 | 1-4-1 能综合使用音序查字法和部首检字法查字典 | 0 无法使用音序查字法和部首检字法查字典<br>1 能在他人指导下使用音序查字法或部首检字法查字典<br>2 能根据给定生字，自主选择音序查字法或部首检字法查字典（如：只知道读音时，采用音序查字法查字典）<br>3 能在学习和生活中，遇到生字时灵活使用音序查字法和部首检字法查字典 | 1. 观察：教师在日常教学过程中，观察学生遇到生字是否会综合使用音序查字法和部首检字法查字典<br>2. 访谈：访谈家长，了解学生遇到生字查字典的情况 | 得分：2<br>表现：能够自主选择方法查字典，但不够熟练 |
| 2 写字 | 2-1 书写常用字 | 2-1-1 能正确书写本册写字表中常用汉字250个 | 0 无法书写本册写字表中常用汉字<br>1 能正确书写本册写字表中30%的常用汉字<br>2 能正确书写本册写字表中60%的常用汉字<br>3 能正确书写本册写字表中90%的常用汉字 | 1. 观察：教师在日常教学过程中，观察学生书写汉字的情况<br>2. 测验：教师随机抽取本册写字表中的10个汉字，要求学生书写，记录正确率（如10个汉字中能正确书写3个、6个、9个） | 得分：2<br>表现：部分困难的汉字无法书写 |

续表

| 次领域 | 评估指标 | 评估题目 | 评分标准 | 评估方法 | 评估结果 |
|---|---|---|---|---|---|
| 2 写字 | 2-2 书写常用词 | 2-2-1 能正确书写本册词语表中的词语 | 0 无法书写本册词语表中常用词语<br>1 能正确书写本册词语表中30%的常用词语<br>2 能正确书写本册词语表中60%的常用词语<br>3 能正确书写本册词语表中90%的常用词语 | 1. 观察：教师在日常教学过程中，观察学生书写词语的情况<br>2. 测验：教师随机抽取本册词语表中的10个词语，要求学生书写，记录正确率（如10个词语中能正确书写3个、6个、9个） | 得分：1<br>表现：能书写课文和习题中的常见词语，但无法书写不熟悉的词语 |
| | 2-3 硬笔书写 | 2-3-1 能使用硬笔规范书写汉字 | 0 不能用硬笔规范书写汉字<br>1 能用硬笔书写汉字，但字体大小不一，间隔不均，笔顺不连贯<br>2 能用硬笔书写汉字，字体大小一致，间隔合理，但笔顺不连贯<br>3 能用硬笔规范书写汉字，字体大小一致，间隔合理，笔顺连贯 | 1. 观察：教师在日常教学过程中，观察学生使用硬笔书写汉字是否规范<br>2. 访谈：访谈家长，了解学生能否使用硬笔规范书写汉字<br>3. 测验：教师随机出示本册写字表中若干汉字，要求学生书写，记录书写情况 | 得分：2<br>表现：能用硬笔规范书写简单的汉字，书写复杂汉字时容易出现错误 |
| | | 2-3-2 能使用硬笔端正书写汉字 | 0 不能用硬笔端正书写汉字<br>1 书写的汉字大小匀称，但间距不均，笔画不清<br>2 书写的汉字大小匀称，间距均匀，但笔画不清<br>3 书写的汉字端正，大小匀称，间距均匀，笔画清晰 | 1. 观察：教师在日常教学过程中，观察学生使用硬笔书写汉字是否端正<br>2. 访谈：访谈家长，了解学生能否使用硬笔端正书写汉字<br>3. 测验：教师随机出示本册写字表中若干汉字，要求学生书写，记录书写情况 | 得分：2<br>表现：对于不熟悉的汉字无法清晰端正地书写 |
| | | 2-3-3 能使用硬笔整洁书写汉字 | 0 书写的汉字无法辨认<br>1 书写过程中涂抹痕迹严重<br>2 书写过程中有轻微的涂抹痕迹<br>3 书写过程中没有任何涂抹痕迹 | 1. 观察：教师在日常教学过程中，观察学生使用硬笔书写汉字是否整洁<br>2. 访谈：访谈家长，了解学生能否使用硬笔整洁书写汉字<br>3. 测验：教师随机出示本册写字表中若干汉字，要求学生书写，记录书写情况 | 得分：2<br>表现：书写涂抹痕迹较少 |
| | 2-4 写字姿势习惯 | 2-4-1 能保持正确的写字姿势 | 0 书写姿势存在严重问题（如偏头、侧身写字幅度过大；眼离书本不足半尺）<br>1 书写姿势存在轻度问题（如轻微幅度的偏头、侧身写字；写字腰板不直）<br>2 书写姿势基本正确，只存在个别轻微问题<br>3 能保持正确书写汉字姿势（如眼离书本一尺远、胸离书桌一拳远、指离笔尖一寸远） | 1. 观察：教师在日常教学过程中，观察学生写字的姿势是否正确<br>2. 访谈：访谈家长，了解学生写字姿势是否正确<br>3. 测验：教师随机出示本册写字表中若干汉字，要求学生书写，记录书写情况 | 得分：3<br>表现：平时能自觉保持正确的书写姿势 |

续表

| 次领域 | 评估指标 | 评估题目 | 评分标准 | 评估方法 | 评估结果 |
|---|---|---|---|---|---|
| 2 写字 | 2-4 写字姿势习惯 | 2-4-2 能养成良好的书写习惯 | 0 没有养成良好的书写习惯<br>1 能在提醒下，做到姿势正确，字迹工整规范<br>2 能独立做到姿势正确，字迹工整规范<br>3 能始终保持良好的书写姿势，养成良好的书写习惯 | 1. 观察：教师在日常教学过程中，观察学生是否养成良好的书写习惯<br>2. 访谈：访谈家长，了解学生书写汉字时是否有良好的书写习惯<br>3. 测验：教师随机出示本册汉字，要求学生书写，记录学生的书写情况 | 得分：2<br>表现：<br>长时间书写姿势有时会出现错误，如塌腰，驼背等 |

### 领域二：阅读与鉴赏（得分：43 ）

| 次领域 | 评估指标 | 评估题目 | 评分标准 | 评估方法 | 评估结果 |
|---|---|---|---|---|---|
| 1 诵读与理解 | 1-1 朗读课文 | 1-1-1 能用普通话正确朗读本册课文 | 0 不会用普通话朗读课文，且在朗读过程中无法发准字音，存在严重的替代音、歪曲音、增减音问题<br>1 能使用普通话朗读课文，但会大量出现音节拼读错误，音调失准等问题<br>2 能使用普通话朗读课文，但会少量出现音节拼读错误，音调失准等问题<br>3 能熟练运用普通话朗读课文，朗读发音正确、字正腔圆，声音饱满 | 1. 观察：教师在日常教学过程中，观察学生用普通话朗读课文的正确情况<br>2. 测验：教师出示一篇本册课文，要求学生用普通话正确地朗读课文，记录学生朗读情况 | 得分：3<br>表现：<br>能熟练运用普通话朗读学过的课文 |
| | | 1-1-2 能用普通话流利朗读本册课文 | 0 无法流利地朗读课文<br>1 能使用普通话朗读课文，在朗读过程中结巴、阻塞、单字读<br>2 能使用普通话朗读课文，在朗读过程中基本可以做到连贯、流利<br>3 能熟练运用普通话朗读课文，朗读流畅自然，语速适中 | 1. 观察：教师在日常教学过程中，观察学生用普通话朗读课文的流利情况<br>2. 测验：教师出示一篇本册课文，要求学生用普通话流利地朗读课文，记录学生朗读情况 | 得分：2<br>表现：<br>读课文时，遇到不熟悉的字词会卡壳或者停顿 |
| | | 1-1-3 能用普通话有感情地朗读本册课文 | 0 无法用普通话有感情地朗读课文<br>1 能使用普通话朗读课文，但朗读音量小，声调平平，不会抑扬顿挫<br>2 能使用普通话朗读课文，音量适中，声调有起伏<br>3 能熟练运用普通话朗读课文，朗读饱含情感、抑扬顿挫，声调起伏有秩 | 1. 观察：教师在日常教学过程中，观察学生能否用普通话有感情地朗读本册课文<br>2. 测验：教师出示一篇本册课文，要求学生用普通话有感情地朗读课文，记录学生朗读情况 | 得分：2<br>表现：<br>朗读时不能抑扬顿挫，音调没有起伏 |

续表

| 次领域 | 评估指标 | 评估题目 | 评分标准 | 评估方法 | 评估结果 |
|---|---|---|---|---|---|
| 1 诵读与理解 | 1-2 背诵课文 | 1-2-1 能背诵本册要求背诵的现代文 | 0 不能背诵本册现代文<br>1 能背诵本册指定现代文30%的内容<br>2 能背诵本册指定现代文60%的内容<br>3 能背诵本册指定现代文90%的内容 | 1. 观察：教师在日常教学过程中，观察学生背诵本册课文的情况<br>2. 测验：教师随机抽取一篇本册要背诵的现代文，要求学生背诵，记录学生背诵情况 | 得分：2<br>表现：背诵时会出现个别字发音错误的情况 |
| | | 1-2-2 能背诵本册要求背诵的古诗 | 0 不能背诵本册古诗<br>1 能背诵本册指定古诗30%的内容<br>2 能背诵本册指定古诗60%的内容<br>3 能背诵本册指定古诗90%的内容 | 1. 观察：教师在日常教学过程中，观察学生背诵本册古诗的情况<br>2. 测验：教师出示一篇本册要求背诵的古诗标题，要求学生背诵，记录学生背诵情况 | 得分：2<br>表现：背诵古诗比较熟练 |
| | 1-3 默读课文 | 1-3-1 能初步学会默读 | 0 不能默读，在默读时会一直读出声音<br>1 能默读，但会偶尔读出声音<br>2 能默读，不出声，但需借助指读或动唇<br>3 能初步学会默读，不出声、不指读、不动嘴唇 | 1. 观察：教师在日常教学过程中，观察学生默读时能否做到不出声、不指读、不动嘴唇<br>2. 测验：教师随机出示一段本册的课文，要求学生默读，记录其表现 | 得分：2<br>表现：默读时会出现偶尔指读或动唇的现象 |
| 2 阅读与理解 | 2-1 略读了解文章大意 | 2-1-1 能通过略读了解大意 | 0 无法略读，无法说出文章的大意（如：时间、地点、人物）<br>1 能进行略读，但不能了解文章大意<br>2 能进行略读，通过文章的标题初步了解文章的大意<br>3 能通过略读，找到文章中的关键词句，结合标题，了解文章大意 | 1. 观察：教师在日常教学过程中，观察学生略读情况<br>2. 测验：教师出示一篇略读课文，要求学生略读后说出文章大意，记录其表现 | 得分：1<br>表现：只能进行略读，了解文章大意需要教师的引导 |
| | 2-2 理解词句意思 | 2-2-1 能联系上下文理解词句的意思 | 0 不能联系上下文内容，无法理解文中词句意思<br>1 不能联系上下文内容，理解词句意思存在偏差（如：不能理解《手术台就是阵地》中"硝烟滚滚"一词的意思）<br>2 能在帮助下联系上下文，能基本理解词句的内容（如：学习《手术台就是阵地》时，能在提示下阅读上下文"几发炮弹落在小庙前的空地上""弹片纷飞，小庙被烟雾淹没了"，理解第一段中"硝烟滚滚"的意思）<br>3 能独立地联系上下文正确理解词句的意思（如：阅读完《手术台就是阵地》一文，能说出为什么手术台就是阵地） | 1. 观察：教师在日常教学过程中，观察学生能否结合上下文理解词句的意思<br>2. 测验：教师出示本册学习的课文，要求学生根据某段内容，说一说该段内容中某个词语的意思 | 得分：1<br>表现：对于联系上下文理解词句存在困难 |

续表

| 次领域 | 评估指标 | 评估题目 | 评分标准 | 评估方法 | 评估结果 |
|---|---|---|---|---|---|
| 2 阅读与理解 | 2-3 理解生词意义 | 2-3-1 能借助字词典理解生词的意义 | 0 无法使用字词典 | 1. 观察：教师在日常教学过程中，观察学生能否借助字词典理解生词的意义<br>2. 访谈：访谈家长或其他同学，学生能否借助字词典理解生词的意义<br>3. 测验：教师出示生词，要求学生借助字词典理解生词意义，记录其表现 | 得分：1 |
| | | | 1 能使用字词典查找生字，但无法理解生词的意思 | | 表现：仅能使用字词典查找生字，了解读音、写法等，不能理解生词意思 |
| | | | 2 能借助字典理解生词意思，但存在偏差 | | |
| | | | 3 能借助字词典正确理解生词的意义 | | |
| | | 2-3-2 能结合生活积累理解生词的意义 | 0 无法结合生活积累理解生词的意义 | 1. 观察：教师在日常教学过程中，观察学生能否结合生活积累理解词语的意义<br>2. 测验：教师出示本册词语，要求学生结合生活积累理解词语意义，记录其表现 | 得分：1 |
| | | | 1 能机械记忆生词的意义，但不能结合生活积累进行理解 | | 表现：只能对生词的意义进行机械记忆，不能理解 |
| | | | 2 能结合生活积累理解生词的意义，但偶尔理解有误 | | |
| | | | 3 能结合生活积累，正确理解生词的意义 | | |
| | 2-4 把握文章内容 | 2-4-1 能初步把握文章的主要内容 | 0 不能初步把握文章的主要内容，无法说出文章的时间、人物、地点等基本信息 | 1. 观察：教师在日常教学过程中，观察学生把握文章主要内容的情况<br>2. 测验：教师出示一篇本册课文，要求学生说出其主要内容，记录其表现 | 得分：1 |
| | | | 1 能把握文章的部分内容（如：只能说出人物或时间等） | | 表现：只能把握文章较明显的人物、时间等内容，不能把握主要内容 |
| | | | 2 能找到文章起概括作用的句子或段落 | | |
| | | | 3 能初步把握文章的主要内容，说出中心思想和作者想要表达的感情 | | |
| | 2-5 提出疑问 | 2-5-1 能对课文中不理解的地方提出疑问 | 0 缺乏问题意识，不能提出疑问 | 1. 观察：教师在日常教学过程中，观察学生一节课课堂提问的情况<br>2. 访谈：访谈其他教师或同学，了解学生的提问情况 | 得分：1 |
| | | | 1 缺乏问题意识，但能在引导和鼓励下提出问题 | | 表现：只有在教师询问该生有什么问题时，才能提问题，且问题并不具有针对性 |
| | | | 2 具有一定的问题意识，能主动提出问题但具有随意性 | | |
| | | | 3 具有强烈的问题意识，能主动对课文中自己不理解的地方提出疑问 | | |
| | 2-6 复述大意 | 2-6-1 能复述叙事性作品大意 | 0 不理解叙事性作品的大意，无法叙述 | 1. 观察：教师在日常教学过程中，观察学生复述叙事性作品大意的情况<br>2. 测验：教师在随机选择本册课本中一篇叙事性课文，要求学生说出大意，记录其表现 | 得分：2 |
| | | | 1 能理解作品叙事性作品的大意，但无法复述 | | 表现：不能复述叙事性作品的完整大意 |
| | | | 2 能理解作品叙事性作品的大意，可以复述作品的部分内容 | | |
| | | | 3 能理解作品叙事性作品的大意并进行完整复述（如：《卖火柴的小女孩》讲的是大年夜的街头，一个可怜的小女孩在卖火柴，最后在幻想中微笑着冻死在街头的悲惨故事） | | |

续表

| 次领域 | 评估指标 | 评估题目 | 评分标准 | 评估方法 | 评估结果 |
|---|---|---|---|---|---|
| 2<br>阅读与<br>理解 | 2-7<br>感受人物<br>情绪 | 2-7-1<br>能关心作品<br>主人公的喜<br>怒哀乐 | 0 不知道、不关心作品主人公的情绪状态<br>1 能在引导下说出作品主人公的喜怒哀乐等情绪状态（如：教师在带领学生阅读后提问"文中××是不是很难过啊？"学生回答正确）<br>2 能独立说出作品主人公的喜怒哀乐等情绪状态<br>3 能独立说出作品主人公的喜怒哀乐等情绪状态及原因 | 1. 观察：教师在日常教学过程中，观察学生对作品中人物情绪的关心情况<br>2. 测验：教师一篇本册的作品，要求学生阅读完后，说出作品中人物的情绪状态，记录其表现 | 得分：1<br>表现：<br>能说出作品中人物的大致情绪，但需要教师引导 |
| | 2-8<br>理解诗文<br>大意 | 2-8-1<br>能借助注释<br>理解诗文大<br>意 | 0 无法借助注释理解古诗文大意<br>1 能借助注释，理解古诗文中字词的含义<br>2 能借助注释，理解古诗文中句子的含义<br>3 能借助注释，理解古诗文大意 | 1. 观察：教师在日常教学过程中，观察学生借助注释理解古诗文大意的情况<br>2. 测验：教师出示本册中一篇古诗，要求学生借助注释说出古诗的大意，记录其表现 | 得分：1<br>表现：<br>对于理解古诗文中句子的含义有困难 |
| | 2-9<br>使用标点<br>符号 | 2-9-1<br>能区分使用<br>句号与逗号 | 0 不认识句号和逗号<br>1 认识逗号和句号，但不能区分<br>2 能区分逗号和句号的不同用法，但不能正确使用<br>3 能区分句号与逗号并正确使用 | 1. 观察：教师在日常教学过程中，观察学生对标点符号的使用情况<br>2. 测验：教师出示例句，要求学生区分句号与逗号的用法，记录其表现 | 得分：3<br>表现：<br>能够区分句号与逗号并正确使用，这一点学生表现较好 |
| | | 2-9-2<br>能了解冒号<br>的一般用法 | 0 不认识冒号，不了解冒号的用法<br>1 认识冒号但不了解冒号的用法（如：教师呈现冒号图卡，学生能正确认读）<br>2 能说出冒号的一般用法但不完全正确<br>3 能正确说出冒号的一般用法（如：引出对话、解释说明等） | 1. 观察：教师在日常教学过程中，观察学生冒号的使用情况<br>2. 测验：教师呈现冒号图卡和句子，看学生是否认识冒号，并要求学生说出其在句中的用法，记录其表现 | 得分：2<br>表现：<br>只能说对冒号的个别用法 |
| | | 2-9-3<br>能了解引号<br>的一般用法 | 0 不认识引号，不了解引号的用法<br>1 认识引号但不了解引号的用法（如：教师呈现引号图卡，学生能正确认读）<br>2 能说出引号的一般用法但不完全正确<br>3 能正确说出引号的一般用法（如：表示某人说的话，表示拟声词等） | 1. 观察：教师在日常教学过程中，观察学生引号的使用情况<br>2. 测验：教师呈现引号图卡和句子，看学生能否认识引号，并要求学生说出其在句中的用法，记录其表现 | 得分：2<br>表现：<br>只能说对引号的个别用法 |

续表

| 次领域 | 评估指标 | 评估题目 | 评分标准 | 评估方法 | 评估结果 |
|---|---|---|---|---|---|
| 3<br>文学<br>积累 | 3-1<br>摘抄课内<br>词句 | 3-1-1<br>能摘抄本册<br>课本中词语 | 0 不能摘抄本册课本中词语，有抵触情绪<br>1 能摘抄本册 30% 的词语<br>2 能摘抄本册 60% 的词语<br>3 能摘抄本册 90% 的词语 | 1. 观察：教师在日常教学过程中，观察学生摘抄本册课本中词语的情况<br>2. 访谈：访谈家长或其他同学，了解学生摘抄本册课本中词语的情况 | 得分：2<br>表现：<br>能够摘抄课本中的大部分词语，但需要教师提醒 |
| | | 3-1-2<br>能摘抄本册<br>课本中句段 | 0 不能摘抄本册句段，有抵触情绪<br>1 能在要求下摘抄本册课本中的句段<br>2 能主动摘抄本册课文中的句段，但没有养成摘抄的习惯<br>3 能养成主动摘抄本册课本中句段的习惯 | 1. 观察：教师在日常教学过程中，观察学生摘抄本册课本中句段的情况<br>2. 访谈：访谈家长或其他同学，了解学生摘抄本册课本中句段的情况 | 得分：2<br>表现：<br>能摘抄课本中的句段但没有养成习惯 |
| | 3-2<br>积累课外<br>词句 | 3-2-1<br>能从课外阅<br>读中积累优<br>美词语 | 0 不进行课外阅读<br>1 能在要求下积累课外阅读中的优美词语<br>2 能主动积累课外阅读中的优美词语，但没有养成摘抄的习惯<br>3 能养成主动积累课外阅读中优美词语的习惯 | 1. 观察：教师在日常教学过程中，观察学生从课外阅读中积累词语的情况<br>2. 访谈：访谈家长或其他同学，了解学生从课外阅读中积累词语的情况 | 得分：2<br>表现：<br>能在课外阅读中积累词语但没有养成习惯 |
| | | 3-2-2 能从<br>课外阅读中<br>积累精彩句<br>段 | 0 不进行课外阅读<br>1 能在要求下积累课外阅读中的精彩句段<br>2 能主动积累课外阅读中的精彩句段，但没有养成摘抄的习惯<br>3 能养成主动积累课外阅读中精彩句段的习惯 | 1. 观察：教师在日常教学过程中，观察学生从课外阅读中积累句段的情况<br>2. 访谈：访谈家长或其他同学，了解学生从课外阅读中句段的情况 | 得分：1<br>表现：<br>能在课外阅读中积累句段但没有养成习惯 |
| | 3-3<br>积累生活<br>中的词句 | 3-3-1<br>能从生活中<br>积累优美词<br>语 | 0 无法从生活中积累优美词语（如：AABB、ABAB 式等）<br>1 能在要求下积累生活中的优美词语<br>2 能主动积累生活中优美词语，但没有养成积累的习惯<br>3 能养成主动积累生活中优美词语的习惯 | 1. 观察：教师在日常教学过程中，观察学生生活中积累优美词语的情况<br>2. 访谈：访谈家长，了解学生生活中积累优美词语的情况 | 得分：1<br>表现：<br>能积累生活中的词语，但需要教师提醒 |
| | | 3-3-2<br>能从生活中<br>积累精彩句<br>段 | 0 无法从生活中积累精彩句段<br>1 能在要求下积累生活中的精彩句段<br>2 能主动积累生活中精彩句段，但没有养成积累的习惯<br>3 能养成主动积累生活中精彩句段的习惯 | 1. 观察：教师在日常教学过程中，观察学生生活中积累精彩句段的情况<br>2. 访谈：访谈家长，了解学生生活中积累精彩句段的情况 | 得分：1<br>表现：<br>能积累生活中的句段，但需要教师提醒 |

续表

| 次领域 | 评估指标 | 评估题目 | 评分标准 | 评估方法 | 评估结果 |
|---|---|---|---|---|---|
| 3<br>文学<br>积累 | 3-4<br>读书看报 | 3-4-1<br>能读书看报 | 0 不能读书看报<br>1 能在要求下读书看报<br>2 有读书看报的意识，但只看自己喜欢的内容<br>3 能主动读书看报 | 1.观察：教师在日常教学过程中，观察学生读书看报的情况<br>2.访谈：访谈家长，了解学生平时读书看报的情况 | 得分：2<br>表现：<br>只看书籍报纸上感兴趣的部分，其他内容一概不看 |
| | 3-5<br>课外阅读 | 3-5-1<br>课外阅读总量不少于10万字 | 0 无课外阅读量<br>1 本学期阅读课外总量1～33000字<br>2 本学期阅读课外总量33000～66000字<br>3 本学期阅读课外总量66000～100000字 | 1.观察：教师在日常教学中，观察学生课外阅读情况<br>2.访谈：访谈家长，了解学生本学期课外阅读量 | 得分：2<br>表现：<br>在教师或家长要求下才会进行课外阅读，并且阅读量较少 |

**领域三：表达与交流（得分：22）**

| 次领域 | 评估指标 | 评估题目 | 评分标准 | 评估方法 | 评估结果 |
|---|---|---|---|---|---|
| 1<br>倾听 | 1-1<br>听人说话 | 1-1-1<br>听人说话能把握主要内容 | 0 听人说话不能把握主要内容<br>1 听人说话只能机械接收信息，不知道主要内容<br>2 听人说话能理解部分内容，信息不完整<br>3 听人说话能准确把握主要内容 | 1.观察：教师在平时与学生的交流过程中观察学生听人说话能否把握主要内容<br>2.访谈：访谈家长或其他同学，了解学生听人说话的情况<br>3.测验：教师向学生说一段话或者发布一个任务，要求学生复述主要内容，记录其表现 | 得分：2<br>表现：<br>能听懂简短的话，很难完整把握较长句子的信息 |
| 2<br>表达 | 2-1<br>转述谈话内容 | 2-1-1<br>能简要转述他人谈话内容 | 0 无法转述他人谈话内容<br>1 能转述他人谈话内容，但大量内容缺失，使人无法理解<br>2 能简要转述他人谈话内容，但表达不完整，部分细节丢失<br>3 能简要转述他人谈话内容，较为详细具体 | 1.观察：教师在日常教学过程中，观察学生转述他人谈话内容的情况<br>2.访谈：访谈家长或其他同学，了解学生转述他人谈话的情况<br>3.测验：教师向学生说一段话或者发布一个任务，要求学生听完后向他人转述，记录其表现 | 得分：3<br>表现：<br>在听完他人说话后能简要转述，但间隔不能太长 |

续表

| 次领域 | 评估指标 | 评估题目 | 评分标准 | 评估方法 | 评估结果 |
|---|---|---|---|---|---|
| 2 表达 | 2-2 讲述见闻感受 | 2-2-1 能清楚明白地讲述见闻 | 0 不能讲述见闻 | 1. 观察：教师在日常教学过程中，观察学生讲述见闻的情况<br>2. 访谈：访谈家长或其他同学，了解学生讲述见闻的情况<br>3. 测验：教师要求学生讲述自己的见闻，记录其表现 | 得分：2 |
| | | | 1 能简单讲述自己的见闻，但难以清楚表达见到的人或事（如：只能说出今天有诗歌朗诵比赛） | | 表现：讲述见闻时能说出见闻中的一两个信息点 |
| | | | 2 能讲述见到的人或事，说出至少一个关键点，但会经常遗漏部分信息（如：能说出今天在教室里举办了诗歌朗诵比赛） | | |
| | | | 3 能简要讲述自己感兴趣的人或事，至少说出三个关键点（如：今天在教室里举办了诗歌朗诵比赛，××获得了冠军，她很高兴） | | |
| | | 2-2-2 能对自己的见闻说出感受 | 0 不能对自己的见闻简单说出感受 | 1. 观察：教师在日常教学过程中，观察学生能否表达对见闻的感受<br>2. 访谈：访谈家长或其他同学，了解学生表达对见闻感受的情况<br>3. 测验：教师针对某件事要求学生讲述自己的见闻并说出感受，记录其表现 | 得分：1 |
| | | | 1 能在要求下对自己的所见所闻到说出感受（如：教师询问"你感觉昨天的运动会怎么样"学生做出回答"人很多"） | | 表现：能说出对见闻的感受但是需要教师提醒或者引导追问 |
| | | | 2 能简单表达对自己见闻的感受（如：学生说"昨天的运动会人很多，有很多项目"等直观感受） | | |
| | | | 3 能清楚表达对自己见闻的感受（如：学生说出"昨天的运动会太精彩了！下次我也要参加"） | | |
| | 2-3 书面表达想法 | 2-3-1 能用书面语言表达自己的想法 | 0 不能书面表达自己的想法，缺乏书面表达的兴趣 | 1. 观察：教师在日常教学过程中，观察学生写作情况<br>2. 访谈：访谈家长，了解学生的写作情况<br>3. 测验：教师创设情境，要求学生根据情境进行写作，记录其表现 | 得分：2 |
| | | | 1 能书面表达自己的想法，但表达混乱，使人完全无法理解 | | 表现：学生的习作中能大致表达想法，但是一些语句逻辑比较混乱，不易理解 |
| | | | 2 能书面表达自己的想法，但仍有部分内容难以理解 | | |
| | | | 3 乐于书面表达，能用书面清楚、准确地表达自己的想法 | | |
| | 2-4 积累运用 | 2-4-1 能尝试在习作中运用自己平时积累的语言材料 | 0 不能在习作中运用自己平时积累的语言材料 | 1. 观察：教师在日常教学过程中，观察学生能否在习作中运用自己平时积累的语言材料<br>2. 访谈：访谈家长，了解学生能否在习作中运用自己平时积累的语言材料<br>3. 测验：教师创设情境，要求学生根据情境写作，记录其表现 | 得分：0 |
| | | | 1 能尝试在习作中运用自己平时积累的词语 | | 表现：没有在写作中运用平时积累的语言材料的意识 |
| | | | 2 能尝试在习作中运用自己平时积累的句子 | | |
| | | | 3 能在习作中恰当运用自己平时积累的词语、句子等语言材料 | | |

续表

| 次领域 | 评估指标 | 评估题目 | 评分标准 | 评估方法 | 评估结果 |
|---|---|---|---|---|---|
| 2<br>表达 | 2-5<br>观察记录 | 2-5-1<br>能不拘形式地写下自己观察周围世界后的见闻 | 0 不能记录自己观察周围世界后的见闻<br><br>1 能使用一种形式写下自己观察周围世界后的见闻（如：观察日记、作文、诗歌、小报、发朋友圈等）<br><br>2 能使用两种形式写下自己观察周围世界后的见闻<br><br>3 能使用多种形式写下自己观察周围世界后的见闻 | 1. 观察：教师在日常教学过程中，观察学生能否不拘形式地写下自己观察周围世界后的见闻<br>2. 访谈：访谈家长，了解学生能否不拘形式地写下自己观察周围世界后的见闻<br>3. 测验：教师提供图片，要求学生用不同形式写下观察图片后的内容，记录其表现 | 得分：1<br><br>表现：只能靠写观察日记记录观察的见闻 |
| | | 2-5-2<br>能不拘形式地写下自己观察周围世界后的感受 | 0 不能记录自己观察周围世界后的感受<br><br>1 能使用一种形式写下自己观察周围世界后的感受（如：观察日记、作文、诗歌、小报、发朋友圈等）<br><br>2 能使用两种形式写下自己观察周围世界后的感受<br><br>3 能使用多种形式写下自己观察周围世界后的感受 | 1. 观察：教师在日常教学过程中，观察学生能否不拘形式地写下自己观察周围世界后的感受<br>2. 访谈：访谈家长，了解学生能否不拘形式地写下自己观察周围世界后的感受<br>3. 测验：教师提供图片，要求学生用不同形式写下观察图片后的感受，记录其表现 | 得分：1<br><br>表现：只能靠写观察日记记录观察的感受 |
| | | 2-5-3<br>能不拘形式地写下自己观察周围世界后的想象 | 0 不能记录自己观察周围世界后的想象<br><br>1 能使用一种形式写下自己观察周围世界后的想象（如：观察日记、作文、诗歌、小报、发朋友圈等）<br><br>2 能使用两种形式写下自己观察周围世界后的想象<br><br>3 能使用多种形式写下自己观察周围世界后的想象 | 1. 观察：教师在日常教学过程中，观察学生能否不拘形式地写下自己观察周围世界后的想象<br>2. 访谈：访谈家长，了解学生能否不拘形式地写下自己观察周围世界后的想象<br>3. 测验：教师提供图片，要求学生用不同形式写下观察图片后的想象，记录其表现 | 得分：1<br><br>表现：只能在观察日记中简单表达观察世界后的想象 |
| | 2-6<br>正确使用标点符号 | 2-6-1<br>能根据表达的需要正确使用句号 | 0 不能根据表达的需要正确使用句号<br><br>1 能认识文中的句号并读出句号的语气，但不会使用<br><br>2 能根据表达的需要使用句号，但存在误用<br><br>3 能根据表达的需要正确使用句号 | 1. 观察：教师在日常教学过程中，观察学生习作作品中句号的使用情况<br>2. 访谈：访谈家长，了解学生能否正确使用标点符号<br>3. 测验：教师通过创设情境要求学生写作，了解学生标点符号的使用情况，记录其表现 | 得分：3<br><br>表现：对句号的使用很擅长 |
| | | 2-6-2<br>能根据表达的需要正确使用逗号 | 0 不能根据表达的需要正确使用逗号<br><br>1 能认识文中的逗号并读出逗号的语气，但不会使用<br><br>2 能根据表达的需要使用逗号，但存在误用<br><br>3 能根据表达的需要正确使用逗号 | 1. 观察：教师在日常教学过程中，观察学生习作作品中逗号的使用情况<br>2. 访谈：访谈家长，了解学生能否正确使用标点符号<br>3. 测验：教师通过创设情境要求学生写作，了解学生标点符号的使用情况，记录其表现 | 得分：2<br><br>表现：使用逗号时偶尔有误 |

续表

| 次领域 | 评估指标 | 评估题目 | 评分标准 | 评估方法 | 评估结果 |
|---|---|---|---|---|---|
| 2<br>表达 | 2-7<br>修改习作 | 2-7-1<br>能学习修改习作中有明显错误的词句 | 0 不能发现习作中有明显错误的词句<br>1 能发现习作中有明显错误的词句，但不会修改<br>2 能对习作中有明显错误的词句进行修改，但有遗漏<br>3 能对习作中有明显错误的全部词句进行修改 | 1. 观察：教师在日常教学过程中，观察学生自己修改习作中错误词句的情况<br>2. 访谈：访谈其他同学，了解学生自己修改习作中错误词句的情况<br>3. 测验：教师通过创设情境要求学生写作，了解学生修改病句的情况，记录其表现 | 得分：1<br>表现：只能发现习作中比较明显的错误词句，但不能修改 |
| 3<br>交流 | 3-1<br>请教问题 | 3-1-1<br>能就不理解的地方向他人请教 | 0 不能向他人请教<br>1 能在提示下，就不理解的地方表达疑惑（如：教师授课后提问"还有什么不懂的吗"学生提出问题）<br>2 能向他人请教但只想获取答案<br>3 能就不理解的地方多次向他人请教直到完全理解 | 1. 观察：教师在日常教学过程中，观察学生请教问题的情况<br>2. 访谈：访谈家长或其他同学，了解学生向他人请教的情况 | 得分：1<br>表现：只能在教师提醒下提出问题，不在乎对方的回答 |
| | 3-2<br>分享习作 | 3-2-1<br>能与他人分享自己的习作 | 0 不与他人分享自己的习作作品<br>1 能在要求下与他人分享自己的习作<br>2 能主动与他人分享自己的习作但只停留在让他人看自己的作文<br>3 能主动与他人分享自己的习作并交流写作心得 | 1. 观察：教师在日常教学过程中，观察学生分享习作时的情况<br>2. 访谈：访谈家长或其他同学，了解学生分享习作的情况 | 得分：2<br>表现：当得分较高的时候就很愿意分享自己的习作 |

### 领域四：梳理与探究（得分：8）

| 次领域 | 评估指标 | 评估题目 | 评分标准 | 评估方法 | 评估结果 |
|---|---|---|---|---|---|
| 1<br>梳理 | 1-1<br>梳理汉字 | 1-1-1<br>能尝试发现所学汉字的特点 | 0 不能发现所学汉字的特点<br>1 能发现所学汉字的读音特点（如：多音字）<br>2 能发现所学汉字的字形特点（如：形近字）<br>3 能发现所学汉字的字义特点（如：近义词） | 1. 观察：教师在日常教学过程中，观察学生能否发现所学汉字的特点<br>2. 测验：教师给出本册的十个汉字，要求学生能正确说出汉字的音、形、义特点，记录其表现 | 得分：2<br>表现：对于汉字字义的理解有困难 |
| 2<br>探究 | 2-1<br>参与活动 | 2-1-1<br>能在班级活动中学会与他人合作 | 0 不积极参与活动，在活动中不与其他同学合作<br>1 能参与活动，但不与其他同学合作<br>2 能在要求下，在活动中与其他同学合作完成任务<br>3 能在活动中，主动与其他同学合作完成任务 | 1. 观察：教师在日常教学过程中，观察学生在活动过程中与其他同学合作完成任务的情况<br>2. 访谈：访谈其他同学，了解该生与其他同学的合作情况 | 得分：2<br>表现：能与其他同学合作完成任务，但需要教师提醒 |

续表

| 次领域 | 评估指标 | 评估题目 | 评分标准 | 评估方法 | 评估结果 |
|---|---|---|---|---|---|
| 2<br>探究 | 2-2<br>呈现观察所得 | 2-2-1<br>能用书面方式呈现自己观察所得 | 0 不能用书面方式呈现自己观察所得<br>1 能用书面方式呈现自己观察所得，但局限于用词语、短句简单记录<br>2 能用书面方式详细地呈现自己观察所得<br>3 能用多种书面方式呈现自己观察所得（如：观察日记、表格、绘画等） | 1. 观察：教师在日常教学过程中，观察学生用书面方式呈现自己观察大自然所得的情况<br>2. 访谈：访谈家长或其他同学，了解该生在观察记录任务或习作任务中能否用书面方式呈现自己观察所得 | 得分：2<br>表现：<br>能在观察日记中写出观察所得，但不熟悉其他方式 |
| | | 2-2-2<br>能用口头方式表达自己观察所得 | 0 不能用口头方式表达自己观察所得<br>1 能用口头方式表达观察所得，但只能说出观察的对象是什么（如：图片上有两只熊猫）<br>2 能用口头方式表达自己观察所得，但只能简要描述观察对象怎么样（如：图片上的两只熊猫在吃竹子）<br>3 能用口头方式表达自己观察所得，内容翔实且具体（如：图片上有两只熊猫，它们一只面对我们吃竹子，一只背对着我们吃竹子） | 1. 观察：教师在日常教学过程中，观察学生用口头方式呈现自己观察大自然所得的情况<br>2. 访谈：访谈家长或其他同学，了解该生在观察记录任务或习作任务中能否用口头方式呈现自己观察所得 | 得分：2<br>表现：<br>能用口头方式表达观察所得，但是内容不够翔实具体 |

**3. 学生书写情况（部分示例）**

**4. 教师使用评估材料（部分示例）**

（1）区分句号和逗号的例句材料

有两只小蟋，一只叫青头，另一只叫红头。它们是一对非常要好的朋友。

种子一边想一边努力生长。过了些日子，它长出细细的根、茎和两片小叶子，钻出地面，站在阳光下。

（2）转述谈话内容的语段材料

"这周星期五学校会放清明节，请你告知同学们下午第二节课结束之后让全班同学暂时在班上留一下，等我过来布置作业。还有请转告劳动委员提前安排好星期五的打扫班级的同学，把教室打扫干净之后再离校。"

## 5. 评分表得分趋势图

### 语文课程评估侧面图（三年级上册）

学生姓名：S 同学　　第一次评估时间：2023.5.29　　颜色：黑色　　评估者：语文老师、个训老师

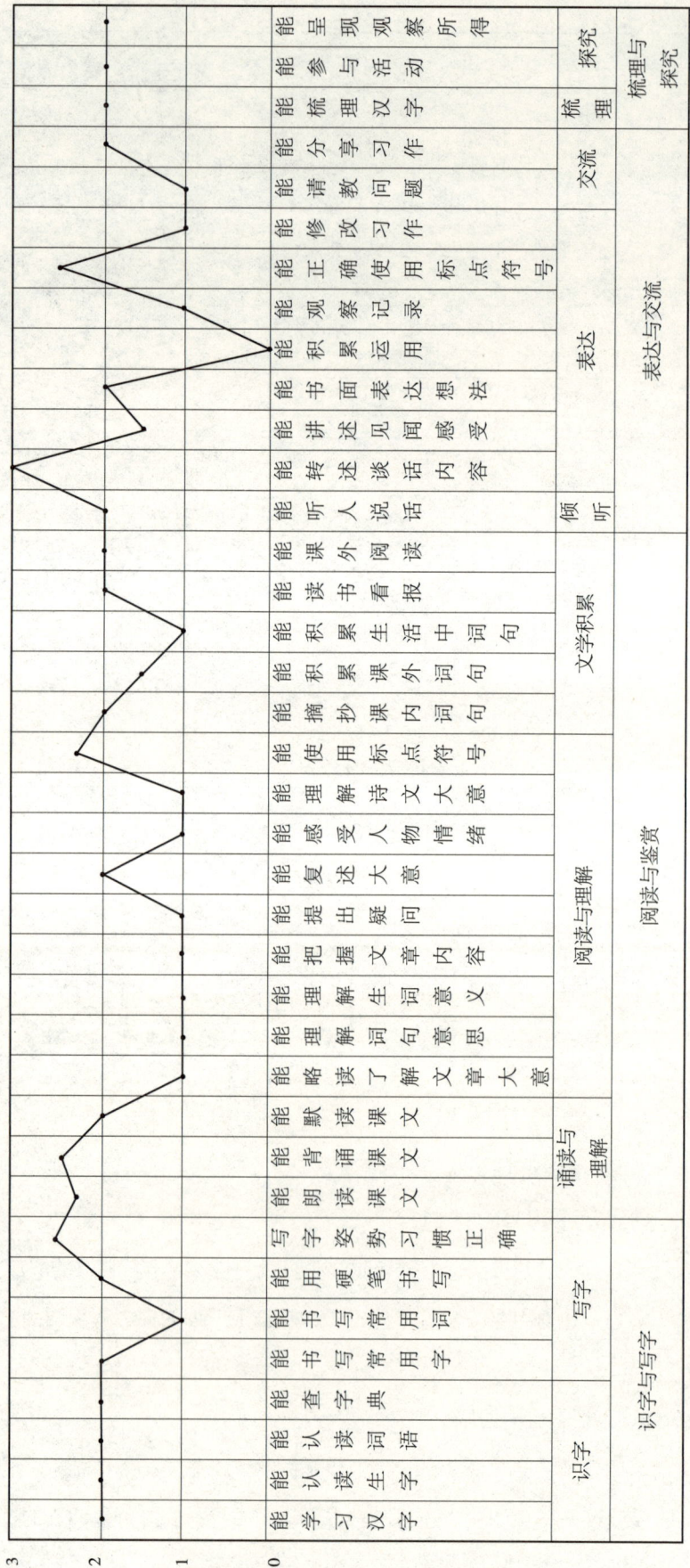

| 评估项目 | 分类 | 能力指标 |
|---|---|---|
| 识字与写字 | 识字 | 能学习汉字 |
| | | 能认读生字 |
| | | 能认读词语 |
| | | 能查字典 |
| | 写字 | 能书写常用字 |
| | | 能书写常用词 |
| | | 能用硬笔书写 |
| | | 写字姿势习惯正确 |
| 阅读与鉴赏 | 诵读与理解 | 能朗读课文 |
| | | 能背诵课文 |
| | | 能默读课文 |
| | | 能略读了解文章大意 |
| | | 能理解词句意思 |
| | | 能理解生词意义 |
| | | 能把握文章内容 |
| | | 能提出疑问 |
| | | 能复述大意 |
| | | 能感受人物情绪 |
| | | 能理解诗文大意 |
| | | 能使用标点符号 |
| | 文字积累 | 能摘抄课内词句 |
| | | 能积累课外词句 |
| | | 能积累生活中词句 |
| | | 能读书看报 |
| | | 能课外阅读 |
| 表达与交流 | 倾听 | 能听人说话 |
| | 表达 | 能转述谈话内容 |
| | | 能讲述见闻感受 |
| | | 能书面表达想法 |
| | | 能积累运用 |
| | | 能观察记录 |
| | | 能正确使用标点符号 |
| | 交流 | 能修改习作 |
| | | 能请教问题 |
| | | 能分享习作 |
| 梳理与探究 | 梳理 | 能梳理汉字 |
| | 探究 | 能参与活动 |
| | | 能呈现观察所得 |

纵坐标刻度：0　1　2　3

## 6. 评估结果分析

### （1）评估结果

| 领域 | 现况摘要 | |
| --- | --- | --- |
| | 优势 | 弱势 |
| 识字与写字 | 能正确朗读和书写出所学的大部分汉字，能够自觉保持正确写字姿势 | 部分汉字存在认读、书写错误的情况，书写词语存在困难，不擅长查字典，没有养成良好的写字习惯 |
| 阅读与鉴赏 | 能够基本达到正确流利有感情地朗读课文，背诵古诗比较熟练，初步具备了复述课文大意的能力 | 理解词句和文章大意存在困难，与文中人物的共情能力较差，不能感受人物的情绪变化 |
| 表达与交流 | 能够清楚地转述他人谈话的内容，用书面表达想法，能够基本正确地使用标点符号 | 缺乏课外积累词句的能力和主动性，并且在不擅长在习作中运用积累的语言材料，修改习作，提问问题的积极性差 |
| 梳理与探究 | 有探究意识，能在教师要求下与他人合作进行班级活动，愿意用书面或口头方式呈现观察所得 | 无法自觉主动地与他人合作完成任务，无法具体、翔实、多样地表达自己观察所得 |

### （2）总体评价

通过评估表得分结果以及侧面图可知，该生对于三年级上册所学知识有了一定掌握，但是存在一些短板。该生在识字与写字、阅读与理解、表达与交流和梳理与探究四大领域的部分次领域有良好的行为表现和学习能力，但是学生在积累词句方面的主动性不够，对于词句的理解能力和文章的情感体会能力较弱，提问和迁移水平也有待提高。教师应针对这些及评估表中其他得分较低的指标，制订教学计划，将教学重点放在该生的薄弱部分，以帮助学生更好地掌握所学知识，提高语文能力和素养。

### （3）教学建议

该生在识字方面的自觉性和主动性有待提高，教师在后续教学过程中要注重提高学生对认读字词的主动性、积极性；学生书写词语存在困难，教师可根据学生在听写词语中出现的错误率进行分层，然后按照由易到难的顺序进行强化记忆，同时力求学生能够理解词语的含义，在理解的基础上记忆以及书写，对于比较难的词语给予更多的练习时间，并在学生写对后予以奖励。

该生理解词句和文章大意存在困难，与文中人物的共情能力较差，不能感受人物的情绪变化。教师在三年级下册的教学过程中要帮助学生提高共情能力，引导学生体会词句的含义，结合生活实际，感受作者想要表达的情感。

该生缺乏课外积累词句的能力和主动性，教师可开展"我是积累小明星"等趣味活动，每周将大家的积累本展示到教室里供大家翻阅。学生不擅长在习作中运用积累的语言材料，修改习作。针对这些问题，教师可先组织同学们互相批改习作，然后再由教师进行评阅，在评阅过程中，教师用红笔将学生习作中运用的好词佳句标注出来，予以表扬，从而鼓励学生进行迁移运用。

学生提问的积极性差，与教师本身对待学生提问的态度有一定关系，教师要鼓励学生提问题，并尊重学生的每一次提问，给他们真诚的反馈；学生的合作主动性不高，教师就多布置一些需要合作完成的任务，关注该生在其中的表现，适时地给予帮助，推进班级融合。

学生的成长需要家庭和学校的共同参与，教师在日常教学之外要搭建沟通的桥梁，加强和家长的联系，针对该生的变化及时进行沟通，教师可以询问家长该生在生活中提问题的情况、对于自然万物的关注情况（如：是否能够拍照记录风景等）以及对家人朋友的情绪感知情况（如：是否能注意到妹妹伤心了以及伤心的原因等）并结合学生的在校表现提出建议。

# （二）三年级语文课程评估表填写说明（下册）

### 领域一：识字与写字

| 次领域 | 评估指标 | 评估题目 | 评估方法 | 填写说明 |
|---|---|---|---|---|
| 1 识字 | 1-1 学习汉字 | 1-1-1 能初步养成主动识字的习惯 | 1.观察：老师在日常学习中观察学生能否进行课前预习、课上学习、课后复习<br>2.访谈：访谈家长，了解学生能否在日常学习中进行课前预习、课上学习、课后复习 | 教师可选择观察、访谈的方式，了解学生是否养成了主动识字的习惯 |
| | 1-2 认读生字 | 1-2-1 能认读本册识字表中常用汉字250个 | 1.观察：教师在日常教学过程中，观察学生借助汉语拼音认读本册生字的情况<br>2.测验：教师出示本册生字，要求学生借助拼音认读生字，并记录正确率（如10个汉字中能正确指认3个、6个、9个） | 教师可选择观察、测验的方式，了解学生认读本册识字表中常用汉字的能力 |
| | 1-3 认读词语 | 1-3-1 能正确认读本册词语表中词语243个 | 1.观察：教师在日常教学过程中，观察学生认识本册词语的情况<br>2.测验：教师出示本册词语，要求学生认读，并记录正确率 | 教师可选择观察、测验的方式，了解学生认读本册词语表中词语的能力 |
| | 1-4 查字典 | 1-4-1 能综合使用音序查字法和部首检字法查字典 | 1.观察：教师在日常教学过程中，观察学生遇到生字是否会综合使用音序查字法和部首检字法查字典<br>2.访谈：访谈家长，了解学生遇到生字查字典的情况 | 教师可选择观察、访谈的方式，了解学生综合使用音序查字法和部首检字法查字典的能力 |

续表

| 次领域 | 评估指标 | 评估题目 | 评估方法 | 填写说明 |
|---|---|---|---|---|
| 2 写字 | 2-1 书写常用字 | 2-1-1 能书写本册写字表常用汉字250个 | 1. 观察：教师在日常教学过程中，观察学生书写汉字的情况<br>2. 测验：教师随机抽取本册写字表中的10个汉字，要求学生书写，记录正确率（如10个汉字中能正确书写3个、6个、9个） | 教师可选择观察、测验的方式，了解学生书写本册写字表常用汉字的能力 |
| | 2-2 书写词语 | 2-2-1 能书写本册词语表中词语243个 | 1. 观察：教师在日常教学过程中，观察学生书写词语的情况<br>2. 测验：教师随机抽取本册词语表中的10个词语，要求学生书写，记录正确率（如10个词语中能正确书写3个、6个、9个） | 教师可选择观察、测验的方式，了解学生书写本册词语表中词语的能力 |
| | 2-3 硬笔书写 | 2-3-1 能使用硬笔规范书写汉字 | 1. 观察：教师在日常教学过程中，观察学生使用硬笔书写汉字是否规范<br>2. 访谈：访谈家长，了解学生能否使用硬笔规范书写汉字<br>3. 测验：教师随机出示本册写字表中若干汉字，要求学生书写，记录书写情况 | 教师可选择观察、访谈的方式，了解学生使用硬笔规范书写汉字的能力 |
| | | 2-3-2 能使用硬笔端正书写汉字 | 1. 观察：教师在日常教学过程中，观察学生使用硬笔书写汉字是否端正<br>2. 访谈：访谈家长，了解学生能否使用硬笔端正书写汉字<br>3. 测验：教师随机出示本册写字表中若干汉字，要求学生书写，记录书写情况 | 教师可选择观察、访谈和测验的方式，了解学生使用硬笔端正书写汉字的能力 |
| | | 2-3-3 能使用硬笔整洁书写汉字 | 1. 观察：教师在日常教学过程中，观察学生使用硬笔书写汉字是否整洁<br>2. 访谈：访谈家长，了解学生能否使用硬笔整洁书写汉字<br>3. 测验：教师随机出示本册写字表中若干汉字，要求学生书写，记录书写情况 | 教师可选择观察、访谈和测验的方式，了解学生使用硬笔整洁书写汉字的能力 |

续表

| 次领域 | 评估指标 | 评估题目 | 评估方法 | 填写说明 |
|---|---|---|---|---|
| 2<br>写字 | 2-4<br>写字姿势习惯 | 2-4-1<br>能保持正确的写字姿势 | 1.观察：教师在日常教学过程中，观察学生写字的姿势是否正确<br>2.访谈：访谈家长，了解学生写字姿势是否正确<br>3.测验：教师随机出示本册写字表中若干汉字，要求学生书写，记录书写情况 | 教师可选择观察、访谈和测验的方式，评估学生的写字姿势 |
| | | 2-4-2<br>能养成良好的书写习惯 | 1.观察：教师在日常教学过程中，观察学生是否养成良好的书写习惯<br>2.访谈：访谈家长，了解学生书写汉字时是否有良好的书写习惯<br>3.测验：教师随机出示本册汉字，要求学生书写，记录学生的书写情况 | 教师可选择观察、访谈和测验的方式，了解学生的书写习惯 |

**领域二：阅读与鉴赏**

| 次领域 | 评估指标 | 评估题目 | 评估方法 | 填写说明 |
|---|---|---|---|---|
| 1<br>诵读与理解 | 1-1<br>朗读课文 | 1-1-1<br>能用普通话正确朗读本册课文 | 1.观察：教师在日常教学过程中，观察学生用普通话朗读课文的正确情况<br>2.测验：教师出示一篇本册课文，要求学生用普通话正确地朗读课文，记录学生朗读情况 | 教师可选择观察、测验的方式，了解学生使用普通话朗读本册课文的正确程度 |
| | | 1-1-2<br>能用普通话流利朗读本册课文 | 1.观察：教师在日常教学过程中，观察学生用普通话朗读课文的流利情况<br>2.测验：教师出示一篇本册课文，要求学生用普通话流利地朗读课文，记录学生朗读情况 | 教师可选择观察、测验的方式，了解学生使用普通话朗读本册课文的流利程度 |
| | | 1-1-3<br>能用普通话有感情地朗读本册课文 | 1.观察：教师在日常教学过程中，观察学生能否用普通话有感情地朗读本册课文<br>2.测验：教师出示一篇本册课文，要求学生用普通话有感情地朗读课文，记录学生朗读情况 | 教师可选择观察、测验的方式，了解学生使用普通话朗读本册课文的有感情程度 |

续表

| 次领域 | 评估指标 | 评估题目 | 评估方法 | 填写说明 |
|---|---|---|---|---|
| 1<br>诵读与<br>理解 | 1-2<br>背诵课文 | 1-2-1<br>能背诵本册要求背诵的现代文 | 1.观察：教师在日常教学过程中，观察学生背诵本册现代文的情况<br>2.测验：教师抽取一篇本册要求背诵的现代文，要求学生背诵，记录背诵情况 | 教师可选择观察、测验的方式，了解学生背诵本册现代文的能力 |
| | | 1-2-2<br>能背诵本册要求背诵的古诗 | 1.观察：教师在日常教学过程中，观察学生背诵本册古诗的情况<br>2.测验：教师出示一首本册要求背诵的古诗，要求学生背诵，记录学生背诵情况 | 教师可选择观察、测验的方式，了解学生背诵本册古诗的能力 |
| | 1-3<br>默读课文 | 1-3-1<br>能初步学会默读 | 1.观察：教师在日常教学过程中，观察学生默读时能否做到不出声、不指读、不动嘴唇<br>2.测验：教师随机出示一段本册的课文，要求学生默读，记录其表现 | 教师可选择观察、测验的方式，了解学生的默读能力 |
| 2<br>阅读与<br>理解 | 2-1<br>理解文章<br>大意 | 2-1-1<br>能通过略读了解文章大意 | 1.观察：教师在日常教学过程中，观察学生略读情况<br>2.测验：教师出示一篇略读课文，要求学生略读后说出文章大意，记录其表现 | 教师可选择观察、测验的方式，了解学生通过略读了解文章大意的能力 |
| | | 2-1-2<br>能了解课文是怎么围绕中心句把一段话写清楚的 | 1.观察：教师在日常教学过程中，观察学生理解文章的情况<br>2.访谈：访谈其他同学，了解学生理解文章的情况<br>3.测验：教师出示一段课文，要求学生找出中心句并说出课文围绕中心句写了哪些内容，记录其表现 | 教师可选择观察、访谈和测验的方式，了解学生找中心句和理解段意的能力 |
| | | 2-1-3<br>能了解课文是从哪几个方面把事物写清楚的 | 1.观察：教师在日常教学过程中，观察学生能否了解课文是从哪几个方面把事情写清楚的<br>2.测验：教师出示一篇课文，要求学生说出是从哪几个方面描写的事物，记录其表现 | 教师可选择观察、测验的方式，了解学生能否找出课文是从哪些方面描写的事物 |

续表

| 次领域 | 评估指标 | 评估题目 | 评估方法 | 填写说明 |
|---|---|---|---|---|
| 2<br>阅读与<br>理解 | 2-2<br>概括文章<br>大意 | 2-2-1<br>能借助关键语句概<br>括一段话的大意 | 1.观察：教师在日常上课过程中，观察学<br>生能否借助关键语句概括一段话的大意<br>2.访谈：访谈其他同学，了解学生借助关<br>键词句概括段落大意的情况<br>3.测验：教师出示一段课文，要求学生借<br>助关键句概括段落大意，记录其表现 | 教师可选择观察、访谈和测<br>验的方式，了解学生借助关<br>键语句概括段意的能力 |
| | 2-3<br>复述文章<br>大意 | 2-3-1<br>能详细复述叙事性<br>作品的大意 | 1.观察：教师在日常教学过程中，观察学<br>生复述叙事性作品大意的情况<br>2.测验：教师在随机选择本册课本中一篇<br>叙事性课文，要求学生说出大意，记录其<br>表现 | 教师可选择观察、测验的方<br>式，了解学生详细复述叙事<br>性作品大意的能力 |
| | 2-4<br>理解寓言<br>故事 | 2-4-1<br>能明白寓言故事中<br>的道理 | 1.观察：教师在日常教学过程中，观察学生<br>能否明白寓言故事中的道理<br>2.访谈：访谈家长或其他同学，了解学生<br>对寓言故事的理解情况<br>3.测验：教师出示本册一篇寓言故事，要<br>求学生说出其中的道理，记录其表现 | 教师可选择观察、访谈和测<br>验的方式，了解学生对寓言<br>故事的理解能力 |
| | 2-5<br>理解诗文<br>大意 | 2-5-1<br>能借助注释了解诗<br>文大意 | 1.观察：教师在日常教学过程中，观察学<br>生借助注释理解古诗文大意的情况<br>2.测验：教师出示本册中一篇古诗，要求<br>学生借助注释说出古诗的大意，记录其表<br>现 | 教师可选择观察、测验的方<br>式，了解学生借助注释了解<br>诗文大意的能力 |
| | 2-6<br>使用标点<br>符号 | 2-6-1<br>能区分句号与逗号<br>的不同用法 | 1.观察：教师在日常教学过程中，观察学<br>生对标点符号的使用情况<br>2.测验：教师出示例句，要求学生区分句<br>号与逗号的用法，记录其表现 | 教师可选择观察、测验的方<br>式，了解学生区分句号与逗<br>号用法的能力 |
| | | 2-6-2<br>能了解冒号的一般<br>用法 | 1.观察：教师在日常学习中，观察学生能<br>否了解冒号的一般用法<br>2.测验：教师呈现冒号图卡和句子，看学<br>生能否认识冒号，并要求学生说出其在句<br>中的用法 | 教师可选择观察、测验的方<br>式，评估学生对冒号用法的<br>了解情况 |
| | | 2-6-3<br>能了解引号的一般<br>用法 | 1.观察：教师在日常教学过程中，观察学<br>生引号的使用情况<br>2.测验：教师呈现引号图卡和句子，看学<br>生能否认识引号，并要求学生说出其在句<br>中的用法，记录其表现 | 教师可选择观察、测验的方<br>式，评估学生对引号用法的<br>了解情况 |

续表

| 次领域 | 评估指标 | 评估题目 | 评估方法 | 填写说明 |
|---|---|---|---|---|
| 3<br>文学积累 | 3-1<br>摘抄课内词句 | 3-1-1<br>能摘抄本册课本中词语 | 1. 观察：教师在日常教学过程中，观察学生摘抄本册课本中词语的情况<br>2. 访谈：访谈家长或其他同学，了解学生摘抄本册课本中词语的情况 | 教师可选择观察、访谈的方式，了解学生摘抄本册课本中词语的情况 |
| | | 3-1-2<br>能摘抄本册课本中句段 | 1. 观察：教师在日常教学过程中，观察学生摘抄本册课本中句段的情况<br>2. 访谈：访谈家长或其他同学，了解学生摘抄本册课本中句段的情况 | 教师可选择观察、访谈的方式，了解学生摘抄本册课本中句段的情况 |
| | 3-2<br>积累课外词句 | 3-2-1<br>能从课外阅读中积累优美词语 | 1. 观察：教师在日常教学过程中，观察学生从课外阅读中积累词语的情况<br>2. 访谈：访谈家长或其他同学，了解学生从课外阅读中积累词语的情况 | 教师可选择观察、访谈的方式，了解学生从课外阅读中积累优美词语的能力 |
| | | 3-2-2<br>能从课外阅读中积累精彩句段 | 1. 观察：教师在日常教学过程中，观察学生从课外阅读中积累句段的情况<br>2. 访谈：访谈家长或其他同学，了解学生从课外阅读中积累句段的情况 | 教师可选择观察、访谈的方式，了解学生从课外阅读中积累精彩句段的能力 |
| | 3-3<br>积累生活中的词句 | 3-3-1<br>能从生活中积累优美词语 | 1. 观察：教师在日常教学过程中，观察学生生活中积累优美词语的情况<br>2. 访谈：访谈家长，了解学生生活中积累优美词语的情况 | 教师可选择观察、访谈的方式，了解学生从生活中积累优美词语的能力 |
| | | 3-3-2<br>能从生活中积累精彩句段 | 1. 观察：教师在日常教学过程中，观察学生生活中积累精彩句段的情况<br>2. 访谈：访谈家长，了解学生生活中积累精彩句段的情况 | 教师可选择观察、访谈的方式，了解学生从生活中积累精彩句段的能力 |
| | 3-4<br>读书看报 | 3-4-1<br>能读书看报 | 1. 观察：教师在日常教学过程中，观察学生读书看报的情况<br>2. 访谈：访谈家长，了解学生平时读书看报的情况 | 教师可选择观察、访谈的方式，了解学生读书看报的情况 |
| | 3-5<br>课外阅读 | 3-5-1<br>课外阅读总量不少于10万字 | 1. 观察：教师在日常教学中，观察学生课外阅读情况<br>2. 访谈：访谈家长，了解学生本学期课外阅读量 | 教师可选择观察、访谈的方式，了解学生的课外阅读量 |

**领域三：表达与交流**

| 次领域 | 评估指标 | 评估题目 | 评估方法 | 填写说明 |
|---|---|---|---|---|
| 1<br>表达 | 1-1<br>口头表达想法 | 1-1-1<br>能在讨论时说清楚想法 | 1. 观察：教师在日常教学过程中，观察学生口头表达的情况<br>2. 访谈：访谈家长或其他同学，了解学生在讨论时的表现 | 教师可选择观察、访谈的方式，了解学生讨论时表达自己想法的能力 |
| | 1-2<br>讲故事 | 1-2-1<br>能用合适的方法讲故事 | 1. 观察：教师在日常教学过程中，观察学生能否用合适的方法讲故事<br>2. 访谈：访谈家长或其他同学，了解学生讲故事的情况 | 教师可选择观察、访谈的方式，了解学生用合适的方法讲故事的能力 |
| | 1-3<br>书面表达想法 | 1-3-1<br>能用书面语言表达自己的想法 | 1. 观察：教师在日常教学过程中，观察学生写作情况<br>2. 访谈：访谈家长，了解学生的写作情况<br>3. 测验：教师创设情境，要求学生根据情境进行写作，记录其表现 | 教师可选择观察、访谈和测验的方式，了解学生用书面语言表达自己想法的能力 |
| | 1-4<br>积累运用 | 1-4-1<br>能尝试在习作中运用自己平时积累的语言材料 | 1. 观察：教师在日常教学过程中，观察学生能否在习作中运用自己平时积累的语言材料<br>2. 访谈：访谈家长，了解学生能否在习作中运用自己平时积累的语言材料<br>3. 测验：教师创设情境，要求学生根据情境写作，记录其表现 | 教师可选择观察、访谈和测验的方式，了解学生运用所积累素材的能力 |
| | 1-5<br>观察记录 | 1-5-1<br>能不拘形式地写下自己观察周围世界后的见闻 | 1. 观察：教师在日常教学过程中，观察学生能否不拘形式地写下自己观察周围世界后的见闻<br>2. 访谈：访谈家长，了解学生能否不拘形式地写下自己观察周围世界后的见闻<br>3. 测验：教师提供图片，要求学生用不同形式写下观察图片后的内容，记录其表现 | 教师可选择观察、访谈、测验的方式，了解学生能否不拘形式地写下自己观察周围世界后的见闻 |
| | | 1-5-2<br>能不拘形式地写下自己观察周围世界后的感受 | 1. 观察：教师在日常教学过程中，观察学生能否不拘形式地写下自己观察周围世界后的感受<br>2. 访谈：访谈家长，了解学生能否不拘形式地写下自己观察周围世界后的感受<br>3. 测验：教师提供图片，要求学生用不同形式写下观察图片后的感受，记录其表现 | 教师可选择观察、访谈、测验的方式，了解学生能否不拘形式地写下自己观察周围世界后的感受 |

续表

| 次领域 | 评估指标 | 评估题目 | 评估方法 | 填写说明 |
|---|---|---|---|---|
| 1 表达 | 1-5 观察记录 | 1-5-3 能不拘形式地写下自己观察周围世界后的想象 | 1.观察：教师在日常教学过程中，观察学生能否不拘形式地写下自己观察周围世界后的想象<br>2.访谈：访谈家长，了解学生能否不拘形式地写下自己观察周围世界后的想象<br>3.测验：教师提供图片，要求学生用不同形式写下观察图片后的想象，记录其表现 | 教师可选择观察、访谈、测验的方式，了解学生能否不拘形式地写下自己观察周围世界后的想象 |
| | 1-6 书写通知 | 1-6-1 能按照正确的格式书写通知 | 1.观察：教师在日常教学过程中，观察学生书写通知的情况<br>2.测验：教师创设情境，要求学生书写一份通知，记录其表现 | 教师可选择观察、测验的方式，了解学生按照正确的格式书写通知的能力 |
| | 1-7 正确使用标点符号 | 1-7-1 能根据表达的需要正确使用句号 | 1.观察：教师在日常教学过程中，观察学生习作中句号的使用情况<br>2.访谈：访谈家长，了解学生能否正确使用句号<br>3.测验：教师通过创设情境要求学生写作，了解学生句号的使用情况，记录其表现 | 教师可选择观察、访谈和测验的方式，了解学生能否根据表达需要正确使用句号 |
| | | 1-7-2 能根据表达的需要正确使用逗号 | 1.观察：教师在日常教学过程中，观察学生习作中逗号的使用情况<br>2.访谈：访谈家长，了解学生能否正确使用逗号<br>3.测验：教师通过创设情境要求学生写作，了解学生逗号的使用情况，记录其表现 | 教师可选择观察、访谈和测验的方式，了解学生能否根据表达需要正确使用逗号 |
| | 1-8 修改习作 | 1-8-1 能用修改符号修改习作中有错误的语句 | 1.观察：教师在日常教学过程中，观察学生自己修改习作中错误词句的情况<br>2.访谈：访谈其他同学，了解学生自己修改习作中错误词句的情况<br>3.测验：教师通过创设情境要求学生写作，了解学生修改病句的情况，记录其表现 | 教师可选择观察、访谈和测验的方式，了解学生用修改符号修改习作中错误词句的能力 |

续表

| 次领域 | 评估指标 | 评估题目 | 评估方法 | 填写说明 |
|---|---|---|---|---|
| 2 交流 | 2-1 尊重不同想法 | 2-1-1 能尊重不同的想法 | 1. 观察：教师在日常教学过程中，观察学生与他人交流的情况<br>2. 访谈：访谈家长或其他同学，了解学生与人交流时对不同想法的态度 | 教师可选择观察、访谈的方式，了解学生能否尊重不同的想法 |
| | 2-2 与人商讨 | 2-2-1 能就不同意见与人商讨 | 1. 观察：教师观察学生在讨论时的情况<br>2. 访谈：访谈家长或其他同学，了解学生讨论时的情况 | 教师可选择观察、访谈的方式，了解学生能否就不同意见与人商讨 |
| | 2-3 劝告他人 | 2-3-1 能用合适的语气劝告他人 | 1. 观察：教师在日常教学过程中，观察学生在与他人交流时的情况<br>2. 访谈：访谈家长或其他同学，了解学生劝告他人情况 | 教师可选择观察、访谈的方式，了解学生能否用合适的语气劝告他人 |
| | 2-4 分享习作 | 2-4-1 能与他人分享自己的习作 | 1. 观察：教师在日常教学过程中，观察学生分享习作的情况<br>2. 访谈：访谈家长或其他同学，了解学生分享习作的情况 | 教师可选择观察、访谈和测验的方式，了解学生能否与他人分享自己的习作 |

## 领域四：梳理与探究

| 次领域 | 评估指标 | 评估题目 | 评估方法 | 填写说明 |
|---|---|---|---|---|
| 1 梳理 | 1-1 小组合作收集资料 | 1-1-1 能用小组分工合作的方式收集我国传统节日的资料 | 1. 观察：教师在日常教学过程中，观察学生在小组合作中的表现<br>2. 访谈：访谈其他同学，了解学生在小组合作中的表现情况 | 教师可选择观察、访谈的方式，了解学生通过小组合作收集资料的能力 |
| 2 探究 | 2-1 小组合作介绍节日 | 2-1-1 能用小组合作的方式介绍我国传统节日 | 1. 观察：教师在日常教学过程中，观察学生在小组合作中的表现<br>2. 访谈：访谈其他同学，了解学生小组合作介绍节日的情况 | 教师可选择观察、访谈的方式，了解学生通过小组合作介绍节日的能力 |

续表

| 次领域 | 评估指标 | 评估题目 | 评估方法 | 填写说明 |
|---|---|---|---|---|
| 2<br>探究 | 2-2<br>传统节日<br>写作 | 2-2-1<br>能就自己感兴趣的<br>一个传统节日写一<br>篇习作 | 1. 观察：教师在日常教学过程中，观察学生习作情况<br>2. 访谈：访谈其他同学，了解学生习作情况<br>3. 测验：教师创设情景，要求学生就一个感兴趣的传统节日进行写作，记录其表现 | 教师可选择观察、访谈和测验的方式，了解学生能否就自己感兴趣的传统节日写一篇习作 |
| | 2-3<br>展示学习<br>成果 | 2-3-1<br>能用适当的方式展示综合性学习的成果 | 1. 观察：教师在日常教学过程中，观察学生在展示活动中的表现<br>2. 访谈：访谈其他同学，了解学生综合性学习的情况 | 教师可选择观察、访谈的方式，了解学生能否用适当的方式展示综合性学习成果 |
| | 2-4<br>评价他人 | 2-4-1<br>能对其他小组的展示活动做出评价 | 1. 观察：教师在日常教学过程中，观察学生在小组活动中的表现<br>2. 访谈：访谈其他同学，了解学生对其他小组展示进行评价的情况 | 教师可选择观察、访谈的方式，了解学生评价其他小组展示活动的能力 |
| | 2-5<br>提建议 | 2-5-1<br>能对其他小组的展示活动提出建议 | 1. 观察：教师在日常教学过程中，观察学生在小组活动中的表现<br>2. 访谈：访谈其他同学，了解学生对其他小组提建议的情况 | 教师可选择观察、访谈的方式，了解学生对其他小组展示活动提建议的能力 |

# （三）三年级上册语文课程评估材料

领域一：识字与写字

1 识字

**1-2 认读生字**

1-2-1 识字表

使用说明：教师根据出示的识字表，随机指出若干汉字，请学生读出汉字，教师记录正确率并打分。

| 坝 | 汉 | 艳 | 扮 | 扬 | 读 | 摔 | 跤 | 疯 | 洁 |
|---|---|---|---|---|---|---|---|---|---|
| 荒 | 笛 | 罚 | 假 | 裳 | 背 | 诵 | 例 | 圈 | 段 |
| 练 | 糊 | 涂 | 呆 | 戒 | 厉 | 挨 | 楚 | 径 | 斜 |

续表

| | | | | | | | | | |
|---|---|---|---|---|---|---|---|---|---|
| 赠 | 刘 | 残 | 犹 | 傲 | 君 | 橙 | 橘 | 挑 | 洼 |
| 印 | 凌 | 增 | 棕 | 靴 | 钥 | 匙 | 缤 | 枚 | 勾 |
| 喇 | 叭 | 厚 | 曲 | 丰 | 抖 | 蟋 | 蟀 | 振 | 韵 |
| 掠 | 吟 | 辽 | 阔 | 旧 | 饿 | 卷 | 挣 | 几 | 燃 |
| 焰 | 蜡 | 烛 | 富 | 晃 | 划 | 喷 | 强 | 烈 | 缩 |
| 努 | 茎 | 锯 | 斧 | 推 | 吱 | 拆 | 咱 | 偷 | 答 |
| 应 | 骨 | 齿 | 嚼 | 吞 | 胃 | 悲 | 咽 | 泪 | 眯 |
| 宣 | 处 | 诱 | 舔 | 毅 | 犯 | 禁 | 稍 | 豫 | 跺 |
| 聚 | 申 | 介 | 绍 | 宗 | 乙 | 召 | 孝 | 暴 | 喵 |
| 孵 | 叽 | 偶 | 尔 | 萝 | 卜 | 愁 | 沾 | 晾 | 吗 |
| 讨 | 厌 | 怒 | 批 | 访 | 担 | 压 | 差 | 默 | 模 |
| 中 | 弹 | 疯 | 汪 | 搞 | 轴 | 基 | 础 | 阁 | 佳 |
| 盲 | 唐 | 父 | 啦 | 鹦 | 鹉 | 悄 | 蒲 | 英 | 要 |
| 欠 | 钓 | 拢 | 亦 | 抹 | 宜 | 庭 | 未 | 磨 | 盘 |
| 饶 | 优 | 瑰 | 岩 | 参 | 武 | 栖 | 粪 | 辈 | 设 |
| 滨 | 鸥 | 胳 | 臂 | 眯 | 载 | 凰 | 亚 | 榕 | 凳 |
| 逢 | 除 | 兴 | 融 | 侧 | 欣 | 浸 | 乳 | 梢 | 舍 |
| 显 | 材 | 膝 | 临 | 库 | 蝌 | 蚪 | 蛾 | 蝈 | 蛔 |
| 鲨 | 妙 | 奏 | 呢 | 喃 | 伟 | 击 | 汇 | 喳 | 唧 |
| 哩 | 仅 | 麻 | 旋 | 佩 | 姿 | 态 | 梨 | 笋 | 寸 |
| 副 | 爽 | 黎 | 凝 | 畅 | 瞬 | 猎 | 司 | 跌 | 皆 |
| 弃 | 持 | 宁 | 胸 | 脯 | 惹 | 仰 | 渣 | 或 | 者 |
| 惜 | 诚 | 斗 | 棒 | 恩 | 大 | 血 | 撒 | 险 | 瓦 |
| 帘 | 迅 | 速 | 夺 | 秒 | 陈 | 曼 | 联 | 缸 | 还 |
| 粱 | 顿 | 侦 | 眨 | 瞪 | 瞅 | 眶 | 眭 | 睹 | |

## 1-3 认读词语

### 1-3-1 词语表

使用说明：教师根据出示的词语表，随机指出若干词语，请学生读出词语，教师根据认读情况记录正确率并打分。

| | | | | | | | | | |
|---|---|---|---|---|---|---|---|---|---|
| 早晨 | 穿戴 | 鲜艳 | 服装 | 打扮 | 敬爱 | 国旗 | 敬礼 | 安静 | 树枝 |
| 好奇 | 孔雀 | 招引 | 粗壮 | 枝干 | 影子 | 阵雨 | 荒野 | 跳舞 | 狂欢 |

续表

| 功课 | 放假 | 互相 | 狂风 | 自然 | 能够 | 双臂 | 水泥 | 放晴 | 明朗 |
|---|---|---|---|---|---|---|---|---|---|
| 金黄 | 雨珠 | 院墙 | 落叶 | 尽头 | 平展 | 排列 | 规则 | 歌唱 | 迟到 |
| 清凉 | 留意 | 颜料 | 枫叶 | 邮票 | 果树 | 菊花 | 仙子 | 气味 | 香甜 |
| 香味 | 加紧 | 过冬 | 丰收 | 火柴 | 围裙 | 可怜 | 哪怕 | 暖和 | 蜡烛 |
| 亮光 | 地板 | 烛光 | 温和 | 赶紧 | 痛苦 | 清晨 | 旅行 | 要好 | 咱们 |
| 草堆 | 作声 | 偷偷 | 答应 | 做梦 | 救命 | 拼命 | 消化 | 当然 | 几乎 |
| 知觉 | 眼泪 | 变成 | 门板 | 准备 | 安心 | 睡觉 | 主人 | 墙壁 | 母鸡 |
| 注意 | 蜘蛛 | 漂亮 | 因此 | 母亲 | 雨点 | 用力 | 船头 | 羽毛 | 翠绿 |
| 船夫 | 翠鸟 | 捕鱼 | 窗前 | 盛开 | 玩耍 | 绒毛 | 假装 | 哈欠 | 钓鱼 |
| 观察 | 合拢 | 手掌 | 有趣 | 喜爱 | 风景 | 优美 | 物产 | 丰富 | 位于 |
| 部分 | 相互 | 交错 | 游动 | 堆积 | 祖国 | 事业 | 海滨 | 街道 | 宝贵 |
| 肥料 | 不断 | 激烈 | 眼球 | 血丝 | 烟雾 | 仍然 | 渔民 | 遍地 | 远处 |
| 汽笛 | 船队 | 满载 | 靠岸 | 初夏 | 散发 | 除了 | 整洁 | 东北 | 脑袋 |
| 挡住 | 视线 | 花坛 | 显得 | 苍翠 | 飞舞 | 名贵 | 药材 | 雪花 | 巨大 |
| 宝库 | 美妙 | 演奏 | 感受 | 激动 | 合奏 | 乐曲 | 充满 | 乐器 | 雨滴 |
| 滴答 | 所有 | 河流 | 轻快 | 告诉 | 高远 | 匆匆 | 麻雀 | 蚂蚁 | 搬家 |
| 刚刚 | 勇敢 | 精神 | 趣味 | 鲜美 | 如同 | 温柔 | 摇摆 | 倒影 | 乐趣 |
| 父亲 | 童年 | 轻声 | 生怕 | 惊动 | 气息 | 总是 | 抖动 | 露水 | 呼吸 |
| 时刻 | 猎人 | 翅膀 | 沉重 | 郊外 | 养病 | 跳动 | 欢快 | 谷粒 | 男孩 |
| 或者 | 严寒 | 本来 | 可惜 | 肯定 | 诚实 | 阵地 | 战斗 | 打响 | 气焰 |
| 取出 | 离开 | 危险 | 转告 | 来得及 | | 亮晶晶 | | 暴风雨 | |
| 手术台 | | 静悄悄 | | 蒲公英 | | 音乐家 | | 雾蒙蒙 | |
| 外祖父 | | 闪闪发光 | | 大吃一惊 | | 一本正经 | | 成群结队 | |
| 急急忙忙 | | 来来往往 | | 银光闪闪 | | 严严实实 | | | |

## 2 写字

### 2–1 ～ 2–4 能使用正确的书写姿势用硬笔书写本册常用汉字和词语

使用说明：教师准备纸笔，根据下方出示的写字表和上方的词语表，随机抽取简单或复杂的常用汉字和常用词语请学生书写于下方的田字格中,并观察学生的书写习惯,教师进行记录并打分。

写字表:

| | | | | | | | | | |
|---|---|---|---|---|---|---|---|---|---|
| 晨 | 绒 | 球 | 汉 | 艳 | 服 | 装 | 扮 | 静 | 停 |
| 孔 | 雀 | 粗 | 匆 | 荒 | 笛 | 舞 | 狂 | 罚 | 假 |
| 互 | 所 | 够 | 猜 | 扬 | 臂 | 寒 | 径 | 斜 | 霜 |
| 赠 | 险 | 盖 | 菊 | 残 | 君 | 橙 | 送 | 挑 | 铺 |
| 泥 | 晶 | 院 | 墙 | 印 | 排 | 列 | 规 | 则 | 乱 |
| 棕 | 迟 | 盒 | 颜 | 料 | 票 | 争 | 仙 | 闻 | 勾 |
| 紧 | 洞 | 油 | 曲 | 丰 | 柴 | 旧 | 裙 | 怜 | 饿 |
| 焰 | 蜡 | 烛 | 伸 | 取 | 板 | 富 | 颗 | 旅 | 咱 |
| 偷 | 救 | 命 | 拼 | 扫 | 胃 | 管 | 乎 | 流 | 泪 |
| 仍 | 准 | 备 | 等 | 暴 | 睡 | 壁 | 砍 | 蜘 | 蛛 |
| 漂 | 撞 | 饱 | 晒 | 搭 | 亲 | 父 | 血 | 啦 | 响 |
| 羽 | 翠 | 嘴 | 悄 | 吞 | 哦 | 捕 | 蒲 | 英 | 盛 |
| 要 | 喊 | 欠 | 钓 | 而 | 察 | 拢 | 掌 | 趣 | 喜 |
| 断 | 楚 | 至 | 孤 | 帆 | 饮 | 初 | 镜 | 未 | 磨 |
| 遥 | 银 | 盘 | 优 | 淡 | 浅 | 错 | 岩 | 虾 | 挺 |
| 刺 | 离 | 数 | 厚 | 宝 | 贵 | 滨 | 灰 | 飘 | 渔 |
| 遍 | 躺 | 载 | 靠 | 亚 | 夏 | 除 | 踩 | 洁 | 脑 |
| 袋 | 严 | 实 | 挡 | 视 | 线 | 坛 | 显 | 材 | 软 |
| 刮 | 库 | 妙 | 演 | 奏 | 琴 | 感 | 受 | 激 | 击 |
| 器 | 滴 | 敲 | 鸣 | 诉 | 读 | 麻 | 勇 | 蚂 | 蚁 |
| 短 | 栽 | 梨 | 寸 | 柔 | 摇 | 册 | 朝 | 雾 | 蒙 |
| 鼻 | 烈 | 抖 | 露 | 湿 | 吸 | 猎 | 翅 | 膀 | 重 |
| 司 | 庭 | 登 | 跌 | 众 | 弃 | 持 | 郊 | 养 | 粉 |
| 谷 | 粒 | 男 | 或 | 者 | 冻 | 冷 | 惜 | 肯 | 诚 |
| 术 | 斗 | 刚 | | | | | | | |

领域二：阅读与鉴赏

1 诵读与理解

**1-1 朗读课文**

1-1-1 ～ 1-1-3 本册课文范例

使用说明：教师根据下方出示的课文范例，请学生进行朗读，在朗读过程中记录学生能否正确读准字音、流畅不卡顿、富有感情。

### 富饶的西沙群岛

西沙群岛位于南海的西北部，是我国海南省三沙市的一部分。那里风景优美，物产丰富，是个可爱的地方。

西沙群岛一带海水五光十色，瑰丽无比：有深蓝的，淡青的，浅绿的，杏黄的。一块块，一条条，相互交错着。因为海底高低不平，有山崖，有峡谷，海水有深有浅，从海面看，色彩就不同了。

海底的岩石上生长着各种各样的珊瑚，有的像绽开的花朵，有的像分枝的鹿角。海参到处都是，在海底懒洋洋地蠕动。大龙虾全身披甲，划过来，划过去，样子挺威武。

鱼成群结队地在珊瑚丛中穿来穿去，好看极了。有的全身布满彩色的条纹；有的头上长着一簇红缨；有的周身像插着好些扇子，游动的时候飘飘摇摇；有的眼睛圆溜溜的，身上长满了刺，鼓起气来像皮球一样圆。各种各样的鱼多得数不清。正像人们说的那样，西沙群岛的海里一半是水，一半是鱼。

西沙群岛也是鸟的天下。岛上有一片片茂密的树林，树林里栖息着各种海鸟。遍地都是鸟蛋。树下堆积着一层厚厚的鸟粪，这是非常宝贵的肥料。

富饶的西沙群岛，是我们祖祖辈辈生活的地方。随着祖国建设事业的发展，可爱的西沙群岛，必将变得更加美丽，更加富饶。

**1-2 背诵课文**

1-2-1 本册现代文范例

使用说明：教师随机抽取本册需要背诵的现代文，请学生进行背诵，在背诵过程中记录学生的背诵情况并打分。

### 秋天的雨（节选）

秋天的雨，有一盒五彩缤纷的颜料。你看，它把黄色给了银杏树，黄黄的叶子像一把把小扇子，扇哪扇哪，扇走了夏天的炎热。它把红色给了枫树，红红的枫叶像一枚枚邮票，飘哇飘哇，邮来了秋天的凉爽。金黄色是给田野的，看，田野像金色的海洋。橙红色是给果树的，橘子、柿子你挤我碰，争着要人们去摘呢！菊花仙子得到的颜色就更多了，紫红的、淡黄的、雪白的……美丽的菊花在秋雨里频频点头。

### 1-2-2 本册古诗范例

使用说明：教师随机抽取本册需要背诵的古诗，请学生进行背诵，在背诵过程中记录学生的背诵情况并打分。（包括《山行》《赠刘景文》《夜书所见》《望天门山》《饮湖上初晴后雨》《望洞庭》）

#### 山行

[唐] 杜牧

远上寒山石径斜，

白云生处有人家。

停车坐爱枫林晚，

霜叶红于二月花。

### 1-3 默读课文

#### 1-3-1 本册默读课文范例

使用说明：教师随机出示一篇本册的课文，要求学生默读，记录其表现。

#### 手术台就是阵地

1939 年春，齐会战斗打响了。气焰嚣张的日军刚刚到齐会一带就挨了当头一棒，被我军消灭了五百多人。

敌人不断反扑，战斗非常激烈。我军的伤员陆续从火线上抬下来。在离火线不远的一座小庙里，白求恩大夫正在给伤员做手术。他已经两天两夜没休息了，眼球上布满了血丝。突然，几发炮弹落在小庙前的空地上。硝烟滚滚，弹片纷飞，小庙被烟雾淹没了。白求恩仍然镇定地站在手术台旁。他接过助手递过来的镊子，敏捷地从伤员的腹腔里取出一块弹片，丢在盘子里。

敌机不断地在上空吼叫。炮弹不断地在周围爆炸。师卫生部长匆匆赶来，对白求恩说："师长决定让您和一部分伤员离开这里。"白求恩沉思了一会儿，说："我同意撤走部分伤员。至于我个人，要和战士们在一起，不能离开。"部长恳求说："白求恩同志，这儿危险，让您离开这里，是战斗形势的需要哇！"白求恩说："谢谢师长的关心。可是，手术台是医生的阵地。战士们没有离开他们的阵地，我怎么能离开自己的阵地呢？部长同志，请您转告师长，我是一名八路军战士，不是你们的客人。"白求恩低下头，继续给伤员做手术。

一连几发炮弹落在小庙的周围。庙的一角落下了许多瓦片。挂在门口的布帘烧着了，火苗向手术台扑过来。助手们赶忙把火扑灭。担架队抬起做过手术的伤员，迅速向后方转移。白求恩仍然争分夺秒地给伤员做手术，做了一个又一个。

齐会战斗进行了三天三夜，胜利结束了。白求恩大夫在手术台旁，连续工作了六十九个小时。

2 阅读与理解

### 2-1 略读了解文章大意

#### 2-1-1 能通过略读了解大意

使用说明：教师随机出示一篇本册的略读课文，要求学生略读后说出文章大意，根据学生对大意的把握度进行评分。

《一块奶酪》讲述的是蚂蚁队长召集小蚂蚁们搬运奶酪时不小心拽掉了奶酪的一角，最终蚂蚁队长战胜了自己想偷嘴的心理，命令最小的蚂蚁吃掉了奶酪渣的故事。

一块奶酪

蚂蚁队长集合好队伍，向大家宣布："今天搬运粮食，只许出力，不许偷嘴。谁偷嘴就要处罚谁。"

一只小蚂蚁在队列里嘀咕："要是偷嘴的是您呢？"蚂蚁队长说："照样要受处罚。"

大家一听，都来劲了，争先恐后赶到运粮地点，抢着抬大的，搬重的，谁也不愿偷懒。

就在这时，蚂蚁队长发现了一块大奶酪。那块奶酪实在太大了，它左抬抬不起，右搬搬不动，只好叫来七八只小蚂蚁当助手。

奶酪多诱人啊！抬着它，不要说吃，单是闻闻，都要淌口水。小蚂蚁们嘴叼着它，要做到不趁机舔一下，那要有多大的毅力，多强的纪律性啊！

蚂蚁队长叼着奶酪的一角往前拽着，也许是用力过猛，一下就把那个角拽掉了。盯着那一点儿掉在地上的奶酪渣，蚂蚁队长想：丢掉，实在太可惜；趁机吃掉它，又要犯不许偷嘴的禁令。怎么办呢？它的心七上八下，只好下令："休息一会儿！"

听到命令，大家放下奶酪，却不走开。

"大家分散开，哪里凉快就到哪里休息。"

大家依旧不动，眼睛望着别处，心却牵挂着那一点儿奶酪渣。

蚂蚁队长生气了。它登上一块大石板，突然下令："注意啦，全体都有。稍息！立正！向后——转！齐步——走！"等小蚂蚁们消失在草丛中，它才大叫："立——定！原地休息！"

这时，奶酪旁边只有蚂蚁队长，它要是偷嘴，谁也看不见。它低下头，嗅嗅那点儿奶酪渣，味道真香！可是，它犹豫了一会儿，终于一跺脚："注意啦，全体都有。稍息！立正！向后——转！齐步——走！"

小蚂蚁们从四面八方的草丛里走拢来了。当它们重新聚到奶酪旁边时，蚂蚁队长命令年龄最小的一只蚂蚁："这点儿奶酪渣是刚才弄掉的，丢了可惜，你吃掉它吧！"

大家又干起活来了，劲头比刚才更足，奶酪一会儿就被搬进洞里去了。

### 2-2 理解词句意思

#### 2-2-1 能联系上下文理解词句的意思

使用说明：教师随机出示本册学习的课文，要求学生根据某段内容，说一说该段内容中某个词语的意思。

### 手术台就是阵地（节选）

敌人不断反扑，战斗非常激烈。我军的伤员陆续从火线上抬下来。在离火线不远的一座小庙里，白求恩大夫正在给伤员做手术。他已经两天两夜没休息了，眼球上布满了血丝。突然，几发炮弹落在小庙前的空地上。硝烟滚滚，弹片纷飞，小庙被烟雾淹没了。白求恩仍然镇定地站在手术台旁。他接过助手递过来的镊子，敏捷地从伤员的腹腔里取出一块弹片，丢在盘子里。

敌机不断地在上空吼叫。炮弹不断地在周围爆炸。师卫生部长匆匆赶来，对白求恩说："师长决定让您和一部分伤员离开这里。"白求恩沉思了一会儿，说："我同意撤走部分伤员。至于我个人，要和战士们在一起，不能离开。"部长恳求说："白求恩同志，这儿危险，让您离开这里，是战斗形势的需要哇！"白求恩说："谢谢师长的关心。可是，手术台是医生的阵地。战士们没有离开他们的阵地,我怎么能离开自己的阵地呢？部长同志，请您转告师长，我是一名八路军战士，不是你们的客人。"白求恩低下头，继续给伤员做手术。

### 2-3 理解生词意义

#### 2-3-1 能借助字词典理解生词的意义

使用说明：教师随机出示本册生词，要求学生借助字词典理解词语意义，教师根据学生表现情况打分。

| 早晨 | 穿戴 | 鲜艳 | 服装 | 打扮 | 微爱 | 国旗 |
| --- | --- | --- | --- | --- | --- | --- |

#### 2-3-2 能结合生活积累理解生词的意义

使用说明：教师随机呈现本册词语，看学生是否能结合生活积累理解词语意义，教师根据学生表现情况打分。

（1）暖和（在寒冷的冬天，室内开空调就会变得暖和）。

（2）翅膀（在看到翅膀一词时，能想起小鸟的翅膀、蝴蝶的翅膀等）。

### 2-4 把握文章内容

#### 2-4-1 能初步把握文章的主要内容

使用说明：教师随机呈现一篇本册的课文，要求学生说出主要内容，教师根据学生表现情况打分。

中心句：大自然有许多美妙的声音。

《大自然的声音》将风、水、动物比作音乐家，把它们发出的声音描绘成各种美妙的乐曲，体现了大自然的美丽。

### 大自然的声音

大自然有许多美妙的声音。

风，是大自然的音乐家，他会在森林里演奏他的手风琴。当他翻动树叶，树叶便像歌手一样，唱出各种不同的歌曲。不一样的树叶，有不一样的声音；不一样的季节，有不一样的音乐。当微风拂过，那声音轻轻柔柔的，好像呢喃细语，让人感受到大自然的温柔；当狂风吹起，整座森林都激动起来，合奏出一首雄伟的乐曲，那声音充满力量，令人感受到大自然的威力。

水，也是大自然的音乐家。下雨的时候，他喜欢玩打击乐器。小雨滴敲敲打打，一场热闹的音乐会便开始了。滴滴答答……叮叮咚咚……所有的树林，树林里的每片树叶；所有的房子，房子的屋顶和窗户，都发出不同的声音。当小雨滴汇聚起来，他们便一起唱着歌：小溪淙淙，流向河流，河流潺潺，流向大海；大海哗哗，汹涌澎湃。从一首轻快的山中小曲，唱到波澜壮阔的海洋大合唱。

动物是大自然的歌手。走在公园里，听听树上叽叽喳喳的鸟叫；坐在一棵树下，听听唧哩哩唧哩哩的虫鸣；在水塘边散步，听听青蛙的歌唱。你知道他们唱的是什么吗？他们的歌声好像告诉我们："我在歌唱，我很快乐！"

## 2-6 复述大意

### 2-6-1 能复述叙事性作品大意

使用说明：教师随机呈现一篇本册的叙事性课文，要求学生说出主要内容，教师记录并打分。

《卖火柴的小女孩》以"卖火柴—擦火柴—人死去"为线索，讲述了大年夜的街头又黑又冷，一个乖巧、美丽的卖火柴的小女孩，在饥饿、寒冷、孤独中五次擦燃火柴，在火光中看到不同的幻象，最后在大年夜，在幻想中微笑着冻死在街头的悲惨故事，揭露了资本主义社会的罪恶，表达了对小女孩不幸遭遇的深切同情。

### 卖火柴的小女孩

天冷极了，下着雪，又快黑了。这是一年的最后一夜。在这又冷又黑的晚上，一个穷苦的小女孩，没戴帽子，赤着脚在街上走着。她从家里出来的时候还穿着一双拖鞋，但是有什么用呢？那是一双很大的拖鞋——那么大，一向是她妈妈穿的。她穿过马路的时候，两辆马车飞快地冲过来，吓得她把鞋都跑掉了。一只怎么也找不着，另一只叫一个男孩捡起来拿着跑了。他说，将来他有了孩子可以用它当摇篮。

小女孩只好赤着脚走，一双小脚冻得红一块青一块的。她的旧围裙里兜着许多火柴，手里还拿着一把。这一整天，谁也没买过她一根火柴，谁也没给过她一个硬币。

可怜的小女孩！她又冷又饿，哆哆嗦嗦地向前走。雪花落在她金黄的长头发上，那头发打成卷披在肩上，看上去很美丽，不过她没注意这些。每个窗子里都透出灯光来，街上飘着一股烤鹅的香味，因为这是一年的最后一夜——她可忘不了这个。

她在一座房子的墙角坐下来，蜷着腿缩成一团。她觉得更冷了。她不敢回家，因为她没卖掉一根火柴，没挣到一个钱，爸爸一定会打她的。再说，家里跟街上一样冷。他们头上只有个房顶，虽然最大的裂缝已经用草和破布堵住了，但风还是可以灌进来。

她的一双小手几乎冻僵了。啊，哪怕一根小小的火柴，对她也是有好处的！她敢从成把的火柴里抽出一根，在墙上擦燃了，来暖和暖和自己的小手吗？她终于抽出了一根。哧！火柴燃起来了，冒出火焰来了！她把小手拢在火焰上。多么温暖多么明亮的火焰啊，简直像一支小小的蜡烛。这是一道奇异的火光！小女孩觉得自己好像坐在一个大火炉前面，火炉装着闪亮的铜脚和铜把手，烧得旺旺的，暖烘烘的，多么舒服啊！唉，这是怎么回事呢？她刚把脚伸出去，想让脚也暖和一下，火柴灭了，火炉不见了。她坐在那儿，手里只有一根烧过了的火柴梗。

她又擦了一根。火柴燃起来了，发出亮光来了。亮光落在墙上，那儿忽然变得像薄纱那么透明，她可以一直看到屋里。桌上铺着雪白的台布，摆着精致的盘子和碗，肚子里填满了苹果和梅子的烤鹅正冒着香气。更妙的是这只鹅从盘子里跳下来，背上插着刀和叉，摇摇摆摆地在地板上走着，一直向这个穷苦的小女孩走来。这时候，火柴灭了，她面前只有一堵又厚又冷的墙。

她又擦着了一根火柴。这一回，她坐在美丽的圣诞树下。这棵圣诞树，比她去年圣诞节透过富商家的玻璃门看到的还要大，还要美。翠绿的树枝上点着几千支明晃晃的蜡烛，许多幅美丽的彩色画片，跟挂在商店橱窗里的一个样，在向她眨眼睛。小女孩向画片伸出双手。这时候，火柴又灭了。只见圣诞树上的烛光越升越高，最后成了在天空中闪烁的星星。有一颗星星落了下来，在天空中划出了一道细长的红光。"有一个什么人快要死了。"小女孩说。唯一疼她的奶奶活着的时候告诉过她：一颗星星落下来，就有一个人要离去了。

她在墙上又擦着了一根火柴。这一回，火柴把周围全照亮了。奶奶出现在亮光里，是那么温和，那么慈爱。"奶奶！"小女孩叫起来，"啊！请把我带走吧！我知道，火柴一灭，您就会不见的，像那暖和的火炉，喷香的烤鹅，美丽的圣诞树一样，就会不见的！"

她赶紧擦着了一大把火柴，要把奶奶留住。一大把火柴发出强烈的光，照得跟白天一样明亮。奶奶从来没有像现在这样高大，这样美丽。奶奶把小女孩抱起来，搂在怀里。她俩在光明和快乐中飞走了，越飞越高，飞到那没有寒冷，没有饥饿，也没有痛苦的地方去了。

第二天清晨，这个小女孩坐在墙角，两腮通红，嘴上带着微笑。她死了，在旧年的最后一夜冻死了。新年的太阳升起来了，照在她小小的尸体上。小女孩坐在那儿，手里还捏着一把烧过了的火柴梗。

"她想给自己暖和一下……"人们说。谁也不知道她曾经看到过多么美丽的东西，她曾经多么幸福，跟着她奶奶一起向新年的幸福中走去。

**2-7 感受人物情绪**

**2-7-1 能关心作品主人公的喜怒哀乐**

使用说明：教师随机出示一篇本册的作品，要求学生阅读完后，说出作品主人公的情绪状态，教师记录并打分。

《小狗学叫》讲述了一条小狗的奇特经历，因为不会叫遭到嫌弃，学小公鸡叫被狐狸嘲笑了感到很难受，又向杜鹃学习咕咕叫，学会之后很开心，但却吸引来猎人感到慌张，拔腿就跑。

小狗学叫

从前，有一条不会叫的狗。它不会像狗一样叫，不会像猫一样叫，也不会像牛那样哞哞叫，更不会像马那样嘶鸣。它是一只孤零零的小狗，不知道怎么到了一个没有狗的国家。它并没有发现自己有什么毛病，是别人让它知道，不会叫其实是一种很大的缺陷，它们对它说：

"你怎么不叫？"

"我不会……我是外来的……"

"这算什么回答啊。你难道不知道狗是会叫的？"

"干吗要叫？"

"狗会叫，因为它们是狗。它们对过路的陌生人叫，对惹人讨厌的猫叫，对着满月叫。它们高兴的时候叫，紧张的时候叫，发怒的时候也叫。它们白天叫得多，但晚上也叫。"

"也许是这样，可我……"

"可你怎么啦？你这只狗可真特别。去，去！总有一天你会上新闻的。"

小狗不知道该怎么回答这些批评。它不会叫，也不知道怎么才能学会。

"你跟我学。"有一次，一只同情它的小公鸡对它说。那只小公鸡喔喔喔地叫了几声。

"我觉得很难。"小狗对小公鸡说道。

"不难，容易极了。你好好听着，看我的嘴，注意观察我，学我的样子。"

小公鸡又喔喔喔地叫起来。

小狗试着照小公鸡的样子做，但嘴里只发出一种滑稽的咯咯声，吓得旁边的小母鸡都逃走了。

"不要紧，"小公鸡说道，"第一次能这样就很不错了。你再试试，来！"小狗又试了一次，两次，三次，都没能成功。

从此，它天天都练习，从早到晚偷偷地练。有时候，为了更自由，它索性到树林里去练。

一天早晨，它在树林里练习，发出的喔喔喔的叫声是那么逼真，那么好听，那么洪亮。一只狐狸听到了，心里寻思着：公鸡终于来找我了。我得去感谢它的来访。狐狸真的去了，还没忘记带上刀叉和餐巾，因为对狐狸来说，没有比小公鸡更美味可口的午餐了。可以想象，当它看见啼叫的是一只狗而不是小公鸡时，该是多么失望啊！那只狗蹲坐着，一声又一声地喔喔叫着。

"哎呀！"狐狸说道，"原来是这样！你这是给我设了一个圈套啊！"

"一个圈套？"

"当然啦。你让我以为，是一只公鸡在树林里迷路了，而你却设下圈套想抓我。幸好我发现得及时。"

"我向你担保，我压根就没想抓你。我只是在这里练习。"

"练习？练习什么？"

"我在练习啼叫，现在差不多学会了。你听我叫得多好！"说完，它又洪亮地喔喔叫起来。

狐狸真想哈哈大笑。它在地上打着滚，捧着肚子，竭力忍着不笑出声来。小狗感到受了委屈，低着头，含着泪水默默走开了。

附近的一只杜鹃看着小狗走过去，很同情它。

"你怎么啦？"

"没什么。"

"那你为什么这样伤心？"

"唉……没什么好说的……因为我不会叫。"

"要是就因为这个，那我可以教。你听我怎么叫，尽可能模仿我。咕咕……咕咕……咕咕……你听明白了吗？

"我觉得很容易。"

"容易极了，我从小就会这样叫。你试试！咕咕……咕咕……"

"咕……"小狗学着杜鹃叫，"咕……"

它那天试了，第二天、第三天又试了。一个星期过后，它已经学得相当不错了。小狗真高兴，心想：我终于会叫了，现在别人再也不能取笑我了。

就在那几天，人们开始打猎了，树林里来了很多猎人，里面还有百发百中的神枪手。哪怕是一只夜莺，他们也会给打下来。一个枪法很准的猎人经过那里，听见树丛中传来咕咕的叫声，就举枪瞄准，"砰！砰！"连开了两枪。

幸好没打中。子弹擦过小狗的耳边，就像连环画里画的那样。小狗拔腿就跑。它很诧异：那个猎人准是发疯了，竟然对狗开枪！

狗跑啊，跑啊……


### 2-8 理解诗文大意

#### 2-8-1 能借助注释理解诗文大意

使用说明：教师随机出示本册的一首古诗，要求学生借助注释说出古诗的大意，教师记录并打分。（包括《山行》《赠刘景文》《夜书所见》《望天门山》《饮湖上初晴后雨》《望洞庭湖》）

《夜书所见》大意：萧萧秋风吹动梧桐树的叶子，送来阵阵寒意，江上的秋风让客游在外的诗人不禁思念起自己的家乡。猜想是孩子们在捉蟋蟀，因为夜深了，他忽然看到远处篱笆下的灯火。

### 夜书所见

［宋］叶绍翁

萧萧①梧叶送寒声，

江上秋风动客情。

知有儿童挑②促织③，

夜深篱落④一灯明。

注释

①〔萧萧〕这里形容风吹梧桐叶发出的声音。

②〔挑〕用细长的东西拨弄。

③〔促织〕蟋蟀，也叫蛐蛐。

④〔篱落〕篱笆。

## 2-9 使用标点符号

### 2-9-1 能区分使用句号与逗号

使用说明：教师随机出示本册例句，要求学生说出句号与逗号的不同用法，教师记录并打分。

（1）有两只小蟋蟀，一只叫青头，另一只叫红头。它们是一对非常要好的朋友。

（2）种子一边想一边努力生长。过了些日子，它长出细细的根、茎和两片小叶子，钻出地面，站在阳光下。

### 2-9-2 能了解冒号的一般用法

使用说明：教师呈现冒号图卡和句子，看学生能否认识冒号，并要求学生说出其在句中的用法，教师记录并打分。

（1）有一天，吃过早饭，青头对红头说："咱们玩捉迷藏吧！"

（2）当小雨滴汇聚起来，他们便一起唱着歌：小溪淙淙地流向河流，河流潺潺地流向大海，大海哗啦啦地汹涌澎湃。从一首轻快的山中小曲，唱到波澜壮阔的海洋大合唱。

### 2-9-3 能了解引号的一般用法

使用说明：教师呈现冒号图卡和句子，看学生能否认识引号，并要求学生说出其在句中的用法，教师记录并打分。

（1）他登上一块大石板，突然下令："注意啦，全体都有。稍息！立正！向后——转！齐步——走！"

（2）"砰砰！"连开了两枪。

领域三：表达与交流

## 1 倾听

### 1-1 听人说话

1-1-1 听人说话能把握主要内容

使用说明：教师向学生讲述一则简短的故事，请学生认真倾听并复述主要内容，教师记录学生情况并打分。

**小山羊和狼**

有一只小山羊从牧场回家，没有猎狗保护它，结果碰到一头恶狼紧追不舍。小山羊转过身去对狼说："狼先生，我明白我一定要成为你的美餐了；但是在我临死之前，我请求你开个恩，请你给我吹支曲子，我好跳个舞。"

狼同意了。在狼吹起了笛子，小山羊跳起舞蹈来的时候，几只猎狗闻声而来了，迅速赶来把狼哄走了。狼逃走时回头对小山羊说："我真是自作自受，我本是一名杀手，不该假装仁慈，扮演什么吹鼓手。"

寓意点评：聪明的羊，可以战胜愚蠢的狼。貌似强大的狼也并不是不可以战胜的，只要机智、沉着、勇敢，利用它骄傲、轻敌的弱点，让他得意忘形，利令智昏，就完全可以把它击败。

## 2 表达

### 2-1 转述谈话内容

2-1-1 能简要转述他人谈话内容

使用说明：教师向学生发布一个班级任务，请学生认真倾听并向班上其他同学转述，教师记录学生情况并打分。

"这周星期五学校会放清明节，请你告知同学们下午第二节课结束之后让全班同学暂时在班上留一下，等我过来布置作业。还有请转告劳动委员提前安排好星期五的打扫班级的同学，把教室打扫干净之后再离校。"

### 2-2 讲述见闻感受

2-2-1 ～ 2-2-2 能清楚明白地讲述见闻并说出自己的感受

使用说明：教师向学生提供一个情境，请学生根据情境讲述自己的见闻，同时表达自己的感受，教师记录学生情况并打分。

如：星期一升国旗的时候看到了什么？有什么样的感受？

**2-3 ~ 2-4 用自己积累的语言材料表达自己的想法**

使用说明：教师向学生提供一个写作情境，请学生根据情境运用自己平时积累的语言材料，采取写作的方式表达自己的想法，教师记录学生情况并打分。

题目：老人在路边跌倒了，你应该做什么？请简要写一写。

答：_____


**2-5 观察记录**

**2-5-1 ~ 2-5-3 能不拘形式地写下自己观察周围世界后的见闻、感受、想象**

使用说明：教师提供图片，要求学生用不同形式写下观察图片后的见闻、感受、想象，教师记录其表现。如下图：

**2-6 正确使用标点符号**

**2-6-1 ~ 2-6-2 能根据表达的需要正确使用句号和逗号**

使用说明：教师提供一个写作情境，请学生根据情境写一段话，教师记录学生标点符号的使用情况并打分。

题目：妈妈明天过生日了，你想对妈妈说些什么？请简要写一写。

答：_____


**2-7 习作修改**

**2-7-1 能学习修改习作中有明显错误的词句**

使用说明：教师呈现学生习作过程中有语病的句子，观察学生是否会进行修改，教师记录学生修改情况并打分。

（1）在教室里，都在认真听课。

该例句缺少主语，应改为：在教室里，同学们都在认真听课。

（2）他经常回想过去的往事。

该例句重复啰嗦，应改为：他经常回想过去的事。

领域四：梳理与探究

1 梳理

**1-1 梳理汉字**

1-1-1 能尝试发现所学汉字的特点

使用说明：教师随机出示本册的十个汉字，要求学生能正确说汉字的音、形、义等特点。

| 血 | 还 | 木 | 假 | 术 |
|---|---|---|---|---|
| 休 | 呆 | 厉 | 叭 | 卜 |

# （四）三年级下册语文课程评估材料

领域一：识字与写字

1 识字

**1-2 认读生字**

1-2-1 识字表

使用说明：教师根据出示的识字表，随机指出若干汉字，请学生读出汉字，教师根据认读情况记录正确率并打分。

| 鸳 | 鸯 | 惠 | 崇 | 豚 | 减 | 凑 | 伶 | 俐 | 翼 |
|---|---|---|---|---|---|---|---|---|---|
| 漾 | 倦 | 闲 | 散 | 谚 | 杆 | 痕 | 挨 | 蓬 | 胀 |
| 势 | 翩 | 蹈 | 录 | 凡 | 距 | 款 | 绸 | 膜 | 瞎 |
| 益 | 约 | 蚂 | 斑 | 援 | 掷 | 投 | 捞 | 缚 | 缭 |
| 络 | 资 | 贡 | 贷 | 宋 | 耕 | 释 | 冀 | 诚 | 辩 |
| 味 | 日 | 陶 | 罐 | 骄 | 谦 | 虚 | 懦 | 弱 | 恼 |
| 讶 | 代 | 价 | 称 | 禁 | 皱 | 配 | 怨 | 狮 | 逼 |
| 撒 | 涯 | 妇 | 碌 | 遵 | 循 | 尊 | 验 | 屠 | 苏 |
| 魂 | 酒 | 牧 | 兄 | 倍 | 创 | 存 | 普 | 制 | 蔡 |
| 伦 | 累 | 切 | 便 | 鲜 | 欧 | 洲 | 社 | 县 | 拱 |
| 济 | 匠 | 计 | 横 | 史 | 爪 | 智 | 慧 | 历 | 择 |
| 宫 | 摊 | 贩 | 吏 | 驴 | 深 | 冤 | 栏 | 筑 | 税 |
| 档 | 咖 | 啡 | 阅 | 废 | 贸 | 芬 | 芳 | 内 | 系 |
| 燥 | 适 | 雅 | 吻 | 组 | 概 | 阻 | 测 | 括 | 误 |
| 逆 | 途 | 陌 | 超 | 隙 | 掀 | 稍 | 逐 | 末 | 博 |

续表

| | | | | | | | | | |
|---|---|---|---|---|---|---|---|---|---|
| 较 | 腹 | 淌 | 秘 | 栋 | 吁 | 绪 | 篇 | 希 | 痒 |
| 义 | 零 | 肠 | 醋 | 馋 | 墨 | 染 | 碎 | 浪 | 溅 |
| 剃 | 执 | 否 | 骂 | 仇 | 惯 | 刑 | 替 | 厘 | 摸 |
| 廊 | 和 | 悠 | 若 | 娇 | 薄 | 颤 | 巍 | 巅 | 婴 |
| 耀 | 庆 | 盼 | 叠 | 歇 | 旭 | 屿 | 瞭 | 巡 | 缆 |
| 锚 | 呈 | 蔚 | 雕 | 幻 | 辉 | 芒 | 劲 | 剑 | 型 |
| 窃 | 私 | 警 | 肌 | 章 | 差 | 达 | 胞 | 煤 | 储 |
| 属 | 喂 | 盈 | 彤 | 跪 | 庙 | 模 | 镇 | 揉 | 缝 |
| 箱 | 夸 | 歪 | 承 | 夹 | 袖 | 衬 | 衫 | 负 | 泄 |
| 艺 | 橱 | 改 | 蕉 | 扣 | 嚷 | 溜 | 筒 | 董 | 婆 |
| 脊 | 贼 | 哩 | 莫 | 颠 | 胶 | 旋 | 纵 | 枣 | 核 |
| 妻 | 爹 | 犁 | 聪 | 折 | 困 | 牲 | 府 | 罢 | 咳 |
| 嗽 | 呕 | 吐 | 唠 | 叨 | 嘀 | 谚 | | | |

## 1-3 认读词语

### 1-3-1 词语表

使用说明：教师根据出示的词语表，随机指出若干词语，请学生读出词语，教师根据认读情况记录正确率并打分。

| | | | | | | | | | |
|---|---|---|---|---|---|---|---|---|---|
| 乌黑 | 活泼 | 春日 | 轻风 | 吹拂 | 洒落 | 赶集 | 聚拢 | 形成 | 加入 |
| 春光 | 湖面 | 偶尔 | 闲散 | 纤细 | 荷花 | 清香 | 圆盘 | 花瓣 | 莲蓬 |
| 破裂 | 姿势 | 眼前 | 本领 | 仿佛 | 随风 | 飘动 | 舞蹈 | 停止 | 国王 |
| 骄傲 | 傲慢 | 谦虚 | 懦弱 | 神气 | 住嘴 | 王朝 | 尘土 | 惊讶 | 光洁 |
| 美观 | 古代 | 价值 | 动手 | 池塘 | 痛快 | 倒映 | 欣赏 | 匀称 | 精美 |
| 别致 | 机灵 | 哎呀 | 狮子 | 机会 | 叹气 | 伟大 | 记录 | 保存 | 大约 |
| 吸收 | 经验 | 原料 | 满足 | 朝鲜 | 半岛 | 日本 | 欧洲 | 社会 | 石匠 |
| 设计 | 创举 | 冲击 | 节省 | 不但 | 而且 | 各自 | 似乎 | 体现 | 人民 |
| 智慧 | 才干 | 历史 | 芬芳 | 迷人 | 艳丽 | 睡莲 | 醒来 | 欣然 | 苏醒 |
| 含笑 | 展示 | 昆虫 | 修建 | 组成 | 蜜蜂 | 辨认 | 能力 | 阻力 | 将近 |
| 包括 | 检查 | 迷失 | 准确 | 无误 | 尽管 | 沿途 | 陌生 | 确实 | 记忆 |
| 本能 | 宇宙 | 星空 | 流淌 | 秘密 | 楼梯 | 相遇 | 铃声 | 万物 | 乘法 |
| 思绪 | 形状 | 狐狸 | 担心 | 丁零 | 失望 | 背包 | 香肠 | 面包 | 花生 |
| 牛奶 | 继续 | 饭菜 | 排骨 | 抬头 | 麻烦 | 垂柳 | 钓竿 | 扑腾 | 扇动 |
| 戏耍 | 拨动 | 浪花 | 葫芦 | 松树 | 清爽 | 松针 | 蘑菇 | 大师 | 表弟 |

续表

| 胆小 | 中药 | 姑父 | 理发 | 欢迎 | 仇人 | 摆布 | 双倍 | 过年 | 央求 |
|---|---|---|---|---|---|---|---|---|---|
| 虽然 | 天分 | 种类 | 其中 | 网球 | 透明 | 分裂 | 形式 | 圆满 | 飞越 |
| 婴儿 | 目送 | 希望 | 奇妙 | 呈现 | 变幻 | 群星 | 奇迹 | 诱人 | 圆润 |
| 感叹 | 光芒 | 冰柱 | 锋利 | 刀剑 | 普通 | 模型 | 存在 | 海底 | 宁静 |
| 器官 | 行进 | 海参 | 攻击 | 迅速 | 后退 | 轮船 | 长途 | 石油 | 晚饭 |
| 胡子 | 凶猛 | 接着 | 威武 | 镇静 | 性子 | 布料 | 交货 | 笑话 | 大方 |
| 夸奖 | 道理 | 实在 | 提前 | 服务 | 衬衫 | 负责 | 名声 | 手艺 | 感动 |
| 里屋 | 莫非 | 厉害 | 发抖 | 松手 | 跟前 | 甘心 | | 火烧云 | |
| 造纸术 | | 阿拉伯 | | 赵州桥 | | 万寿菊 | | 巧克力 | |
| 水墨画 | | 电灯泡 | | 肥皂泡 | | 反推力 | | 天然气 | |
| 争奇斗艳 | | 金灿灿 | | 轻悠悠 | | 相提并论 | | 没精打采 | |

## 2 写字

### 2-1 ～ 2-4 能使用正确的书写姿势用硬笔书写本册常用汉字和词语

使用说明:教师准备纸笔,根据下方出示的写字表和上方的词语表,随机抽取简单或复杂的常用汉字和常用词语请学生书写于下方的田字格中,并观察学生的书写习惯,教师进行记录并打分。

写字表:

| 融 | 燕 | 鸳 | 鸯 | 惠 | 崇 | 芦 | 芽 | 梅 | 溪 |
|---|---|---|---|---|---|---|---|---|---|
| 泛 | 减 | 凑 | 拂 | 集 | 聚 | 形 | 掠 | 偶 | 尔 |
| 沾 | 倦 | 闲 | 纤 | 痕 | 瓣 | 蓬 | 胀 | 裂 | 姿 |
| 势 | 仿 | 佛 | 随 | 蹈 | 止 | 守 | 株 | 待 | 宋 |
| 耕 | 触 | 颈 | 释 | 其 | 骄 | 傲 | 谦 | 虚 | 儒 |
| 弱 | 提 | 尘 | 讶 | 捧 | 代 | 价 | 鹿 | 塘 | 映 |
| 欣 | 赏 | 匀 | 致 | 配 | 传 | 哎 | 狮 | 追 | 叹 |
| 符 | 欲 | 魂 | 借 | 酒 | 何 | 牧 | 兄 | 独 | 异 |
| 佳 | 伟 | 录 | 保 | 存 | 约 | 验 | 捞 | 阿 | 欧 |
| 洲 | 社 | 赵 | 省 | 县 | 匠 | 设 | 计 | 史 | 创 |
| 且 | 智 | 慧 | 历 | 芬 | 芳 | 内 | 醒 | 寿 | 苏 |
| 强 | 示 | 昆 | 修 | 建 | 组 | 蜜 | 蜂 | 辨 | 阻 |
| 跨 | 括 | 检 | 查 | 确 | 误 | 途 | 陌 | 宇 | 宙 |
| 尚 | 秘 | 密 | 栋 | 梯 | 铃 | 乘 | 绪 | 篇 | 越 |
| 状 | 狐 | 狸 | 腰 | 零 | 巧 | 克 | 肠 | 继 | 续 |
| 抬 | 烦 | 墨 | 染 | 竿 | 腾 | 碎 | 拨 | 浪 | 葫 |

续表

| 爽 | 蘑 | 菇 | 表 | 胆 | 鬼 | 理 | 夺 | 骂 | 仇 |
|---|---|---|---|---|---|---|---|---|---|
| 差 | 付 | 倍 | 虽 | 泡 | 件 | 皂 | 廊 | 剩 | 碗 |
| 悠 | 若 | 透 | 娇 | 扯 | 仰 | 串 | 婴 | 希 | 呈 |
| 幻 | 诱 | 润 | 芒 | 冰 | 剑 | 普 | 通 | 模 | 型 |
| 宁 | 官 | 汪 | 参 | 攻 | 推 | 迅 | 速 | 退 | 轮 |
| 煤 | 铁 | 必 | 胡 | 灿 | 骑 | 秒 | 腿 | 凶 | 猛 |
| 接 | 庙 | 威 | 武 | 镇 | 性 | 卷 | 货 | 夹 | 夸 |
| 务 | 衬 | 衫 | 负 | 责 | 艺 | 漏 | 喂 | 胖 | 驴 |
| 贼 | 狼 | 莫 | 厉 | 抱 | 架 | 胶 | 粘 | 偏 | |

## 领域二：阅读与鉴赏

### 1 诵读与理解

**1-1 朗读课文**

1-1-1 ～ 1-1-3 本册课文范例

使用说明：教师随机出示本册的课文，请学生进行朗读，在朗读过程中记录学生能否正确读字音、流畅不卡顿、富有感情。

#### 荷花

清早，我到公园去玩，一进门就闻到一阵清香。我赶紧往荷花池边跑去。

荷花已经开了不少了。荷叶挨挨挤挤的，像一个个碧绿的大圆盘。白荷花在这些大圆盘之间冒出来。有的才展开两三片花瓣儿。有的花瓣儿全展开了，露出嫩黄色的小莲蓬。有的还是花骨朵儿，看起来饱胀得马上要破裂似的。

这么多的白荷花，一朵有一朵的姿势。看看这一朵，很美；看看那一朵，也很美。如果把眼前的一池荷花看作一大幅活的画，那画家的本领可真了不起。

我忽然觉得自己仿佛就是一朵荷花，穿着雪白的衣裳，站在阳光里。一阵微风吹过来，我就翩翩起舞，雪白的衣裳随风飘动。不光是我一朵，一池的荷花都在舞蹈。风过了，我停止了舞蹈，静静地站在那儿。蜻蜓飞过来，告诉我清早飞行的快乐。小鱼在脚下游过，告诉我昨夜做的好梦……

过了好一会儿，我才记起我不是荷花，我是在看荷花呢。

**1-2 背诵课文**

1-2-1 本册现代文范例

使用说明：教师随机抽取本册需要背诵的现代文，请学生进行背诵，在背诵过程中记录学生的背诵情况并打分。如：

### 燕子（节选）

一身乌黑的羽毛，一对轻快有力的翅膀，加上剪刀似的尾巴，凑成了那样可爱的活泼的小燕子。

二三月的春日里，轻风微微地吹拂着，如毛的细雨由天上洒落着，千条万条的柔柳，红的白的黄的花，青的草，绿的叶，都像赶集似的聚拢来，形成了烂漫无比的春天。这时候，那些小燕子，那么伶俐可爱的小燕子，也由南方飞来，加入这光彩夺目的图画中，为春光平添了许多生趣。

小燕子带了它的剪刀似的尾巴，在阳光满地时，斜飞于旷亮无比的天空，叽的一声，已由这里的稻田上，飞到那边的高柳下了。

#### 1-2-2 本册古诗范例

使用说明：教师随机抽取本册需要背诵的古诗，请学生进行背诵，在背诵过程中记录学生的背诵情况并打分。（包括《绝句》《惠崇春江晓景》《三衢道中》《元日》《清明》《九月九日忆山东兄弟》）

### 三衢道中

[宋] 曾几

梅子黄时日日晴，

小溪泛尽却山行。

绿阴不减来时路，

添得黄鹂四五声。

#### 1-3 默读课文

#### 1-3-1 默读课文范例

使用说明：教师随机抽取默读课文，请学生进行默读，在默读过程中记录学生的默读情况并打分。

### 昆虫备忘录

复眼

我从一本书上知道蜻蜓有复眼，从那以后，就一直在琢磨复眼是怎么回事。"复眼"，想必是好多小眼睛合成一个大眼睛。那它怎么看东西呢？是每个小眼睛都看到一个小形象，合成一个大形象？还是每个小眼睛看到形象的一部分，合成一个完整的形象？总是琢磨不出来。

凡是有复眼的昆虫，视觉都很灵敏。蜻蜓就有复眼，苍蝇也有。你走近蜻蜓和苍蝇，还有一段距离，它们就发现了，嗡——飞了。

我曾经想过：如果人长了一对复眼……

还是不要！那成什么样子！

## 花大姐

瓢虫款款地落下来了，折好它的黑绸衬裙——膜翅，顺顺溜溜；收拢硬翅，严丝合缝。

北京人把瓢虫叫作"花大姐"，好名字！

瓢虫，朱红的、瓷漆似的硬翅，上有小圆点，特别漂亮。圆点是有定数的，不能瞎点。小圆点，叫作"星"，有七星瓢虫、十四星瓢虫……星点不同。有的瓢虫吃蚜虫，是益虫；有的瓢虫吃马铃薯嫩叶，是害虫。我说，吃马铃薯嫩叶的瓢虫，你们就不能改改口味，也吃蚜虫吗？

## 独角仙

吃晚饭的时候，嗡——扑！飞来一只独角仙，摔在灯下。它摔得很重，摔晕了。轻轻一捏，就捏住了。

独角仙，在甲虫里可能算是最大的，从头到脚，约有两寸。它的壳多为深色，挺硬的；头部尖端有一只犀牛一样的角。这家伙，是昆虫里的霸王。

独角仙的力气很大。北京隆福寺过去有独角仙卖。据说给它套上一辆泥制的小车，它拉着就走。

## 蚂蚱

河北人把尖头绿蚂蚱叫作"挂大扁儿"。我挺喜欢"挂大扁儿"这个名字。

尖头蚂蚱是国画家很喜欢画的。画草虫的很少有没画过蚂蚱的。齐白石、王雪涛都画过。我小时候也画过不少，因为它的形态好掌握，很好画。

蚂蚱飞起来会咯咯作响，不知道它是怎么弄出这种声音的。蚂蚱的膜翅是淡淡的桃红色的，非常好看。

还有一种"土蚂蚱"，身体粗短，方头，色黑如泥土，翅上有黑斑。这种蚂蚱，抓住它，它就吐出一泡褐色的口水，顶讨厌。

## 2 阅读与理解

### 2-1 理解文章大意

### 2-1-1 ~ 2-1-3 能通过略读的方式找出文章的中心句和理解文章大意

使用说明：教师随机出示本册的课文，请学生进行略读，并且用横线勾画出文章的中心句，说一说文章描写了什么事物，表达了什么意思。教师根据学生表现打分。

## 花钟

鲜花朵朵，争奇斗艳，芬芳迷人。要是我们留心观察，就会发现，一天之内，不同的花开放的时间是不同的。凌晨四点，牵牛花吹起了紫色的小喇叭；五点左右，艳丽的蔷薇绽开了笑脸；七点，睡莲从梦中醒来；中午十二点左右，午时花开花了；下午三点，万寿菊欣然怒放；五点，紫茉莉苏醒过来；月光花在七点左右舒展开自己的花瓣；夜来香在晚上八点开花；昙花却在九点左右含笑一现……

不同的植物为什么开花的时间不同呢？有的植物开花的时间，与温度、湿度、光照有着密切的关系。比如，昙花的花瓣又大又娇嫩，白天阳光强，气温高，空气干燥，要是在白天开花，就有被灼伤的危险。深夜气温太低，开花也不适宜。长期以来，它适应了晚上九点左右的温度和湿度，到了那时，便悄悄绽开淡雅的花蕾，向人们展示美丽的笑脸。还有的花，需要昆虫传播花粉，才能结出种子，它们开花的时间往往跟昆虫活动的时间相吻合。

一位植物学家曾有意把不同时间开放的花种在一起，把花圃修建得像钟面一样，组成花的"时钟"。你只要看看什么花刚刚开放，就知道大致是几点钟，这是不是很有趣？

## 2-2 概括文章大意

### 2-2-1 能借助关键语句概括一段话的大意

使用说明：教师随机出示一段本册的课文，要求学生借助关键句概括段落大意，教师根据学生表现并打分。

### 赵州桥（节选）

赵州桥非常雄伟。桥长五十多米，有九米多宽。这么长的桥，全部用石头砌成，下面没有桥墩，只有一个净跨三十七米多的拱形大桥洞。大桥洞顶上的左右两边，还各有两个拱形的小桥洞。平时，河水从大桥洞流过，发大水的时候，河水还可以从四个小桥洞流过。这种设计，在建桥史上是一个创举，既减轻了流水对桥身的冲击力，使桥不容易被大水冲毁，又减轻了桥身的重量，节省了石料。

## 2-3 复述文章大意

### 2-3-1 能详细复述叙事性作品大意

使用说明：教师随机出示一篇本册的叙事性作品，要求学生阅读完后进行复述，教师根据学生表现并打分。

《鹿角和鹿腿》课文讲的是在丛林中，一只鹿遇到狮子奋力脱险的故事。鹿非常欣赏自己美丽的角，而抱怨四条难看的细长的腿。当遇险时，鹿的四条有力的腿救了它，而美丽的双角被树枝挂住，差点让它丢了命。

### 鹿角和鹿腿

丛林中，住着一只漂亮的鹿。

有一天，鹿口渴了，找到一个池塘，痛痛快快地喝起水来。池水清清的，像一面镜子。鹿忽然发现了自己倒映在水中的影子："咦，这是我吗？"

鹿摆摆身子，水中的倒影也跟着摆动起来。他从来没有注意到自己是这么漂亮！他不着急离开了，对着池水欣赏自己的美丽："啊！我的身段多么匀称，我的角多么精美别致，好像两束美丽的珊瑚！"

一阵清风吹过，池水泛起了层层波纹。鹿忽然看到了自己的腿，不禁噘起了嘴，皱起了眉头："唉，这四条腿太细了，怎么配得上这两只美丽的角呢！"

鹿开始抱怨起自己的腿来。就在他没精打采地准备离开的时候，忽然听到远处传来一阵脚步声。他机灵地支起耳朵，不错，正是脚步声！鹿猛一回头，哎呀，一头狮子正悄悄地向自己逼近。

鹿不敢犹豫，撒开长腿就跑。有力的长腿在灌木丛中蹦来跳去，不一会儿，就把凶猛的狮子远远地甩在了后面。就在狮子灰心丧气不想再追的时候，鹿的角却被树枝挂住了。狮子赶紧抓住这个机会，猛扑过来。眼看就要追上了，鹿用尽全身力气，使劲一扯，才把两只角从树枝中挣脱出来，然后又拼命向前奔去。这次，狮子再也没有追上。

鹿跑到一条小溪边，停下脚步，一边喘气，一边休息。他叹了口气，说："两只美丽的角差点儿让我送了命，可四条难看的腿却让我狮口逃生！"

## 2-4 理解寓言故事

### 2-4-1 能明白寓言故事中的道理

使用说明：教师随机出示本册的一篇寓言故事，请学生阅读完成后说出其中蕴含的道理，教师根据学生表现并打分。

《陶罐和铁罐》可分为两部分，第一部分是第1至第9自然段，讲的是自满的铁罐自恃坚硬，瞧不起陶罐，常常奚落陶罐，谦虚的陶罐以礼相让，据理力争。第二部分是第10至第17自然段，讲的是许多年过去了，陶罐被人们挖掘出来依然如故，而铁罐早已无影无踪。从而揭示出文章的宗旨人都有长处和短处，要看到别人的长处，正视自己的短处，应相互尊敬对方特长、和睦相处。

#### 陶罐和铁罐

国王的橱柜里有两个罐子，一个是陶的，一个是铁的。骄傲的铁罐看不起陶罐，常常奚落它。

"你敢碰我吗，陶罐子！"铁罐傲慢地问。

"不敢，铁罐兄弟。"陶罐谦虚地回答。

"我就知道你不敢，懦弱的东西！"铁罐说，带着更加轻蔑的神气。

"我确实不敢碰你，但并不是懦弱。"陶罐争辩说，"我们生来就是盛东西的，并不是来互相碰撞的。说到盛东西，我不见得就比你差。再说……"

"住嘴！"铁罐恼怒了，"你怎么敢和我相提并论！你等着吧，要不了几天，你就会破成碎片，我却永远在这里，什么也不怕。"

"何必这样说呢？"陶罐说，"我们还是和睦相处吧，有什么可吵的呢！"

"和你在一起，我感到羞耻，你算什么东西！"铁罐说，"走着瞧吧，总有一天，我要把你碰成碎片！"

陶罐不再理会铁罐。

时间在流逝，世界上发生了许多事情。王朝覆灭了，宫殿倒塌了，两个罐子遗落在荒凉的废墟上，上面覆盖了厚厚的尘土。

许多年代过去了。有一天，人们来到这里，掘开厚厚的堆积物，发现了那个陶罐。

"哟，这里有一个罐子！"一个人惊讶地说。

"真的，一个陶罐！"其他的人都高兴地叫起来。

捧起陶罐，倒掉里面的泥土，清理干净，它还是那样光洁，朴素，美观。

"多美的陶罐！"一个人说，"小心点儿，千万别把它碰坏了，这是古代的东西，很有价值的。"

"谢谢你们！"陶罐兴奋地说，"我的兄弟铁罐就在我旁边，请你们把它也掘出来吧，它一定闷得不行了。"

人们立即动手，翻来覆去，把土都掘遍了，但是，连铁罐的影子也没见到。

### 2-5 理解诗文大意

#### 2-5-1 能借助注释了解诗文大意

使用说明：教师随机出示一篇本册的诗文及注释（包括《绝句》《惠崇春江晓景》《三衢道中》《元日》《清明》《九月九日忆山东兄弟》），要求学生说出诗文大意，教师根据学生表现并打分。

《九月九日忆山东兄弟》一诗是盛唐著名诗人王维因重阳节思念家乡的亲人而作。诗人一开头便紧急切题，写异乡异土生活的孤独凄然，遇到佳节良辰，思念倍加。接着诗一跃而写远在家乡的兄弟，按照重阳的风俗而登高时，也在怀念自己。

九月九日①忆山东②兄弟

[唐]王维

独在异乡为异客，

每逢佳节倍思亲。

遥知兄弟登高③处，

遍插茱萸④少一人。

注释

①〔九月九日〕指农历九月，初九重阳节。

②〔山东〕此处指华山以东。

③〔登高〕重阳节有登高的习俗。

④〔茱萸〕一种香气浓郁的植物，古人在重阳节有插戴茱萸的习俗。

### 2-6 使用标点符号

#### 2-6-1 能区分句号与逗号的不同用法

使用说明：教师出示例句，要求学生说出句号与逗号的不同用法，教师根据学生表现并打分。

（1）听说蜜蜂有辨认方向的能力，无论飞到哪里，它总是可以回到原处。我想做个实验。

（2）蜜蜂靠的不是超常的记忆力，而是一种我无法解释的本能。

**2-6-2 能了解冒号的一般用法**

使用说明：教师呈现冒号图卡和句子，看学生能否认识冒号，并要求学生说出其在句中的用法，教师根据学生表现并打分。

（1）她高声喊道："有两只蜜蜂飞回来了！它们两点四十分回到蜂窝里，肚皮下面还沾着花粉呢。"

（2）在宇宙的另一边，加法是这样的：大地万物加上一场大雪等于一片白茫茫，那时，无数的孩子会从家里冲出来，打雪仗、堆雪人、滑雪……

**2-6-3 能了解引号的一般用法**

使用说明：教师呈现引号图卡和句子，看学生能否认识引号，并要求学生说出其在句中的用法，教师根据学生表现并打分。

（1）"英英，吃饭了！"妈妈的嗓门又大了许多。

（2）是哪个"水葫芦"一下钻入水中。

**领域三：表达与交流**

**1 表达**

**1-3 ～ 1-4、1-8 用自己积累的语言材料表达自己的想法并用修改符号修改有错误的语句**

使用说明：教师向学生提供一个写作情境，请学生根据情境运用自己平时积累的语言材料，采取写作的方式表达自己的想法，并针对有错误的语句采用修改符号正确修改，教师记录学生情况并打分。

题目：老人在路边跌倒了，你应该做什么？请简要写一写。

答：＿＿＿＿＿＿＿＿＿＿＿＿＿＿＿＿＿＿＿＿＿＿＿＿＿＿＿＿＿＿＿

**1-5 观察记录**

**1-5-1 ～ 1-5-3 能不拘形式地写下自己观察周围世界后的见闻、感受、想象**

教师提供图片，要求学生用不同形式写下观察图片后的见闻、感受、想象，教师记录其表现。

如下图：

### 1-6 书写通知

**1-6-1 能按照正确的格式书写通知**

使用说明：教师根据下方创设的一个情境，请学生按照正确格式书写通知，教师记录学生书写情况并打分。

情境：通知全校师生学校 5 月 1 日—3 日三天放劳动节假；提醒师生节假日注意安全。

答：＿＿＿＿＿＿＿＿＿＿＿＿＿＿＿＿＿＿＿＿＿＿＿＿＿

### 1-7 正确使用标点符号

**1-7-1 ～ 1-7-2 能根据表达的需要正确使用句号和逗号**

使用说明：教师提供一个写作情境，请学生根据情境写一段话，教师记录学生标点符号的使用情况并打分。

题目：教师节就快要到了，你想对老师说些什么？请简要写一写。

答：＿＿＿＿＿＿＿＿＿＿＿＿＿＿＿＿＿＿＿＿＿＿＿＿＿

### 1-8 修改习作

**1-8-1 能用修改符号修改习作中有错误的语句**

使用说明：教师通过呈现学生习作中的错误语句或直接呈现一个有语病的句子，要求学生修改病句。

他穿着一件灰色的上衣，一顶蓝色的帽子。

该句子缺少成分，应改为，他穿着一件灰色的上衣，戴着一顶蓝色的帽子。

领域四：梳理与探究

2 探究

### 2-2 传统节日写作

**2-2-1 能就自己感兴趣的一个传统节日写一篇习作**

使用说明：教师基于我国的传统节日，列出写作要求，请学生写作，教师根据学生写作情况打分。

（1）选择一个你最感兴趣的传统节日（春节、元宵节、劳动节、儿童节、国庆节……）。

（2）请围绕选择的节日书写一件或几件具体发生的趣事。

（3）行文流畅，能表达自己的感情。

# 四、四年级语文课程评估

## （一）四年级语文课程评估案例（上册）

### 1. 评估的基本情况

（1）评估时间：2023 年 6 月 15 日

（2）评估地点：重庆市 J 小学资源教室

（3）评估人员：该生语文老师、资源老师

（4）评估对象具体情况：W 同学，11 岁，男，8 岁时于 S 市妇幼保健院采取康氏儿童行为量表（Conners Child Behavior Scale）进行诊断证明，诊断为轻度智力障碍，该学生社会生活能力处于正常水平，但伴有轻度注意力不集中。目前随班就读于 S 市 J 小学四年级，每周二、周四下午由资源教师在资源教室针对该生知识和技能的薄弱部分进行教学补救。为更好地了解该生对于四年级上册语文知识掌握情况，由该生的语文老师和资源教师共同评估。

（5）评估说明：评估时该学生已经读四年级下册，采用四年级上册评估表进行评估，旨在了解学生四年级上册语文知识的情况，根据评估结果为四年级下册语文知识学习计划的制订提供依据和教学建议。

### 2. 教师评估表的填写情况

在实际评估过程中，可根据学生的实际情况，选择合适的考试调整与替代性评估方式，以更好地了解学生情况。例如，老师对该生的语文学习情况较为熟悉，可灵活选用观察、访谈、测验的方式来进行评估。同时，由于该生存在注意力缺陷多动症，无法一直保持专注配合评估，因此评估前与学生约定好若较好地配合老师完成评估内容则奖励其观看一集动画。在评估过程中，减少使用一问一答的评估方法，而是以出示字词图卡、图片等方式吸引学生注意力，从而获得最为真实的评估结果。

**领域一：识字与写字（得分：24）**

| 次领域 | 评估指标 | 评估题目 | 评分标准 | 评估方法 | 评估结果 |
|---|---|---|---|---|---|
| 1 识字 | 1-1 主动识字 | 1-1-1 能初步养成主动识字的习惯 | 0 不主动识字，甚至不愿意识字<br>1 能在大量提醒下，在学习过程中识字<br>2 能在少量提醒下，在学习过程中识字<br>3 能在学习过程中养成主动识字的习惯 | 1.观察：教师在日常教学过程中，观察学生是否养成主动识字的习惯<br>2.访谈：访谈家长，了解学生在学习过程中是否养成主动识字的习惯 | 得分：2<br>表现：识字的主动性不够，需要他人的提醒 |
| | | 1-1-2 能在日常生活中养成主动识字的习惯 | 0 不主动识字，甚至不愿意识字<br>1 能在大量提醒下，在日常生活中识字<br>2 能在少量提醒下，在日常生活中识字<br>3 能在日常生活中养成主动识字的习惯 | 1.观察：教师在日常教学过程中，观察学生是否养成主动识字的习惯<br>2.访谈：访谈家长，了解学生在日常生活中是否养成主动识字的习惯 | 得分：2<br>表现：识字的主动性不够，需要他人的提醒 |
| | 1-2 认读生字 | 1-2-1 能认读本册识字表中常用汉字250个 | 0 无法正确认读本册识字表中常用汉字<br>1 能正确认读本册30%的生字<br>2 能正确认读本册60%的生字<br>3 能正确认读本册90%的生字 | 1.观察：教师在日常教学过程中，观察学生认读本册生字的情况<br>2.测验：教师出示本册生字，要求学生认读生字，并记录正确率 | 得分：3<br>表现：对于汉字的掌握程度较高 |
| | 1-3 认读词语 | 1-3-1 能认读本册词语表中的词语 | 0 无法正确认读本册词语表中的词语<br>1 能正确认读本册词语表中30%的词语<br>2 能正确认读本册词语表中60%的词语<br>3 能正确认读本册词语表中90%的词语 | 1.观察：教师日常教学过程中，观察学生认识本册词语的情况<br>2.测验：教师随机抽取本册词语表中10个词语，要求学生认读，并记录正确率 | 得分：3<br>表现：对于词语的掌握程度较高 |

续表

| 次领域 | 评估指标 | 评估题目 | 评分标准 | 评估方法 | 评估结果 |
|---|---|---|---|---|---|
| 1<br>识字 | 1-4<br>查字典 | 1-4-1<br>能综合使用音序查字法和部首检字法查字典 | 0 无法使用音序查字法和部首检字法查字典<br><br>1 能在他人指导下使用音序查字法或部首检字法查字典<br><br>2 能根据给定生字，自主选择音序检字法或部首检字法查字典（如：只知道读音时，采用音序检字法查字典）<br><br>3 能在学习和生活中，遇到生字时灵活使用音序查字法和部首检字法查字典 | 1. 观察：教师在日常教学过程中，观察学生遇到生字是否会综合使用音序查字法和部首检字法查字典<br>2. 访谈：访谈家长，了解学生遇到生字查字典的情况 | 得分：2<br><br>表现：可以使用两种方式查词典，但是更倾向于使用其中一种，无法灵活使用 |
| 2<br>写字 | 2-1<br>书写常用字 | 2-1-1<br>能正确书写本册常用汉字250个 | 0 无法正确书写常用汉字<br><br>1 能正确书写本册30%的常用汉字<br><br>2 能正确书写本册60%的常用汉字<br><br>3 能正确书写本册90%的常用汉字 | 1. 观察：教师在日常教学过程中，观察学生书写汉字的情况<br>2. 测验：教师随机抽取本册写字表中的10个汉字，要求学生书写，记录正确率 | 得分：2<br><br>表现：对于复杂的汉字会写错偏旁或者少写笔画 |
| | 2-2<br>书写词语 | 2-2-1<br>能正确书写本册词语表中的词语 | 0 无法书写本册词语表中常用词语<br><br>1 能正确书写本册词语表中30%的常用词语<br><br>2 能正确书写本册词语表中60%的常用词语<br><br>3 能正确书写本册词语表中90%的常用词语 | 1. 观察：教师在日常教学过程中，观察学生书写词语的情况<br>2. 测验：教师随机抽取本册词语表中的10个词语，要求学生书写，记录正确率 | 得分：2<br><br>表现：对于复杂的词语会写错一些字的偏旁和笔画 |
| | 2-3<br>抄写文段 | 2-3-1<br>能用硬笔抄写成段的文字 | 0 无法抄写汉字<br><br>1 能在他人的肢体提示和口头提示下，用硬笔抄写成段文字<br><br>2 能在他人的口头提示下，用硬笔抄写成段文字<br><br>3 能使用硬笔独立抄写成段的文字 | 1. 观察：教师在日常教学过程中，观察学生能否使用硬笔抄写成段的文字<br>2. 访谈：访谈家长，了解学生能否使用硬笔抄写成段的文字<br>3. 测验：教师提供纸笔和一段文字，要求学生进行抄写，记录其表现 | 得分：2<br><br>表现：注意力不集中，时常中断，需要他人在旁提示才能抄写完成 |

续表

| 次领域 | 评估指标 | 评估题目 | 评分标准 | 评估方法 | 评估结果 |
|---|---|---|---|---|---|
| 2<br>写字 | 2-4<br>书写速度 | 2-4-1<br>能做到书写具有一定的速度 | 0 书写不具备一定的速度，书写拖沓<br>1 书写具备一定的速度，但总体偏慢<br>2 书写具备一定的速度，但忽快忽慢，无法匀速书写<br>3 书写具备一定的速度，且书写速度均匀 | 1. 观察：教师在日常教学过程中，观察学生的书写速度<br>2. 访谈：访谈家长，了解学生能否做到书写具有一定的速度<br>3. 测验：教师提供纸笔和一段文字，要求学生进行抄写，记录其表现 | 得分：2<br><br>表现：<br>书写时会时快时慢 |
| | 2-5<br>写字姿势习惯 | 2-5-1<br>能使用正确的运笔方式写字 | 0 不能用正确的运笔方式写字<br>1 能在他人的肢体提示和口头提示下，使用正确的运笔方式写字（包括起笔、行笔、收笔等）<br>2 能在他人的口头提示下，使用正确的运笔方式写字<br>3 能独立使用正确的运笔方式写字 | 1. 观察：教师在日常教学过程中，观察学生能否使用正确的运笔方式写字<br>2. 访谈：访谈家长，了解学生能否使用正确的运笔方式写字<br>3. 测验：教师随机出示本册汉字，要求学生书写，记录学生的书写情况 | 得分：2<br><br>表现：<br>需要老师家长的提醒才能完全正确书写 |
| | | 2-5-2<br>能养成良好的书写习惯 | 0 没有养成良好的书写习惯<br>1 能在提醒下，做到姿势正确，字迹工整规范<br>2 能独立做到姿势正确，字迹工整规范<br>3 能始终保持良好的书写姿势，养成良好的书写习惯 | 1. 观察：教师在日常教学过程中，观察学生是否养成良好的书写习惯<br>2. 访谈：访谈家长，了解学生是否有良好的书写习惯<br>3. 测验：教师随机出示本册汉字，要求学生书写，记录学生的书写情况 | 得分：2<br><br>表现：<br>能够做到长时间保持正确书写姿势 |

**领域二：阅读与鉴赏（得分：27）**

| 次领域 | 评估指标 | 评估题目 | 评分标准 | 评估方法 | 评估结果 |
|---|---|---|---|---|---|
| 1<br>诵读与理解 | 1-1<br>朗读课文 | 1-1-1<br>能用普通话正确朗读本册课文 | 0 不会用普通话朗读课文，且在朗读过程中无法发准字音，存在严重的替代音、歪曲音、增减音问题<br>1 能使用普通话朗读课文，但会大量出现音节拼读错误、音调失准等问题<br>2 能使用普通话朗读课文，但会少量出现音节拼读错误、音调失准等问题<br>3 能运用普通话朗读课文，朗读发音正确、字正腔圆，声音饱满 | 1. 观察：教师在日常教学过程中，观察学生用普通话朗读课文的正确情况<br>2. 测验：教师出示一篇本册课文，要求学生用普通话正确地朗读课文，记录学生朗读情况 | 得分：2<br><br>表现：<br>能够基本正确朗读课文 |

续表

| 次领域 | 评估指标 | 评估题目 | 评分标准 | 评估方法 | 评估结果 |
|---|---|---|---|---|---|
| 1 诵读与理解 | 1-1 朗读课文 | 1-1-2 能用普通话流利朗读本册课文 | 0 无法流利地朗读课文<br>1 能使用普通话朗读课文，在朗读过程中结巴、阻塞、单字读<br>2 能使用普通话朗读课文，在朗读过程中基本可以做到连贯、流利，但语速不均衡<br>3 能运用普通话朗读课文，朗读流畅自然，语速适中 | 1. 观察：教师在日常教学过程中，观察学生用普通话朗读课文的流利情况<br>2. 测验：教师出示一篇本册课文，要求学生用普通话流利地朗读课文，记录学生朗读情况 | 得分：2<br>表现：能够基本流利朗读课文 |
| | | 1-1-3 能用普通话有感情地朗读本册课文 | 0 不会用普通话朗读课文<br>1 能使用普通话朗读课文，但朗读音量小，声调平平，不会抑扬顿挫<br>2 能使用普通话朗读课文，音量适中，声调有起伏<br>3 能运用普通话朗读课文，朗读饱含情感、抑扬顿挫，声调起伏有致 | 1. 观察：教师在日常教学过程中，观察学生能否用普通话有感情地朗读本册课文<br>2. 测验：教师出示一篇本册课文，要求学生用普通话有感情地朗读课文，记录学生朗读情况 | 得分：1<br>表现：朗读课文时，没有太多的感情投入 |
| | 1-2 背诵课文 | 1-2-1 能背诵本册要求背诵的现代文 | 0 无法背诵本册指定的现代文<br>1 能背诵本册指定现代文 30% 的内容<br>2 能背诵本册指定现代文 60% 的内容<br>3 能背诵本册指定现代文 90% 的内容 | 1. 观察：教师在日常教学过程中，观察学生背诵本册现代文的情况<br>2. 测验：教师抽取一篇本册要求背诵的现代文，要求学生背诵，记录背诵情况 | 得分：0<br>表现：无法背诵现代文 |
| | | 1-2-2 能背诵本册要求背诵的古诗 | 0 无法背诵本册指定的古诗<br>1 能背诵本册指定古诗 30% 的内容<br>2 能背诵本册指定古诗 60% 的内容<br>3 能背诵本册指定古诗 90% 的内容 | 1. 观察：教师在日常教学过程中，观察学生背诵本册古诗的情况<br>2. 测验：教师出示一篇本册要求背诵的古诗标题，要求学生背诵，记录学生背诵情况 | 得分：0<br>表现：无法背诵古诗 |
| | | 1-2-3 能背诵本册要求背诵的文言文 | 0 无法背诵本册指定的文言文<br>1 能背诵本册指定文言文 30% 的内容<br>2 能背诵本册指定文言文 60% 的内容<br>3 能背诵本册指定文言文 90% 的内容 | 1. 观察：教师在日常教学过程中，观察学生背诵本册文言文的情况<br>2. 测验：教师随机出示本册文言文标题，要求学生背诵，记录背诵情况 | 得分：0<br>表现：无法背诵文言文 |
| | 1-3 背诵格言警句 | 1-3-1 能背诵本册格言警句 | 0 无法背诵本册的格言警句<br>1 能背诵本册 1-5 句格言警句（如：好问则裕，自用则小）<br>2 能背诵本册 6-10 句格言警句<br>3 能背诵本册 11-16 句格言警句 | 1. 观察：教师在日常教学过程中，观察学生背诵本册格言警句的情况<br>2. 测验：教师出示本册格言警句，说出上半句或下半句要求学生背诵缺少部分，记录其表现 | 得分：0<br>表现：无法背诵格言警句 |

续表

| 次领域 | 评估指标 | 评估题目 | 评分标准 | 评估方法 | 评估结果 |
|---|---|---|---|---|---|
| 2<br>阅读与<br>理解 | 2-1<br>感受人物<br>形象 | 2-1-1<br>能初步感受<br>文章中的人<br>物形象 | 0 无法感受文章中的人物形象<br>1 能初步感受人物形象的外部特征，但无法感受人物的内在特征(如《普罗米修斯》中，只能从文中找到关于普罗米修斯的外在形象的正面描写，但无法从他人的侧面描写中感受普罗米修斯的内在特征)<br>2 能初步感受人物形象的外部和内部特征，但是偶尔有误<br>3 能初步正确感受文章中的人物形象 | 1.观察：教师在日常教学过程中，观察学生感受文章中人物形象的情况<br>2.测验：教师出示本册学习的一篇课文及其相关问题，要求学生作答，记录其表现 | 得分：2<br>表现：对于人物形象的把握能力较好，但是有时会出现错误，需要老师纠正 |
| | 2-2<br>体会人物<br>心情 | 2-2-1<br>能通过人物<br>的动作体会<br>人物的心情 | 0 无法找到人物的动作描写<br>1 能在文中找到人物的动作描写，但是无法体会其心情(如《扁鹊治病》中，能找到有关扁鹊的动作，如"扁鹊老远望见蔡桓侯，只看了几眼，就掉头跑了"，但是无法体会扁鹊此动作背后的心情)<br>2 能在文中找到人物的动作描写，能初步体会其心情，但偶尔有误<br>3 能在文中找到人物的动作描写，并正确体会其心情 | 1.观察：教师在日常教学过程中，观察学生通过人物的动作体会人物心情的情况<br>2.测验：教师出示本册学习的一篇课文及其相关问题，要求学生作答，记录其表现 | 得分：1<br>表现：能在文中找到相关的句子，但是无法正确把握句子背后的含义 |
| | | 2-2-2<br>能通过人物<br>的语言体会<br>人物的心情 | 0 无法找到人物的语言描写<br>1 能在文中找到人物的语言描写，但是无法体会其心情(如《西门豹治邺》中，能找到有关西门豹的语言"怎么还不回来，请你们去催催吧！"但是无法体会西门豹此语言背后的心情)<br>2 能在文中找到人物的语言描写，能初步体会其心情，但偶尔有误<br>3 能在文中找到人物的语言描写，并正确体会其心情 | 1.观察：教师在日常教学过程中，观察学生通过人物的语言体会人物心情的情况<br>2.测验：教师出示本册学习的一篇课文及其相关问题，要求学生回答，记录其表现 | 得分：1<br>表现：能在文中找到相关的句子，但是无法正确把握句子背后的含义 |
| | | 2-2-3<br>能通过人物<br>的神态体会<br>人物的心情 | 0 无法找到人物的神态描写<br>1 能在文中找到人物的神态描写，但是无法体会其心情(如《西门豹治邺》中，能找到有关官绅的神态"官绅一个个吓得面如土色，跪下来磕头求饶，把头都磕破了，直淌血"，但是无法体会官绅们神态背后的心情)<br>2 能在文中找到人物的神态描写，能初步体会其心情，但偶尔有误<br>3 能在文中找到人物的神态描写，并正确体会其心情 | 1.观察：教师在日常教学过程中，观察学生通过人物的神态体会人物心情的情况<br>2.测验：教师出示本册学习的一篇课文及其相关问题，要求学生回答，记录其表现 | 得分：1<br>表现：能在文中找到相关的句子，但是无法正确把握句子背后的含义 |

续表

| 次领域 | 评估指标 | 评估题目 | 评分标准 | 评估方法 | 评估结果 |
|---|---|---|---|---|---|
| 2<br>阅读与理解 | 2-3<br>把握文章内容 | 2-3-1<br>能把握一件事构成的文章的主要内容 | 0 不知道文中描写的是什么事，无法把握文章的主要内容<br><br>1 能知道文章描写的什么事，但是无法正确掌握事件的具体细节内容（如《王戎不取道旁李》中，能知道讲述了王戎不摘路边的李子这件事，但是不知道王戎为什么不摘路边李子）<br><br>2 能知道文章描写的一件事，但是对文章内容理解不准确（如《王戎不取道旁李》中，能知道讲述了王戎因为路边李子不好吃所以不摘路边的李子这件事，但是将路边李子苦理解为路边李子酸）<br><br>3 能知道文章描写的一件事，正确掌握文章主要内容 | 1. 观察：教师在日常教学过程中，观察学生把握一件事构成的文章主要内容的情况<br>2. 测验：教师出示本册学习的一篇课文及其相关问题，要求学生作答，记录其表现 | 得分：0<br><br>表现：<br>在学习课文时，无法正确直接地抓住课文中事件的主要内容 |
| | | 2-3-2<br>能把握几件事构成的文章的主要内容 | 0 不知道文中描写的是什么事，无法把握文章的主要内容<br><br>1 能知道文章描写了某一件事，但是无法掌握文章描写的所有内容（如知道《麻雀》一文描写了主人公出门打猎遇到小麻雀的故事，但是无法掌握所有内容）<br><br>2 能知道文章描写的大部分事件内容，但是无法掌握事件的发生顺序和前后关系（如知道《麻雀》一文描写了主人公出门打猎、遇到刚出生的小麻雀被风吹到地上、老麻雀拼命在猎狗面前护住小麻雀、猎狗没有伤害小麻雀的故事，但是混淆事件发生顺序）<br><br>3 能知道文章描写所有事件，掌握事件的发生顺序和前后关系，正确把握文章主要内容 | 1. 观察：教师在日常教学过程中，观察学生把握几件事构成的文章的主要内容<br>2. 测验：教师出示本册学习的一篇课文及其相关问题，要求学生作答，记录其表现 | 得分：2<br><br>表现：<br>能知道课文中描述了哪些事件，但是不知道事件是如何一件一件发生的 |
| | 2-4<br>复述课文 | 2-4-1<br>能简要复述课文内容 | 0 无法简要复述课文<br>1 能简要复述出课文中的少部分内容<br>2 能简要复述出课文中的大部分内容<br>3 能简要复述出课文中的全部内容 | 1. 观察：教师在日常教学过程中，观察学生复述课文内容的情况<br>2. 访谈：访谈家长及学生能否简要复述课文内容<br>3. 测验：教师随机出示一篇课文，要求学生简要复述课文内容，记录其表现 | 得分：2<br><br>表现：<br>经过老师的讲解之后，能够简单说出课文的大部分内容 |
| | 2-5<br>批注阅读 | 2-5-1<br>能用批注的方法阅读 | 0 不能使用批注的方法进行阅读<br>1 能在阅读时偶尔做批注（如在课文的两边空白处做笔记）<br>2 能在阅读时经常做批注<br>3 能在阅读时总是做批注 | 1. 观察：教师在日常教学过程中，观察学生使用批注进行阅读的情况<br>2. 访谈：访谈家长，了解学生使用批注进行阅读的情况 | 得分：2<br><br>表现：<br>上课时，能够在课文中做出笔记 |

续表

| 次领域 | 评估指标 | 评估题目 | 评分标准 | 评估方法 | 评估结果 |
|---|---|---|---|---|---|
| 2<br>阅读与理解 | 2-6<br>阅读提问 | 2-6-1<br>能在读文章时提出问题 | 0 缺乏问题意识，对文章内容不敏感，不会提出疑问<br>1 读文章时，能偶尔提出问题<br>2 读文章时，能经常提出问题<br>3 读文章时，能总是提出问题 | 1. 观察：教师在日常教学过程中，观察学生能否在读文章时提出问题<br>2. 访谈：访谈其他学生，了解学生在阅读时提问题的情况 | 得分：1<br>表现：<br>能够偶尔向老师提出问题 |
| | 2-7<br>理解古诗文 | 2-7-1<br>能借助注释理解古诗大意 | 0 无法借助注释理解古诗大意<br>1 能借助注释理解古诗中字词的含义<br>2 能借助注释理解古诗中句子的含义<br>3 能借助注释理解古诗大意 | 1. 观察：教师在日常教学过程中，观察学生借助注释理解古诗大意的情况<br>2. 测验：教师出示本册学习的一篇古诗及其注释，要求学生借助注释说出古诗的大意，记录其表现 | 得分：1<br>表现：<br>需要在老师大量地讲解和提示下，才能理解古诗大意 |
| | | 2-7-2<br>能借助注释理解古文大意 | 0 无法借助注释理解古文大意<br>1 能借助注释理解古文中字词的含义<br>2 能借助注释理解古文中句子的含义<br>3 能借助注释理解古文大意 | 1. 观察：教师在日常教学过程中，观察学生借助注释，理解古文大意的情况<br>2. 测验：教师出示本册学习的一篇古文及其注释，要求学生借助注释说出古文的大意，记录其表现 | 得分：1<br>表现：<br>需要在老师大量地讲解和提示下，才能理解古文大意 |
| 3<br>文学积累 | 3-1<br>摘抄课内词句 | 3-1-1 能摘抄本册课本中词语 | 0 不能摘抄本册课本中词语，有抵触情绪<br>1 能摘抄本册 30% 的词语<br>2 能摘抄本册 60% 的词语<br>3 能摘抄本册 90% 的词语 | 1. 观察：教师在日常教学过程中，观察学生摘抄本册课本中词语的情况<br>2. 访谈：访谈家长，了解学生摘抄本册课本中词语的情况 | 得分：1<br>表现：<br>布置摘抄作业时，能够摘抄词语表中的少部分词语 |
| | | 3-1-2<br>能摘抄本册课本中句段 | 0 不能摘抄本册句段，有抵触情绪<br>1 能在要求下摘抄本册课本中的句段<br>2 能主动摘抄本册课文中的句段，但没有养成摘抄的习惯<br>3 能养成主动摘抄本册课本中句段的习惯 | 1. 观察：教师在日常教学过程中，观察学生摘抄本册课本中句段的情况<br>2. 访谈：访谈家长，了解学生摘抄本册课本中句段的情况 | 得分：1<br>表现：<br>布置摘抄作业时，能够摘抄少部分句段 |
| | 3-2<br>积累课外词句 | 3-2-1<br>能从课外阅读中积累优美词语 | 0 不进行课外阅读<br>1 能在要求下积累课外阅读中的优美词语<br>2 能主动积累课外阅读中的优美词语，但没有养成摘抄的习惯<br>3 能养成主动积累课外阅读中优美词语的习惯 | 1. 观察：教师在日常教学过程中，观察学生从课外阅读中积累词语的情况<br>2. 访谈：访谈家长，了解学生从课外阅读中积累词语的情况 | 得分：1<br>表现：<br>布置摘抄作业时，能够摘抄少部分词语 |

续表

| 次领域 | 评估指标 | 评估题目 | 评分标准 | 评估方法 | 评估结果 |
|---|---|---|---|---|---|
| 3<br>文学积累 | 3-2<br>积累课外<br>词句 | 3-2-2 能从<br>课外阅读中<br>积累精彩句<br>段 | 0 不进行课外阅读<br><br>1 能在要求下积累课外阅读中的精彩句段<br><br>2 能主动积累课外阅读中的精彩句段，但没有养成摘抄的习惯<br><br>3 能养成主动积累课外阅读中精彩句段的习惯 | 1.观察：教师在日常教学过程中，观察学生从课外阅读中积累句段的情况<br>2.访谈：访谈家长，了解学生从课外阅读中积累句段的情况 | 得分：0<br><br>表现：<br>几乎不进行课外阅读 |
| | 3-3<br>积累生活<br>中的词句 | 3-3-1<br>能从生活中<br>积累优美词<br>语 | 0 无法从生活中积累优美词语（如：AABB、ABAB 式等）<br><br>1 能在要求下积累生活中的优美词语<br><br>2 能主动积累生活中的优美词语，但没有养成积累的习惯<br><br>3 能养成主动积累生活中优美词语的习惯 | 1.观察：教师在日常教学过程中，观察学生从生活中积累词语的情况<br>2.访谈：访谈家长，了解学生从生活中积累词语的情况 | 得分：1<br><br>表现：<br>布置摘抄作业时，能够摘抄少部分句段 |
| | | 3-3-2<br>能从生活中<br>积累精彩句<br>段 | 0 无法从生活中积累精彩句段<br><br>1 能在要求下积累生活中的精彩句段<br><br>2 能主动积累生活中的精彩句段，但没有养成积累的习惯<br><br>3 能养成主动积累生活中精彩句段的习惯 | 1.观察：教师在日常教学过程中，观察学生从生活中积累句段的情况<br>2.访谈：访谈家长，了解学生从生活中积累句段的情况 | 得分：1<br>表现：<br>布置摘抄作业时，能够摘抄少部分词语 |
| | 3-4<br>读书看报 | 3-4-1<br>能读书看报 | 0 不能读书看报<br><br>1 能在要求下读书看报<br><br>2 有读书看报的意识，但只看自己喜欢的内容<br><br>3 能主动读书看报 | 1.观察：教师在日常教学过程中，观察学生是否养成读书看报的习惯<br>2.访谈：访谈家长，了解学生是否养成读书看报的习惯 | 得分：1<br>表现：<br>缺乏读书看报的主动性 |
| | 3-5<br>课外阅读 | 3-5-1<br>课外阅读总<br>量不少于<br>10 万字 | 0 不进行课外阅读，没有阅读量<br><br>1 本学期阅读课外总量 1～33000 字<br><br>2 本学期阅读课外总量 33000～66000 字<br><br>3 本学期阅读课外总量 66000～100000 字 | 1.观察：教师在日常教学过程中，观察学生的课外阅读情况<br>2.访谈：访谈家长，了解学生的课外阅读量 | 得分：2<br>表现：<br>能阅读 3 本书左右 |

### 领域三：表达与交流（得分：40）

| 次领域 | 评估指标 | 评估题目 | 评分标准 | 评估方法 | 评估结果 |
|---|---|---|---|---|---|
| 1 倾听 | 1-1 听人说话 | 1-1-1 听人说话认真、耐心 | 0 听他人讲话，无法保持安静，马上离开<br>1 听他人讲话，能保持安静倾听，但无法说出他人讲话的内容<br>2 听他人讲话，能耐心安静倾听，说出部分他人讲话的内容<br>3 听他人讲话，能完整复述他人讲话的主要内容，抓住要点 | 1. 观察：教师在上课及课间交流时，观察学生听人说话时的表现<br>2. 访谈：访谈教师及家长，了解学生听人说话能否做到认真耐心 | 得分：2<br>表现：能耐心倾听他人说话，但无法抓住他人说话要点 |
| | | 1-1-2 听人说话能抓住要点 | 0 不能理解他人说话内容<br>1 能理解他人说话内容，但是无法抓住要点<br>2 能理解他人说话内容，但是只能抓住部分要点<br>3 能理解他人说话内容，能抓住所有要点 | 1. 观察：教师在上课及课间交流时，观察学生能否理解他人说话内容，抓住要点<br>2. 访谈：访谈教师、家长及同学，了解该生能否理解他人说话内容，抓住说话要点 | 得分：1<br>表现：能耐心倾听他人说话，但无法抓住他人说话要点 |
| 2 表达 | 2-1 讲故事 | 2-1-1 能使用恰当的语气生动地讲故事 | 0 不能使用恰当的语气将故事讲得生动<br>1 能使用一种恰当的语气生动地讲故事（如：陈述、疑问、祈使、感叹等语气）<br>2 能使用两种恰当的语气生动地讲故事<br>3 能根据情境，使用多种恰当的语气生动地讲故事 | 1. 观察：教师在日常教学过程中，观察学生讲故事的情况<br>2. 访谈：访谈家长，了解学生讲故事的情况<br>3. 测验：教师创设情境，要求学生用恰当语气讲故事，记录其表现 | 得分：2<br>表现：能使用陈述、疑问的语气讲故事 |
| | | 2-1-2 能使用恰当的肢体语言生动地讲故事 | 0 不能使用恰当的肢体语言将故事讲得生动<br>1 能使用单一的肢体语言生动地讲故事（如：来回走动、扭绞双手、身体向前倾、抬头挺胸、坐不安稳、晃动拳头、点头、摇头等动作）<br>2 能使用丰富的肢体语言生动地讲故事<br>3 能根据情境，使用多种肢体语言生动地讲故事 | 1. 观察：教师在日常教学过程中，观察学生讲故事的情况<br>2. 访谈：访谈家长，了解学生讲故事的情况<br>3. 测验：教师创设情境，要求学生用肢体动作表现故事情节，记录其表现 | 得分：2<br>表现：能够在讲故事时配合肢体动作，但有时不符合情境 |
| | 2-2 表达想法 | 2-2-1 能口头表达自己的想法 | 0 不能口头表达自己的想法<br>1 能口头表达自己的想法，但表达混乱，使人无法理解<br>2 能口头表达自己的想法，但内容表达不清楚，部分内容难以理解<br>3 乐于口头表达，能清楚、准确地表达自己的想法 | 1. 观察：教师在日常教学过程中，观察学生用口头表达想法的情况<br>2. 访谈：访谈家长，了解学生用口头表达想法的情况<br>3. 测验：教师创设情境，要求学生口头表达自己的想法，记录其表现 | 得分：3<br>表现：喜欢通过说的方式表达自己的心情和想法 |

续表

| 次领域 | 评估指标 | 评估题目 | 评分标准 | 评估方法 | 评估结果 |
|---|---|---|---|---|---|
| 2 表达 | 2-2 表达想法 | 2-2-2 能用书面表达自己的想法 | 0 不能用书面表达自己的想法，缺乏书面表达的兴趣<br>1 能用书面表达自己的想法，但表达混乱，使人无法理解<br>2 能用书面表达自己的想法，但内容表达不清楚，部分内容难以理解<br>3 乐于书面表达，能用书面清楚、准确地表达自己的想法 | 1.观察：教师在日常教学过程中，观察学生用书面表达想法的情况<br>2.访谈：访谈家长，了解学生用书面表达想法的情况<br>3.测验：教师创设情境，要求学生将自己的想法写下来，记录其表现 | 得分：3<br><br>表现：<br>喜欢通过写的方式表达自己的心情和想法 |
| | 2-3 积累运用 | 2-3-1 能尝试在习作中运用自己平时积累的语言材料 | 0 不能在习作中运用自己平时积累的语言材料<br>1 能尝试在习作中运用自己平时积累的词语<br>2 能尝试在习作中运用自己平时积累的句子<br>3 能在习作中恰当运用自己平时积累的词语、句子等语言材料 | 1.观察：教师在日常教学过程中，观察学生能否在习作中运用自己平时积累的语言材料<br>2.访谈：访谈家长，了解学生能否在习作中运用自己平时积累的语言材料<br>3.测验：教师创设情境，要求学生根据情境写作，记录其表现 | 得分：2<br><br>表现：<br>在作文中，会使用自己积累的句段 |
| | 2-4 观察记录 | 2-4-1 能不拘形式地写下自己观察周围世界后的见闻 | 0 不能记录自己观察周围世界后的见闻<br>1 能使用一种形式写下自己观察周围世界后的见闻（如：观察日记、作文、诗歌、小报、发朋友圈等）<br>2 能使用两种形式写下自己观察周围世界后的见闻<br>3 能使用多种形式写下自己观察周围世界后的见闻 | 1.观察：教师在日常教学过程中，观察学生能否不拘形式地写下自己观察周围世界后的见闻<br>2.访谈：访谈家长，了解学生能否不拘形式地写下自己观察周围世界后的见闻<br>3.测验：教师提供图片，要求学生用不同形式写下观察图片后的内容，记录其表现 | 得分：2<br><br>表现：<br>能够通过观察日记和作文两种方式写下自己观察周围世界后的见闻 |
| | | 2-4-2 能不拘形式地写下自己观察周围世界后的感受 | 0 不能记录自己观察周围世界后的感受<br>1 能使用一种形式写下自己观察周围世界后的感受（如：观察日记、作文、诗歌、小报、发朋友圈等）<br>2 能使用两种形式写下自己观察周围世界后的感受<br>3 能使用多种形式写下自己观察周围世界后的感受 | 1.观察：教师在日常教学过程中，观察学生能否不拘形式地写下自己观察周围世界后的感受<br>2.访谈：访谈家长，了解学生能否不拘形式地写下自己观察周围世界后的感受<br>3.测验：教师提供图片，要求学生用不同形式写下观察图片后的感受，记录其表现 | 得分：2<br><br>表现：<br>能够通过观察日记和作文两种方式写下自己观察周围世界后的感受 |
| | | 2-4-3 能不拘形式地写下自己观察周围世界后的想象 | 0 不能记录自己观察周围世界后的想象<br>1 能使用一种形式写下自己观察周围世界后的想象（如：观察日记、作文、诗歌、小报、发朋友圈等）<br>2 能使用两种形式写下自己观察周围世界后的想象<br>3 能使用多种形式写下自己观察周围世界后的想象 | 1.观察：教师在日常教学过程中，观察学生能否不拘形式地写下自己观察周围世界后的想象<br>2.访谈：访谈家长，了解学生能否不拘形式地写下自己观察周围世界后的想象<br>3.测验：教师提供图片，要求学生用不同形式写下观察图片后的想象，记录其表现 | 得分：2<br><br>表现：<br>能够通过观察日记和作文两种方式写下自己观察周围世界后的想象 |

续表

| 次领域 | 评估指标 | 评估题目 | 评分标准 | 评估方法 | 评估结果 |
|---|---|---|---|---|---|
| 2<br>表达 | 2-5<br>撰写书信 | 2-5-1<br>能写书信 | 0 不能写书信<br>1 能在大量帮助下写书信（包括称呼、问候语、正文、祝福语、署名、日期）<br>2 能在少量帮助下写书信<br>3 能独立写书信 | 1. 观察：教师在日常教学过程中，观察学生撰写书信的情况<br>2. 访谈：访谈家长，了解学生撰写书信的情况<br>3. 测验：教师创设情境，提供信纸，要求学生写书信积累其表现 | 得分：2<br>表现：<br>自己写书信时会出现格式错误，需要他人协助 |
| | 2-6<br>修改习作 | 2-6-1<br>能自己修改习作中存在的错误 | 0 不会自己修改习作中存在的错误<br>1 能在大量提示下修改习作中存在的错误<br>2 能在少量提示下修改习作中存在的错误<br>3 能独立修改习作中存在的错误 | 1. 观察：教师在日常教学过程中，观察学生能否自己修改习作中存在的错误<br>2. 访谈：访谈班上其他同学，了解学生能否自己修改习作中存在的错误<br>3. 测验：教师通过创设情境要求学生写作，了解学生修改病句的情况，记录其表现 | 得分：2<br>表现：<br>自己修改时，不能找到全部的错误，需要老师在旁提示 |
| | | 2-6-2<br>能互相修改习作中存在的错误 | 0 不能互相修改习作中的错误<br>1 能互相交换习作，并修改习作中的小部分错误<br>2 能互相交换习作，并修改习作中的大部分错误<br>3 能互相交换习作，并修改习作中的全部错误 | 1. 观察：教师在日常教学过程中，观察学生能否互相修改习作中存在的错误<br>2. 访谈：访谈班上其他同学，了解学生能否互相修改习作中存在的错误 | 得分：2<br>表现：<br>能和同学交换习作修改大部分的错误 |
| 3<br>交流 | 3-1<br>分享习作 | 3-1-1<br>能与他人分享自己的习作 | 0 不愿意与他人分享自己的习作作品<br>1 能在要求下与他人分享自己的习作，但是只给对方看自己的作文本<br>2 能主动与他人分享自己的习作但只停留在让他人看自己的作文<br>3 能主动与他人分享自己的习作并交流写作心得 | 1. 观察：教师在日常教学过程中，观察学生分享习作的情况<br>2. 访谈：访谈家长或其他同学，了解学生分享习作的情况 | 得分：2<br>表现：<br>不太能够与他人交流写作心得 |
| | 3-2<br>讨论发言 | 3-2-1<br>能围绕话题发言 | 0 对话题保持缄默，不发表自己的看法<br>1 能围绕话题发言，发言内容简短但不完整（如围绕"我喜欢大熊猫"话题，只能说"我喜欢大熊猫，它的眼睛圆圆的"）<br>2 能围绕话题发言，发言内容完整但不充实（如围绕"我喜欢大熊猫"话题，能说"我喜欢大熊猫，因为它的眼睛圆圆的很可爱"）<br>3 能围绕话题发言，发言内容完整且充实（如围绕"我喜欢大熊猫"话题，能说"我喜欢大熊猫，因为它的眼睛圆圆的很可爱，身体毛茸茸的感觉很舒服，我希望有一天能亲手摸摸它。"） | 1. 观察：教师在日常教学过程中，观察学生围绕话题发言的情况<br>2. 访谈：访谈家长，了解学生围绕话题发言的情况<br>3. 测验：教师创设情境，提供一个话题，要求学生能围绕话题发言，记录其表现 | 得分：3<br>表现：<br>在感兴趣和自己了解的话题上，能够滔滔不绝 |

续表

| 次领域 | 评估指标 | 评估题目 | 评分标准 | 评估方法 | 评估结果 |
|---|---|---|---|---|---|
| 3<br>交流 | 3-2<br>讨论发言 | 3-2-2<br>能在讨论时不影响其他人 | 0 讨论时总是影响他人 | 1.观察：教师在日常教学过程中，观察学生在讨论时是否会影响其他人<br>2.访谈：访谈家长或其他同学，了解学生讨论时的表现情况 | 得分：2<br>表现：<br>偶尔讨论时会走神、发出声音，需要老师少次提醒 |
|  |  |  | 1 讨论时，在大量提醒下不影响其他人 |  |  |
|  |  |  | 2 讨论时，在少量提醒下不影响其他人 |  |  |
|  |  |  | 3 讨论时，能自觉做到不影响其他人 |  |  |
|  | 3-3<br>安慰他人 | 3-3-1<br>能在生活中用语言安慰他人 | 0 不能用语言安慰他人<br>1 在生活中，能用语言安慰他人，但语言使用不恰当（如某同学跑步时不小心摔伤了，一直在哭泣，只能说"这没什么好哭的"等语句）<br>2 在生活中，能用较恰当的语句安慰他人（如某同学跑步时不小心摔伤了，一直在哭泣，会说"你别哭了"等语句）<br>3 在生活中，能用较恰当的语句和语气安慰他人（如某同学跑步时不小心摔伤了，一直在哭泣，会温柔地说"我帮你吹一吹，你别哭啦"等语句） | 1.观察：教师在日常教学过程中，观察学生用语言安慰他的情况<br>2.访谈：访谈家长或其他同学，了解学生用语言安慰他的情况<br>3.测验：教师创设情境，要求学生用语言表达安慰，记录其表现 | 得分：3<br>表现：<br>在同学难过伤心时，能够采取恰当的语言安慰 |
|  |  | 3-3-2<br>能在生活中用动作安慰他人 | 0 不能用动作安慰他人<br>1 在生活中，能用动作安慰他人，但是动作使用不恰当（如某同学跑步时不小心摔伤了，一直在哭泣，会通过用力地拍打该同学来安慰他）<br>2 在生活中，能用较恰当的动作安慰他人（如某同学跑步时不小心摔伤了，一直在哭泣，会通过轻轻拍该同学的肩膀表示安慰）<br>3 在生活中，能用合适有效的动作安慰他人（如某同学跑步时不小心摔伤了，一直在哭泣，会通过轻拍该同学肩膀并为该同学吹吹伤口表示安慰） | 1.观察：教师在日常教学过程中，观察学生在生活中用动作安慰他人的情况<br>2.访谈：访谈家长，了解学生在生活中用动作安慰他人的情况<br>3.测验：教师创设情境，要求学生用动作表示安慰，记录其表现 | 得分：3<br>表现：<br>在同学难过伤心时，能够采取恰当的动作安慰 |

领域四：梳理与探究（得分：6）

| 次领域 | 评估指标 | 评估题目 | 评分标准 | 评估方法 | 评估结果 |
|---|---|---|---|---|---|
| 1 梳理 | 1-1 梳理汉字 | 1-1-1 能分类整理所学汉字 | 0 不能分类整理所学汉字<br>1 能在大量帮助下分类整理所学汉字（如按照汉字的大写字母、笔画多少、偏旁部首、汉字结构、形声、会意、象形、指示等分类方式整理）<br>2 能在少量帮助下分类整理所学汉字<br>3 能独立分类整理所学汉字 | 1.观察：教师在日常教学过程中，观察学生能否发现所学汉字的特点<br>2.测验：教师给出本册的十个汉字，要求学生能正确说出汉字的音、形、义特点，记录其表现 | 得分：1<br>表现：<br>只能在老师大量的提示和帮助下才能整理汉字 |
| 2 探究 | 2-1 在班级活动中学习 | 2-1-1 能在班级活动中学习语文 | 0 不参与班级活动，无法通过活动学习语文<br>1 能参与班级活动，能在大量引导下通过活动学习语文（如过拼音河、上正字桥、进佳句园、走智慧林等趣味活动）<br>2 能参与班级活动，能在少量引导下通过活动学习语文<br>3 能参与班级活动，独立通过活动学习语文 | 1.观察：教师在日常教学过程中，观察学生在班级活动中学习语文的情况<br>2.访谈：访谈班上其他同学，了解学生在班级活动中学习语文的情况 | 得分：1<br>表现：<br>能在教师大量引导下参加班集体的趣味活动，通过活动学习语文 |
| | 2-2 合作呈现观察所得 | 2-2-1 能与他人合作用书面方式呈现观察大自然的所得 | 0 不能与他人合作<br>1 能与他人合作，用一种方式呈现自己的观察所得（如表格、照片、文字、绘画、PPT等多种媒介）<br>2 能与他人合作，用两种方式呈现自己的观察所得<br>3 能与他人合作，用多种方式呈现自己的观察所得 | 1.观察：教师在日常教学过程中，观察学生用书面方式呈现自己观察大自然所得的情况<br>2.访谈：访谈家长或其他同学，了解学生能否合作用书面方式呈现观察所得 | 得分：2<br>表现：<br>能够和班上同学一起合作，通过绘画和照片的形式展现自己观察所得 |
| | | 2-2-2 能与他人合作用口头方式呈现观察大自然的所得 | 0 不能与他人合作<br>1 能结合语文学习，与他人合作，用词汇口头描述看到的事物，但不详细（如老师问，去动物园看到了什么？能回答动物）<br>2 能结合语文学习，与他人合作，口头详细描述看到的事物或现象的主要内容（如老师问，去动物园看到了什么？能回答大象、鸟和鳄鱼）<br>3 能结合语文学习，与他人合作，将观察到的事物或现象的主要内容和细节进行口头描述（如老师问，去动物园看到了什么？能回答"我看到很多可爱的小动物，我还看到一只孔雀，它的羽毛是五颜六色的"） | 1.观察：教师在日常教学过程中，观察学生用口头方式呈现自己观察大自然所得的情况<br>2.访谈：访谈家长或其他同学，了解学生能否合作用口语呈现观察所得 | 得分：2<br>表现：<br>能够比较详细地阐述自己观察所得 |

**3. 学生书写情况（部分示例）**

（1）常用汉字的书写

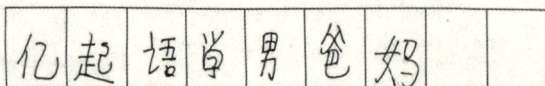

（2）书信的书写

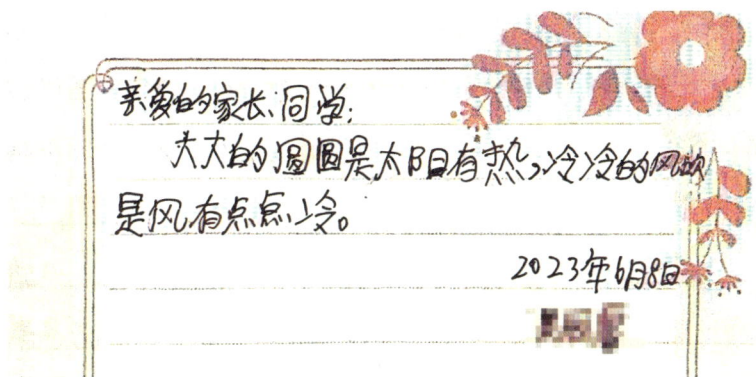

亲爱的家长、同学：
　　大大的圆圆是太阳有热，冷冷的风呼
是风有点点冷。
2023年6月8日

（3）书面表达自己的想法

题目：老人在路边跌倒了，你应该做什么？请简要写一写。

答：帮助老人站划走已来。帮助老人走里各。

（4）观察世界的见闻、想象和感受

题目1：请同学们仔细观察两张图片，用不同的形式写下观察到的内容。（例如：观察日记、作文、诗歌、小报等）

答：种子在草，不同的叶爱儿、风叶。

4. 教师使用评估材料（部分示例）

（1）部分生字卡片

| 盐 | 薄 | 屹 |
|---|---|---|
| 震 | 霎 | 余 |

（2）部分词语卡片

| 奇观 | 农历 | 据说 |
|---|---|---|
| 依旧 | 柔和 | 河床 |

## 5. 评估表得分侧面图

语文课程评估侧面图（四年级上册）

学生姓名：W同学　第一次评估时间：2023.6.15　颜色：黑色　评估者：语文老师、资源老师

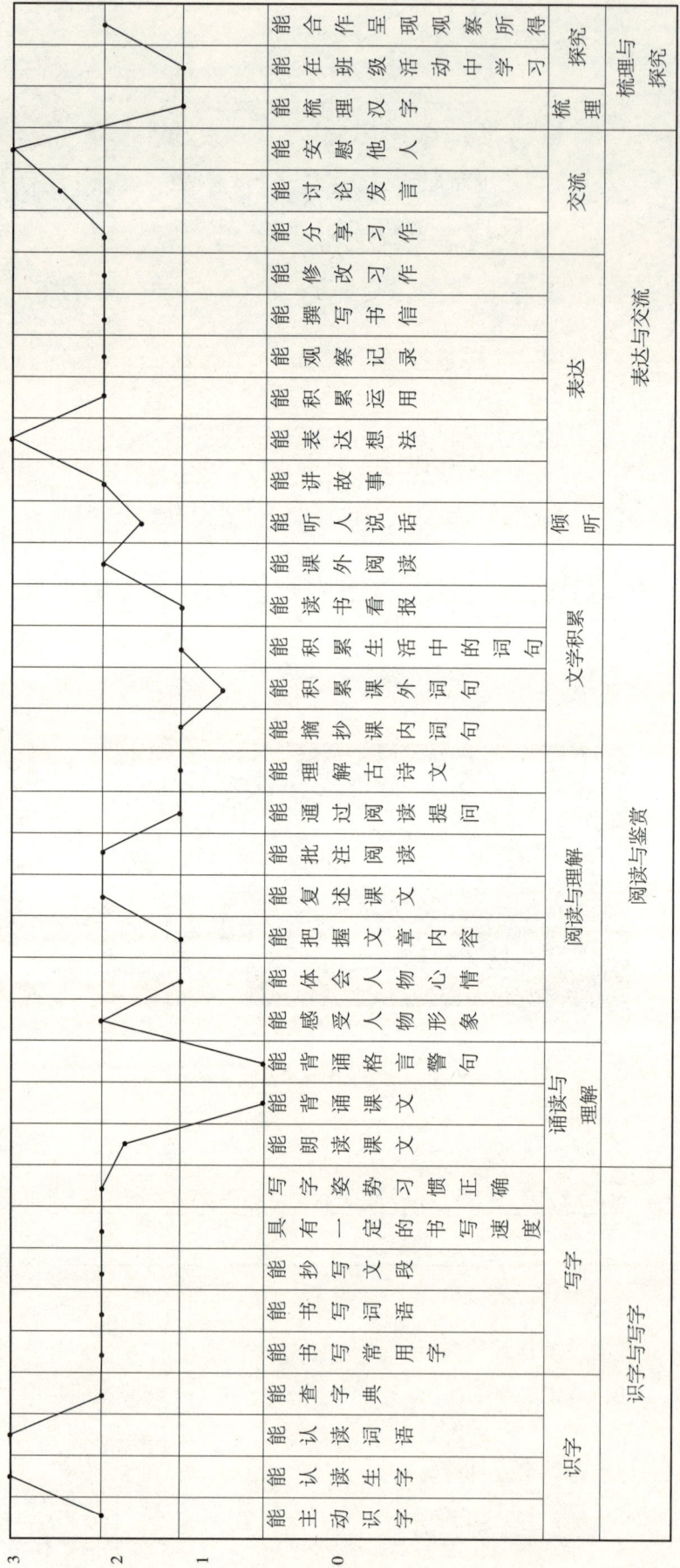

## 6. 评估结果分析

### （1）评估结果

| 领域 | 现况摘要 | |
|------|------|------|
| | 优势 | 弱势 |
| 识字与写字 | 能完全指认出本册所学的汉字和词语；能书写出大部分的生字词 | 学生在识字写字能力方面的自觉性和主动性有待提高，书写速度和书写习惯有待改进 |
| 阅读与鉴赏 | 能做到正确流利地朗读课文，能够初步把握文章的主要内容和人物形象；有阅读书籍的好习惯 | 阅读课文时，无法很好地投入感情；在背诵课文、积累词语句段、详细理解课文内容等方面存在困难 |
| 表达与交流 | 能通过写和说的方式表达自己内心的想法，表达自我和与他人交流能力发展较好 | 在表达的形式方面有待提升 |
| 梳理与探究 | 能与班上同学合作共同完成活动 | 无法自觉、主动地对所学语文知识进行整理复习，且迁移难度大 |

### （2）总体评价

通过评估表的得分结果以及侧面图可以看出，该生对四年级上册所学知识的掌握情况较好，在听、说、读、写等方面的能力有较大提升和进步，对课文内容的理解也能够基本完成。但是该生有时注意力集中程度较低，容易走神，专注程度不够，对于需要记忆和迁移的知识点难以掌握，感觉难度较大。

### （3）教学建议

①该生具有良好的识字写字能力和书写习惯，对于较难的生字词，可通过拆解字词和多次少时不间断的教学方式让学生掌握书写，增强上课趣味性提高学生的兴趣。

②针对课文需要背诵和记忆的部分，可采取碎片化小步子教学，将需要记忆背诵的内容拆成小块，让学生分句分段记忆。

③该生能够与他人进行良好的交流，但表达形式较为单一，且表达内容层次不够丰富，可多设计与语文相关的趣味活动鼓励学生采用不同的方式表达。

④该生能够与他人展开合作，有合作意识，可先通过合作的方式让学生逐步学习和掌握需要整理分类和迁移的语文知识，再逐步过渡至个人独立完成，增强学生的自我效能感。

## （二）四年级语文课程评估表填写说明（下册）

### 领域一：识字与写字

| 次领域 | 评估指标 | 评估题目 | 评估方法 | 填写说明 |
|---|---|---|---|---|
| 1 识字 | 1-1 主动识字 | 1-1-1 能在学习过程中养成主动识字的习惯 | 1.观察：教师在日常教学过程中，观察学生是否养成主动识字的习惯<br>2.访谈：访谈家长，了解学生在学习生活中是否养成主动识字的习惯 | 教师可随机选择观察、访谈的方式，了解学生在学习过程中是否养成主动识字的习惯 |
| | | 1-1-2 能在日常生活中养成主动识字的习惯 | 1.观察：教师在日常教学过程中，观察学生是否养成主动识字的习惯<br>2.访谈：访谈家长，了解学生在日常生活中是否养成主动识字的习惯 | 教师可随机选择观察、访谈的方式，了解学生在日常生活中是否养成主动识字的习惯 |
| | 1-2 认读生字 | 1-2-1 能认读本册识字表中常用汉字250个 | 1.观察：教师在日常教学过程中，观察学生认读本册生字的情况<br>2.测验：教师出示本册生字，要求学生认读生字，并记录正确率（如10个汉字中能正确认读3个、6个、9个） | 教师可随机选择观察、测验的方式，了解学生认读常用汉字的能力 |
| | 1-3 认读词语 | 1-3-1 能认读本册词语表中的词语 | 1.观察：教师日常教学过程中，观察学生认识本册词语的情况<br>2.测验：教师随机抽取本册词语表中10个词语，要求学生认读，并记录正确率 | 教师可随机选择观察、测验的方式，了解学生认读词语的能力 |
| | 1-4 查字典 | 1-4-1 能综合使用音序查字法和部首检字法查字典 | 1.观察：教师在日常教学过程中，观察学生遇到生字是否会综合使用音序查字法和部首检字法查字典<br>2.访谈：访谈家长，了解学生遇到生字查字典的情况 | 教师可随机选择观察、访谈的方式，了解学生综合使用音序查字法和部首检字法查字典的能力 |
| 2 写字 | 2-1 书写常用字 | 2-1-1 能正确书写本册常用汉字250个 | 1.观察：教师在日常教学过程中，观察学生书写汉字的情况<br>2.测验：教师随机抽取本册写字表中的10个汉字，要求学生书写，记录正确率 | 教师可随机选择观察、测验的方式，了解学生正确书写汉字的能力 |
| | 2-2 书写词语 | 2-2-1 能正确书写本册词语表中的词语 | 1.观察：教师在日常教学过程中，观察学生书写词语的情况<br>2.测验：教师随机抽取本册词语表中的10个词语，要求学生书写，记录正确率 | 教师可随机选择观察、测验的方式，了解学生正确书写词语的能力 |
| | 2-3 抄写文段 | 2-3-1 能用硬笔抄写成段的文字 | 1.观察：教师在日常教学过程中，观察学生能否使用硬笔抄写成段的文字<br>2.访谈：访谈家长，了解学生能否使用硬笔抄写成段的文字<br>3.测验：教师提供纸笔和一段文字，要求学生进行抄写，记录其表现 | 教师可随机选择观察、访谈、测验的方式，了解学生能否使用硬笔抄写成段的文字 |

续表

| 次领域 | 评估指标 | 评估题目 | 评估方法 | 填写说明 |
|---|---|---|---|---|
| 2<br>写字 | 2-4<br>书写速度 | 2-4-1<br>能做到书写具有一定的速度 | 1.观察：教师在日常教学过程中，观察学生的书写速度<br>2.访谈：访谈家长，了解学生能否做到书写具有一定的速度<br>3.测验：教师提供纸笔和一段文字，要求学生进行抄写，记录其表现 | 教师可随机选择观察、访谈、测验的方式，了解学生能否做到书写具有一定的速度 |
|  | 2-5<br>写字姿势习惯 | 2-5-1<br>能用正确的运笔方式写字 | 1.观察：教师在日常教学过程中，观察学生能否用正确的运笔方式写字<br>2.访谈：访谈家长，了解学生能否用正确的运笔方式写字<br>3.测验：教师随机出示本册汉字，要求学生书写，记录学生的书写情况 | 教师可随机选择观察、访谈、测验的方式，了解学生能否用正确的运笔方式写字 |
|  |  | 2-5-2<br>能养成良好的书写习惯 | 1..观察：教师在日常教学过程中，观察学生是否养成良好的书写习惯<br>2.访谈：访谈家长，了解学生是否有良好的书写习惯<br>3.测验：教师随机出示本册汉字，要求学生书写，记录学生的书写情况 | 教师可随机选择观察、访谈、测验的方式，了解学生是否养成了良好的书写习惯 |

## 领域二：阅读与鉴赏

| 次领域 | 评估指标 | 评估题目 | 评估方法 | 填写说明 |
|---|---|---|---|---|
| 1<br>诵读与理解 | 1-1<br>朗读课文 | 1-1-1<br>能用普通话正确朗读本册课文 | 1.观察：教师在日常教学过程中，观察学生用普通话朗读课文的正确情况<br>2.测验：教师出示一篇本册课文，要求学生用普通话正确地朗读课文，记录学生朗读情况 | 察、测验的方式，了解学生使用普通话正确朗读课文的情况 |
|  | 1-1<br>朗读课文 | 1-1-2<br>能用普通话流利朗读本册课文 | 1.观察：教师在日常教学过程中，观察学生用普通话朗读课文的流利情况<br>2.测验：教师出示一篇本册课文，要求学生用普通话流利地朗读课文，记录学生朗读情况 | 教师可随机选择观察、测验的方式，了解学生使用普通话流利朗读课文的情况 |
|  | 1-1<br>朗读课文 | 1-1-3<br>能用普通话有感情地朗读本册课文 | 1.观察：教师在日常教学过程中，观察学生能否用普通话有感情地朗读本册课文<br>2.测验：教师出示一篇本册课文，要求学生用普通话有感情地朗读课文，记录学生朗读情况 | 教师可随机选择观察、测验的方式，了解学生能否使用普通话有感情地朗读课文 |
|  | 1-2<br>背诵课文 | 1-2-1<br>能背诵本册要求背诵的现代文 | 1..观察：教师在日常教学过程中，观察学生背诵本册要求背诵的现代诗的情况<br>2.测验：教师出示一篇本册要求背诵的现代诗标题，要求学生背诵，记录学生背诵情况 | 教师可随机选择观察、测验的方式，了解学生背诵现代诗的情况 |

续表

| 次领域 | 评估指标 | 评估题目 | 评估方法 | 填写说明 |
|---|---|---|---|---|
| 1<br>诵读与理解 | 1-2<br>背诵课文 | 1-2-2<br>能背诵本册要求背诵的古诗 | 1.观察：教师在日常教学过程中，观察学生背诵本册古诗的情况<br>2.测验：教师出示一篇本册要求背诵的古诗标题，要求学生背诵，记录学生背诵情况 | 教师可随机选择观察、测验的方式，了解学生背诵古诗的情况 |
| | | 1-2-3<br>能背诵本册要求背诵的文言文 | 1.观察：教师在日常教学过程中，观察学生背诵本册文言文的情况<br>2.测验：教师随机出示本册文言文标题，要求学生背诵，记录背诵情况 | 教师可随机选择观察、测验的方式，了解学生背诵文言文的能力 |
| | 1-3<br>背诵格言警句 | 1-3-1<br>能熟练背诵本册格言警句 | 1观察：教师在日常教学过程中，观察学生背诵本册格言警句的情况<br>2.测验：教师出示本册格言警句，说出上半句或下半句，要求学生背诵缺少部分，记录其表现 | 教师可随机选择观察、测验的方式，了解学生背诵格言警句的能力 |
| 2<br>阅读与理解 | 2-1<br>找中心句 | 2-1-1<br>能找出课文中的中心句 | 1.观察：教师在日常教学过程中，观察学生找课文中心句的情况<br>2.测验：教师出示课文，要求学生找出其中的中心句，记录其表现 | 教师可随机选择观察、测验的方式，了解学生在课文中找出中心句的能力 |
| | 2-2<br>阅读长文章 | 2-2-1<br>能把握长文章的主要内容 | 1.观察：教师在日常教学过程中，观察学生把握长文章的主要内容的情况<br>2.访谈：访谈家长，了解学生把握长文章的主要内容的情况<br>3.测验：教师出示本册长文章，请学生写下主要内容，记录其表现 | 教师可随机选择观察、访谈、测验的方式，了解学生把握长文章主要内容的能力 |
| | 2-3<br>感受人物品质 | 2-3-1<br>能从人物的语言描写中感受人物的品质 | 1.观察：教师在日常教学过程中，观察学生从人物的语言描写中感受人物的品质的情况<br>2.测验：教师出示课文片段，要求学生说出语言描写片段体现的人物品质，记录其表现 | 教师可随机选择观察、测验的方式，了解学生从人物的语言描写中感受人物品质的能力 |
| | 2-3<br>感受人物品质 | 2-3-2<br>能从人物的动作描写中感受人物的品质 | 1.观察：教师在日常教学过程中，观察学生从人物的动作描写中感受人物的品质的情况<br>2.测验：教师出示课文片段，要求学生说出动作描写片段体现的人物品质，记录其表现 | 教师可随机选择观察、测验的方式，了解学生从人物的动作描写中感受人物品质的能力 |
| | 2-4<br>感受童话人物 | 2-4-1<br>能感受童话世界中人物真善美的形象 | 1.观察：教师在日常教学过程中，观察学生感受童话世界中人物形象的情况<br>2.测验：教师出示童话故事中体现人物真善美的片段，要求学生阅读后写下童话世界中人物的形象特点，记录其表现 | 教师可随机选择观察、测验的方式，了解学生感受童话世界中人物真善美形象的能力 |
| | 2-5<br>体会表达方法 | 2-5-1<br>能体会作家是如何表达对动物感情的 | 1.观察：教师在日常教学过程中，观察学生能否体会作家对动物感情的表达方法<br>2.测验：教师出示本册一段课文，要求学生写下作家对动物感情的表达方法，记录其表现 | 教师可随机选择观察、测验的方式，了解学生能否体会到作者是如何表达对动物感情的 |

| 次领域 | 评估指标 | 评估题目 | 评估方法 | 填写说明 |
|---|---|---|---|---|
| 2 阅读与理解 | 2-6 体会思想感情 | 2-6-1 能初步体会课文表达的思想感情 | 1.观察：教师在日常教学过程中，观察学生体会课文思想感情的情况<br>2.测验：教师出示一篇课文，要求学生写下课文表达的思想感情，记录其表现 | 教师可随机选择观察、测验的方式，了解学生能否初步体会课文表达的思想感情 |
| | 2-7 理解现代诗 | 2-7-1 能说出本册现代诗歌的基本特点 | 1.观察：教师在日常教学过程中，观察学生对本册现代诗歌特点的掌握情况<br>2.测验：教师出示本册现代诗歌，要求学生说出诗歌特点，记录其表现 | 教师可随机选择观察、测验的方式，了解学生能否说出本册现代诗歌的基本特点 |
| | | 2-7-2 能通过朗读体会现代诗歌的情感 | 1.观察：教师在日常教学过程中，观察学生通过朗读体会诗歌情感的情况<br>2.测验：教师出示本册现代诗歌，要求学生朗读并简单写下诗歌表达的情感，记录其表现 | 教师可随机选择观察、测验的方式，了解学生能否通过朗读体会现代诗歌的情感 |
| | 2-8 理解全书内容 | 2-8-1 能初步理解整本书的主要内容 | 1.观察：教师在日常教学过程中，观察学生初步理解整本书的主要内容的情况<br>2.访谈：访谈家长，了解学生初步理解整本书的主要内容的情况 | 教师可随机选择观察、访谈的方式，了解学生能否初步理解整本书的主要内容 |
| | 2-9 提问题 | 2-9-1 能在阅读时提出不懂的问题 | 1.观察：教师在日常教学过程中，观察学生在阅读时提问题的情况<br>2.访谈：访谈家长或其他同学，了解学生在阅读时提问题的情况 | 教师可随机选择观察、访谈的方式，了解学生能否在阅读时提出不懂的问题 |
| | 2-10 解决问题 | 2-10-1 能试着解决在阅读中提出的不懂的问题 | 1.观察：教师在日常教学过程中，观察学生尝试解决在阅读中提出的不懂的问题的情况<br>2.访谈：访谈家长或其他同学，了解学生在阅读时解决问题的情况 | 教师可随机选择观察、访谈的方式，了解学生能否解决在阅读中提出的问题 |
| | 2-11 理解诗文大意 | 2-11-1 能借助注释理解古诗大意 | 1.观察：教师在日常教学过程中，观察学生借助注释理解古诗大意的情况<br>2.测验：教师出示本册中一篇古诗，要求学生借助注释说出古诗的大意，记录其表现 | 教师可随机选择观察、测验的方式，了解学生能否能借助注释理解古诗大意 |
| | | 2-11-2 能借助注释理解古文大意 | 1.观察：教师在日常教学过程中，观察学生借助注释理解古文大意的情况<br>2.测验：教师出示本册学习的一篇古文及其注释，要求学生借助注释说出古文的大意，记录其表现 | 教师可随机选择观察、测验的方式，了解学生能否借助注释理解古文大意 |
| 3 文学积累 | 3-1 摘抄课内词句 | 3-1-1 能摘抄本册课本中词语 | 1.观察：教师在日常教学过程中，观察学生摘抄本册课本中词语的情况<br>2.访谈：访谈家长，了解学生摘抄本册课本中词语的情况 | 教师可随机选择观察、访谈的方式，了解学生摘抄词语的能力 |
| | | 3-1-2 能摘抄本册课本中句段 | 1.观察：教师在日常教学过程中，观察学生摘抄本册课本中句段的情况<br>2.访谈：访谈家长，了解学生摘抄本册课本中句段的情况 | 教师可随机选择观察、访谈的方式，了解学生摘抄句段的能力 |

续表

| 次领域 | 评估指标 | 评估题目 | 评估方法 | 填写说明 |
|---|---|---|---|---|
| 3<br>文学积累 | 3-2<br>积累课外词句 | 3-2-1<br>能从课外阅读中积累优美词语 | 1.观察：教师在日常教学过程中，观察学生从课外阅读中积累词语的情况<br>2.访谈：访谈家长，了解学生从课外阅读中积累词语的情况 | 教师可随机选择观察、访谈的方式，了解学生能否从课外阅读中积累优美词语 |
| | | 3-2-2<br>能从课外阅读中积累精彩句段 | 1.观察：教师在日常教学过程中，观察学生从生活中积累句段的情况<br>2.访谈：访谈家长，了解学生从生活中积累句段的情况 | 教师可随机选择观察、访谈的方式，了解学生能否从生活中积累精彩句段 |
| | 3-3<br>积累生活中的词句 | 3-3-1<br>能从生活中积累优美词语 | 1.观察：教师在日常教学过程中，观察学生从生活中积累词语的情况<br>2.访谈：访谈家长，了解学生从生活中积累词语的情况 | 教师可随机选择观察、访谈的方式，了解学生从生活中积累优美词语的情况 |
| | | 3-3-2<br>能从生活中积累精彩句段 | 1.观察：教师在日常教学过程中，观察学生是否养成读书看报的习惯<br>2.访谈：访谈家长，了解学生是否养成读书看报的习惯 | 教师可随机选择观察、访谈的方式，了解学生是否养成读书看报的习惯 |
| | 3-4<br>读书看报 | 3-4-1<br>能读书看报 | 1.观察：教师在日常教学过程中，观察学生是否养成读书看报的习惯<br>2.访谈：访谈家长，了解学生是否养成读书看报的习惯 | 教师可随机选择观察、访谈的方式，了解学生能否读书看报 |
| | 3-5<br>课外阅读 | 3-5-1<br>课外阅读总量不少于10万字 | 1.观察：教师在日常教学过程中，观察学生的课外阅读情况<br>2.访谈：访谈家长，了解学生的课外阅读量 | 教师可随机选择观察、访谈的方式，了解学生的课外阅读量 |

### 领域三：表达与交流

| 次领域 | 评估指标 | 评估题目 | 评估方法 | 填写说明 |
|---|---|---|---|---|
| 1<br>倾听 | 1-1<br>听人说话 | 1-1-1<br>听人说话认真、耐心 | 1.观察：教师在上课及课间交流时，观察学生听人说话时的表现<br>2.访谈：访谈教师及家长，了解学生听人说话能否做到认真耐心 | 教师可随机选择观察、访谈的方式，了解学生能否认真、耐心听人说话 |
| | | 1-1-2<br>听人说话能抓住要点 | 1..观察：教师在上课及课间交流时，观察学生能否理解他人说话内容，抓住要点<br>2.访谈：访谈教师、家长及同学，了解该生能否理解他人说话内容，抓住说话要点 | 教师可随机选择观察、访谈的方式，了解学生能否理解他人说话内容，抓住说话要点 |

| 次领域 | 评估指标 | 评估题目 | 评估方法 | 填写说明 |
|---|---|---|---|---|
| **2 表达** | 2-1 讲故事 | 2-1-1 能进行自我介绍 | 1.观察：教师在日常教学过程中，观察学生能否进行自我介绍<br>2.访谈：访谈家长或其他同学，了解学生能否进行自我介绍<br>3.测验：教师请学生进行自我介绍，记录其表现 | 教师可随机选择观察、访谈、测验的方式，了解学生能否进行自我介绍 |
| | 2-2 转述能力 | 2-2-1 能在生活中转述事情 | 1.观察：教师在日常教学过程中，观察学生在生活中转述事情的情况<br>2.访谈：访谈家长或其他同学，了解学生在生活中转述事情的情况<br>3.测验：教师向学生说一件事情，要求学生转述给其他同学，记录其表现 | 教师可随机选择观察、访谈、测验的方式，了解学生在生活中转述事情的情况 |
| | | 2-2-2 能清楚传达新闻内容 | 1..观察：教师在日常教学过程中，观察学生清楚传达新闻内容的情况<br>2.访谈：访谈家长或其他同学，了解学生能否清楚传达新闻内容<br>3.测验：教师向学生呈现新闻，要求学生传达，记录其表现 | 教师可随机选择观察、访谈、测验的方式，了解学生能否清楚传达新闻内容 |
| | 2-3 表达想法 | 2-3-1 能口头表达自己的想法 | 1..观察：教师在日常教学过程中，观察学生用口头表达自己想法的情况<br>2.访谈：访谈家长，了解学生用口头表达自己想法的情况<br>3.测验：教师创设情境，要求学生将自己的想法写下来，记录其表现 | 教师可随机选择观察、访谈、测验的方式，了解学生口头表达自己想法的情况 |
| | | 2-3-2 能用书面表达自己的想法 | 1.观察：教师在日常教学过程中，观察学生用书面表达自己想法的情况<br>2.访谈：访谈家长，了解学生用书面表达自己想法的情况<br>3.测验：教师创设情境，要求学生将自己的想法写下来，记录其表现 | 教师可随机选择观察、访谈、测验的方式，了解学生用书面表达自己想法的情况 |
| | 2-4 积累运用 | 2-4-1 能尝试在习作中运用自己平时积累的语言材料闻 | 1.观察：教师在日常教学过程中，观察学生能否在习作中运用自己平时积累的语言材料<br>2.访谈：访谈家长，了解学生能否在习作中运用自己平时积累的语言材料<br>3.测验：教师创设情境，要求学生根据情境写作，记录其表现 | 教师可随机选择观察、访谈、测验的方式，了解学生能否在习作中运用自己平时积累的语言材料 |
| | 2-5 观察记录 | 2-5-1 能不拘形式地写下自己观察周围世界后的见闻 | 1.观察：教师在日常教学过程中，观察学生能否不拘形式地写下自己观察周围世界后的见闻<br>2.访谈：访谈家长，了解学生能否不拘形式地写下自己观察周围世界后的见闻<br>3.测验：教师提供图片，要求学生用不同形式写下观察图片后的内容，记录其表现 | 教师可随机选择观察、访谈、测验的方式，了解学生能否不拘形式地写下自己观察周围世界后的见闻 |

续表

| 次领域 | 评估指标 | 评估题目 | 评估方法 | 填写说明 |
|---|---|---|---|---|
| 2<br>表达 | | 2-5-2<br>能不拘形式地写下自己观察周围世界后的感受 | 1. 观察：教师在日常教学过程中，观察学生能否不拘形式地写下自己观察周围世界后的感受<br>2. 访谈：访谈家长，了解学生能否不拘形式地写下自己观察周围世界后的感受<br>3. 测验：教师提供图片，要求学生用不同形式写下观察图片后的感受，记录其表现 | 教师可随机选择观察、访谈、测验的方式，了解学生能否不拘形式地写下自己观察周围世界后的感受 |
| | | 2-5-3<br>能不拘形式地写下自己观察周围世界后的想象 | 1. 观察：教师在日常教学过程中，观察学生能否不拘形式地写下自己观察周围世界后的想象<br>2. 访谈：访谈家长，了解学生能否不拘形式地写下自己观察周围世界后的想象<br>3. 测验：教师提供图片，要求学生用不同形式写下观察图片后的想象，记录其表现 | 教师可随机选择观察、访谈、测验的方式，了解学生能否不拘形式地写下自己观察周围世界后的想象 |
| | 2-6<br>新编故事 | 2-6-1<br>能发挥想象新编故事 | 1. 观察：教师在日常教学过程中，观察学生能否发挥想象新编故事<br>2. 访谈：访谈家长或其他同学，了解学生能否发挥想象新编故事<br>3. 测验：教师基于寓言故事，要求学生发挥想象新编故事，记录其表现 | 教师可随机选择观察、访谈、测验的方式，了解学生能否发挥想象新编故事 |
| | 2-7<br>修改习作 | 2-7-1<br>能自己修改习作中存在的错误 | 1. 观察：教师在日常教学过程中，观察学生能否自己修改习作中存在的错误<br>2. 访谈：访谈班上其他同学，了解学生能否自己修改习作中存在的错误<br>3. 测验：教师通过创设情境要求学生写作，了解学生修改病句的情况，记录其表现 | 教师可随机选择观察、访谈、测验的方式，了解学生能否自己修改习作中存在的错误 |
| | | 2-7-2<br>能互相修改习作中存在的错误 | 1. 观察：教师在日常教学过程中，观察学生能否互相修改习作中存在的错误<br>2. 访谈：访谈班上其他同学，了解学生能否互相修改习作中存在的错误 | 教师可随机选择观察、访谈的方式，了解学生能否互相修改习作中存在的错误 |
| 3<br>交流 | 3-1<br>分享阅读感受 | 3-1-1<br>能主动和同学分享自己的阅读感受 | 1. 观察：教师在日常教学过程中，观察学生主动和同学分享阅读感受的情况<br>2. 访谈：访谈其他同学，了解学生分享阅读感受的情况 | 教师可随机选择观察、访谈的方式，了解学生能否主动和同学分享自己的阅读感受 |
| | 3-2<br>分享习作 | 3-2-1<br>能与他人分享自己的习作 | 1. 观察：教师在日常教学过程中，观察学生分享习作的情况<br>2. 访谈：访谈家长或其他同学，了解学生分享习作的情况 | 教师可随机选择观察、访谈的方式，了解学生能否与他人分享自己的习作 |
| | 3-3<br>请教问题 | 3-3-1<br>能向他人请教不理解的问题 | 1. 观察：教师在日常教学过程中，观察学生向他人请教不理解的问题的情况<br>2. 访谈：访谈家长或其他同学，了解学生向他人请教问题的情况 | 教师可随机选择观察、访谈的方式，了解学生能否向他人请教不理解的问题 |
| | 3-4<br>与人交流 | 3-4-1<br>能在学校用合适的方式与他人交流 | 1. 观察：教师在日常教学过程中，观察学生在学校与他人交流的情况<br>2. 访谈：访谈其他同学，了解学生在班级中与人交流时的表现<br>3. 测验：教师出示一个场景，与学生共同对话，记录其表现 | 教师可随机选择观察、访谈、测验的方式，了解学生在学校能否能用合适的方式与他人交流 |

续表

| 次领域 | 评估指标 | 评估题目 | 评估方法 | 填写说明 |
|---|---|---|---|---|
| 3<br>交流 | 3-4<br>与人交流 | 3-4-2<br>能在家中用合适的方式与他人交流 | 1.访谈：访谈家长，了解学生在家中与他人交流时的表现情况 | 教师可随机选择访谈方式，了解学生在家中能否用合适的方式与他人交流 |

领域四：梳理与探究

| 次领域 | 评估指标 | 评估题目 | 评估方法 | 填写说明 |
|---|---|---|---|---|
| 1<br>梳理 | 1-1<br>梳理汉字 | 1-1-1<br>能分类整理所学汉字 | 1.观察：教师在日常教学过程中，观察学生能否分类整理所学汉字<br>2.访谈：访谈家长或班上其他同学，了解学生分类整理所学汉字的情况 | 教师可随机选择观察、访谈的方式，了解学生分类整理所学汉字的情况 |
| | 1-2<br>管理与汇报信息 | 1-2-1<br>能根据讨论目的记录重要信息 | 1.观察：教师在日常教学过程中，观察学生能否根据讨论目的记录重要信息<br>2.访谈：访谈家长或其他同学，了解学生能否根据讨论目的记录重要信息 | 教师可随机选择观察、访谈的方式，了解学生根据讨论目的记录重要信息的能力 |
| | | 1-2-2<br>能将记录的信息分类整理 | 1.观察：教师在日常教学过程中，观察学生能否将记录的信息分类整理<br>2.访谈：访谈家长或其他同学，了解学生能否将记录的信息分类整理 | 教师可随机选择观察、访谈的方式，了解学生能否将记录的信息分类整理 |
| | | 1-2-3<br>能有条理地汇报整理的信息 | 1.观察：教师在日常教学过程中，观察学生能否有条理地汇报整理的信息<br>2.访谈：访谈家长或其他同学，了解学生汇报信息的情况 | 教师可随机选择观察、访谈的方式，了解学生能否有条理地汇报整理的信息 |
| | 1-3<br>整理资料 | 1-3-1<br>能初步掌握整理资料的方法 | 1.观察：教师在日常教学过程中，观察学生能否分类整理所学汉字<br>2.访谈：访谈家长，了解学生能否分类整理所学汉字 | 教师可随机选择观察、访谈的方式，了解学生能否初步掌握整理资料的方法 |
| 2<br>探究 | 2-1<br>合作呈现观察所得 | 2-1-1<br>能与他人合作用书面方式呈现观察大自然的所得 | 1.观察：教师在日常教学过程中，观察学生用书面方式呈现自己观察大自然所得的情况<br>2.访谈：访谈家长或其他同学，了解学生能否合作用书面呈现观察所得 | 教师可随机选择观察、访谈的方式，了解学生能否与他人合作用书面方式呈现观察大自然的所得 |
| | | 2-1-2<br>能与他人合作用口头方式呈现观察大自然的所得 | 1.观察：教师在日常教学过程中，观察学生用.观察：教师在日常教学过程中，观察学生用口头方式呈现自己观察大自然所得的情况<br>2.访谈：访谈家长或其他同学，了解学生能否合作用口语呈现观察所得 | 教师可随机选择观察、访谈的方式，了解学生能否与他人合作用口头方式呈现观察大自然的所得 |
| | 2-2<br>合作呈现观察所得 | 2-2-1<br>能运用语文并结合其他学科知识解决问题 | 1.观察：教师在日常教学过程中，观察学生运用语文并结合其他学科知识解决问题的情况<br>2.访谈：访谈教师或家长，了解学生在遇到问题时，能否运用语文和其他学科知识解决问题<br>3.测验：教师出示一段材料，要求学生运用语文并结合其他学科知识解决问题，记录其表现 | 教师可随机选择观察、访谈、测验的方式，了解学生运用语文并结合其他学科知识解决问题的能力 |

## （三）四年级上册语文课程评估材料

领域一：识字与写字

1 识字

**1-2 认读生字**

1-2-1 识字表

使用说明：教师根据出示的识字表，随机指出若干汉字，请学生读出汉字，教师根据认读情况记录正确率并打分。

| | | | | | | | | | |
|---|---|---|---|---|---|---|---|---|---|
| 盐 | 薄 | 屹 | 昂 | 顿 | 鼎 | 沸 | 贯 | 浩 | 崩 |
| 震 | 霎 | 余 | 鹅 | 卵 | 俗 | 跃 | 穗 | 镀 | 埂 |
| 巢 | 苇 | 罗 | 眠 | 霸 | 占 | 昧 | 坠 | 怀 | 豌 |
| 按 | 僵 | 预 | 揭 | 苔 | 囚 | 框 | 溢 | 蝙 | 蝠 |
| 即 | 锐 | 系 | 铛 | 蝇 | 证 | 障 | 碍 | 荧 | 屏 |
| 唤 | 获 | 赖 | 潜 | 亿 | 索 | 奥 | 舶 | 质 | 哲 |
| 兰 | 避 | 撼 | 喧 | 雀 | 橹 | 驻 | 钞 | 培 | 赌 |
| 媒 | 氛 | 账 | 贺 | 樟 | 杠 | 狡 | 猾 | 暮 | 瑟 |
| 缘 | 降 | 骚 | 逊 | 输 | 均 | 柄 | 蜗 | 曲 | 萎 |
| 宅 | 隐 | 毫 | 慎 | 址 | 良 | 掘 | 搜 | 倾 | 骤 |
| 置 | 抛 | 劈 | 缓 | 浊 | 丈 | 隆 | 肢 | 躯 | 液 |
| 帝 | 少 | 日 | 溺 | 返 | 斯 | 惨 | 盗 | 驰 | 还 |
| 恕 | 坚 | 押 | 锁 | 遭 | 恶 | 脏 | 愤 | 措 | 混 |
| 项 | 熄 | 浆 | 塌 | 杀 | 颂 | 绩 | 圃 | 卉 | 蕾 |
| 蕊 | 玫 | 茉 | 莉 | 牡 | 丹 | 棠 | 嗅 | 奈 | 拯 |
| 嘶 | 哑 | 庞 | 级 | 链 | 攀 | 相 | 辫 | 呵 | 谓 |
| 拳 | 捶 | 顽 | 吁 | 襟 | 膊 | 瓶 | 怖 | 凭 | 欺 |
| 掐 | 囊 | 露 | 羡 | 角 | 殷 | 撤 | 啊 | 霉 | 亏 |
| 哄 | 拙 | 唉 | 砸 | 钉 | 兵 | 败 | 恨 | 帅 | 彻 |
| 溃 | 誉 | 丑 | 豪 | 韭 | 芥 | 芹 | 蒜 | 椒 | 藕 |
| 薯 | 芋 | 塞 | 秦 | 征 | 将 | 杰 | 崛 | 范 | 魏 |
| 嘶 | 效 | 淮 | 惑 | 惩 | 斥 | 蓄 | 迫 | 租 | 纠 |
| 缠 | 邀 | 扰 | 拒 | 签 | 订 | 宁 | 要 | 妄 | 延 |
| 昔 | 茅 | 炕 | 旦 | 媚 | 戎 | 诸 | 竟 | 唯 | 豹 |

续表

| 娶 | 媳 | 巫 | 绅 | 旱 | 徒 | 吊 | 磕 | 凿 | 溉 |
|---|---|---|---|---|---|---|---|---|---|
| 拜 | 侯 | 肤 | 扎 | 剂 | 髓 | 纪 | 标 | 纲 | 授 |
| 揍 | 键 | 谱 | 锈 | 沫 | 砖 | 矿 | 综 | 氧 | 俱 |
| 烁 | | | | | | | | | |

### 1-3 认读词语

#### 1-3-1 词语表

使用说明：教师根据出示的词语表，随机指出若干词语，请学生读出词语，教师根据认读情况记录正确率并打分。

| 奇观 | 农历 | 据说 | 宽阔 | 滚动 | 顿时 | 逐渐 | 犹如 | 霎时 | 余波 |
|---|---|---|---|---|---|---|---|---|---|
| 依旧 | 柔和 | 河床 | 新鲜 | 修补 | 庄稼 | 风俗 | 葡萄 | 满意 | 水稻 |
| 成熟 | 招待 | 传说 | 豌豆 | 按照 | 舒适 | 黑暗 | 恐怕 | 僵硬 | 丰满 |
| 耐心 | 愉快 | 兴奋 | 曾经 | 水沟 | 感激 | 收成 | 虚弱 | 强壮 | 等待 |
| 蚊子 | 即使 | 灵巧 | 绳子 | 苍蝇 | 证明 | 研究 | 雷达 | 显示 | 世纪 |
| 技术 | 改变 | 程度 | 超过 | 幻想 | 奥秘 | 日益 | 联系 | 物质 | 哲学 |
| 任何 | 创造 | 改善 | 操场 | 嫩红 | 舒服 | 均匀 | 重叠 | 空隙 | 叶柄 |
| 反面 | 触角 | 弯曲 | 细小 | 痕迹 | 牢固 | 休想 | 住宅 | 临时 | 功夫 |
| 慎重 | 选择 | 住址 | 优良 | 洞穴 | 大厅 | 卧室 | 专家 | 平整 | 清洁 |
| 卫生 | 疲劳 | 睁眼 | 翻身 | 斧头 | 缓缓 | 上升 | 下降 | 血液 | 汗毛 |
| 茂盛 | 滋润 | 雨露 | 人间 | 悲惨 | 情景 | 危害 | 猛兽 | 严厉 | 敬佩 |
| 悄悄 | 坚定 | 违抗 | 狠心 | 尖利 | 著名 | 获得 | 打猎 | 猛烈 | 拍打 |
| 嘴角 | 分明 | 牙齿 | 绝望 | 尖叫 | 身躯 | 掩护 | 幼儿 | 搏斗 | 庞大 |
| 安然 | 强大 | 力量 | 假日 | 云彩 | 石级 | 发颤 | 年纪 | 奋力 | 猴子 |
| 纪念 | 辫子 | 鼓舞 | 居然 | 甚至 | 顽皮 | 故意 | 脖子 | 忙乱 | 扑打 |
| 大概 | 助威 | 昏乱 | 结实 | 汉子 | 可笑 | 平白 | 文艺 | 表演 | 角色 |
| 殷切 | 期待 | 排练 | 危机 | 充分 | 自信 | 提示 | 撤换 | 紧张 | 砸锅 |
| 至今 | 否则 | 旋转 | 况且 | 椅子 | 仍然 | 尤其 | 顽强 | 溃败 | 自豪 |
| 严肃 | 清晰 | 抱负 | 胸怀 | 赞叹 | 表情 | 忘怀 | 果真 | 非凡 | 指望 |
| 训斥 | 体会 | 分量 | 响亮 | 管理 | 人烟 | 媳妇 | 新娘 | 干旱 | 迎接 |
| 徒弟 | 求饶 | 灌溉 | | 恨不得 | | 笑呵呵 | | 黑乎乎 | |

续表

| 眼睁睁 | 鹅卵石 | 暖洋洋 | 科学家 | 驾驶员 |
|---|---|---|---|---|
| 原子核 | 瞧不起 | 爬山虎 | 人山人海 | 摇头晃脑 |
| 齐头并进 | 山崩地裂 | 横七竖八 | 腾云驾雾 | 精疲力竭 |
| 愤愤不平 | 无缘无故 | 哄堂大笑 | 重整旗鼓 | 手舞足蹈 |
| 不动声色 | 面如土色 | 坑坑洼洼 | 呼风唤雨 | 随遇而安 |
| 奔流不息 | 左顾右盼 | 无可奈何 | 通情达理 | 冰天雪地 |
| 得心应手 | | | | |

## 2 写字

### 2-1 ～ 2-2 能正确书写本册常用汉字、词语

使用说明：教师准备纸笔，根据下方出示的写字表和上方的词语表，随机抽取简单或复杂的常用汉字和常用词语请学生书写于下方的田字格中，教师进行记录并打分。

| 潮 | 据 | 堤 | 阔 | 盼 | 滚 | 顿 | 逐 | 渐 | 堵 |
|---|---|---|---|---|---|---|---|---|---|
| 犹 | 崩 | 震 | 霎 | 余 | 淘 | 牵 | 鹅 | 卵 | 坑 |
| 洼 | 填 | 庄 | 稼 | 俗 | 跃 | 葡 | 萄 | 稻 | 熟 |
| 豌 | 按 | 舒 | 适 | 暗 | 恐 | 僵 | 硬 | 枪 | 耐 |
| 探 | 曾 | 愉 | 沟 | 蚊 | 即 | 科 | 横 | 竖 | 绳 |
| 系 | 蝇 | 证 | 研 | 究 | 达 | 驾 | 驶 | 唤 | 纪 |
| 技 | 改 | 程 | 超 | 亿 | 核 | 奥 | 益 | 联 | 质 |
| 哲 | 任 | 善 | 暮 | 吟 | 题 | 侧 | 峰 | 庐 | 缘 |
| 降 | 费 | 须 | 逊 | 输 | 虎 | 操 | 占 | 嫩 | 顺 |
| 均 | 叠 | 隙 | 茎 | 柄 | 萎 | 瞧 | 宅 | 固 | 临 |
| 慎 | 选 | 择 | 址 | 良 | 穴 | 厅 | 卧 | 专 | 卫 |
| 较 | 睁 | 翻 | 斧 | 劈 | 缓 | 浊 | 丈 | 撑 | 竭 |
| 累 | 血 | 液 | 奔 | 茂 | 滋 | 帝 | 曰 | 溺 | 返 |
| 衔 | 悲 | 惨 | 兽 | 佩 | 坚 | 违 | 抗 | 环 | 锁 |
| 既 | 狠 | 著 | 愤 | 获 | 嗅 | 呆 | 奈 | 巢 | 齿 |
| 躯 | 掩 | 护 | 幼 | 搏 | 庞 | 量 | 愣 | 级 | 链 |
| 颤 | 攀 | 猴 | 念 | 辩 | 呵 | 摸 | 甚 | 捶 | 溅 |
| 绕 | 顽 | 脖 | 脱 | 概 | 惹 | 昏 | 握 | 摔 | 凭 |
| 招 | 殷 | 段 | 俩 | 练 | 套 | 裤 | 逃 | 亏 | 挖 |

续表

| 撒 | 堂 | 砸 | 锅 | 否 | 旋 | 况 | 兵 | 败 | 椅 |
|---|---|---|---|---|---|---|---|---|---|
| 仍 | 尤 | 恨 | 帅 | 预 | 溃 | 品 | 丑 | 豪 | 塞 |
| 秦 | 征 | 词 | 催 | 醉 | 杰 | 亦 | 雄 | 项 | 肃 |
| 晰 | 振 | 胸 | 怀 | 赞 | 效 | 凡 | 顾 | 训 | 斥 |
| 戍 | 尝 | 诸 | 竞 | 唯 | 豹 | 派 | 娶 | 媳 | 妇 |
| 淹 | 逼 | 浮 | 旱 | 徒 | 扔 | 饶 | 骗 | 灌 | |

**2-3 ~ 2-5 能用硬笔抄写成段的文字，能做到书写具有一定的速度，保持良好的写字习惯**

使用说明：教师提供纸笔和一段文字，学生进行抄写，教师记录学生书写情况并打分。

午后一点左右，从远处传来隆隆的响声，好像闷雷滚动。顿时人声鼎沸，有人告诉我们，潮来了！我们踮着脚往东望去，江面还是风平浪静，看不出有什么变化。过了一会儿，响声越来越大，只见东边水天相接的地方出现了一条白线，人群又沸腾起来。

抄写：

_____

领域二：阅读与鉴赏

1 诵读与理解

**1-1 普通话朗读课文**

1-1-1 ~ 1-1-3 **本册课文范例**

使用说明：教师根据下方出示的课文范例，请学生进行朗读，在朗读过程中记录学生能否正确读准字音、能否流畅不卡顿、能否饱含情感地读完整篇课文。

### 观潮

钱塘江大潮，自古以来被称为天下奇观。

农历八月十八是一年中传统的观潮日。这一天早上，我们来到了海宁市的盐官镇，据说这里是观潮最好的地方。我们随着观潮的人群，登上了海塘大堤。宽阔的钱塘江横卧在眼前。江面很平静，越往东越宽，在雨后的阳光下，笼罩着一层蒙蒙的薄雾。镇海古塔、中山亭和观潮台屹立在江边。远处，几座小山在云雾中若隐若现。江潮还没有来，海塘大堤上早已人山人海。大家昂首东望，等着，盼着。

午后一点左右，从远处传来隆隆的响声，好像闷雷滚动。顿时人声鼎沸，有人告诉我们，潮来了！我们踮着脚往东望去，江面还是风平浪静，看不出有什么变化。过了一会儿，响声越来越大，只见东边水天相接的地方出现了一条白线，人群又沸腾起来。

那条白线很快地向我们移来，逐渐拉长，变粗，横贯江面。再近些，只见白浪翻滚，形成一堵高高的水墙。浪潮越来越近，犹如千万匹白色战马齐头并进，浩浩荡荡地飞奔而来；那声音如同山崩地裂，好像大地都被震得颤动起来。

霎时，潮头奔腾西去，可是余波还在漫天卷地般涌来，江面上依旧风号浪吼。过了好久，钱塘江才恢复了平静。

## 1-2 背诵课文

### 1-2-1 本册现代文范例

使用说明：教师随机抽取一篇本册需要背诵的课文，请学生进行背诵，教师记录学生所背诵课文的正确率并打分。

#### 走月亮

细细的溪水，流着山草和野花的香味，流着月光。灰白色的鹅卵石布满河床。哟，卵石间有多少可爱的小水塘啊，每个小水塘都抱着一个月亮！哦，阿妈，白天你在溪里洗衣裳，而我，用树叶做小船，运载许多新鲜的花瓣……哦，阿妈，我们到溪边去吧，去看看小水塘，看看水塘里的月亮，看看我采过野花的地方。

### 1-2-2 本册古诗范例

使用说明：教师随机抽取一首本册需要背诵的古诗（包括《暮江吟》《题西林壁》《雪梅》《出塞》《凉州词》《夏日绝句》），请学生进行背诵，教师记录学生所背诵古诗的正确率并打分。

#### 题西林壁

[宋] 苏轼

横看成岭侧成峰，

远近高低各不同。

不识庐山真面目，

只缘身在此山中。

### 1-2-3 本册文言文范例

使用说明：教师随机抽取一篇本册需要背诵的文言文，请学生进行背诵，教师记录学生所背诵课文的正确率并打分。

#### 精卫填海

炎帝之少女，名曰女娃。女娃游于东海，溺而不返，故为精卫，常衔西山之木石，以堙于东海。

### 1-3 背诵格言警句

#### 1-3-1 能熟练背诵本册格言警句

使用说明：教师随机说出格言警句的上半句或下半句，请学生补充完整，教师记录正确个数并打分。

（1）好问则裕，自用则小。

（2）博学之，审问之，慎思之，明辨之，笃行之。

（3）智能之士，不学不成，不问不知。

（4）人非生而知之者，孰能无惑？

（5）立了秋，把扇丢。

（6）二八月，乱穿衣。

（7）夏雨少，秋霜早。

（8）八月里来雁门开，雁儿脚上带霜来。

（9）一场秋雨一场寒，十场秋雨要穿棉。

（10）八月暖，九月温，十月还有小阳春。

（11）尺有所短，寸有所长。

（12）机不可失，时不再来。

（13）差之毫厘，谬以千里。

（14）病从口入，祸从口出。

（15）一言既出，驷马难追。

（16）比上不足，比下有余。

### 2 阅读与理解

#### 2-1 感受人物形象

#### 2-1-1 能初步感受文章中的人物形象

使用说明：教师随机出示本册课文，请学生说出或写出文章中人物形象，教师记录学生答题情况并打分。

#### 普罗米修斯

火神赫淮斯托斯很敬佩普罗米修斯，悄悄对他说："只要你向宙斯承认错误，归还火种，我一定请求他饶恕你。"

普罗米修斯摇摇头，坚定地回答："为人类造福，有什么错？我可以忍受各种痛苦，但决不会承认错误，更不会归还火种！"

火神不敢违抗宙斯的命令，只好把普罗米修斯押到高加索山上。普罗米修斯的双手和双脚戴着铁环，被死死地锁在高高的悬崖上。他既不能动弹，也不能睡觉，日夜遭受着风吹雨淋的痛苦。尽管如此，普罗米修斯就是不向宙斯屈服。

题目：请找出描写普罗米修斯的有关语句，你觉得普罗米修斯是一个什么样的人？请写下来。

答：_____

## 2-2 体会人物心情

### 2-2-1 能通过人物的动作体会人物的心情

使用说明：教师随机出示本册课文，请学生在文中找出描写人物的动作的句子并用横线画出来，说出或写出人物心情，教师记录学生答题情况并打分。

#### 扁鹊治病

有一天，名医扁鹊去拜见蔡桓侯。

扁鹊在蔡桓侯身边站了一会儿，说："据我看来，您皮肤上有点儿小病。要是不治，恐怕会向体内发展。"蔡桓侯说："我的身体很好，什么病也没有。"扁鹊走后，蔡桓侯对左右的人说："这些做医生的，总喜欢给没有病的人治病。医治没有病的人，才容易显示自己的高明！"

过了十天，扁鹊又来拜见蔡桓侯，说道："您的病已经发展到皮肉之间了，要是不治还会加深。"蔡桓侯听了很不高兴，没有理睬他。扁鹊只好退了出去。

十天后，扁鹊再一次来拜见，对蔡桓侯说："您的病已经发展到肠胃里，再不治会更加严重。"蔡桓侯听了非常不高兴。扁鹊连忙退了出去。

又过了十天，扁鹊老远望见蔡桓侯，只看了几眼，就掉头跑了。蔡桓侯觉得奇怪，派人去问他："扁鹊，你为什么一声不响就跑掉了？"扁鹊解释道："病在皮肤上，用热敷就能够治好；发展到皮肉之间，用扎针的方法可以治好；即使发展到肠胃里，服几剂汤药也还能治好；一旦深入骨髓，只能等死，医生再也无能为力了。现在病已经深入骨髓，所以我不再请求给他医治！"

五天之后，蔡桓侯浑身疼痛，派人去请扁鹊给他治病。扁鹊早知道蔡桓侯要来请他，几天前就跑到秦国去了。不久，蔡桓侯病死了。

题目：请在文中用横线勾出描写扁鹊动作的句子，你觉得体现了扁鹊什么心情呢？请写下来。

答：_____

### 2-2-2 ～ 2-2-3 能通过人物的语言和神态体会人物的心情

使用说明：教师随机出示一段本册课文，让学生找出描写人物的语言、神态的语句，说出或写出人物的心情，教师记录学生答题情况并打分。如：

#### 西门豹治邺

西门豹面对着漳河站了很久。那些官绅都提心吊胆，大气儿也不敢出。西门豹回过头来，看着他们说："怎么还不回来，请你们去催催吧！"说着又要叫卫士把他们扔下漳河去。

官绅一个个吓得面如土色，跪下来磕头求饶，把头都磕破了，直淌血。西门豹说："好吧，再等一会儿。"过了一会儿，他才说："起来吧。看样子是河神把他们留下了。你们都回去吧。"

老百姓都明白了，巫婆和官绅都是骗钱害人的。从此，谁也不敢再提给河神娶媳妇，漳河也没有发大水。

西门豹发动老百姓开凿了十二条渠道，把漳河的水引到田里。庄稼得到灌溉，年年都获得好收成。

题目1：请在文中用横线画出描写西门豹语言的句子，你觉得体现了西门豹什么心情呢？请写下来。

答：＿＿＿＿＿＿＿＿＿＿＿＿＿＿＿＿＿＿＿＿＿＿＿＿＿＿＿＿＿＿

题目2：请在文中用横线画出描写西门豹神态的句子，你觉得体现了西门豹什么心情呢？请写下来。

答：＿＿＿＿＿＿＿＿＿＿＿＿＿＿＿＿＿＿＿＿＿＿＿＿＿＿＿＿＿＿

### 2-3 把握文章内容

#### 2-3-1 能把握一件事构成的文章的主要内容

使用说明：教师随机提供本册的一篇文章，让学生说出或写出这篇课文的主要内容，教师记录学生答题情况并打分。

#### 王戎不取道旁李

王戎七岁，尝与诸小儿游。看道边李树多子折枝，诸儿竞走取之，唯戎不动。人问之，答曰："树在道边而多子，此必苦李。"取之，信然。

注释

①本文选自《世说新语·雅量》。王戎，晋朝人，"竹林七贤"之一，自幼聪慧。

②〔尝〕曾经

③〔竞走〕争着跑过去

④〔唯〕只有

⑤〔信然〕的确如此

题目：这篇文章说了一件事，主要讲了什么？请简要说说。

#### 2-3-2 能把握几件事构成的文章的主要内容

使用说明：教师提供本册的一篇文章，让学生说出或写出这篇课文的主要内容，教师记录学生答题情况并打分。

### 麻雀

我打猎回来，走在林荫路上。猎狗跑在我的前面。

突然，我的猎狗放慢脚步，悄悄地向前走，好像嗅到了前面有什么野物。

风猛烈地摇撼着路旁的白桦树。我顺着林荫路望去，看见一只小麻雀呆呆地站在地上，无可奈何地拍打着小翅膀。它嘴角嫩黄，头上长着绒毛，分明是刚出生不久，从巢里掉下来的。

猎狗慢慢地走近小麻雀，嗅了嗅，张开大嘴，露出锋利的牙齿。突然，一只老麻雀从一棵树上飞下来，像一块石头似的落在猎狗面前。它挓挲起全身的羽毛，绝望地尖叫着。

老麻雀用自己的身躯掩护着小麻雀，想拯救自己的幼儿。它准备着一场搏斗，可是因为紧张，它浑身发抖，发出嘶哑的声音。在它看来，猎狗是个多么庞大的怪物啊！可是它不能安然地站在高高的没有危险的树枝上，一种强大的力量使它飞了下来。

猎狗愣住了，它可能没料到老麻雀会有这么大的勇气，慢慢地，慢慢地向后退。

我急忙唤回我的猎狗，带着它走开了。

题目：这篇文章说了几件事？本文主要讲了什么内容？请简要概括。

答：_____

### 2-4 复述课文

#### 2-4-1 能简要复述课文内容

使用说明：教师随机基于出示的本册课文内容，请学生简要复述课文所讲述的内容，教师记录学生复述情况并打分。

### 爬山虎的脚

学校操场北边墙上满是爬山虎。我家也有爬山虎，从小院的西墙爬上去，在房顶上占了一大片地方。

爬山虎刚长出来的叶子是嫩红的，不几天叶子长大，就变成嫩绿的。爬山虎的嫩叶，不大引人注意，引人注意的是长大了的叶子。那些叶子绿得那么新鲜，看着非常舒服。叶尖一顺儿朝下，在墙上铺得那么均匀，没有重叠起来的，也不留一点儿空隙。一阵风拂过，一墙的叶子就漾起波纹，好看得很。

以前，我只知道这种植物叫爬山虎，可不知道它怎么能爬。今年，我注意了，原来爬山虎是有脚的。爬山虎的脚长在茎上。茎上长叶柄的地方，反面伸出枝状的六七根细丝，这些细丝很像蜗牛的触角。细丝跟新叶子一样，也是嫩红的。这就是爬山虎的脚。

爬山虎的脚触着墙的时候，六七根细丝的头上就变成小圆片，巴住墙。细丝原先是直的，现在弯曲了，把爬山虎的嫩茎拉一把，使它紧贴在墙上。爬山虎就是这样一脚一脚地往上爬。如果你仔细看那些细小的脚，你会想起图画上蛟龙的爪子。

爬山虎的脚要是没触着墙，不几天就萎了，后来连痕迹也没有了。触着墙的，细丝和小圆片逐渐变成灰色。不要瞧不起那些灰色的脚，那些脚巴在墙上相当牢固，要是你的手指不费一点儿劲，休想拉下爬山虎的一根茎。

题目：这篇文章说了什么内容？请简要说说。

### 2-7 理解古诗文

#### 2-7-1 能借助注释，理解古诗大意

使用说明：教师随机出示一首古诗（包括《暮江吟》《题西林壁》《雪梅》《出塞》《凉州词》《夏日绝句》），让学生借助注释，说说古诗大意，教师记录学生答题情况并打分。

**雪 梅**

[宋]卢钺

梅雪争春未肯降①，

骚人②阁③笔费评章④。

梅须逊⑤雪三分白，

雪却输梅一段香。

注释

①〔降〕服输

②〔骚人〕诗人。

③〔阁〕同"搁"，放下。这里读 gē。

④〔评章〕评议。这里指评议梅与雪的高下。

⑤〔逊〕不及，比不上。

#### 2-7-2 能借助注释，理解古文大意

使用说明：教师随机出示一篇古文，让学生借助注释，说出古文大意，教师记录学生答题情况并打分。

**王戎不取道旁李**

王戎七岁，尝与诸小儿游。看道边李树多子折枝，诸儿竞走取之，唯戎不动。人问之，答曰："树在道边而多子，此必苦李。"取之，信然。

注释

①本文选自《世说新语·雅量》。王戎，晋朝人，"竹林七贤"之一，自幼聪慧。

②〔尝〕曾经。

③〔竞走〕争着跑过去。

④〔唯〕只有。

⑤〔信然〕的确如此。

题目：请借助注释，简要说说古文大意。

## 领域三：表达与交流

### 2 表达

#### 2-1 讲故事

**2-1-1 ～ 2-1-2 能使用恰当的语气、肢体语言来生动地讲故事**

使用说明：教师确定一个主题，让学生用语言、肢体动作展现故事情节，教师记录学生情况并打分。

题目：请讲讲《龟兔赛跑》的故事 / 请用肢体动作表演《龟兔赛跑》的故事。

#### 2-2 表达想法

**2-2-1 能口头表达自己的想法**

使用说明：教师提供一个问题，让学生说一说自己的想法，教师记录学生回答情况并打分。

题目：老人在路边跌倒了，你应该做什么？请简要说一说。

**2-2-2 能用书面表达自己的想法**

使用说明：教师提供一个问题，让学生将自己的想法写下来，教师记录学生回答情况并打分。

题目：老人在路边跌倒了，你应该做什么？请简要写一写。

答：_____

#### 2-3 积累运用

**2-3-1 能尝试在习作中运用自己平时积累的语言材料**

使用说明：教师出示习作主题，让学生进行写作，教师记录学生习作情况并打分。

习作主题：记一次游戏

写作指导：做游戏前，你做过什么准备？在游戏中，你印象最深刻的是什么？游戏结束后，你有什么想法和感受？如，应该遵守规则……要团结协作……

习作要求：根据这些问题，把游戏写清楚，还可以写一写自己当时的心情。写好后，给习作拟定一个题目，然后用修改符号改正其中的错别字和不通顺的句子，最后誊写清楚。

### 2-4 观察记录

2-4-1 ～ 2-4-3 能不拘形式地写下自己观察周围世界后的见闻、感受、想象

使用说明：让学生用不同形式写下课间同学们在做什么的见闻、感受、想象，教师记录学生答题情况并打分。

题目：请仔细观察课间同学们的活动，用不同的形式写下观察到的见闻、感受和想象。（例如，观察日记、作文、诗歌、小报等）

答：_____

### 2-5 撰写书信

2-5-1 能写书信

使用说明：教师提供信纸，让学生书写书信，教师记录学生写信情况并打分。

### 2-6 修改习作

2-6-1 ～ 2-6-2 能自己修改习作中存在的错误

使用说明：要求学生修改上面习作中的错误，教师记录学生修改情况并打分。

## 3 交流

### 3-2 讨论发言

3-2-1 能围绕话题发言

使用说明：教师提供一个话题，让学生围绕话题发言，教师记录学生发言情况并打分。

话题："我喜欢大熊猫"

### 3-3 安慰他人

3-3-1 ～ 3-3-2 能在生活中用语言、肢体动作安慰他人

使用说明：教师提供一个情境，让学生用语言表达安慰话语／用肢体动作表示安慰，教师根据学生表现打分。

题目：小明同学跑步时不小心摔伤了，一直在哭泣，你应该怎么说？／你应该怎么做？

# （四）四年级下册语文课程评估材料

## 领域一：识字与写字

### 1 识字

**1-2 认读生字**

1-2-1 识字表

使用说明：教师根据出示的识字表，随机指出若干汉字，请学生读出汉字，教师根据认读情况记录正确率（0%、30%、60%、90%）并打分。

| | | | | | | | | | |
|---|---|---|---|---|---|---|---|---|---|
| 杂 | 篱 | 徐 | 疏 | 锄 | 剥 | 构 | 冠 | 朴 | 素 |
| 率 | 倘 | 附 | 捣 | 绘 | 谐 | 慰 | 藉 | 卜 | 绮 |
| 和 | 谈 | 琥 | 嗡 | 脂 | 拭 | 渗 | 俯 | 扎 | 番 |
| 埋 | 澎 | 湃 | 钝 | 仅 | 描 | 隧 | 衍 | 吨 | 颅 |
| 膨 | 捷 | 栖 | 辟 | 崭 | 乒 | 乓 | 拥 | 菌 | 臭 |
| 蔬 | 碳 | 癌 | 症 | 率 | 疾 | 灶 | 鹏 | 揽 | 驱 |
| 践 | 着 | 党 | 施 | 懈 | 宛 | 碑 | 宾 | 吉 | 咸 |
| 兆 | 廷 | 予 | 肿 | 阶 | 趾 | 巩 | 政 | 漫 | 涛 |
| 挤 | 叉 | 绣 | 潇 | 绽 | 朦 | 胧 | 晖 | 徜 | 徉 |
| 炫 | 垢 | 怯 | 曝 | 赤 | 涉 | 晕 | 屈 | 渊 | 孟 |
| 甫 | 韩 | 愈 | 禹 | 锡 | 仲 | 龚 | 虑 | 职 | 屏 |
| 蹭 | 稿 | 腔 | 殃 | 折 | 疙 | 瘩 | 侮 | 恶 | 聋 |
| 啄 | 伏 | 哼 | 啼 | 凄 | 看 | 嚣 | 吭 | 吠 | 促 |
| 颇 | 奢 | 侈 | 苟 | 侍 | 窥 | 伺 | 供 | 肝 | 秆 |
| 俏 | 峭 | 哺 | 浦 | 沦 | 抡 | 涣 | 焕 | 俊 | 峻 |
| 扩 | 荷 | 刹 | 镶 | 浙 | 簇 | 臀 | 漆 | 蜿 | 蜒 |
| 恭 | 勤 | 焉 | 卒 | 絮 | 扭 | 姥 | 吧 | 塞 | 呜 |
| 哇 | 糠 | 栓 | 捆 | 绑 | 劫 | 毙 | 扒 | 尸 | 徽 |
| 谜 | 唇 | 尚 | 荤 | 倔 | 强 | 嘱 | 咐 | 沮 | 吭 |
| 嘹 | 仪 | 蹬 | 妨 | 搓 | 葵 | 祈 | 遗 | 憾 | 污 |
| 屑 | 芙 | 蓉 | 洛 | 单 | 砚 | 干 | 坤 | 弥 | 脉 |
| 葬 | 剖 | 裸 | 泣 | 洶 | 维 | 醋 | 械 | 岗 | 宰 |

续表

| | | | | | | | | | |
|---|---|---|---|---|---|---|---|---|---|
| 遣 | 役 | 屡 | 启 | 摧 | 雹 | 晕 | 腔 | 泰 | 杖 |
| 敞 | 拘 | 蕴 | 蔼 | 慷 | 慨 | 贤 | 戚 | 惧 | 彬 |
| 躁 | 焚 | 妖 | 矩 | 乖 | 撵 | 丫 | 拽 | 冲 | 瘦 |
| 硕 | 允 | 砌 | 覆 | 啸 | 缕 | 搂 | 颊 | 矢 | 殿 |
| 抚 | 硫 | 鲸 | 昵 | 恰 | 珀 | | | | |

## 1-3 认读词语

### 1-3-1 词语表

使用说明：教师根据出示的词语表，随机指出若干词语，请学生读出词语，教师记录正确率（0%、30%、60%、90%）并打分。

| | | | | | | | | | |
|---|---|---|---|---|---|---|---|---|---|
| 屋檐 | 构成 | 装饰 | 顺序 | 华丽 | 独特 | 照例 | 率领 | 踏步 | 倘若 |
| 和谐 | 甜蜜 | 梦乡 | 慰藉 | 扫荡 | 威力 | 锐利 | 河滩 | 帐子 | 闪烁 |
| 奇幻 | 蝙蝠 | 霸气 | 复杂 | 怒吼 | 松脂 | 拂拭 | 灰尘 | 美餐 | 晌午 |
| 淹没 | 挣扎 | 冲刷 | 断绝 | 推测 | 详细 | 情形 | 恐龙 | 笨重 | 迟钝 |
| 鸽子 | 凌空 | 根据 | 末期 | 描绘 | 隧道 | 地球 | 形态 | 膨大 | 前肢 |
| 具备 | 开辟 | 脱离 | 纳米 | 拥有 | 冰箱 | 功能 | 蔬菜 | 材料 | 钢铁 |
| 隐形 | 健康 | 细胞 | 疾病 | 预防 | 病灶 | 需要 | 深刻 | 繁星 | 藤萝 |
| 波涛 | 墨绿 | 嫩绿 | 集中 | 交叉 | 教练 | 指挥 | 整齐 | 节拍 | 白桦 |
| 潇洒 | 朦胧 | 寂静 | 朝霞 | 呼唤 | 响动 | 尽职 | 屏息 | 稿纸 | 梅花 |
| 解闷 | 勇猛 | 满月 | 淘气 | 讨厌 | 理由 | 心事 | 反抗 | 忠厚 | 毒手 |
| 成绩 | 警戒 | 预备 | 汤圆 | 即将 | 姿态 | 高傲 | 狂吠 | 局促 | 京剧 |
| 譬如 | 侍候 | 饭馆 | 附近 | 脾气 | 敏捷 | 昂首 | 供养 | 清静 | 扩大 |
| 范围 | 努力 | 刹那 | 夺目 | 分辨 | 灿烂 | 不仅 | 杜鹃 | 气势 | 聚集 |
| 拥挤 | 心情 | 脚跟 | 移动 | 昏暗 | 挤压 | 额角 | 登陆 | 宽广 | 石笋 |
| 观赏 | 芦花 | 发愣 | 铅笔 | 枪栓 | 胳膊 | 劫难 | 鬼脸 | 戒指 | 绸子 |
| 敌人 | 尸首 | 防备 | 慌忙 | 行驶 | 凌晨 | 窟窿 | 混乱 | 维持 | 秩序 |
| 岗位 | 主宰 | 调遣 | 践行 | 介绍 | 声明 | 妖怪 | 规矩 | 劈面 | 幸福 |
| 柔嫩 | 丰硕 | 允许 | 禁止 | 踪迹 | 呼啸 | 始终 | 吼叫 | 自私 | 举动 |
| 脸颊 | 凶狠 | 拆除 | | 催眠曲 | | 猫头鹰 | | 热辣辣 | |
| 毛茸茸 | | 石钟乳 | | 向日葵 | | 空空如也 | | 一丝不苟 | |
| 无能为力 | | 成千上万 | | | | | | | |

## 2 写字

### 2-1 ~ 2-2 能正确书写本册常用汉字、词语

使用说明：教师准备纸笔，根据下方出示的写字表和上方的词语表，随机抽取简单或复杂的常用汉字和常用词语请学生书写于下方的田字格中，教师进行记录并打分。

| | | | | | | | | | |
|---|---|---|---|---|---|---|---|---|---|
| 杂 | 稀 | 蜻 | 蜓 | 蝶 | 宿 | 徐 | 疏 | 茅 | 檐 |
| 翁 | 笼 | 赖 | 剥 | 构 | 饰 | 蹲 | 凤 | 序 | 例 |
| 率 | 觅 | 耸 | 踏 | 倘 | 绘 | 谐 | 寄 | 眠 | 慰 |
| 藉 | 卜 | 锐 | 滩 | 帐 | 烁 | 蝙 | 蝠 | 霸 | 鹰 |
| 怒 | 吼 | 脂 | 拭 | 餐 | 划 | 晌 | 辣 | 渗 | 挣 |
| 番 | 埋 | 刷 | 测 | 详 | 笨 | 钝 | 鸽 | 毫 | 凌 |
| 末 | 描 | 隧 | 态 | 吨 | 颅 | 膨 | 肢 | 翼 | 辟 |
| 纳 | 拥 | 箱 | 臭 | 蔬 | 碳 | 钢 | 隐 | 健 | 康 |
| 胞 | 疾 | 防 | 灶 | 需 | 繁 | 漫 | 灭 | 藤 | 萝 |
| 滕 | 涛 | 躲 | 瓶 | 挤 | 叉 | 挥 | 桦 | 涂 | 茸 |
| 绣 | 潇 | 穗 | 朦 | 胧 | 寂 | 霞 | 抹 | 忧 | 虑 |
| 贪 | 职 | 屏 | 蹭 | 稿 | 腔 | 解 | 闷 | 遭 | 蛇 |
| 殃 | 盆 | 勃 | 讨 | 厌 | 坝 | 忠 | 毒 | 绩 | 孵 |
| 警 | 戒 | 歪 | 咕 | 汤 | 掘 | 伏 | 啼 | 吠 | 促 |
| 颇 | 剧 | 苟 | 譬 | 侍 | 馆 | 附 | 脾 | 敏 | 捷 |
| 昂 | 供 | 添 | 扩 | 范 | 努 | 刹 | 烂 | 替 | 镶 |
| 紫 | 仅 | 浙 | 罗 | 杜 | 鹃 | 窄 | 郁 | 肩 | 臀 |
| 额 | 陆 | 乳 | 笋 | 端 | 源 | 囊 | 萤 | 恭 | 勤 |
| 博 | 贫 | 焉 | 逢 | 卒 | 晋 | 炕 | 铅 | 鸣 | 栓 |
| 胳 | 膊 | 劫 | 绸 | 扒 | 敌 | 尸 | 趁 | 慌 | 芙 |
| 蓉 | 洛 | 壶 | 雁 | 砚 | 干 | 坤 | 伦 | 剖 | 窟 |
| 窿 | 混 | 嘶 | 维 | 秩 | 岗 | 宰 | 措 | 遭 | 践 |
| 介 | 绍 | 妖 | 矩 | 乖 | 攀 | 烫 | 拽 | 福 | 舐 |
| 葵 | 瘦 | 棒 | 罢 | 硕 | 允 | 砌 | 牌 | 禁 | 惩 |
| 踪 | 啸 | 私 | 颊 | 拆 | 移 | 腹 | 丫 | 哩 | 持 |

**2-3 ～ 2-5 能用硬笔抄写成段的文字，能做到书写具有一定的速度，保持良好的写字习惯**

使用说明：教师提供纸笔和一段文字，学生进行抄写，教师记录学生书写情况并打分。

从那小小的玻璃，你会看见雨脚在那里卜落卜落跳，你会看见带子似的闪电一瞥；你想象到这雨，这风，这雷，这电，怎样猛厉地扫荡了这世界，你想象它们的威力比你在露天真实感到的要大十倍百倍。小小的天窗会使你的想象锐利起来！

抄写：

_____

领域二：阅读与鉴赏

1 诵读与理解

**1-1 普通话朗读课文**

1-1-1 ～ 1-1-3 本册课文范例

使用说明：教师根据下方出示的课文范例，请学生进行朗读，在朗读过程中记录学生能否正确读准字音、能否流畅不卡顿、能否饱含情感地读完整篇课文。

### 天窗

乡下的房子只有前面一排木板窗。暖和的晴天，木板窗扇扇打开，光线和空气都有了。

碰着大风大雨，或者北风呼呼叫的冬天，木板窗只好关起来，屋子里就黑得像地洞似的。

于是乡下人在屋顶开一个小方洞，装一块玻璃，叫作"天窗"。

夏天阵雨来了时，孩子们顶喜欢在雨里跑跳，仰着脸看闪电，然而大人们偏就不许。"到屋里来啊！"随着木板窗的关闭，孩子们也就被关在地洞似的屋里了。这时候，小小的天窗是你唯一的慰藉。

从那小小的玻璃，你会看见雨脚在那里卜落卜落跳，你会看见带子似的闪电一瞥；你想象到这雨，这风，这雷，这电，怎样猛厉地扫荡了这世界，你想象它们的威力比你在露天真实感到的要大十倍百倍。小小的天窗会使你的想象锐利起来！

晚上，当你被逼着上床去"休息"的时候，也许你还忘不了月光下的草地河滩。你偷偷地从帐子里伸出头来，仰起了脸。这时候，小小的天窗又是你唯一的慰藉！

你会从那小玻璃上面的一粒星，一朵云，想象到无数闪闪烁烁可爱的星，无数像山似的，马似的，巨人似的奇幻的云彩；你会从那小玻璃上面掠过的一条黑影，想象到这也许是灰色的蝙蝠，也许是会唱歌的夜莺，也许是霸气十足的猫头鹰……总之，夜的美丽神奇，立刻会在你的想象中展开。

发明这天窗的大人们，是应得感谢的。因为活泼会想的孩子们知道怎样从"无"中看出"有"，从"虚"中看出"实"，比任何他们看到的都更真切，更阔达，更复杂，更确实！

### 1-2 背诵课文

#### 1-2-1 本册现代诗范例

使用说明：教师随机抽取一首本册需要背诵的现代诗（包括《绿》《繁星（七一）》《繁星（一三一）》《繁星（一五九）》《在天晴了的时候》），请学生进行背诵，教师记录学生所背诵课文的正确率并打分。

**绿**

好像绿色的墨水瓶倒翻了，

到处是绿的……

到哪儿去找这么多的绿：

墨绿、浅绿、嫩绿、

翠绿、淡绿、粉绿……

绿得发黑、绿得出奇。

刮的风是绿的，

下的雨是绿的，

流的水是绿的，

阳光也是绿的。

所有的绿集中起来，

挤在一起，

重叠在一起，

静静地交叉在一起。

突然一阵风，

好像舞蹈教练在指挥，

所有的绿就整齐地

按着节拍飘动在一起……

#### 1-2-2 本册古诗范例

使用说明：教师随机抽取一首本册需要背诵的古诗（包括《四时田园杂兴（其二十五）》《宿新市徐公店》《清平乐·村居》《江畔独步寻花》《蜂》《独坐敬亭山》《芙蓉楼送辛渐》《塞下曲》《墨梅》），请学生进行背诵，教师记录学生所背诵古诗的正确率并打分。

**四时田园杂兴（其二十五）**

[宋] 范成大

梅子金黄杏子肥，

麦花雪白菜花稀。

日长篱落无人过，

惟有蜻蜓蛱蝶飞。

### 1-2-3 本册文言文范例

使用说明：教师随机抽取一篇本册需要背诵的文言文（包括《囊萤夜读》《铁杵成针》），请学生进行背诵，教师记录学生所背诵课文的正确率并打分。

**囊萤夜读**

胤恭勤不倦，博学多通。家贫不常得油，夏月则练囊盛数十萤火以照书，以夜继日焉。

### 1-3 背诵格言警句

### 1-3-1 本册格言警句

使用说明：教师出示本册格言警句，说出上半句或下半句，要求学生背诵缺少部分，教师记录学生所背诵格言警句的正确率并打分。

（1）诗和音乐一样，生命全在节奏。

（2）诗是人类向未来所寄发的信息，诗给人类以朝向理想的勇气。

（3）诗是强烈感情的自然流露，它源于宁静中回忆起来的情感。

（4）天行健，君子以自强不息。

（5）胜人者有力，自胜者强。

（6）不怨天，不尤人。

（7）生于忧患而死于安乐。

（8）少年不知勤学苦，老来方悔读书迟。

（9）一日读书一日功，一日不读十日空。

（10）学习不怕根底浅，只要迈步总不迟。

（11）书山有路勤为径，学海无涯苦作舟。

## 2 阅读与理解

### 2-1 找中心句

### 2-1-1 能找出课文中的中心句

使用说明：教师随机出示本册课文片段，请学生找出其中的中心句，教师根据学生情况打分。

纳米技术就在我们身边。冰箱里如果使用一种纳米涂层，就会具有杀菌和除臭功能，能够使蔬菜保鲜期更长。有一种叫作"碳纳米管"的神奇材料，比钢铁结实百倍，而且非常轻，将来我们有可能坐上"碳纳米管天梯"到太空旅行。在最先进的隐形战机上，用到一种纳米吸波材料，能够把探测雷达波吸收掉，所以雷达根本看不见它。

　　题目：请找一找这段话的中心句，在文中用横线画出来。

### 2-2 阅读长文章

#### 2-2-1 能把握长文章的主要内容

使用说明：教师随机出示本册长文章，请学生说出或写出主要内容，教师记录情况并打分。

#### 我们家的男子汉

　　我们家里有一个男子汉，那是姐姐的孩子。姐姐生下他后，就和姐夫到安徽去了，把他留在家中由我们来照看。

##### 他对食物的兴趣

　　"他吃饭很爽气。"带他的保姆这么说他。确实，他吃饭吃得很好，量很多，范围很广——什么都要吃，而且吃得极有滋味。叫人看了不由得也会嘴馋起来。当然，和所有的孩子一样，他不爱吃青菜。可是我对他说："不吃青菜会死的。"他便吃了，吃得很多。他不愿死，似乎是深感活着的乐趣的。他对所有的滋味都有兴趣，为了吃一客小笼包子，他可以耐心地等上三刻钟；他会为他喜欢吃的东西编儿歌一样的谜语。当实在不能再吃了的时候，他便吃自己的大拇指，吃得十分专心，以至前边的嘴唇都有些翘了起来。当《少林寺》风靡全国时，他也学会了一套足以乱真的醉拳。耍起来，眼神都恍惚了，十分入迷。他向往着去少林寺当和尚。可是我们告诉他，当和尚不能吃荤。他说："用肉汤拌饭可以吗？""不可以。""那么棒冰可以吃吗？"他小心地问，是问"棒冰"，而不是冰激凌，甚至不是雪糕。"那山上恐怕是没有棒冰的。"我们感到非常抱歉。

##### 他对独立的要求

　　不知从什么时候起，和他出去，他不愿让人牵他的手了。一只胖胖的小手在我的手掌里，像一条倔强的活鱼一样挣扎着。有一次，我带他去买东西，他提出要让他自己买。我给了他一角钱。他攥着钱，走近了柜台，忽然又胆怯起来。我说："你递上钱，我帮你说好了。""不要，不要，我自己说。"他说。到了柜台前，他又嘱咐我一句："你不要讲话啊！"营业员终于过来了，他神情有点儿紧张，勇敢地开口了："同志，买，买，买……"他忘了要买什么东西了。我终于忍不住了："买一包山楂片。"他好久没说话，潦草地吃着山楂片，神情有些沮丧，我有点儿后悔起来。后来，他会自个儿拿着五个汽水瓶和一元钱到门口小店换橘子水了。他是一定要自己去的。假如我不放心，跟在他后面，他便停下脚步不走了："你回去，回去嘛！"我只得由他去了。他买橘子水日益熟练起来，情绪日益高涨，最终变成了一种可怕的狂热。为了能尽快地拿着空瓶再去买，他便努力地喝橘子水。一个炎热的中午，我从外面回来，见他正在门口小店买橘子水。他站在冰箱前面，露出半个脑袋。营业员只顾和几个成年人做生意，看都不看他一眼。他满头大汗地、耐心地等待着。我很想走过去帮他叫一声"同志"，可最后还是忍住了。

他面对生活挑战的沉着

当他满两周岁的时候，我们决定把他送进托儿所。去的那天早晨，他一声不吭，很镇静地四下打量着。当别的孩子哭的时候，他才想起来哭。哭声嘹亮，并无伤感，似乎只为了参加一个仪式。每天早上，送他去托儿所都很容易，不像我们姐妹几个小时候那样，哭着闹着不肯去。问他喜欢托儿所吗，他说："不喜欢。"可是他明白了自己不得不去，也就坦然地接受了这个现实，不作任何无效的挣扎。据老师说，他吃饭很好，睡觉很好，唱歌游戏都很好，只不过有点儿拘束。然而，他迅速地熟悉起来，开始交朋友，打架。每天去接他，都要听老师几句抱怨。

他四岁那年，他的保姆病了，回乡了，他终于要去安徽了。他是极不愿意去的。走的前一天，他对外婆说："外婆，你不要我了，把我扔出去了。"外婆几乎动摇了，想把他留下。那时候，上海到合肥，每天只有一班火车，人很多。车门被行李和人堵满了，大人们只好先挤上车，把他留在月台上。他着急地喊起来："我怎么办呢？"我安慰他："上不去，就不走了。"他仍然很着急，认为自己是非走不可的。姐姐说："让他从窗口爬进来吧！"我把他抱了起来，他勇敢地抓住窗框，两只脚有力地蹬着车厢，攀上了窗口。窗口边的旅客不约而同地伸手去抱他。他推开那些妨碍他的手，抓住一双最得力的，蹿进了车厢，淹没在拥挤的人群里了。

这就是我们家的男子汉。看着他一点儿一点儿长大，他的脸盘的轮廓，他的手掌上的细纹，他的身体，他的力气，他的智慧，他的性格，还有他的性别，那样神秘地一点儿一点儿鲜明，突出，扩大，再扩大，实在是一件最最奇妙的事情。

题目：写写这篇文章的主要内容。

答：＿＿＿＿＿＿＿＿＿＿＿＿＿＿＿＿＿＿＿＿＿＿＿＿＿＿＿＿＿＿＿＿＿

## 2-3 感受人物品质

### 2-3-1 能从人物的语言描写中感受人物的品质

使用说明：教师随机出示本册课文片段，请学生找出人物的语言描写，并从中感受人物的品质，教师记录学生表现并打分。

"诺曼底号"遇难记

震荡可怕极了。一刹那间，男人、女人、小孩，所有的人都奔到甲板上，人们半裸着身子，奔跑着，尖叫着，哭泣着，惊恐万状，一片混乱。海水哗哗往里灌，汹涌湍急，势不可当。轮机火炉被海浪呛得嘶嘶地直喘粗气。

船上没有封舱用的防漏隔墙。哈尔威船长站在指挥台上，大声吼喝："全体安静，注意听命令！把救生艇放下去。妇女先走，其他乘客跟上，船员断后。必须把六十人救出去！"

实际上一共有六十一人，但是他把自己给忘了。

题目：在文中用横线画出该片段描写船长语言的句子，写下你所感受到的人物品质。

答：_____

### 2-3-2 能从人物的动作描写中感受人物的品质

使用说明：教师随机出示本册课文片段，请学生找出人物的动作描写，并从中感受人物的品质，教师记录学生表现并打分。

#### 黄继光

黄继光带上两个战士，拿了手雷，喊了一声："让祖国人民听我们胜利的消息吧！"便向敌人的火力点爬去。

敌人发现他们了。几发照明弹升上天空，黑夜变成了白天。炮弹在他们周围爆炸。他们冒着浓烟，冒着烈火，匍匐前进。一个战士牺牲了，另一个战士也负伤了。摧毁火力点的重任落在了黄继光一个人的肩上。

火力点里的敌人把机枪对准黄继光，子弹像冰雹一样射过来。黄继光肩上腿上都负了伤。他用尽全身的力气，更加顽强地向前爬，还有二十米，十米……近了，更近了。

啊！黄继光突然站起来了！在暴风雨一样的子弹中站起来了！他举起右臂，手雷在探照灯的光亮中闪闪发光。

题目：在文中用横线画出该片段描写黄继光动作的句子，写下你所感受到的人物品质。

答：_____

### 2-4 感受童话人物

### 2-4-1 能感受童话世界中人物真善美的形象

使用说明：教师随机出示本册童话故事片段，学生阅读后，请学生说出童话世界中人物真善美的形象，教师根据学生表现打分。

#### 海的女儿

住在海底的海王已经独自生活了好多年，他的老母亲为他管理着家务，她是一个聪明的女人，

130

可是对于自己高贵的出身总感到不可一世，因此她的尾巴上老是戴着一打牡蛎——其余的显贵只能每人戴上半打。除此以外，她是值得大加称赞的，特别是因为她非常爱那些小小的海公主——她的孙女们。她们是六个美丽的女孩，而她们之中，那位最年幼的要算是最美丽的了。她的皮肤光滑柔嫩，像玫瑰的花瓣；她的眼睛是蔚蓝色的，像最深的湖水。不过跟其他公主一样，她没有腿，她的下身是一条鱼尾。

题目：读一读上述童话故事，结合图片，说说从哪些地方感受到了海的女儿真善美的形象。

### 2-5 体会表达方法

2-5-1 能体会作家是如何表达对动物的感情

使用说明：教师随机出示本册一段课文，请学生写下作家是如何表达对动物的感情，教师根据学生情况打分。

猫

猫的性格实在有些古怪。

说它老实吧，它的确有时候很乖。它会找个暖和的地方，成天睡大觉，无忧无虑，什么事也不过问。可是，它决定要出去玩玩，就会出走一天一夜，任凭谁怎么呼唤，它也不肯回来。说它贪玩吧，的确是啊，要不怎么会一天一夜不回家呢？可是，它听到老鼠的一点儿响动，又是多么尽职。它屏息凝视，一连就是几个钟头，非把老鼠等出来不可！

它要是高兴，能比谁都温柔可亲：用身子蹭你的腿，把脖子伸出来让你给它抓痒，或是在你写作的时候，跳上桌来，在稿纸上踩印几朵小梅花。它还会丰富多腔地叫唤，长短不同，粗细各异，变化多端。在不叫的时候，它还会咕噜咕噜地给自己解闷。这可都凭它的高兴。它若是不高兴啊，无论谁说多少好话，它也一声不出，连半朵小梅花也不肯印在稿纸上！

它什么都怕，总想藏起来。可是它又那么勇猛，不要说见着小虫和老鼠，就是遇上蛇也敢斗一斗。

这种古怪的小动物，真让人觉得可爱。

满月的小猫们就更好玩了，腿脚还不稳，可是已经学会淘气。妈妈的尾巴，一根鸡毛，都是它们的好玩具，耍个没完没了。一玩起来，它们不知要摔多少跟头，但是跌倒了马上起来，再跑再跌。它们的头撞在门上，桌腿上，和彼此的头上，撞疼了也不哭。它们的胆子越来越大，逐渐开辟新的游戏场所。它们到院子里来了。院中的花草可遭了殃。它们在花盆里摔跤，抱着花枝打秋千，所过之处，枝折花落。你见了，绝不会责打它们，它们是那么生气勃勃，天真可爱！

题目：读一读这篇文章，写一写作者表达了对猫的什么感情？

答：_____

### 2-6 体会思想感情

### 2-6-1 能初步体会课文表达的思想感情

使用说明：教师随机出示本册课文，请学生写下课文表达的思想感情，教师根据学生写下的内容打分。

#### 母鸡

我一向讨厌母鸡。听吧，它由前院嘎嘎到后院，由后院再嘎嘎到前院，没完没了，并且没有什么理由，讨厌！有的时候，它不这样乱叫，而是细声细气的，有什么心事似的，颤颤巍巍的，顺着墙根，或沿着田坝，那么扯长了声如怨如诉，使人心中立刻结起个小疙瘩来。

它永远不反抗公鸡，有时候却欺侮最忠厚的鸭子。更可恶的是遇到另一只母鸡的时候，它会下毒手，趁其不备，狠狠地咬一口，咬下一撮儿毛来。

到下蛋的时候，它差不多是发了狂，恨不能让全世界都知道它这点儿成绩；就是聋人也会被它吵得受不了。

可是，现在我改变了心思，我看见一只孵出一群小雏鸡的母鸡。

不论是在院里，还是在院外，它总是挺着脖儿，表示出世界上并没有可怕的东西。一只鸟儿飞过，或是什么东西响了一声，它立刻警戒起来：歪着头听；挺着身儿预备作战；看看前，看看后，咕咕地警告鸡雏要马上集合到它身边来。

发现了一点儿可吃的东西，它咕咕地紧叫，啄一啄那个东西，马上便放下，让它的儿女吃。结果，每一只鸡雏的肚子都圆圆地下垂，像刚装了一两个汤圆儿似的，它自己却消瘦了许多。假若有别的大鸡来抢食，它一定出击，把它们赶出老远，连大公鸡也怕它三分。

它教鸡雏们啄食，掘地，用土洗澡，一天不知教多少次。它还半蹲着，让它们挤在它的翅下、胸下，得一点儿温暖。它若伏在地上，鸡雏们有的便爬到它的背上，啄它的头或别的地方，它一声也不哼。

在夜间若有什么动静，它便放声啼叫，顶尖锐，顶凄惨，无论多么贪睡的人都得起来看看，是不是有了黄鼠狼。

它负责、慈爱、勇敢、辛苦，因为它有了一群鸡雏。它伟大，因为它是鸡母亲。一个母亲必定就是一位英雄。

我不敢再讨厌母鸡了。

题目：读一读这篇文章，读完之后，你觉得作者表达了什么样的思想感情？写在下面的横线上。

答：＿＿＿＿＿＿＿＿＿＿＿＿＿＿＿＿＿＿＿＿＿＿＿＿＿＿＿＿＿＿＿

### 2-7 理解现代诗

### 2-7-1 ～ 2-7-2 说出本册现代诗歌的基本特点，通过朗读体会现代诗歌的情感

使用说明：教师随机出示本册现代诗歌，请学生朗读，并简单说一说诗歌的特点，写一下诗

歌表达的情感，教师根据学生表现打分。

### 白桦

在我的窗前，

有一棵白桦，

仿佛涂上银霜，

披了一身雪花。


毛茸茸的枝头，

雪绣的花边潇洒，

串串花穗齐绽，

洁白的流苏如画。


在朦胧的寂静中，

玉立着这棵白桦，

在灿灿的金晖里，

闪着晶亮的雪花。


白桦四周徜徉着，

姗姗来迟的朝霞，

它向白雪皑皑的树枝，

又抹一层银色的光华。

题目1：读一读这篇诗歌，说一说诗歌有什么特点？

题目2：读一读这篇诗歌，写一写诗歌表达的情感？

答：_____


## 2-11 理解诗文大意

### 2-11-1 能借助注释理解古诗大意

使用说明：教师随机提供本册一首古诗及其注释（包括《四时田园杂兴》（其二十五）《宿新市徐公店》《清平乐·村居》《芙蓉楼送辛渐》《塞下曲》《墨梅》），让学生根据注释写下古诗大意，教师记录情况并打分。如：

### 宿新市徐公店

[宋]杨万里

篱落疏疏一径深，

树头新绿未成阴。

儿童急走追黄蝶,

飞入菜花无处寻。

注释

① 〔疏疏〕稀疏

② 〔阴〕树荫

题目:根据注释,说说古诗大意。

### 2-11-2 借助注释理解古文大意

使用说明:教师提供一篇古文及其注释,让学生根据注释写下古文大意,教师记录情况并打分。如:

#### 铁杵成针①

磨针溪,在象耳山下。世传李太白读书山中,未成,弃去。过是②溪,逢老媪方③磨铁杵。问之,曰:"欲作针。"太白感其意④,还卒业⑤。

注释

①本文选自宋代祝穆的《方舆胜览·眉州》。铁杵,用来舂米或捣衣的铁棒。

② 〔是〕这。

③ 〔方〕正在。

④ 〔感其意〕被她的意志感动。

⑤ 〔还卒业〕回去完成了学业。

## 领域三:表达与交流

### 2 表达

### 2-1 自我介绍

2-1-1 能进行自我介绍

使用说明:教师请学生进行自我介绍,记录其表现并打分。

### 2-2 转述能力

2-2-1 能在生活中转述事情

使用说明:教师向学生说一件事,请学生转述给其他人,教师记录转述情况并打分。

题目:教师向学生说"明天下午的第二节课下课后进行大扫除,请你告诉班上其他同学"。

### 2-2-2 能清楚传达新闻内容

使用说明：教师向学生讲述一则新闻，请学生向他人传达该新闻内容，教师根据学生传达情况打分。

新闻内容：1月26日，一则"光头护士"的新闻引起关注，护士晓霞，在医院被确定为定点救治医院后，她果断将两个孩子送离了身边，并剃掉了自己的头发，以防止感染病毒。

### 2-3 表达想法

#### 2-3-1 能口头表达自己的想法

使用说明：教师提供一个问题，让学生说一说自己的想法，教师记录学生回答情况并打分。

题目：老人在路边跌倒了，你应该做什么？请简要说一说。

#### 2-3-2 能用书面表达自己的想法

使用说明：教师提供一个问题，让学生将自己的想法写下来，教师记录学生回答情况并打分。

题目：老人在路边跌倒了，你应该做什么？请简要写一写。

答：_____

### 2-4 积累运用

#### 2-4-1 能尝试在习作中运用自己平时积累的语言材料

使用说明：教师出示习作主题，让学生进行写作，教师记录学生习作情况并打分。

习作主题：我的乐园

习作要求：你的乐园是什么样子的？你最喜欢在那儿干什么？这个乐园给你带来了怎样的快乐？写写你眼中或心中的乐园。

### 2-5 观察记录

#### 2-5-1 ~ 2-5-3 能不拘形式地写下自己观察周围世界后的见闻、感受、想象

使用说明：让学生观察课间休息时同学们在干什么，用不同形式写下观察图片后的见闻、感受、想象，教师记录学生答题情况并打分。

题目：请同学们用不同的形式写下观察到的内容、感受、想象。（例如，观察日记、作文、诗歌、小报等）

答：_____

### 2-6 新编故事

2-6-1 能发挥想象新编故事

使用说明：教师讲述龟兔赛跑的故事，请学生在原有基础上新编故事，教师记录并打分。

题目：《龟兔赛跑》故事新编。

### 2-7 修改习作

2-7-1 能自己修改习作中存在的错误

使用说明：要求学生修改上面习作中的错误，教师记录学生修改情况并打分。

## 3 交流

### 3-4 与人交流

3-4-1 能在学校用合适的方式与他人交流

使用说明：教师创建情境与学生共同对话，记录学生对话情况并打分。

题目："你在走廊遇到老师应该怎么做？"

## 领域四：梳理与探究

## 2 探究

### 2-3 迁移运用

2-3-1 能运用语文并结合其他学科知识解决问题

使用说明：教师随机出示一段材料，要求学生运用语文并结合其他学科知识解决问题，记录其表现并打分。

题目：请根据描述，写下同学的外貌特征，并在纸上画出描述中的同学外貌。

# 五、五年级语文课程评估

## （一）五年级语文课程评估案例（下册）

### 1. 评估的基本情况

（1）评估时间：2023 年 7 月 20 日

（2）评估地点：无锡市 DF 特殊教育机构

（3）评估人员：该生语文老师、个训老师

（4）评估对象具体情况：L 同学，12 岁，男，6 岁时于无锡市妇幼保健院诊断为轻度智力障碍，并伴有轻度注意力缺陷。目前，随班就读于无锡市 X 小学，每周五下午、周末将于 DF 特殊教育机构接受康复训练，每周四下午由资源教师在资源教室针对该生知识和技能的薄弱部分进行教学补救。为更好地了解该生对五年级下册语文知识的掌握情况，由语文老师和个训老师共同评估。

（5）评估说明：评估时该学生即将就读六年级上学期，采用五年级下册评估表进行评估，旨在了解学生对五年级下册语文知识的掌握情况，根据评估结果为六年级上册语文知识学习计划的制订提供依据和教学建议。

### 2. 教师评估表的填写情况

在实际评估过程中，可根据学生的实际情况，选择合适的考试调整与替代性评估方式，以更好地了解学生情况。如：老师对该生的语文学习情况较为熟悉，可灵活选用观察、访谈、测验的方式来进行评估。同时，由于该生存在注意力缺陷多动症，无法一直保持专注配合评估，因此，评估前与学生约定好若较好地配合老师完成评估内容则奖励其观看一集动画。在评估过程中，减少使用一问一答的评估方法，而是以出示字词图卡、图片等方式吸引学生注意力，从而获得更为真实的评估结果。

**领域一：识字与写字（得分：22）**

| 次领域 | 评估指标 | 评估题目 | 评分标准 | 评估方法 | 评估结果 |
|---|---|---|---|---|---|
| 1 识字 | 1-1 独立识字 | 1-1-1 能有较强的独立识字能力 | 0 不能独立识字<br>1 能独立识字，但是识字方式单一，识字正确率低<br>2 能独立识字，能采用多种方式识字，但有时识字仍会出错<br>3 有较强的独立识字能力，识字方式多样，识字正确率高 | 1.观察：教师在日常教学过程中，观察学生是否有较强的独立识字能力<br>2.访谈：访谈家长，了解学生独立识字情况 | 得分：2<br>表现：识字时独立性较好，但识字方式单一，且经常出错 |
| | 1-2 认读字词 | 1-2-1 能认读本册常用汉字200个 | 0 无法正确认读本册识字表中常用汉字<br>1 能正确认读本册30%的生字<br>2 能正确认读本册60%的生字<br>3 能正确认读本册90%的生字 | 1.观察：教师在日常教学过程中，观察学生借助汉语拼音认读本册生字的情况<br>2.测验：教师出示本册生字，要求学生借助拼音认读生字，并记录正确率 | 得分：2<br>表现：对汉字的掌握程度适中，但也有许多生字会存在不认识的情况 |
| | | 1-2-2 能认读本册词语表中的词语 | 0 无法认读本册词语表中的词语<br>1 能正确认读本册词语表中30%的词语<br>2 能正确认读本册词语表中60%的词语<br>3 能正确认读本册词语表中90%的词语 | 1.观察：教师在日常教学过程中，观察学生指认词语情况<br>2.测验：教师出示学习过的若干词语，测验学生是否能正确指认，并记录正确率 | 得分：2<br>表现：能认识多数词语，但仍有不认识的词语 |
| 2 写字 | 2-1 书写常用字 | 2-1-1 能正确书写本册常用汉字220个 | 0 无法书写常用汉字<br>1 能正确书写本册30%的常用汉字<br>2 能正确书写本册60%的常用汉字<br>3 能正确书写本册90%的常用汉字 | 1.观察：教师在日常教学过程中，观察学生的写字情况<br>2.测验：教师随机抽取本册写字表中的10个汉字，要求学生书写，记录正确率 | 得分：2<br>表现：能写较为简单的汉字，但是写复杂汉字时，会出现遗漏笔画、结构错误的情况 |
| | 2-2 书写词语 | 2-2-1 能正确书写本册词语表中的词语 | 0 无法书写本册词语表中常用词语<br>1 能正确书写本册词语表中30%的常用词语<br>2 能正确书写本册词语表中60%的常用词语<br>3 能正确书写本册词语表中90%的常用词语 | 1.观察：教师在日常教学过程中，观察学生书写词语的情况<br>2.测验：教师随机抽取本册词语表中的10个词语，要求学生书写，记录正确率 | 得分：2<br>表现：只能写简单的词语，但有时书写复杂词语时，只会写一个字，无法完整且正确地写出来 |

续表

| 次领域 | 评估指标 | 评估题目 | 评分标准 | 评估方法 | 评估结果 |
|---|---|---|---|---|---|
| 2 写字 | 2-3 硬笔书写 | 2-3-1 能使用硬笔规范书写汉字 | 0 不能用硬笔书写汉字 | 1.观察：教师在日常教学过程中，观察学生书写汉字是否规范 2.访谈：访谈家长，了解学生能否使用硬笔规范书写汉字 3.测验：教师随机出示学习过的汉字，要求学生书写，记录其表现 | 得分：2 表现：书写时会出现歪歪扭扭的情况 |
| | | | 1 能用硬笔书写汉字，但字体大小不一，间隔不均，笔顺不连贯 | | |
| | | | 2 能用硬笔书写汉字，字体大小一致，间隔合理，但笔顺不连贯 | | |
| | | | 3 能用硬笔规范书写汉字，字体大小一致，间隔合理，笔顺连贯 | | |
| | | 2-3-2 能使用硬笔端正书写汉字 | 0 不能用硬笔书写汉字 | 1.观察：教师在日常教学过程中，观察学生书写汉字是否端正 2.访谈：访谈家长，了解学生能否使用硬笔端正书写汉字 3.测验：教师随机出示学习过的汉字，要求学生书写，记录其表现 | 得分：2 表现：书写汉字有些笔画书写不清楚 |
| | | | 1 书写的汉字大小匀称，但间距不均，笔画不清 | | |
| | | | 2 书写的汉字大小匀称，间距均匀，但笔画不清 | | |
| | | | 3 书写的汉字端正，大小匀称，间距均匀，笔画清晰 | | |
| | | 2-3-3 能使用硬笔整洁书写汉字 | 0 书写的汉字无法辨认 | 1.观察：教师在日常教学过程中，观察学生书写汉字是否整洁 2.访谈：访谈家长，了解学生能否使用硬笔整洁书写汉字 3.测验：教师随机出示学习过的汉字，要求学生书写，记录其表现 | 得分：1 表现：书写过程中多次用修正带涂抹 |
| | | | 1 书写过程中涂抹痕迹严重 | | |
| | | | 2 书写过程中有轻微的涂抹痕迹 | | |
| | | | 3 书写过程中没有任何涂抹痕迹 | | |
| | | 2-3-4 能使用硬笔美观书写汉字 | 0 书写的汉字无法辨认，字迹丑陋 | 1.观察：教师在日常教学过程中，观察学生书写汉字是否美观 2.访谈：访谈家长，了解学生能否使用硬笔美观书写汉字 3.测验：教师随机出示学习过的汉字，要求学生书写，记录其表现 | 得分：2 表现：书写时不够美观 |
| | | | 1 书写的汉字横平竖直，但是书写时笔画会超出格子或下横线 | | |
| | | | 2 书写的汉字横平竖直，有顿笔笔锋，但仍不够美观 | | |
| | | | 3 书写的汉字横平竖直，且轻重有度，美观利落 | | |
| | 2-4 书写速度 | 2-4-1 书写汉字有一定的书写速度 | 0 书写不具备一定的速度，书写拖沓 | 1.观察：教师在日常教学过程中，观察学生能否做到书写具有一定的速度 2.访谈：访谈家长，了解学生能否做到书写具有一定的速度 3.测验：教师随机出示学习过的汉字，要求学生抄写，记录其表现 | 得分：2 表现：书写时会时快时慢 |
| | | | 1 书写具备一定的速度，但总体偏慢 | | |
| | | | 2 书写具备一定的速度，但忽快忽慢，无法匀速书写 | | |
| | | | 3 书写具备一定的速度，且书写速度均匀 | | |

续表

| 次领域 | 评估指标 | 评估题目 | 评分标准 | 评估方法 | 评估结果 |
|---|---|---|---|---|---|
| 2<br>写字 | 2-5<br>写字姿势<br>习惯 | 2-5-1<br>写字姿势正确 | 0 书写姿势存在严重问题（如：过于弯腰拢背，眼离书本不足半尺；握笔姿势错误等）<br>1 书写姿势存在轻度问题（如：轻微幅度的偏头、侧身；眼离书本超过半尺但不足一尺等）<br>2 书写姿势基本正确，只存在书写姿势的个别轻微问题，需要在教师短频提示下进行纠正<br>3 能保持正确书写汉字姿势（如：头正、肩平、背直、眼离书本一尺远、胸离书桌一拳远、指离笔尖一寸远） | 1. 观察：教师在日常教学过程中，观察学生在座位上写字的姿势是否标准<br>2. 访谈：访谈家长，了解学生写字姿势是否正确<br>3. 测验：教师随机出示学习过的汉字，要求学生书写，记录其表现 | 得分：2<br><br>表现：书写时眼离书本过近，需要教师提醒 |
|  |  | 2-5-2<br>养成良好的书写习惯 | 0 没有养成良好的书写习惯<br>1 能在提醒下，做到姿势正确，字迹工整规范<br>2 能独立做到姿势正确，字迹工整规范<br>3 能始终保持良好的书写姿势，养成良好的书写习惯 | 1. 观察：教师在日常教学过程中，观察学生是否养成良好的书写习惯<br>2. 访谈：访谈家长，了解学生书写汉字时是否有良好的书写习惯 | 得分：1<br><br>表现：无法长时间保持良好坐姿 |

**领域二：阅读与鉴赏（得分：31）**

| 次领域 | 评估指标 | 评估题目 | 评分标准 | 评估方法 | 评估结果 |
|---|---|---|---|---|---|
| 1<br>诵读与理解 | 1-1<br>朗读课文 | 1-1-1<br>能用普通话正确朗读本册课文 | 0 无法用普通话朗读课文<br>1 能用普通话准确地朗读字音、读通句子<br>2 能用普通话正确地朗读课文，不加字、漏字、改字等<br>3 能用普通话正确地朗读课文，发音标准，声调准确 | 1. 观察：教师在日常教学过程中，观察学生用普通话朗读课文的正确情况<br>2. 测验：教师出示一篇本册课文，要求学生用普通话正确地朗读课文，记录学生朗读情况 | 得分：2<br><br>表现：能基本正确朗读课文 |
|  |  | 1-1-2<br>能用普通话流利朗读本册课文 | 0 无法用普通话朗读课文<br>1 能用普通话朗读课文，但语速较慢，停顿明显，不连贯<br>2 能用普通话朗读课文，在朗读过程中基本可以做到连贯、流利<br>3 能熟练运用普通话朗读课文，朗读流畅自然，语速适中 | 1. 观察：教师在日常教学过程中，观察学生用普通话朗读课文的流利情况<br>2. 测验：教师出示一篇本册课文，要求学生用普通话流利地朗读课文，记录学生朗读情况 | 得分：2<br><br>表现：能基本流利朗读课文 |

续表

| 次领域 | 评估指标 | 评估题目 | 评分标准 | 评估方法 | 评估结果 |
|---|---|---|---|---|---|
| 1<br>诵读与理解 | 1-1<br>朗读课文 | 1-1-3<br>能用普通话有感情地朗读本册课文 | 0 不会用普通话朗读课文，在朗读过程中大量使用方言<br>1 能使用普通话朗读课文，但朗读音量小，声调平平，不会抑扬顿挫<br>2 能使用普通话朗读课文，音量适中，声调具有一定起伏，但不明显<br>3 能熟练运用普通话朗读课文，抑扬顿挫，具有节奏韵律，富含情感 | 1.观察：教师在日常教学过程中，观察学生能否用普通话有感情地朗读本册课文<br>2.测验：教师出示一篇本册课文，要求学生用普通话有感情地朗读课文，记录学生朗读情况 | 得分：1<br><br>表现：<br>朗读课文时，没有太多的感情投入 |
| | 1-2<br>背诵课文 | 1-2-1<br>能背诵本册要求背诵的古诗 | 0 无法背诵本册指定的古诗<br>1 能背诵本册指定古诗 30% 的内容<br>2 能背诵本册指定古诗 60% 的内容<br>3 能背诵本册指定古诗 90% 的内容 | 1.观察：教师在日常教学过程中，观察学生背诵本册古诗的情况<br>2.测验：教师随机抽查一篇本册要求背诵的古诗，要求学生背诵，记录其表现 | 得分：0<br><br>表现：<br>无法背诵古诗 |
| | | 1-2-2<br>能背诵本册要求背诵的文言文 | 0 无法背诵本册指定的文言文<br>1 能背诵本册指定文言文 30% 的内容<br>2 能背诵本册指定文言文 60% 的内容<br>3 能背诵本册指定文言文 90% 的内容 | 1.观察：教师在日常教学过程中，观察学生背诵本册文言文的情况<br>2.测验：教师随机抽查一篇本册要求背诵的文言文，要求学生背诵，记录其表现 | 得分：0<br><br>表现：<br>无法背诵文言文 |
| | 1-3<br>背诵格言警句 | 1-3-1<br>能熟练背诵本册格言警句 | 0 无法背诵本册的格言警句<br>1 能背诵本册 1～3 句格言警句<br>2 能背诵本册 4～6 句格言警句<br>3 能背诵本册 7～8 句格言警句 | 1.观察：教师在日常教学过程中，观察学生背诵本册格言警句的情况<br>2.测验：教师要求学生背诵本册学过的格言警句，记录其表现 | 得分：0<br><br>表现：<br>无法背诵格言警句 |
| | 1-4<br>默读课文 | 1-4-1<br>默读课文能达到300字/分钟 | 0 不会默读课文<br>1 会默读课文，默读 100 字/分钟<br>2 会默读课文，默读 200 字/分钟<br>3 会默读课文，默读 300 字/分钟 | 1.观察：教师在日常教学过程中，观察学生的默读情况<br>2.测验：教师随机出示一段本册的课文，要求学生默读，记录其表现 | 得分：1<br><br>表现：<br>能默读课文，但速度偏慢 |
| 2<br>阅读与理解 | 2-1<br>阅读方法 | 2-1-1<br>能通过浏览进行阅读 | 0 不能通过浏览进行阅读<br>1 能掌握浏览的方式，但是浏览速度慢，只能浏览一段话<br>2 能掌握浏览的方式，能快速浏览一段话<br>3 能掌握浏览的方式，且有一定的浏览速度，能快速浏览一段话或一篇短文 | 1.观察：教师在日常教学过程中，观察学生是否能通过浏览进行阅读<br>2.访谈：访谈家长，了解学生通过浏览进行阅读的情况 | 得分：1<br><br>表现：<br>能浏览文章，但速度慢 |

续表

| 次领域 | 评估指标 | 评估题目 | 评分标准 | 评估方法 | 评估结果 |
|---|---|---|---|---|---|
| 2<br>阅读与理解 | 2-1<br>阅读方法 | 2-1-2<br>能掌握提高阅读速度的方法 | 0 不能掌握提高阅读速度的方法<br>1 能在阅读时集中注意力，能连词成句地读，但经常有回读的情况<br>2 能在阅读时集中注意力，能连词成句地读，但偶尔有回读的情况<br>3 能在阅读时集中注意力，能连词成句地读，没有回读的情况 | 1. 观察：教师在日常教学过程中，通过布置阅读任务，观察学生的阅读情况<br>2. 访谈：访谈家长或其他同学，了解学生知道哪些提高阅读速度的方法 | 得分：2<br>表现：能浏览一段话并找到需要的信息 |
| | 2-2<br>词句理解与赏析 | 2-2-1<br>能联系上下文推想词句的意思 | 0 不能联系上下文，推想词句的意思<br>1 能联系上下文推想词句意思，但是理解不正确<br>2 能联系上下文推想词句意思，但是理解不完整<br>3 能联系上下文找到全部信息，正确完整推想词句的意思 | 1. 观察：教师在日常教学过程中，观察学生能否联系上下文推想词句的意思<br>2. 测验：教师出示课文片段，要求学生根据上下文推想其中关键词句的含义，记录其表现 | 得分：2<br>表现：能联系上下文推想意思，但是不完整 |
| | | 2-2-2<br>能根据自己的积累推想词句的意思 | 0 不能联系生活积累，推想词句的意思<br>1 能联系生活积累推想词句意思，但是理解不正确<br>2 能联系生活积累推想词句意思，但是理解不完整<br>3 能联系生活积累找到全部信息，正确完整推想词句的意思 | 1. 观察：教师在日常教学过程中，观察学生能否根据自己的积累推想词句的意思<br>2. 访谈：访谈家长，了解学生能否根据自己的积累推想词句的意思<br>3. 测验：教师出示课文片段，要求学生根据日常积累推想其中关键词句的含义，记录其表现 | 得分：1<br>表现：能联系生活推想意思，但理解不正确 |
| | | 2-2-3<br>能体会词语的感情色彩 | 0 不能体会词语的意思<br>1 能体会词语意思，但是无法通过词语意思体会词语的感情色彩<br>2 能体会词语意思，且能通过词语意思体会词语的感情色彩，但不准确<br>3 能体会词语意思，且能通过词语意思正确体会词语的感情色彩 | 1. 观察：教师在日常教学过程中，观察学生能否体会词语的感情色彩<br>2. 访谈：访谈家长或其他同学，了解学生能否体会词语的感情色彩<br>3. 测验：教师随机出示课文片段，要求学生说出句给定词语的感情色彩 | 得分：2<br>表现：能体会词语的感情色彩，但有时理解错误 |
| | 2-3<br>阅读文章 | 2-3-1<br>能抓住说明性文章的要点 | 0 无法阅读说明性文章<br>1 能阅读说明性文章，但是无法抓住要点<br>2 能阅读说明性文章，能抓住部分要点<br>3 能阅读说明性文章，能抓住完整要点 | 1. 观察：教师在日常教学中，观察学生能否阅读说明性文章，抓住说明性文章的要点<br>2. 测验：教师出示一篇课文，要求学生找出文中表达的要点，记录其表现 | 得分：2<br>表现：能说出要点，但不完整 |

续表

| 次领域 | 评估指标 | 评估题目 | 评分标准 | 评估方法 | 评估结果 |
|---|---|---|---|---|---|
| 2<br>阅读与理解 | 2-3<br>阅读文章 | 2-3-2<br>能了解说明性文章的基本说明方法 | 0 不知道说明方法是什么<br>1 能了解一种说明性文章的基本说明方法<br>2 能了解两种说明性文章的基本说明方法<br>3 能了解多种说明性文章的基本说明方法 | 1.访谈：访谈家长或其他同学，学生是否了解说明方法<br>2.测验：教师要求学生说出说明性文章有哪些说明方法，记录其表现 | 得分：0<br>表现：<br>不知道什么是说明方法 |
| | | 2-3-3<br>能阅读简单的非连续性文本 | 0 无法阅读简单的非连续性文本<br>1 在他人帮助下，能阅读提取信息，读懂信息但不完整<br>2 初步独立阅读并提取信息，读懂信息但不完整<br>3 能独立阅读并提取完整信息，读懂信息 | 1.观察：教师在日常教学过程中，观察学生阅读简单的非连续性文本的情况<br>2.测验：教师出示一些非连续性文本，要求学生阅读后回答问题，记录其表现 | 得分：1<br>表现：<br>需要老师的提醒 |
| | | 2-3-4<br>能根据需要从非连续性文本中找出信息 | 0 无法阅读非连续性文本<br>1 能阅读非连续性文本，但不能根据需要从非连续性文本中找出信息<br>2 能阅读非连续性文本，能根据需要找出部分信息<br>3 能阅读非连续性文本，能根据需要完整找出信息 | 1.观察：教师在日常教学过程中，观察学生能否从非连续性文本中获取信息<br>2.测验：教师出示一些非连续性文本，要求学生阅读后回答问题，记录其表现 | 得分：2<br>表现：<br>能找到部分信息，但找不全 |
| | | 2-3-5<br>能阅读古典名著 | 0 无法阅读古典名著，不能理解名著内容<br>1 能在大量帮助下，阅读古典名著，理解名著内容<br>2 能在少量帮助下，阅读古典名著，理解名著内容<br>3 能独立阅读古典名著，理解名著内容 | 1.观察：教师在日常教学过程中，观察学生阅读古典名著的情况<br>2.访谈：访谈家长或其他同学，了解学生阅读古典名著的情况 | 得分：1<br>表现：<br>需要教师的大量引导，才能阅读名著 |
| | | 2-3-6<br>能简单描述叙事性作品的事件梗概 | 0 不能了解叙事性作品的大意<br>1 能在大量帮助下，初步了解叙事性作品的大意<br>2 能在少量帮助下，初步了解叙事性作品的大意<br>3 能独立正确了解叙事性作品的大意（如《梅花魂》讲述了一位老华侨十分珍爱墨梅图，叙写了三次落泪，表达了老人对梅花坚贞不屈气节的赞美） | 1.观察：教师在日常教学过程中，观察学生能否简单描述叙事性作品的时间梗概<br>2.测验：教师随机出示一篇课文，要求学生说出课文描写的事件梗概，记录其表现 | 得分：1<br>表现：<br>需要老师大量的帮助 |

续表

| 次领域 | 评估指标 | 评估题目 | 评分标准 | 评估方法 | 评估结果 |
|---|---|---|---|---|---|
| 2<br>阅读与理解 | 2-3<br>阅读文章 | 2-3-7<br>能简单描述在叙事性作品自己印象最深刻的场景 | 0 无法找到作品中描述的场景<br><br>1 能在大量帮助下，简单描述叙事性作品中自己印象深刻的场景<br><br>2 能在少量帮助下，简单描述叙事性作品中自己印象深刻的场景<br><br>3 能独立且正确地简单描述叙事性作品中自己印象最深刻的场景（如《梅花魂》讲述了一位老华侨十分珍爱墨梅图，叙写了三次落泪，表达了老人对梅花坚贞不屈气节的赞美） | 1. 观察：教师在日常教学过程中，观察学生能否简单描述叙事性作品中自己印象最深刻的场景<br>2. 访谈：访谈家长或其他同学，该生在日常交流中能否简单描述叙事性作品中自己印象最深刻的场景<br>3. 测验：教师出示一篇课文，要求学生说一说自己印象最深刻的场景，记录其表现 | 得分：1<br><br>表现：需要老师大量的帮助 |
| | | 2-3-8<br>能简单描述叙事性作品中自己印象最深刻的人物 | 0 无法找到作品中描述的人物<br><br>1 能从一个方面简单描述叙事性作品中自己印象深刻的人物<br><br>2 能从两个方面简单描述叙事性作品中自己印象深刻的人物<br><br>3 能从多个方面简单描述叙事性作品中自己印象深刻的人物（如《青山处处埋忠骨》中毛主席的形象） | 1. 观察：教师在日常教学过程中，观察学生能否简单描述叙事性作品中自己印象最深刻的人物<br>2. 访谈：访谈家长或其他同学，了解该生在日常交流中能否简单描述叙事性作品中自己印象最深刻的人物<br>3. 测验：教师出示一篇课文，要求学生说一说自己印象最深刻的人物，记录其表现 | 得分：1<br><br>表现：能从一个方面来描述 |
| | | 2-3-9<br>在阅读中体会文章的思想感情 | 0 无法在阅读中体会文章的思想感情<br>1 能在大量提示和帮助下，在阅读中体会文章的思想感情<br>2 能在少量提示和帮助下，在阅读中体会文章的思想感情<br>3 能独立在阅读中体会文章的思想感情 | 1. 观察：教师在日常教学过程中，观察学生能否在阅读中体会文章的思想感情<br>2. 测验：教师出示课文片段，要求学生说出作者表达的思想感情，记录其表现 | 得分：1<br><br>表现：需要老师大量的帮助 |
| | | 2-3-10<br>能说出自己对叙事性作品的感受 | 0 无法体会叙事性作品<br>1 能从一个方面说出自己对叙事性作品的感受<br>2 能从两个方面说出自己对叙事性作品的感受<br>3 能从多个方面说出自己对叙事性作品的感受 | 1. 观察：教师在日常教学过程中，观察学生能否说出自己对叙事性作品的感受<br>2. 访谈：访谈家长或其他同学，了解该生在日常交流中能否说出自己对叙事性作品的感受<br>3. 测验：教师出示一篇课文，要求学生说一说对叙事性作品的感受，记录其表现 | 得分：1<br><br>表现：能从一个方面来描述 |

续表

| 次领域 | 评估指标 | 评估题目 | 评分标准 | 评估方法 | 评估结果 |
|---|---|---|---|---|---|
| 2<br>阅读与理解 | 2-4<br>表达顺序 | 2-4-1<br>能说出本册课文的表达顺序 | 0 不理解表达顺序是什么<br>1 能在阅读中掌握时间顺序类文章的表达（如：我今天早上7点出门，乘公交车，8点到学校）<br>2 能在阅读中掌握空间顺序类文章的表达（我在散步，经过这条街道的西端，看到了一段美丽的静水河流）<br>3 能在阅读中掌握逻辑顺序类文章的表达（如：毕业典礼上，校长讲话中提到学生们找工作时要有奋斗精神，坚定自己的梦想，并通过不断学习和努力实现） | 1.观察：教师在日常教学过程中，观察学生能否理解表达顺序，能否体会文章的表达顺序<br>2.访谈：访谈家长，了解学生能否通过阅读了解文章的表达顺序<br>3.测验：教师出示课文片段，要求学生说出文章的表达顺序，记录其表现 | 得分：0<br>表现：<br>不知道表达顺序是什么 |
| | 2-5<br>表达方法 | 2-5-1<br>能说出本册课文的表达方法 | 0 不知道表达方法有什么（记叙、描写、说明、抒情、议论）<br>1 能在他人提示和帮助下，说出本册课文运用的表达方法<br>2 能独立说出本册课文运用的表达方法，但有时存在错误<br>3 能独立、正确地说出本册课文运用的表达方法 | 1.观察：教师在日常教学过程中，观察学生能否体会课文的表达方法<br>2.访谈：访谈教师，了解学生在学习课文过程中能否说出课文所运用的表达方法<br>3.测验：教师出示课文片段，要求学生说出文章所运用的表达方法，记录其表现 | 得分：0<br>表现：<br>不知道表达方法有什么 |
| | 2-6<br>体会动静描写 | 2-6-1<br>能知道描写人物的基本方法 | 0 不知道描写人物的基本方法<br>1 知道描写人物的一种基本方法<br>2 知道描写人物的两种基本方法<br>3 知道描写人物的多种基本方法 | 1.观察：教师在日常教学过程中，观察学生对描写人物基本方法的掌握情况<br>2.访谈：访谈家长，了解学生对人物描写方法的掌握情况<br>3.测验：教师要求学生说出描写人物的基本方法，记录其表现 | 得分：0<br>表现：<br>不知道描写人物的基本方法 |
| | 2-7<br>体会顿号 | 2-7-1<br>能体会课文中顿号的用法 | 0 不认识顿号，不能在课文中找到顿号<br>1 能在课文中找到顿号，但是无法体会其作用<br>2 能在课文中找到顿号，能在教师提示下体会课文中顿号的用法<br>3 能在课文中找到并独立体会课文中顿号的用法 | 1.观察：教师在日常教学过程中，观察学生能否体会课文中顿号的用法<br>2.测验：教师出示课文片段，要求学生说一说顿号的用法，记录其表现 | 得分：2<br>表现：<br>认识顿号，但需要老师提醒才能理解顿号的用法 |
| | 2-8<br>诗文理解与鉴赏 | 2-8-1<br>能借助注释理解诗文大意 | 0 无法借助注释理解诗文大意<br>1 能借助注释理解诗文中字词的含义<br>2 能借助注释理解诗文中句子的含义<br>3 能借助注释理解诗文大意 | 1.观察：教师在日常教学过程中，观察学生借助注释理解诗文大意的情况<br>2.测验：教师提供一篇诗文及其注释，要求学生说出其大意，记录其表现 | 得分：1<br>表现：<br>能借助注释理解字词 |

续表

| 次领域 | 评估指标 | 评估题目 | 评分标准 | 评估方法 | 评估结果 |
|---|---|---|---|---|---|
| 2<br>阅读与理解 | 2-8<br>诗文理解与鉴赏 | 2-8-2<br>能理解诗文大意 | 0 无法阅读诗文，不了解诗文大意 | 1.观察：教师在日常教学过程中，观察学生在学习诗文时理解诗文大意的情况<br>2.测验：教师出示一篇本册诗文，让学生说出诗文大意，记录其表现 | 得分：1<br>表现：能把握诗文大意，说说描写的对象 |
| | | | 1 能初步把握诗文大意，简单说出诗文所描写的对象（人物、景物等） | | |
| | | | 2 能大体把握诗文大意，简单说出诗文的基本内容（如：事件、地点等） | | |
| | | | 3 能理解诗文大意，完整、详细地说出诗文的内容 | | |
| | | 2-8-3<br>能体会诗文情感 | 0 无法阅读诗文，不能体会诗文的情感 | 1.观察：教师在日常教学过程中，观察学生对诗文情感的把握情况<br>2.测验：教师出示一篇本册诗文，要求学生说出诗文所表达的情感，记录其表现 | 得分：1<br>表现：能找到词眼或关键句 |
| | | | 1 能找到表达诗文情感的词眼或关键句 | | |
| | | | 2 能通过词眼或关键句，结合文章背景初步体会诗文的情感 | | |
| | | | 3 能体会并完整准确地说出诗文的所表达的情感 | | |
| 3<br>文学积累 | 3-1<br>课外阅读 | 3-1-1<br>能进行课外阅读 | 0 没有开展课外阅读或课外阅读时间短 | 1.观察：教师在日常教学过程中，观察学生在学校或家庭的阅读情况<br>2.访谈：访谈家长或其他同学，了解学生本学期阅读课外书数量 | 得分：1<br>表现：课外阅读量少 |
| | | | 1 能进行课外阅读，课外阅读总量不少于 8 万字 | | |
| | | | 2 能进行课外阅读，课外阅读总量不少于 16 万字 | | |
| | | | 3 能独立进行课外阅读，课外阅读总量不少于 25 万字 | | |

**领域三：表达与交流（得分：28）**

| 次领域 | 评估指标 | 评估题目 | 评分标准 | 评估方法 | 评估结果 |
|---|---|---|---|---|---|
| 1<br>倾听 | 1-1<br>听人说话 | 1-1-1<br>听人说话认真、耐心 | 0 听他人讲话，无法保持安静，马上离开 | 1.观察：教师在日常教学过程中，观察学生听人说话时的表现<br>2.访谈：访谈家长或其他同学，了解学生听人说话能否做到认真耐心 | 得分：2<br>表现：能耐心倾听他人说话，但无法抓住他人说话要点 |
| | | | 1 听他人讲话，能保持安静倾听，但无法说出他人讲话的内容 | | |
| | | | 2 听他人讲话，能耐心安静倾听，说出部分他人讲话的内容 | | |
| | | | 3 听他人讲话，能完整复述他人讲话的主要内容，抓住要点 | | |
| | | 1-1-2<br>听人说话能抓住要点 | 0 不能理解他人说话内容 | 1.观察：教师在日常教学过程中，观察学生能否理解他人说话内容，抓住要点<br>2.访谈：访谈家长或其他同学，了解该生能否理解他人说话内容，抓住说话要点 | 得分：2<br>表现：对于说话的要点无法完全掌握 |
| | | | 1 能理解他人说话内容，但是无法抓住要点 | | |
| | | | 2 能理解他人说话内容，但是只能抓住部分要点 | | |
| | | | 3 能理解他人说话内容，能抓住所有要点 | | |

续表

| 次领域 | 评估指标 | 评估题目 | 评分标准 | 评估方法 | 评估结果 |
|---|---|---|---|---|---|
| 2 表达 | 2-1 观察积累 | 2-1-1 能养成留心观察周围事物的习惯 | 0 对周围事物没有兴趣，也不会留心观察周围事物<br>1 能在他人要求下，观察周围事物<br>2 能主动观察周围感兴趣的事物<br>3 能主动观察周围事物，并形成习惯 | 1. 观察：教师在日常教学过程中，观察学生能否留心观察周围事物及观察的频率<br>2. 访谈：访谈家长，了解学生能否留心观察周围事物 | 得分：1<br>表现：没有观察周围事物的主动性 |
| | | 2-1-2 能积累习作素材 | 0 不能积累习作素材<br>1 能在大量提示下，积累习作素材<br>2 能在少量提示下，积累习作素材<br>3 能独立积累习作素材 | 1. 观察：教师在日常教学过程中，通过日常教学及收集学生的笔记本，观察学生积累习作素材的情况<br>2. 访谈：访谈家长或其他同学，了解学生在学习和日常生活中，积累习作素材的情况 | 得分：1<br>表现：需要大量提醒 |
| | | 2-1-3 能养成写读书笔记的习惯 | 0 不进行课外阅读<br>1 能在课外阅读时偶尔写读书笔记<br>2 能在课外阅读时经常写读书笔记<br>3 能在课外阅读时总是写读书笔记 | 1. 观察：教师在日常教学过程中，通过收集笔记本观察学生能否写读书笔记<br>2. 访谈：访谈家长或其他同学，了解学生能否书写读书笔记 | 得分：1<br>表现：偶尔会写读书笔记 |
| | 2-2 写作 | 2-2-1 能通过提取主要信息缩写故事 | 0 不能提取主要信息<br>1 能提取主要信息，但提取信息不完整，能进行部分摘录和删减，简单概括<br>2 能提取完整的主要信息，能进行摘录删减，简单概括和改写，但是描述不简洁<br>3. 能提取完整的主要信息，能进行摘录、删减、概括和改写，描述简洁恰当 | 1. 观察：教师在日常教学过程中，观察学生能否通过提取主要信息缩写故事<br>2. 测验：教师出示一段故事，要求学生通过提取主要信息缩写故事，记录其表现 | 得分：2<br>表现：能从漫画背后获得部分启示 |
| | | 2-2-2 能写简单的纪实作文 | 0 纪实作文记叙不清楚，无逻辑顺序<br>1 能简单撰写纪实作文，交代清楚时间、地点、人物、起因、经过、结果<br>2 能详细书写纪实作文，内容具体并分段表述<br>3 能根据内容表达的需要分段表述，并表达自己的感情 | 1. 观察：教师在日常教学过程中，通过收集习作本观察学生能否写简单的纪实作文<br>2. 访谈：访谈家长，了解学生能否书写简单的纪实作文<br>3. 测验：教师创设情境，要求学生书写一篇纪实作文，记录其表现 | 得分：0<br>表现：无逻辑顺序 |
| | | 2-2-3 能写简单的想象作文 | 0 不能发挥想象完成作文<br>1 能简单想象，把故事写完整<br>2 能结合生活实际展开想象，书写想象作文，内容具体并分段表述<br>3 能结合生活实际和课外阅读资料展开想象，根据内容表达的需要分段表述，并表达自己的感情 | 1. 观察：教师在日常教学过程中，通过收集习作本观察学生能否写简单的想象作文<br>2. 访谈：访谈家长，了解学生能否书写简单的想象作文<br>3. 测验：教师创设情境，要求学生书写一篇想象作文，记录其表现 | 得分：1<br>表现：能完整地写想象作文 |

续表

| 次领域 | 评估指标 | 评估题目 | 评分标准 | 评估方法 | 评估结果 |
|---|---|---|---|---|---|
| 2<br>表达 | 2-2<br>写作 | 2-2-4<br>能独立撰写书信 | 0 不能撰写书信，也不知道书信对应的格式要求 | 1. 观察：教师在日常教学过程中，观察学生能否撰写书信<br>2. 访谈：访谈家长或其他同学，了解学生能否正确撰写书信<br>3. 测验：教师创设情境，要求学生书写一封书信，记录其表现 | 得分：0 |
| | | | 1 能撰写书信，但存在大量格式错误 | | 表现：<br>不会写信 |
| | | | 2 能撰写书信，但仍有少量格式错误 | | |
| | | | 3 能详细撰写书信，格式正确，内容表述完整 | | |
| | 2-3<br>修改习作 | 2-3-1<br>能自己修改习作中的错误 | 0 不能发现自己习作中出现的错误 | 1. 观察：教师在日常教学过程中，观察学生能否自己修改习作中存在的错误<br>2. 访谈：访谈家长或其他同学，了解学生能否自己修改习作中存在的错误<br>3. 测验：教师出示一篇待修改习作，要求学生修改习作中的错误，记录其表现 | 得分：2 |
| | | | 1 能发现习作中的错误，但不会修改 | | 表现：<br>需要老师提醒 |
| | | | 2 能在他人提示下，修改习作中的错误 | | |
| | | | 3 能发现自己习作中的错误，并正确修改 | | |
| | | 2-3-2<br>能与他人交换修改习作 | 0 不能互相修改习作中的错误 | 1. 观察：教师在日常教学过程中，观察学生能否互相修改习作中存在的错误<br>2. 访谈：访谈其他同学，了解学生能否互相修改习作中存在的错误 | 得分：1 |
| | | | 1 能互相交换习作，并修改习作中的错别字和标点 | | 表现：<br>能互相修改标点、错别字 |
| | | | 2 能互相交换习作，并修改习作中的语病 | | |
| | | | 3 能互相交换习作，并运用好词佳句改进习作中的表达方法 | | |
| | 2-4<br>使用标点符号 | 2-4-1<br>能正确使用常用标点符号 | 0 不认识标点符号，不能正确使用标点符号 | 1. 观察：教师在日常教学过程中，观察学生在作业中使用标点符号的情况<br>2. 访谈：访谈家长或其他同学，了解学生能否正确使用标点符号<br>3. 测验：教师创设情境，要求学生完成写作，记录标点符号使用情况 | 得分：3 |
| | | | 1 能使用标点符号，但是存在使用错误的情况 | | 表现：<br>能丰富使用标点 |
| | | | 2 能正确使用标点符号，但用法单一（如：一段话中只有逗号和句号） | | |
| | | | 3 能正确且丰富地使用标点符号 | | |
| 3<br>交流 | 3-1<br>参与讨论 | 3-1-1<br>能讨论影视作品中的人物形象 | 0 不观看影视作品，对影视作品没有兴趣，不讨论影视作品中的人物形象 | 1. 观察：教师在日常教学过程中，观察学生在观看时及观看后能否针对作品中的人物形象进行讨论<br>2. 访谈：访谈家长或其他同学，了解该生在日常交流中，是否会对平时观看的影视作品中的人物形象展开讨论 | 得分：1 |
| | | | 1 能观看影视作品，对人物形象有初步的印象，能从一个方面讨论影视作品中的人物形象 | | 表现：<br>能从外表层面评价影视人物 |
| | | | 2 能观看影视作品，对人物形象有初步的印象，能从两个方面讨论影视作品中的人物形象 | | |
| | | | 3 能观看影视作品，对人物形象有初步的印象，能从多个方面讨论影视作品中的人物形象 | | |

续表

| 次领域 | 评估指标 | 评估题目 | 评分标准 | 评估方法 | 评估结果 |
|---|---|---|---|---|---|
| 3 交流 | 3-1 参与讨论 | 3-1-2 能参与班集体讨论 | 0 不喜欢参加讨论<br>1 能参加讨论，但是参加讨论的时间较短<br>2 能长时间参与班集体的讨论<br>3 乐于参加讨论，能很好融入集体，表达想法 | 1. 观察：教师在日常教学过程中，观察学生参与集体讨论的情况<br>2. 访谈：访谈其他同学，了解学生参与讨论的情况 | 得分：2<br>表现：能参与讨论，但不喜欢表达想法 |
| | | 3-1-3 能在讨论中发表自己的意见 | 0 无法在讨论中发表自己的意见<br>1 能偶尔在讨论中发表自己的意见<br>2 能经常在讨论中发表自己的意见<br>3 能总是在讨论中发表自己的意见 | 1. 观察：教师在日常教学过程中，观察学生在讨论时的表现，评估学生能否发表意见及发表意见的频率<br>2. 访谈：访谈其他同学，了解学生在讨论中发表自己的意见的情况 | 得分：1<br>表现：不太喜欢发表意见，但偶尔会说想法 |
| | | 3-1-4 表达有条理，语调适当 | 0 在表达时没有条理，语序混乱<br>1 能表达出想要说的内容，但是逻辑混乱<br>2 能有条理表达想说的内容，但是语调夸张<br>3 能有条理表达，语调适当 | 1. 观察：教师在日常教学过程中，观察学生表达情况<br>2. 访谈：访谈家长或其他同学，了解该生能否做到表达有条理，语调适当 | 得分：1<br>表现：说话会有重复，颠三倒四 |
| | 3-2 文明用语 | 3-2-1 能文明用语 | 0 不能使用文明用语<br>1 能偶尔使用文明用语<br>2 能经常使用文明用语<br>3 能总是使用文明用语 | 1. 观察：教师在日常教学过程中，观察学生在日常学习、生活中能否做到文明用语<br>2. 访谈：访谈家长或其他同学，了解该生平时用语的文明情况 | 得分：2<br>表现：能使用"请、谢谢"等文明用语 |
| | 3-3 与人交流 | 3-3-1 与人交流能尊重理解对方 | 0 与人交流不能尊重理解对方，没有礼貌，态度轻浮<br>1 与人交流时能保持尊重他人的态度，但是无法理解交流内容<br>2 与人交流时能保持尊重他人的态度，但是无法全面理解交流内容<br>3 与人交流能尊重理解对方的观点，态度端正 | 1. 观察：教师在日常教学过程中，观察学生在日常交流时的表现<br>2. 访谈：访谈家长或其他同学，了解该生与人交流时的情况 | 得分：3<br>表现：能理解尊重他人，良好交流 |
| | | 3-3-2 与他人交流时简单复述他人说话要点 | 0 与他人交流时不能简单复述他人说话要点，注意力不集中<br>1 与他人交流时能简单复述他人说话要点，但是不全面且有错误<br>2 与他人交流时能简单复述他人说话要点，错误情况较少且较全面<br>3 与他人交流时能简单正确复述他人说话要点 | 1. 观察：教师在日常教学过程中，观察学生与他人交流时能否简单复述他人说话要点<br>2. 访谈：访谈家长或其他同学，在交流中，该生能否简单复述他人说话要点<br>3. 测验：教师向学生传达一件事，要求学生复述这件事的要点，记录其表现 | 得分：2<br>表现：只能说出一部分内容 |

领域四：梳理与探究（得分：6）

| 次领域 | 评估指标 | 评估题目 | 评分标准 | 评估方法 | 评估结果 |
|---|---|---|---|---|---|
| 1<br>梳理 | 1-1<br>梳理汉字 | 1-1-1<br>能分类整理学过的汉字 | 0 不能分类整理所学汉字<br>1 能在他人大量帮助下分类整理所学汉字（如按照汉字的大写字母、笔画多少、偏旁部首、汉字结构、形声、会意、象形、指示等分类方式整理）<br>2 能自己初步整理所学汉字<br>3 能自己独立按照不同的类别整理所学汉字 | 1.观察：教师在日常教学过程中，观察学生能否分类整理所学汉字<br>2.访谈：访谈家长或其他同学，了解学生能否分类整理所学汉字 | 得分：1<br>表现：<br>只能在老师大量的提示和帮助下才能整理汉字 |
| 2<br>探究 | 2-1<br>查找资料 | 2-1-1<br>能利用图书馆获取资料 | 0 不去图书馆，不会使用图书馆获取资料<br>1 能在他人提示帮助下，前往图书馆查阅、借阅书籍，获取需要的资料<br>2 能独自前往图书馆查阅、借阅书籍，但是无法直接精准找到需要的书籍和资料<br>3 能独自前往图书馆查阅、借阅书籍，获取需要的资料 | 1.观察：教师在日常教学过程中，通过布置资料搜集任务，观察学生能否利用图书馆获取资料<br>2.访谈：访谈家长或其他同学，了解该生能否独自前往图书馆查阅、借阅书籍，获取需要的资料 | 得分：1<br>表现：<br>需要家长或教师的提示 |
| | | 2-1-2<br>能利用网络获取资料 | 0 不会使用网络，不能通过网络获取资料<br>1 能在他人提示帮助下，使用网络查阅需要的资料<br>2 能独自使用网络查阅资料，但存在信息搜索错误、不精准的情况<br>3 能独自使用网络查找并获取需要的资料 | 1.观察：教师在日常教学过程中，通过布置资料搜集任务，观察学生能否利用网络获取资料<br>2.访谈：访谈家长或其他同学，了解该生能否独自使用网络查找并获取需要的资料 | 得分：1<br>表现：<br>需要家长或教师的提示 |
| | | 2-1-3<br>初步了解查找资料的基本方法 | 0 不会查找资料，不了解查找资料的方法<br>1 能在他人的提示帮助下，初步了解查找资料的基本方法（如向他人求助、利用网络资源、查找图书馆资料等）<br>2 能独立至少使用上述一种方式，获取资料<br>3 能综合利用网络、图书馆、向他人求助等方法，获取资料 | 1.观察：教师在日常教学过程中，观察学生通过哪些方法查找资料<br>2.访谈：访谈家长或其他同学，了解学生查找资料使用了什么基本方法 | 得分：1<br>表现：<br>需要家长或教师的提示 |
| | 2-2<br>辨别是非善恶 | 2-2-1<br>能根据影视作品中的人物学习辨别是非善恶 | 0 不明白是非善恶的意思，不能根据影视作品中的人物学习辨别是非善恶<br>1 能在他人的提示帮助下，理解影视作品中人物形象表现的是非善恶，能初步与实际生活联系<br>2 能独立理解影视作品中人物形象表现的是非善恶，建立与实际生活的联系，但是会存在将是非善恶混淆的情况<br>3 能明白影视作品中人物所表现的是非善恶，能根据其表现学习辨别 | 1.观察：教师在日常教学过程中，了解学生根据影视作品中的人物学习辨别是非善恶的情况<br>2.访谈：访谈家长或其他同学，了解学生能否理解影视作品中人物形象，并根据其表现学习辨别是非善恶 | 得分：2<br>表现：<br>能自己理解电影中的人物善恶，但会混淆善恶，辨别不清 |

**3. 学生书写情况（部分示例）**

（1）常用汉字的书写

| 腕 | 疤 | 腮 | 貌 | 监 | 祥 | | | |
|---|---|---|---|---|---|---|---|---|

（2）常用词语的书写

| 轮壮 | 私自 | 颜料 | 苍白 | 飞驰 |
|---|---|---|---|---|
| 一声不充 | 手法 | 承认 | | |

（3）书面表达自己的想法

有个人坐在树下，说道："我在等着乘凉。" 可是小树还没有长大，
怎么可以乘凉呢？

**4. 教师使用评估材料（部分示例）**

（1）部分生字卡片

| 昼 | 耘 | 供 | 稚 |
|---|---|---|---|
| 割 | 嘟 | 倭 | 拴 |

（2）部分词语卡片

| 蝴蝶 | 蜻蜓 | 蚂蚱 | 预计 |
|---|---|---|---|
| 妒忌 | 委托 | 照办 | 寻思 |

## 5. 评估表得分侧面图

语文课程评估侧面图（五年级下册）

学生姓名：L 同学　　第一次评估时间：2023.7.20　　颜色：黑色　　评估者：语文老师、个训老师

| | 能独立识字 | 能认读生字 | 能书写常用字 | 能书写词语 | 能用硬笔书写 | 能有书写速度 | 写字姿势习惯正确 | 能朗读课文 | 能背诵课文 | 能背诵格言警句 | 能默读课文 | 能掌握阅读方法 | 能理解与赏析词句 | 能阅读文章 | 能掌握表达顺序 | 能掌握表达方法 | 能体会动静描写 | 能体会顿号 | 能理解与鉴赏诗文 | 能课外阅读 | 能听人说话 | 能观察积累 | 能写作 | 能修改习作 | 能使用标点符号 | 能参与讨论 | 能文明用语 | 能与人交流 | 能梳理汉字 | 能查找资料 | 能辨别是非善恶 |
|---|---|---|---|---|---|---|---|---|---|---|---|---|---|---|---|---|---|---|---|---|---|---|---|---|---|---|---|---|---|---|---|
| | 识字 | | 写字 | | | | | 诵读与理解 | | | | 阅读与理解 | | | | | | | 文学积累 | | 倾听 | | 表达 | | | 交流 | | | 梳理 | | 探究 |
| | 识字与写字 | | | | | | | | | | 阅读与鉴赏 | | | | | | | | | | | | 表达与交流 | | | | | | 梳理与探究 | | |

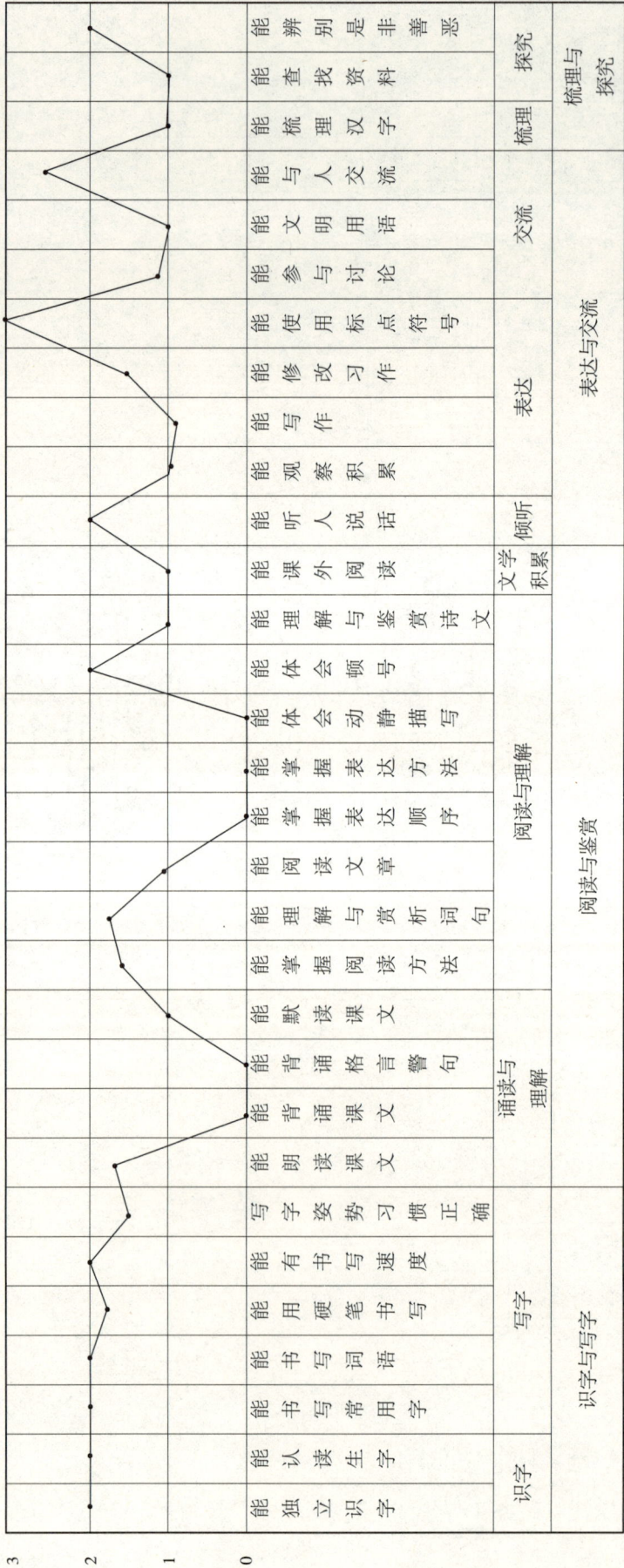

6. 评估结果分析

（1）评估结果

| 领域 | 现况摘要 | |
|---|---|---|
| | 优势 | 弱势 |
| 识字与写字 | 能指认出本册所学的大部分常用汉字和词语；能书写出大部分的生字词 | 学生在用硬笔书写汉字的能力方面有待提高，书写速度和书写习惯有待改进 |
| 阅读与鉴赏 | 能做到正确、流利地朗读课文；能掌握部分阅读方法；能结合上下文与生活经验理解赏析词句；能体会顿号的用法 | 阅读课文时，无法很好地投入感情；在背诵课文、积累格言警句及默读课文方面存在困难；不能很好地阅读文章，无法掌握文章的表达方法、表达顺序及人物描写方法；在理解诗文、课外阅读等方面也存在不足 |
| 表达与交流 | 能认真听人说话，有较好的交流沟通能力，能使用文明用语；在写作时能正确使用标点符号 | 在观察积累、写作方面存在不足；缺乏讨论技巧，无法积极思考并参与讨论 |
| 梳理与探究 | 能辨别是非善恶 | 无法梳理汉字，并不会自觉独立地查找资料 |

（2）总体评价

从评估表的得分结果以及侧面图可以看出，该生对五年级下册所学知识的掌握情况一般，在听、说、读、写等方面的能力有待提高，对课文内容的理解也一般。该生有时注意力集中程度较低，容易走神，专注程度不够，学生阅读、思考、观察、积累等方面的独立性与自觉性严重不足，无法利用学过的知识进行迁移。

（3）教学建议

①该生具有良好的识字写字能力和书写习惯，对于较难的生字词，可通过拆解字词和多次少时不间断的教学方式让学生掌握书写，增强上课趣味性以提高学生的兴趣。

②针对课文需要背诵和记忆的部分，可采取碎片化小步子教学，将需要记忆背诵的内容拆成小块，让学生分句分段记忆。

③该生能与他人进行良好的交流，但思考力不够，可多设计语文相关的趣味活动引导学生形成正确的思维方法，鼓励学生从不同的角度进行辨析。

# （二）五年级语文课程评估表填写说明（上册）

| 次领域 | 评估指标 | 评估题目 | 评估方法 | 填写说明 |
|---|---|---|---|---|
| 1<br>识字 | 1-1<br>独立识字 | 1-1-1<br>能有较强的独立识字能力 | 1. 观察：教师在日常教学过程中，观察学生是否有较强的独立识字能力<br>2. 访谈：访谈家长，了解学生独立识字情况 | 教师选取观察、访谈的方式，了解学生独立识字的情况 |
| | 1-2<br>认读字词 | 1-2-1<br>能认读本册常用汉字200个 | 1. 观察：教师在日常教学过程中，观察学生借助汉语拼音认读本册生字的情况<br>2. 测验：教师出示本册生字，要求学生借助拼音认读生字，并记录正确率 | 教师选取观察、测验的方式，了解学生借助汉语拼音认读本册生字的情况 |
| | | 1-2-2<br>能认读本册词语表中的词语 | 1. 观察：教师在日常教学过程中，观察学生指认词语情况<br>2. 测验：教师出示学习过若干词语，测验学生是否能正确指认，并记录正确率 | 教师选取观察、测验的方式，了解学生指认词语情况 |
| 2<br>写字 | 2-1<br>书写常用字 | 2-1-1<br>能正确书写本册常用汉字220个 | 1. 观察：教师在日常教学过程中，观察学生的写字情况<br>2. 测验：教师随机抽取本册写字表中的10个汉字，要求学生书写，记录正确率 | 教师选取观察、测验的方式，了解学生正确书写常用汉字的能力 |
| | 2-2<br>书写词语 | 2-2-1<br>能正确书写本册词语表中的词语 | 1. 观察：教师在日常教学过程中，观察学生书写词语的情况<br>2. 测验：教师随机抽取本册词语表中的10个词语，要求学生书写，记录正确率 | 教师选取观察、测验的方式，了解学生正确书写词语的能力 |
| | 2-3<br>硬笔书写 | 2-3-1<br>能使用硬笔规范书写汉字 | 1. 观察：教师在日常教学过程中，观察学生书写汉字是否规范<br>2. 访谈：访谈家长，了解学生能否使用硬笔规范书写汉字<br>3. 测验：教师随机出示学习过的汉字，要求学生书写，记录其表现 | 教师选取观察、测验的方式，了解学生使用硬笔规范书写汉字的能力 |

续表

| 次领域 | 评估指标 | 评估题目 | 评估方法 | 填写说明 |
|---|---|---|---|---|
| 2<br>写字 | 2-3<br>硬笔书写 | 2-3-2<br>能使用硬笔端正书写汉字 | 1.观察：教师在日常教学过程中，观察学生书写汉字是否端正<br>2.访谈：访谈家长，了解学生能否使用硬笔端正书写汉字<br>3.测验：教师随机出示学习过的汉字，要求学生书写，记录其表现 | 教师选取观察、访谈、测验的方式，了解学生使用硬笔端正书写汉字的能力 |
| | | 2-3-3<br>能使用硬笔整洁书写汉字 | 1.观察：教师在日常教学过程中，观察学生书写汉字是否整洁<br>2.访谈：访谈家长，了解学生能否使用硬笔整洁书写汉字<br>3.测验：教师随机出示学习过的汉字，要求学生书写，记录其表现 | 教师选取观察、访谈、测验的方式，了解学生使用硬笔整洁书写汉字的能力 |
| | | 2-3-4<br>能使用硬笔美观书写汉字 | 1.观察：教师在日常教学过程中，观察学生书写汉字是否美观<br>2.访谈：访谈家长，了解学生能否使用硬笔美观书写汉字<br>3.测验：教师随机出示学习过的汉字，要求学生书写，记录其表现 | 教师选取观察、访谈、测验的方式，了解学生使用硬笔美观书写汉字的能力 |
| | 2-4<br>书写速度 | 2-4-1<br>书写汉字有一定的书写速度 | 1.观察：教师在日常教学过程中，观察学生能否做到书写具有一定的速度<br>2.访谈：访谈家长，了解学生能否做到书写具有一定的速度<br>3.测验：教师随机出示学习过的汉字，要求学生抄写，记录其表现 | 教师选取观察、访谈、测验的方式，了解学生能否做到书写具有一定的速度 |
| | 2-5<br>写字姿势习惯 | 2-5-1<br>写字姿势正确 | 1.观察：教师在日常教学过程中，观察学生在座位上写字的姿势是否标准<br>2.访谈：访谈家长，了解学生写字姿势是否正确<br>3.测验：教师随机出示学习过的汉字，要求学生书写，记录其表现 | 教师选取观察、访谈、测验的方式，了解学生的写字姿势是否正确 |
| | | 2-5-2<br>养成良好的书写习惯 | 1.观察：教师在日常教学过程中，观察学生是否养成良好的书写习惯<br>2.访谈：访谈家长，了解学生书写汉字时是否有良好的书写习惯 | 教师选取观察、访谈的方式，了解学生是否养成良好的书写习惯 |

领域二：阅读与鉴赏

| 次领域 | 评估指标 | 评估题目 | 评估方法 | 填写说明 |
|---|---|---|---|---|
| 1<br>诵读与理解 | 1-1<br>朗读课文 | 1-1-1<br>能用普通话正确朗读本册课文 | 1.观察：教师在日常教学过程中，观察学生用普通话朗读课文的正确情况<br>2.测验：教师出示一篇本册课文，要求学生用普通话正确地朗读课文，记录学生朗读情况 | 教师选取观察、测验的方式，了解学生用普通话正确朗读本册课文的能力 |
| | | 1-1-2<br>能用普通话流利朗读本册课文 | 1.观察：教师在日常教学过程中，观察学生用普通话朗读课文的流利情况<br>2.测验：教师出示一篇本册课文，要求学生用普通话流利地朗读课文，记录学生朗读情况 | 教师选取观察、测验的方式，了解学生用普通话流利朗读本册课文的能力 |
| | | 1-1-3<br>能用普通话有感情地朗读本册课文 | 1.观察：教师在日常教学过程中，观察学生能否用普通话有感情地朗读本册课文<br>2.测验：教师出示一篇本册课文，要求学生用普通话有感情地朗读课文，记录学生朗读情况 | 教师选取观察、测验的方式，了解学生用普通话有感情地朗读本册课文的能力 |
| | 1-2<br>背诵课文 | 1-2-1<br>能背诵本册要求背诵的现代文 | 1.观察：教师在日常教学过程中，观察学生背诵本册现代文的情况<br>2.测验：教师随机抽查一段本册要求背诵的现代文，要求学生背诵，记录其表现 | 教师选取观察、测验的方式，了解学生背诵本册现代文的情况 |
| | | 1-2-2<br>能背诵本册要求背诵的古诗 | 1.观察：教师在日常教学过程中，观察学生背诵本册古诗的情况<br>2.测验：教师随机抽查一篇本册要求背诵的的古诗，要求学生背诵，记录其表现 | 教师选取观察、测验的方式，了解学生背诵本册古诗的情况 |
| | | 1-2-3<br>能背诵本册要求背诵的文言文 | 1.观察：教师在日常教学过程中，观察学生背诵本册文言文的情况<br>2.测验：教师随机抽查一篇本册要求背诵的文言文，要求学生背诵，记录其表现 | 教师选取观察、测验的方式，了解学生背诵本册文言文的情况 |
| | 1-3<br>背诵格言警句 | 1-3-1<br>能熟练背诵本册格言警句 | 1.观察：教师在日常教学过程中，观察学生背诵本册格言警句的情况<br>2.测验：教师要求学生背诵本册学过的格言警句，记录其表现 | 教师选取观察、测验的方式，了解学生背诵本册格言警句的情况 |
| | 1-4<br>默读课文 | 1-4-1<br>默读课文能达到300字/分钟 | 1.观察：教师在日常教学过程中，观察学生的默读情况<br>2.测验：教师随机出示一段本册的课文，要求学生默读，记录其表现 | 教师选取观察、测验的方式，了解学生默读课文的情况 |

续表

| 次领域 | 评估指标 | 评估题目 | 评估方法 | 填写说明 |
|---|---|---|---|---|
| 2 阅读与理解 | 2-1 阅读方法 | 2-1-1 能通过浏览进行阅读 | 1.观察：教师在日常教学过程中，观察学生是否能通过浏览进行阅读<br>2.访谈：访谈家长，了解学生通过浏览进行阅读的情况 | 教师选取观察、访谈的方式，了解学生是否能通过浏览进行阅读 |
| | | 2-1-2 能掌握提高阅读速度的方法 | 1.观察：教师在日常教学过程中，通过布置阅读任务，观察学生的阅读情况<br>2.访谈：访谈家长或其他同学，了解学生知道哪些提高阅读速度的方法 | 教师选取观察、访谈的方式，了解学生的阅读情况 |
| | | 2-1-3 能通过快速浏览搜索需要的信息 | 1.观察：教师在日常教学过程中，观察学生能否通过快速浏览搜索需要的信息<br>2.测验：教师随机出示一篇课文，要求学生在快速浏览后找到文章的中心句，记录其表现 | 教师选取观察、测验的方式，了解学生通过快速浏览搜索需要信息的能力 |
| | 2-2 词句理解与赏析 | 2-2-1 能联系上下文推想词句的意思 | 1.观察：教师在日常教学过程中，观察学生能否联系上下文推想词句的意思<br>2.测验：教师出示课文片段，要求学生根据上下文推想其中关键词句的含义，记录其表现 | 教师选取观察、测验的方式，了解学生能否联系上下文推想词句的意思 |
| | | 2-2-2 能根据自己的积累推想词句的意思 | 1.观察：教师在日常教学过程中，观察学生能否根据自己的积累推想词句的意思<br>2.访谈：访谈家长，了解学生能否根据自己的积累推想词句的意思<br>3.测验：教师出示课文片段，要求学生根据日常积累推想其中关键词句的含义，记录其表现 | 教师选取观察、访谈、测验的方式，了解学生能否根据自己的积累推想词句的意思 |
| | | 2-2-3 能体会词语的感情色彩 | 1.观察：教师在日常教学过程中，观察学生能否体会词语的感情色彩<br>2.访谈：访谈家长或其他同学，了解学生能否体会词语的感情色彩<br>3.测验：教师随机出示课文片段，要求学生说出句给定词语的感情色彩 | 教师选取观察、访谈、测验的方式，了解学生体会词语感情色彩的能力 |
| | 2-3 阅读文章 | 2-3-1 能抓住说明性文章的要点 | 1.观察：教师在日常教学中，观察学生能否阅读说明性文章，抓住说明性文章的要点<br>2.测验：教师出示一篇课文，要求学生找出文中表达的要点，记录其表现 | 教师选取观察、测验的方式，了解学生能否阅读说明性文章，抓住说明性文章的要点 |
| | | 2-3-2 能了解说明性文章的基本说明方法 | 1.访谈：访谈家长或其他同学，学生是否了解说明方法<br>2.测验：教师要求学生说出说明性文章有哪些说明方法，记录其表现 | 教师选取访谈、测验的方式，了解学生是否知道说明方法 |

续表

| 次领域 | 评估指标 | 评估题目 | 评估方法 | 填写说明 |
|---|---|---|---|---|
| 2<br>阅读与理解 | 2-3<br>阅读文章 | 2-3-3<br>能简单描述叙事性作品的事件梗概 | 1.观察：教师在日常教学过程中，观察学生能否简单描述叙事性作品的事件梗概<br>2.测验：教师随机出示一篇课文，要求学生说出课文描写的事件梗概 | 教师选取观察、测验的方式，了解学生能否简单描述叙事性作品的事件梗概 |
| | | 2-3-4<br>能通过列提纲分段表述内容 | 1.观察：教师在日常教学过程中，观察学生能否通过列提纲分段表述内容<br>2.访谈：访谈家长或同学，了解学生能否通过列提纲分段表述内容<br>3.测验：教师出示一篇文章，要求学生尝试通过列提纲分段表述内容，记录其表现 | 教师选取观察、访谈、测验的方式，了解学生能否通过列提纲分段表述内容 |
| | | 2-3-5<br>能简单描述叙事性作品中自己印象最深刻的场景 | 1.观察：教师在日常教学过程中，观察学生能否简单描述叙事性作品中自己印象最深刻的场景<br>2.访谈：访谈家长或其他同学，该生在日常交流中能否简单描述叙事性作品中自己印象最深刻的场景<br>3.测验：教师出示一篇课文，要求学生说一说自己印象最深刻的场景，记录其表现 | 教师选取观察、访谈、测验的方式，了解学生能否简单描述叙事性作品中自己印象最深刻的场景 |
| | | 2-3-6<br>能简单描述叙事性作品中自己印象最深刻的人物 | 1.观察：教师在日常教学过程中，观察学生能否简单描述叙事性作品中自己印象最深刻的人物<br>2.访谈：访谈家长或其他同学，了解该生在日常交流中能否简单描述叙事性作品中自己印象最深刻的人物<br>3.测验：教师出示一篇课文，要求学生说一说自己印象最深刻的人物，记录其表现 | 教师选取观察、访谈、测验的方式，了解学生能否简单描述叙事性作品中自己印象最深刻的人物 |
| | | 2-3-7<br>在阅读中体会文章的思想感情 | 1.观察：教师在日常教学过程中，观察学生能否在阅读中体会文章的思想感情<br>2.测验：教师出示课文片段，要求学生说出作者表达的思想感情，记录其表现 | 教师选取观察、测验的方式，了解学生能否在阅读中体会文章的思想感情 |
| | | 2-3-8<br>能说出自己对叙事性作品的感受 | 1.观察：教师在日常教学过程中，观察学生能否说出自己对叙事性作品的感受<br>2.访谈：访谈家长或其他同学，了解该生在日常交流中能否说出自己对叙事性作品的感受<br>3.测验：教师出示一篇课文，要求学生说一说对叙事性作品的感受，记录其表现 | 教师选取观察、访谈、测验的方式，了解学生能否说出自己对叙事性作品的感受 |

续表

| 次领域 | 评估指标 | 评估题目 | 评估方法 | 填写说明 |
|---|---|---|---|---|
| 2<br>阅读与理解 | 2-4<br>表达顺序 | 2-4-1<br>能说出本册课文的表达顺序 | 1.观察：教师在日常教学过程中，观察学生能否理解表达顺序，能否体会文章的表达顺序<br>2.访谈：访谈家长，了解学生能否在阅读了解文章的表达顺序<br>3.测验：教师出示课文片段，要求学生说出文章的表达顺序，记录其表现 | 教师选取观察、访谈、测验的方式，了解学生能否说出本册课文的表达顺序 |
| | 2-5<br>表达方法 | 2-5-1<br>能说出本册课文的表达方法 | 1.观察：教师在日常教学过程中，观察学生能否体会课文的表达方法<br>2.访谈：访谈教师，了解学生在学习课文过程中能否说出课文所运用的表达方法<br>3.测验：教师出示课文片段，要求学生说出文章所运用的表达方法，记录其表现 | 教师选取观察、访谈、测验的方式，了解学生说出本册课文表达方法的能力 |
| | 2-6<br>体会动静描写 | 2-6-1<br>能初步体会课文中的静态描写 | 1.观察：教师在日常教学过程中，观察学生能否找到静态描写的句子、初步体会课文中的静态描写的效果<br>2.测验：教师出示一段包含静态描写的课文，要求学生找到静态描写的句子，体会静态描写的效果，记录其表现 | 教师选取观察、测验的方式，了解学生体会课文中静态描写的能力 |
| | | 2-6-2<br>能初步体会课文中的动态描写 | 1.观察：教师在日常教学过程中，观察学生能否找到动态描写的句子、初步体会课文中的动态描写的效果<br>2.测验：教师出示一段包含动态描写的课文，要求学生找到动态描写的句子，体会动态描写的效果，记录其表现 | 教师选取观察、测验的方式，了解学生体会课文中动态描写的能力 |
| | | 2-6-3<br>能感受课文中景物的变化 | 1.观察：教师在日常教学过程中，了解学生能否感受课文中景物的变化<br>2.访谈：访谈家长或其他同学，了解学生能否感受景物的变化 | 教师选取观察、访谈的方式，了解学生感受文中景物变化的能力 |
| | 2-7<br>体会顿号 | 2-7-1<br>能体会课文中顿号的用法 | 1.观察：教师在日常教学过程中，观察学生能否体会课文中顿号的用法<br>2.测验：教师出示课文片段，要求学生说一说顿号的用法，记录其表现 | 教师选取观察、测验的方式，了解学生体会顿号用法的能力 |

续表

| 次领域 | 评估指标 | 评估题目 | 评估方法 | 填写说明 |
|---|---|---|---|---|
| 2<br>阅读与理解 | 2-8<br>诗文理解与鉴赏 | 2-8-1<br>能借助注释理解古诗文大意 | 1. 观察：教师在日常教学过程中，观察学生借助注释理解古诗文大意的情况<br>2. 测验：教师提供一篇古诗／文言文及其注释，要求学生说出其大意，记录其表现 | 教师选取观察、测验的方式，了解学生借助注释理解古诗文大意的能力 |
| | | 2-8-2<br>能理解诗歌大意 | 1. 观察：教师在日常教学过程中，观察学生在学习诗歌时理解诗歌大意的情况<br>2. 测验：教师出示一篇本册诗歌，让学生说出诗歌大意，记录其表现 | 教师选取观察、测验的方式，了解学生理解诗歌大意的能力 |
| | | 2-8-3<br>能体会诗歌情感 | 1. 观察：教师在日常教学过程中，观察学生对诗歌情感的把握情况<br>2. 测验：教师出示一篇本册诗歌，要求学生说出诗歌所表达的情感，记录其表现 | 教师选取观察、测验的方式，了解学生能否体会诗歌的感情 |
| 3<br>文学积累 | 3-1<br>课外阅读 | 3-1-1<br>能进行课外阅读 | 1. 观察：教师在日常教学过程中，观察学生在学校或家庭的阅读情况<br>2. 访谈：访谈家长或其他同学，了解学生本学期阅读课外书数量 | 教师选取观察、访谈的方式，了解学生课外阅读的能力 |

### 领域三：表达与交流

| 次领域 | 评估指标 | 评估题目 | 评估方法 | 填写说明 |
|---|---|---|---|---|
| 1<br>倾听 | 1-1<br>听人说话 | 1-1-1<br>听人说话认真、耐心 | 1. 观察：教师在日常教学过程中，观察学生听人说话时的表现<br>2. 访谈：访谈家长或其他同学，了解学生听人说话能否做到认真耐心 | 教师选取观察、访谈的方式，了解学生听人说话时的表现 |
| | | 1-1-2<br>听人说话能抓住要点 | 1. 观察：教师在日常教学过程中，观察学生能否理解他人说话内容，抓住要点<br>2. 访谈：访谈家长或其他同学，了解该生能否理解他人说话内容，抓住说话要点 | 教师选取观察、访谈的方式，了解学生能否理解他人说话内容，抓住要点 |
| 2<br>表达 | 2-1<br>观察积累 | 2-1-1<br>能养成留心观察周围事物的习惯 | 1. 观察：教师在日常教学过程中，观察学生能否留心观察周围事物及观察的频率<br>2. 访谈：访谈家长，了解学生能否留心观察周围事物 | 教师选取观察、访谈的方式，了解学生能否留心观察周围事物及观察的频率 |

续表

| 次领域 | 评估指标 | 评估题目 | 评估方法 | 填写说明 |
|---|---|---|---|---|
| 2<br>表达 | 2-1<br>观察积累 | 2-1-2<br>能积累习作素材 | 1. 观察：教师在日常教学过程中，通过日常教学及收集学生的笔记本，观察学生积累习作素材的情况<br>2. 访谈：访谈家长或其他同学，了解学生在学习和日常生活中，积累习作素材的情况 | 教师选取观察、访谈的方式，了解学生积累习作素材的能力 |
| | | 2-1-3<br>能养成写读书笔记的习惯 | 1. 观察：教师在日常教学过程中，通过收集笔记本观察学生能否写读书笔记<br>2. 访谈：访谈家长或其他同学，了解学生能否书写读书笔记 | 教师选取观察、访谈的方式，了解学生写读书笔记的情况 |
| | 2-2<br>写作 | 2-2-1<br>能通过提取主要信息缩写故事 | 1. 观察：教师在日常教学过程中，观察学生能否通过提取主要信息缩写故事<br>2. 测验：教师出示一段故事，要求学生通过提取主要信息缩写故事，记录其表现 | 教师选取观察、测验的方式，了解学生能否通过提取主要信息缩写故事 |
| | | 2-2-2<br>能写简单的纪实作文 | 1. 观察：教师在日常教学过程中，通过收集习作本观察学生能否写简单的纪实作文<br>2. 访谈：访谈家长，了解学生能否书写简单的纪实作文<br>3. 测验：教师创设情境，要求学生书写一篇纪实作文，记录其表现 | 教师选取观察、访谈、测验的方式，了解学生写纪实作文的能力 |
| | | 2-2-3<br>能写简单的想象作文 | 1. 观察：教师在日常教学过程中，通过收集习作本观察学生能否写简单的想象作文<br>2. 访谈：访谈家长，了解学生能否书写简单的想象作文<br>3. 测验：教师创设情境，要求学生书写一篇想象作文，记录其表现 | 教师选取观察、访谈、测验的方式，了解学生写想象作文的能力 |
| | | 2-2-4<br>能独立撰写书信 | 1. 观察：教师在日常教学过程中，观察学生能否撰写书信<br>2. 访谈：访谈家长或其他同学，了解学生能否正确撰写书信<br>3. 测验：教师创设情境，要求学生书写一封书信，记录其表现 | 教师选取观察、访谈、测验的方式，了解学生独立撰写书信的能力 |
| | 2-3<br>修改习作 | 2-3-1<br>能自己修改习作中的错误 | 1. 观察：教师在日常教学过程中，观察学生能否自己修改习作中存在的错误<br>2. 访谈：访谈家长或其他同学，了解学生能否自己修改习作中存在的错误<br>3. 测验：教师出示一篇待修改习作，要求学生修改习作中的错误，记录其表现 | 教师选取观察、访谈、测验的方式，了解学生自己修改习作中错误的能力 |

续表

| 次领域 | 评估指标 | 评估题目 | 评估方法 | 填写说明 |
|---|---|---|---|---|
| 2<br>表达 | 2-3<br>修改习作 | 2-3-2<br>能与他人交换修改习作 | 1. 观察：教师在日常教学过程中，观察学生能否互相修改习作中存在的错误<br>2. 访谈：访谈其他同学，了解学生能否互相修改习作中存在的错误 | 教师选取观察、访谈的方式，了解学生与他人交换修改习作的能力 |
| | 2-4<br>使用标点符号 | 2-4-1<br>能正确使用常用标点符号 | 1. 观察：教师在日常教学过程中，观察学生在作业中使用标点符号的情况<br>2. 访谈：访谈家长或其他同学，了解学生能否正确使用标点符号<br>3. 测验：教师创设情境，要求学生完成写作，记录标点符号使用情况 | 教师选取观察、访谈、测验的方式，了解学生在作业中使用标点符号的情况 |
| 3<br>交流 | 3-1<br>参与讨论 | 3-1-1<br>能讨论影视作品中的人物形象 | 1. 观察：教师在日常教学过程中，观察学生在观看时及观看后能否针对作品中的任务形象进行讨论<br>2. 访谈：访谈家长或其他同学，了解该生在日常交流中，是否会对平时观看的影视作品中的人物形象展开讨论 | 教师选取观察、访谈的方式，了解学生讨论影视人物的情况 |
| | | 3-1-2<br>能参与班集体讨论 | 1. 观察：教师在日常教学过程中，观察学生参与集体讨论的情况<br>2. 访谈：访谈其他同学，了解学生参与讨论的情况 | 教师选取观察、访谈的方式，了解学生参与班集体讨论的情况 |
| | | 3-1-3<br>能在讨论中发表自己的意见 | 1. 观察：教师在日常教学过程中，观察学生在讨论时的表现，评估学生能否发表意见及发表意见的频率<br>2. 访谈：访谈其他同学，了解学生在讨论中发表自己的意见的情况 | 教师选取观察、访谈的方式，了解学生在讨论中发表自己意见的情况 |
| | | 3-1-4<br>表达有条理，语调适当 | 1. 观察：教师在日常教学过程中，观察学生表达情况<br>2. 访谈：访谈家长或其他同学，了解该生能否做到表达有条理，语调适当 | 教师选取观察、访谈的方式，了解学生的表达情况 |
| | 3-2<br>文明用语 | 3-2-1<br>能文明用语 | 1. 观察：教师在日常教学过程中，观察学生在日常学习、生活中能否做到文明用语<br>2. 访谈：访谈家长或其他同学，了解该生平时用语的文明情况 | 教师选取观察、访谈的方式，了解该生平时用语的文明情况 |
| | 3-3<br>与人交流 | 3-3-1<br>与人交流能尊重理解对方 | 1. 观察：教师在日常教学过程中，观察学生在日常交流时的表现<br>2. 访谈：访谈家长或其他同学，了解该生与人交流时的情况 | 教师选取观察、访谈的方式，了解学生与人交流时的情况 |

续表

| 次领域 | 评估指标 | 评估题目 | 评估方法 | 填写说明 |
|---|---|---|---|---|
| 3<br>交流 | 3-3<br>与人交流 | 3-3-2<br>与他人交流时简单复述他人说话要点 | 1. 观察：教师在日常教学过程中，观察学生与他人交流时能否简单复述他人说话要点<br>2. 访谈：访谈家长或其他同学，在交流中，该生能否简单复述他人说话要点<br>3. 测验：教师向学生传达一件事，要求学生复述这件事的要点，记录其表现 | 教师选取观察、访谈的方式，了解学生复述他人说话要点的能力 |

### 领域四：梳理与探究

| 次领域 | 评估指标 | 评估题目 | 评估方法 | 填写说明 |
|---|---|---|---|---|
| 1<br>梳理 | 1-1<br>梳理汉字 | 1-1-1<br>能发现所学汉字的特点 | 1. 观察：教师在日常教学过程中，观察学生能否发现所学汉字的特点<br>2. 访谈：访谈家长，了解学生能否发现所学汉字的特点 | 教师选取观察、访谈的方式，了解学生能否发现所学汉字的特点 |
| | | 1-1-2<br>能分类整理学过的汉字 | 1. 观察：教师在日常教学过程中，观察学生能否分类整理所学汉字<br>2. 访谈：访谈家长或其他同学，了解学生能否分类整理所学汉字 | 教师选取观察、访谈的方式，了解学生能否分类整理所学汉字 |
| 2<br>探究 | 2-1<br>查找资料 | 2-1-1<br>能利用图书馆获取资料 | 1. 观察：教师在日常教学过程中，通过布置资料搜集任务，观察学生能否利用图书馆获取资料<br>2. 访谈：访谈家长或其他同学，了解该生能否独自前往图书馆查阅、借阅书籍，获取需要的资料 | 教师选取观察、访谈的方式，了解该生能否独自前往图书馆查阅、借阅书籍，获取需要的资料 |
| | | 2-1-2<br>能利用网络获取资料 | 1. 观察：教师在日常教学过程中，通过布置资料搜集任务，观察学生能否利用网络获取资料<br>2. 访谈：访谈家长或其他同学，了解该生能否独自使用网络查找并获取需要的资料 | 教师选取观察、访谈的方式，了解该生能否独自使用网络查找并获取需要的资料 |
| | | 2-1-3<br>初步了解查找资料的基本方法 | 1. 观察：教师在日常教学过程中，观察学生通过哪些方法查找资料<br>2. 访谈：访谈家长或其他同学，了解学生查找资料使用了什么基本方法 | 教师选取观察、访谈的方式，了解学生通过哪些方法查找资料 |
| | 2-2<br>辨别是非善恶 | 2-2-1<br>能根据影视作品中的人物学习辨别是非善恶 | 1. 观察：教师在日常教学过程中，了解学生根据影视作品中的人物学习辨别是非善恶的情况<br>2. 访谈：访谈家长或其他同学，了解学生能否理解影视作品中人物形象，并根据其表现学习辨别是非善恶 | 教师选取观察、访谈的方式，了解学生根据影视作品中的人物学习辨别是非善恶的情况 |

## （三）五年级上册语文课程评估材料

### 领域一：识字与写字

#### 1 识字

#### 1-2 认读字词

#### 1-2-1 识字表

使用说明：教师根据出示的识字表，随机指出若干汉字，请学生读出汉字，教师根据认读情况记录正确率（0%、30%、60%、90%）并打分。

| | | | | | | | | | |
|---|---|---|---|---|---|---|---|---|---|
| 鹭 | 嫌 | 嵌 | 匣 | 嗜 | 亩 | 吩 | 榨 | 榴 | 矮 |
| 箩 | 杭 | 蔓 | 幽 | 悉 | 雏 | 哟 | 柜 | 享 | 陪 |
| 待 | 趴 | 睑 | 眸 | 汛 | 挽 | 间 | 惰 | 衡 | 协 |
| 绰 | 辱 | 擅 | 璧 | 臣 | 强 | 诺 | 划 | 典 | 罪 |
| 廉 | 抵 | 御 | 卿 | 削 | 袍 | 鸵 | 赢 | 冠 | 侵 |
| 略 | 垒 | 任 | 丘 | 搁 | 陷 | 拐 | 岔 | 酬 | 誓 |
| 谎 | 牺 | 瞌 | 落 | 婚 | 嫂 | 恳 | 筛 | 歹 | 罕 |
| 梭 | 监 | 狱 | 酿 | 俭 | 皇 | 偎 | 衰 | 珊 | 瑚 |
| 礁 | 筐 | 拗 | 驯 | 矫 | 歇 | 权 | 薛 | 狭 | 勉 |
| 锥 | 魄 | 抑 | 颓 | 纫 | 噪 | 褐 | 惫 | 耽 | 兜 |
| 权 | 茧 | 栈 | 冤 | 枉 | 恍 | 惚 | 跷 | 僻 | 委 |
| 迪 | 嫁 | 缴 | 榜 | 兼 | 嘲 | 枕 | 誊 | 励 | 版 |
| 祥 | 歧 | 谨 | 榆 | 畔 | 更 | 聒 | 旷 | 怡 | 凛 |
| 冽 | 逸 | 桨 | 桩 | 暇 | 悄 | 累 | 嫦 | 娥 | 嫉 |
| 妒 | 瓷 | 耻 | 识 | 寝 | 矣 | 岂 | 宴 | 斩 | 凯 |
| 褐 | 惫 | 葛 | 浒 | 传 | 鲁 | 煞 | 寇 | 贾 | 卷 |
| 刊 | 琐 | 栩 | 呻 | 某 | 喻 | 差 | 瘾 | 奔 | 籍 |
| 饥 | 偿 | 旬 | 悟 | 馈 | 磁 | 醇 | 皎 | 鉴 | 沥 |

### 1-2-2 词语表

使用说明：教师根据出示的词语表，随机指出若干词语，请学生读出词语，教师根据认读情况记录正确率（0%、30%、60%、90%）并打分。

| | | | | | | | | | |
|---|---|---|---|---|---|---|---|---|---|
| 精巧 | 配合 | 身段 | 适宜 | 白鹤 | 生硬 | 寻常 | 忘却 | 镜匣 | 孤独 |
| 悠然 | 黄昏 | 恩惠 | 播种 | 浇水 | 吩咐 | 榨油 | 爱慕 | 体面 | 深夜 |
| 桂花 | 懂得 | 糕饼 | 茶叶 | 汛期 | 山洪 | 暴发 | 间隔 | 唯独 | 懒惰 |
| 平稳 | 保持 | 平衡 | 协调 | 美感 | 示意 | 家常 | 假如 | 联结 | 召集 |
| 大臣 | 商议 | 解决 | 称赞 | 商量 | 允诺 | 典礼 | 得罪 | 胆怯 | 示弱 |
| 拒绝 | 职位 | 猎豹 | 冠军 | 陆地 | 俯冲 | 搭乘 | 火箭 | 赤道 | 侵略 |
| 修筑 | 粉碎 | 领导 | 打击 | 坚持 | 游击 | 隐蔽 | 陷坑 | 拐弯 | 猎物 |
| 酬谢 | 珍宝 | 叮嘱 | 复活 | 议论 | 崩塌 | 镇定 | 搬家 | 焦急 | 发誓 |
| 谎话 | 迟延 | 后悔 | 悲痛 | 剩饭 | 床铺 | 亲密 | 好歹 | 稀罕 | 妻子 |
| 嫂子 | 晚霞 | 结婚 | 毁灭 | 殿堂 | 象征 | 仿照 | 建筑 | 漫游 | 饱览 |
| 境界 | 宏伟 | 统统 | 搬运 | 销毁 | 罪证 | 奉命 | 繁殖 | 粮食 | 煤炭 |
| 飘浮 | 地区 | 杀菌 | 治疗 | 松鼠 | 乖巧 | 清秀 | 玲珑 | 歇凉 | 追逐 |
| 警觉 | 触动 | 光滑 | 狭窄 | 勉强 | 脱落 | 梳理 | 长篇 | 连续 | 广播 |
| 铁路 | 辞退 | 挣钱 | 压抑 | 潮湿 | 忙碌 | 阴暗 | 酷暑 | 炎夏 | 噪声 |
| 瘦弱 | 脊背 | 口罩 | 忍心 | 机械 | 数落 | 权利 | 渔船 | 报考 | 教训 |
| 心疼 | 席子 | 庙会 | 彩排 | 糖果 | 抽象 | 启迪 | 毕业 | 寄宿 | 师范 |
| 路费 | 轮换 | 领略 | 意境 | 磨灭 | 精致 | 黎明 | 红晕 | 漆黑 | 大雁 |
| 炭火 | 火盆 | 走廊 | 闲逸 | 未免 | 陆续 | 榕树 | 纠正 | 照耀 | 涨潮 |
| 树梢 | 画眉 | 舅父 | 英雄 | 无限 | 述说 | 厌烦 | 荒唐 | 辛酸 | 访问 |
| 书刊 | 烦琐 | 质朴 | 刊物 | 发动机 | | 手电筒 | | 笑嘻嘻 | |
| 一辈子 | | 博物馆 | | 摄氏度 | | 萤火虫 | | 白茫茫 | |
| 美中不足 | | 理所当然 | | 无价之宝 | | 完好无缺 | | 同心协力 | |
| 高速公路 | | 难以置信 | | 不计其数 | | 无穷无尽 | | 千真万确 | |

续表

| 震天动地 | 成家立业 | 相依为命 | 不可估量 | 举世闻名 |
|---|---|---|---|---|
| 众星拱月 | 金碧辉煌 | 诗情画意 | 天南海北 | 风景名胜 |
| 奇珍异宝 | 寸草不生 | 夜幕降临 | 心旷神怡 | 不可计数 |
| 应接不暇 | 津津有味 | 一知半解 | 真情实感 | |

## 2 写字

### 2-1 ～ 2-2 能正确书写本册常用汉字、词语

使用说明：教师准备纸笔，根据下方出示的写字表和上方的词语表，随机抽取简单或复杂的常用汉字和常用词语请学生书写于下方的田字格中，教师进行记录并打分。

| | | | | | | | | | |
|---|---|---|---|---|---|---|---|---|---|
| 宜 | 鹤 | 嫌 | 朱 | 嵌 | 框 | 匣 | 哨 | 恩 | 韵 |
| 亩 | 播 | 浇 | 吩 | 咐 | 亭 | 榨 | 慕 | 矮 | 谈 |
| 懂 | 兰 | 笋 | 婆 | 糕 | 饼 | 浸 | 缠 | 茶 | 捡 |
| 汛 | 访 | 鞋 | 挽 | 隔 | 懒 | 惰 | 稳 | 免 | 衡 |
| 协 | 绰 | 召 | 臣 | 议 | 缺 | 宫 | 献 | 诺 | 典 |
| 抄 | 罪 | 怯 | 拒 | 荆 | 冠 | 俯 | 喷 | 枚 | 箭 |
| 筒 | 束 | 赤 | 圈 | 置 | 侵 | 略 | 筑 | 堡 | 党 |
| 丘 | 妨 | 蔽 | 陷 | 拐 | 酬 | 珍 | 叮 | 嘱 | 塌 |
| 焦 | 誓 | 谎 | 延 | 悔 | 扶 | 郎 | 爹 | 嫂 | 辆 |
| 纱 | 妻 | 趟 | 托 | 溜 | 婚 | 辈 | 挨 | 祭 | 乃 |
| 熏 | 杭 | 亥 | 恃 | 哀 | 拘 | 泻 | 潜 | 试 | 胎 |
| 皇 | 履 | 疆 | 毁 | 估 | 拱 | 辉 | 煌 | 殿 | 陵 |
| 览 | 境 | 宏 | 唐 | 闯 | 统 | 销 | 奉 | 摄 | 氏 |
| 殖 | 粮 | 炭 | 区 | 杀 | 菌 | 疗 | 鼠 | 秀 | 玲 |
| 珑 | 歇 | 窝 | 滑 | 拾 | 狭 | 勉 | 梳 | 辞 | 抑 |
| 碌 | 吊 | 酷 | 暑 | 噪 | 脊 | 罩 | 竟 | 哇 | 忍 |
| 械 | 酸 | 权 | 蚕 | 考 | 疼 | 席 | 糖 | 屑 | 启 |

续表

| 迪 | 钉 | 陪 | 毕 | 煮 | 枕 | 孙 | 泊 | 愁 | 寺 |
|---|---|---|---|---|---|---|---|---|---|
| 畔 | 黎 | 晕 | 漆 | 勿 | 幕 | 愈 | 旷 | 怡 | 逸 |
| 免 | 桨 | 榕 | 纠 | 耀 | 桩 | 涨 | 塔 | 梢 | 暇 |
| 眉 | 抛 | 耻 | 诲 | 谓 | 诵 | 岂 | 舅 | 津 | 斩 |
| 限 | 凯 | 葛 | 述 | 贾 | 衰 | 刊 | 琐 | 朴 | 某 |
| 歹 | 罕 |  |  |  |  |  |  |  |  |

**2-3 ～—2-5 能用硬笔抄写成段的文字，能做到书写具有一定的速度，保持良好的写字习惯**

使用说明：教师提供纸笔和一段文字，学生进行抄写，教师记录学生书写情况并打分。

小时候，我无论对什么花，都不懂得欣赏。父亲总是指指点点地告诉我，这是梅花，那是木兰花……但我除了记些名字外，并不喜欢。我喜欢的是桂花。桂花树的样子笨笨的，不像梅树那样有姿态。不开花时，只见到满树的叶子；开花时，仔细地在树丛里寻找，才能看到那些小花。可是桂花的香气，太迷人了。

抄写：＿＿＿＿＿＿＿＿＿＿＿＿＿＿＿＿＿＿＿＿＿＿＿＿＿＿＿＿＿＿＿

### 领域二：阅读与鉴赏

#### 1 诵读与理解

#### 1-1 朗读课文

#### 1-1-1 ～ 1-1-3 本册课文范例

使用说明：教师随机出示本册课文，请学生进行朗读，在朗读过程中记录学生能否读准字音、能否流畅不卡顿、能否饱含情感地读完整篇课文。

#### 白鹭

白鹭是一首精巧的诗。

色素的配合，身段的大小，一切都很适宜。

白鹤太大而嫌生硬，即使如粉红的朱鹭或灰色的苍鹭，也觉得大了一些，而且太不寻常了。

然而白鹭却因为它的常见，而被人忘却了它的美。

那雪白的蓑毛，那全身的流线型结构，那铁色的长喙，那青色的脚，增之一分则嫌长，减之一分则嫌短，素之一忽则嫌白，黛之一忽则嫌黑。

在清水田里，时有一只两只白鹭站着钓鱼，整个的田便成了一幅嵌在玻璃框里的画。田的大小好像是有心人为白鹭设计的镜匣。

晴天的清晨，每每看见它孤独地站立于小树的绝顶，看来像是不安稳，而它却很悠然。这是别的鸟很难表现的一种嗜好。人们说它是在望哨，可它真是在望哨吗？

黄昏的空中偶见白鹭的低飞，更是乡居生活中的一种恩惠。那是清澄的形象化，而且具有生命了。

或许有人会感到美中不足，白鹭不会唱歌。但是白鹭本身不就是一首很优美的歌吗？

——不，歌未免太铿锵了。

白鹭实在是一首诗，一首韵在骨子里的散文诗。

### 1-2 背诵课文

#### 1-2-1 本册现代文范例

使用说明：教师随机抽取本册需要背诵的课文，请学生进行背诵，教师记录学生所背诵课文的正确率并打分。

#### 少年中国说（节选）

故今日之责任，不在他人，而全在我少年。少年智则国智，少年富则国富，少年强则国强，少年独立则国独立，少年自由则国自由，少年进步则国进步，少年胜于欧洲则国胜于欧洲，少年雄于地球则国雄于地球。

红日初升，其道大光。河出伏流，一泻汪洋。潜龙腾渊，鳞爪飞扬。乳虎啸谷，百兽震惶。鹰隼试翼，风尘吸张[①]。奇花初胎，矞矞皇皇[②]。干将发硎，有作其芒[③]。天戴其苍，地履其黄[④]。纵有千古，横有八荒[⑤]。前途似海，来日方长。

美哉[⑥]，我少年中国，与天不老！壮哉，我中国少年，与国无疆！

注释

①〔鹰隼试翼，风尘吸张〕鹰隼展翅试飞，掀起狂风，飞沙走石。隼，一种凶猛的鸟。

②〔矞矞皇皇〕华美瑰丽，富丽堂皇。

③〔干将发硎，有作其芒〕宝剑在磨刀石上磨出来，发出耀眼的光芒。干将，古代宝剑名。硎，磨刀石。

④〔天戴其苍，地履其黄〕头顶着苍天，脚踏着黄土大地。

⑤〔八荒〕指东、南、西、北、东南、东北、西南、西北八个方向上极远的地方。

⑥〔哉〕表示赞叹，相当于"啊"。

### 1-2-2 本册古诗范例

使用说明：教师随机抽取一首本册需要背诵的古诗（《示儿》《题临安邸》《己亥杂诗》《山居秋暝》《枫桥夜泊》《长相思》），以上是所有需要背诵的古诗。

#### 示儿

[宋]陆游

死去元知万事空，

但悲不见九州同。

王师北定中原日，

家祭无忘告乃翁。

### 1-2-3 本册文言文范例

使用说明：教师随机抽取一篇本册需要背诵的文言文，请学生进行背诵，教师记录学生所背诵课文的正确率并打分。

#### 古人谈读书

一

知之为知之，不知为不知，是知也。

敏而好学，不耻下问。

默而识之，学而不厌，诲人不倦。

我非生而知之者，好古，敏以求之者也。

学如不及，犹恐失之。

吾尝终日不食，终夜不寝，以思，无益，不如学也。

——《论语》

## 1-3 背诵格言警句

### 1-3-1 能熟练背诵本册格言警句

使用说明：教师随机说出本册需要背诵的格言警句的上半句或下半句，请学生补充完整，教师记录正确个数并打分。

（1）不饱食以终日，不弃功于寸阴。

（2）盛年不重来，一日难再晨。及时当勉励，岁月不待人。

（3）莫等闲，白了少年头，空悲切。

（4）多少事，从来急；天地转，光阴迫。一万年太久，只争朝夕。

（5）克勤于邦，克俭于家。

（6）居安思危，戒奢以俭。

（7）由俭入奢易，由奢入俭难。

（8）一粥一饭，当思来之不易；半丝半缕，恒念物力维艰。

### 1-4 默读课文

#### 1-4-1 默读课文能达到 300 字 / 分钟

使用说明：教师随机出示本册课文，请学生进行默读，记录学生默读时间和速度，根据学生表现打分。

#### 落花生

我们家的后园有半亩空地。母亲说："让它荒着怪可惜的，你们那么爱吃花生，就开辟出来种花生吧。"我们姐弟几个都很高兴，买种，翻地，播种，浇水，没过几个月，居然收获了。

母亲说："今晚我们过一个收获节，请你们的父亲也来尝尝我们的新花生，好不好？"母亲把花生做成了好几样食品，还吩咐就在后园的茅亭里过这个节。

那晚的天色不大好，可是父亲也来了，实在很难得。

父亲说："你们爱吃花生吗？"

我们争着回答："爱！"

"谁能把花生的好处说出来？"

姐姐说："花生的味道很美。"

哥哥说："花生可以榨油。"

我说："花生的价钱便宜，谁都可以买来吃，都喜欢吃。这就是它的好处。"

父亲说："花生的好处很多，有一样最可贵。它的果实埋在地里，不像桃子、石榴、苹果那样，把鲜红嫩绿的果实高高地挂在枝上，使人一见就生爱慕之心。你们看它矮矮地长在地上，等到成熟了，也不能立刻分辨出来它有没有果实，必须挖起来才知道。"

我们都说是，母亲也点点头。

父亲接下去说："所以你们要像花生，它虽然不好看，可是很有用。"

我说："那么，人要做有用的人，不要做只讲体面，而对别人没有好处的人。"

父亲说："对。这是我对你们的希望。"

我们谈到深夜才散。花生做的食品都吃完了，父亲的话却深深地印在我的心上。

2 阅读与理解

**2-1 阅读方法**

**2-1-3 能通过快速浏览搜索需要的信息**

使用说明：教师随机出示本册课文，请学生快速浏览并找出课文的中心句，教师根据学生表现打分。

**圆明园的毁灭**

圆明园的毁灭是中国文化史上不可估量的损失，也是世界文化史上不可估量的损失！

圆明园在北京西北郊，是一座举世闻名的皇家园林。它由圆明园、绮春园和长春园组成，所以也叫圆明三园。此外，还有许多小园，分布在圆明园东、西、南三面，众星拱月般环绕在圆明园周围。

圆明园中，有金碧辉煌的殿堂，也有玲珑剔透的亭台楼阁；有象征着热闹街市的"买卖街"，也有象征着田园风光的山乡村野。园中许多景物都是仿照各地名胜建造的，如海宁的安澜园，苏州的狮子林，杭州西湖的平湖秋月；还有很多景物是根据古代文人的诗情画意建造的，如蓬岛瑶台，武陵春色。园中不仅有民族建筑，还有西洋景观。漫步园内，有如漫游在天南海北，饱览着中外风景名胜；流连其间，仿佛置身在幻想的境界里。

圆明园不但建筑宏伟，还收藏着最珍贵的历史文物：上自先秦时代的青铜礼器，下至唐、宋、元、明、清历代的名人书画和各种奇珍异宝。所以，它又是当时世界上最大的博物馆、艺术馆。

1860 年 10 月 6 日，英法联军侵入北京，闯进圆明园。他们把园内凡是能拿得动的东西，统统掠走；拿不动的，就用大车或牲口搬运；实在运不走的，就任意破坏、毁掉。为了销毁罪证，10 月 18 日和 19 日，三千多名侵略者奉命在园内放火。大火连烧三天，烟云笼罩了整个北京城。我国这一园林艺术的瑰宝、建筑艺术的精华，就这样化为一片灰烬。

题目：请找出文章中的中心句并写下来。

答：＿＿＿＿＿＿＿＿＿＿＿＿＿＿＿＿＿＿＿＿＿＿＿＿＿＿＿＿＿＿


**2-2 词句理解与赏析**

**2-2-1 ～ 2-2-2 能联系上下文、根据自己的积累推想词句的意思**

使用说明：教师随机呈现一段本册课文，请学生联系上下文推想加横线词语的意思，并写在下方的横线上，教师根据学生表现打分。

**桂花雨（节选）**

桂花盛开的时候，不说香飘十里，至少前后左右十几家邻居，没有不浸在桂花香里的。桂花成熟时，就应当"摇"。摇下来的桂花，朵朵完整、新鲜。如果让它开过了，落在泥土里，尤其是被风吹落，比摇下来的香味就差多了。

题目：联系上下文和生活实际，写一写加横线词语的意思。

答：_____

### 2-2-3 能体会词语的感情色彩

使用说明：教师随机出示本册课文一段话，请学生说出或写出句子中加横线词语的感情色彩，教师根据学生表现打分。

#### 冀中的地道战（节选）

敌人尝到了地道的厉害，想方设法来破坏，什么火攻啊，水攻啊，毒气攻啊，都用遍了。大家又想出了许多妙法来防备。洞口准备着土和沙，可以用来灭火。"子口"上装着吊板，如果敌人放毒气，就把吊板放下来挡住，不让毒气往里透。对付水攻的法子更妙了，把地道跟枯井暗沟连接起来，敌人放水的时候，水从洞口进来，就流到枯井暗沟里去了。任敌人想出什么毒辣的法子也不怕，因为各个村子的地道是相通的，大不了转移到旁的村子去。

题目：说一说加横线词语的感情色彩。

答：_____

### 2-3 阅读文章

#### 2-3-1 ~ 2-3-2 能抓住说明性文章的要点，能了解说明性文章的基本说明方法

使用说明：教师随机出示本册说明性课文，请学生说出或写出这篇课文的要点是什么；再在课文中用横线勾画出运用了说明方法的句子，说出或写出句子用的是什么说明方法，教师记录并打分。

#### 太阳

有这么一个传说，古时候，天上有十个太阳，晒得地面寸草不生。人们热得受不了，就找一个箭法很好的人射掉九个，只留下一个，地面上才不那么热了。其实，太阳离我们约有一亿五千万千米远。到太阳上去，如果步行，日夜不停地走，差不多要走三千五百年；就是坐飞机，也要飞二十几年。这么远，箭哪能射得到呢？

我们看到太阳，觉得它并不大，实际上它大得很，约一百三十万个地球的体积才能抵得上一个太阳。因为太阳离地球太远了，所以看上去只有一个盘子那么大。

太阳会发光，会发热，是个大火球。太阳的温度很高，表面温度有五千多摄氏度，就是钢铁碰到它，也会变成气体。

太阳虽然离我们很远很远，但是它和我们的关系非常密切。有了太阳，地球上的庄稼和树木才能发芽，长叶，开花，结果；鸟、兽、虫、鱼才能生存，繁殖。如果没有太阳，地球上就不会有植物，也不会有动物。我们吃的粮食、蔬菜、水果、肉类，穿的棉、麻、毛、丝，都和太阳有

密切的关系。埋在地下的煤炭，看起来好像跟太阳没有关系，其实离开太阳也不能形成，因为煤炭是由远古时代的植物埋在地层底下变成的。

地面上的水被太阳晒着的时候，吸收了热，变成了水蒸气。空气上升时，温度下降，其中的水蒸气凝成了无数的小水滴，飘浮在空中，变成云。云层里的小水滴越聚越多，就变成雨或雪落下来。

太阳晒着地面，有些地区吸收的热量多，那里的空气就比较热；有些地区吸收的热量少，那里的空气就比较冷。空气有冷有热，才能流动，成为风。

太阳光有杀菌的作用，我们可以利用它来预防和治疗疾病。

地球上的光明和温暖都是太阳送来的。如果没有太阳，地球上将到处是黑暗，到处是寒冷，没有风、雪、雨、露，没有草、木、鸟、兽，自然也不会有人。一句话，没有太阳，就没有我们这个美丽可爱的世界。

题目1：阅读本篇课文，课文主要说了什么？内容要点有什么？

答：_____

题目2：请在文中用横线勾画出使用了说明方法的句子，句子使用了什么说明方法。

答：_____

**2-3-3、2-3-5、2-3-6、2-3-8 能简单描述叙事性作品的事件梗概、印象深刻的场景和人物以及阅读之后的感受**

使用说明：教师随机出示本册的课文，请学生说出或写出课文描写事件的梗概、自己在阅读过程中印象深刻的场景、人物以及自己阅读后的感受，教师根据学生表现情况打分。

### 桂花雨

中秋节前后，正是故乡桂花盛开的季节。

小时候，我无论对什么花，都不懂得欣赏。父亲总是指指点点地告诉我，这是梅花，那是木兰花……但我除了记些名字外，并不喜欢。我喜欢的是桂花。桂花树的样子笨笨的，不像梅树那样有姿态。不开花时，只见到满树的叶子；开花时，仔细地在树丛里寻找，才能看到那些小花。可是桂花的香气，太迷人了。

故乡靠海，八月是台风季节。桂花一开，母亲就开始担心了："可别来台风啊！"母亲每天都要在前后院子走一回，嘴里念着："只要不来台风，我就可以收几大箩。送一箩给胡家老爷爷，送一箩给毛家老婆婆，他们两家糕饼做得多。"

桂花盛开的时候，不说香飘十里，至少前后左右十几家邻居，没有不浸在桂花香里的。桂花成熟时，就应当"摇"。摇下来的桂花，朵朵完整、新鲜。如果让它开过了，落在泥土里，尤其是被风吹落，比摇下来的香味就差多了。

摇花对我来说是件大事，我总是缠着母亲问："妈，怎么还不摇桂花呢？"母亲说："还早呢，花开的时间太短，摇不下来的。"可是母亲一看天上布满阴云，就知道要来台风了，赶紧叫大家提前摇桂花。这下，我可乐了，帮大人抱着桂花树，使劲地摇。摇哇摇，桂花纷纷落下来，我们满头满身都是桂花。我喊着："啊！真像下雨，好香的雨呀！"

桂花摇落以后，挑去小枝小叶，晒上几天太阳，收在铁盒子里，可以加在茶叶里泡茶，过年时还可以做糕饼。全年，整个村子都浸在桂花的香气里。

我念中学的时候，全家到了杭州。杭州有一处小山，全是桂花树，花开时那才是香飘十里。秋天，我常到那儿去赏桂花。回家时，总要捡一大袋桂花给母亲。可是母亲说："这里的桂花再香，也比不上家乡院子里的桂花。"

于是，我又想起了在故乡童年时代的"摇花乐"，还有那摇落的阵阵桂花雨。

题目1：请阅读课文，说说课文描写了一件什么事情？

答：＿＿＿＿＿＿＿＿＿＿＿＿＿＿＿＿＿＿＿＿＿＿＿＿＿＿＿＿

题目2：请阅读课文，说说课文中印象深刻的场景。

答：＿＿＿＿＿＿＿＿＿＿＿＿＿＿＿＿＿＿＿＿＿＿＿＿＿＿＿＿

题目3：请阅读课文，说说课文中印象深刻的人物。

答：＿＿＿＿＿＿＿＿＿＿＿＿＿＿＿＿＿＿＿＿＿＿＿＿＿＿＿＿

题目4：请阅读课文，说说自己的感受。

答：＿＿＿＿＿＿＿＿＿＿＿＿＿＿＿＿＿＿＿＿＿＿＿＿＿＿＿＿

### 2-3-4 能通过列提纲分段表述内容

使用说明：教师随机出示一个主题，请学生尝试通过列提纲分段表述内容，教师根据学生表现情况打分。

主题：二十年后的家乡

指导语：每个人都有自己的家乡，大胆想象，二十年后的家乡会是什么样子？环境、工作、生活分别会出现哪些变化？把想象到的场景和事件进行梳理，列出写作提纲。

书写：＿＿＿＿＿＿＿＿＿＿＿＿＿＿＿＿＿＿＿＿＿＿＿＿＿＿＿＿

＿＿＿＿＿＿＿＿＿＿＿＿＿＿＿＿＿＿＿＿＿＿＿＿＿＿＿＿＿＿＿＿

### 2-3-7 能在阅读中体会文章的思想感情

使用说明：教师随机出示一篇本册的课文，请学生阅读课文后说出或写出文章表达了什么样的思想感情，教师记录学生表现情况并打分。

#### 搭石

我的家乡有一条无名小溪，五六个小村庄分布在小溪的两岸。小溪的流水常年不断。每年汛期，山洪暴发，溪水猛涨。山洪过后，人们出工，收工，赶集，访友，来来去去，必须脱鞋挽裤。进入秋天，天气变凉，家乡的人们会根据水的深浅，从河的两岸找来一些平整方正的石头，按照二尺左右的间隔，在小溪里横着摆上一排，让人们从上面踏着过去，这就是搭石。

搭石，构成了家乡的一道风景。秋凉以后，人们早早地将搭石摆放好。如果别处都有搭石，唯独这一处没有，人们会责备这里的人懒惰。上了点儿年岁的人，无论怎样急着赶路，只要发现哪块搭石不平稳，一定会放下带的东西，找来合适的石头搭上，再在上边踏上几个来回，直到满意了才肯离去。

家乡有一句"紧走搭石慢过桥"的俗语。搭石，原本就是天然石块，踩上去难免会活动，走得快才容易保持平衡。人们走搭石不能抢路，也不能突然止步。如果前面的人突然停住，后边的人没处落脚，就会掉进水里。每当上工、下工，一行人走搭石的时候，动作是那么协调有序！前面的抬起脚来，后面的紧跟上去。嗒嗒的声音，像轻快的音乐；清波漾漾，人影绰绰，给人画一般的美感。

经常到山里的人，大概都见过这样的情景：如果有两个人面对面同时走到溪边，总会在第一块搭石前止步，招手示意，让对方先走；等对方过了河，两人再说上几句家常话，才相背而行。假如遇上老人来走搭石，年轻人总要俯下身子背老人过去，人们把这看成理所当然的事。

一排排搭石，任人走，任人踏，它们联结着故乡的小路，也联结着乡亲们美好的情感。

题目：在文中勾画出体现作者思想感情的句子，作者表达了什么思想感情？

答：_____

### 2-4 ～ 2-5 能说出课文的表达顺序和表达方法

使用说明：教师随机出示本册课文，请学生说出或写出课文的表达顺序和表达方法，教师记录学生表现情况并打分。

#### 鸟的天堂

我们吃过晚饭，热气已经退了。太阳落下了山坡，只留下一段灿烂的红霞在天边。

我们走过一段石子路，很快就到了河边。在河边大树下，我们发现了几只小船。

我们陆续跳上一只船。一个朋友解开了绳，拿起竹竿一拨，船缓缓地动了，向河中心移去。

河面很宽，白茫茫的水上没有一点儿波浪。船平静地在水面移动。三支桨有规律地在水里划，那声音就像一支乐曲。

在一个地方，河面变窄了。一簇簇树叶伸到水面上。树叶真绿得可爱。那是许多株茂盛的榕树，看不出主干在什么地方。

当我说许多株榕树的时候，朋友们马上纠正我的错误。一个朋友说那里只有一株榕树，另一个朋友说是两株。我见过不少榕树，这样大的还是第一次看见。

我们的船渐渐逼近榕树了。我有机会看清它的真面目，真是一株大树，枝干的数目不可计数。枝上又生根，有许多根直垂到地上，伸进泥土里。一部分树枝垂到水面，从远处看，就像一株大树卧在水面上。

榕树正值茂盛的时期，好像在把它的全部生命力展示给我们看。那么多的绿叶，一簇堆在另一簇上面，不留一点儿缝隙。那翠绿的颜色，明亮地照耀着我们的眼睛，似乎每一片绿叶上都有一个新的生命在颤动。这美丽的南国的树！

船在树下泊了片刻。岸上很湿，我们没有上去。朋友说这里是"鸟的天堂"，有许多鸟在这树上做巢，农民不许人去捉它们。我仿佛听见几只鸟扑翅的声音，等我注意去看，却不见一只鸟的影子。只有无数的树根立在地上，像许多根木桩。土地是湿的，大概涨潮的时候河水会冲上岸去。"鸟的天堂"里没有一只鸟，我不禁这样想。于是船开了，一个朋友拨着桨，船缓缓地移向河中心。

第二天，我们划着船到一个朋友的家乡去。那是个有山有塔的地方。从学校出发，我们又经过那"鸟的天堂"。

这一次是在早晨。阳光照耀在水面，在树梢，一切都显得更加光明了。我们又把船在树下泊了片刻。

起初周围是静寂的。后来忽然起了一声鸟叫。我们把手一拍，便看见一只大鸟飞了起来。接着又看见第二只，第三只。我们继续拍掌，树上就变得热闹了，到处都是鸟声，到处都是鸟影。大的，小的，花的，黑的，有的站在树枝上叫，有的飞起来，有的在扑翅膀。

我注意地看着，眼睛应接不暇，看清楚了这只，又错过了那只，看见了那只，另一只又飞起来了。一只画眉飞了出来，被我们的掌声一吓，又飞进了叶丛，站在一根小枝上兴奋地叫着，那歌声真好听。

当小船向着高塔下面的乡村划去的时候，我回头看那被抛在后面的茂盛的榕树。我感到一点儿留恋。昨天是我的眼睛骗了我，那"鸟的天堂"的确是鸟的天堂啊！

题目1：请阅读课文，课文的表达顺序是什么？

答：_____


题目2：请阅读课文，课文中运用了哪些表达方法？

答：_____

### 2-6 体会动静描写

#### 2-6-1 ～ 2-6-2 能初步体会课文中的静态描写和动态描写

使用说明：教师随机出示一段本册课文，请学生用横线画出文中静态描写和动态描写的句子，说出或写出表达效果，教师根据学生表现打分。

#### 月迹（节选）

我们这些孩子，什么都觉得新鲜，又常常什么都觉得不满足。中秋的夜里，我们在院子里盼着月亮，好久却不见出来，便坐回中堂里，放了竹窗帘儿闷着，缠着奶奶说故事。奶奶是会说故事的，说了一个，我们还要她再说一个……奶奶突然说："月亮进来了！"

我们看时，那竹窗帘儿里果然有了月亮，款款地悄没声儿地溜进来，出现在窗前的穿衣镜上了：原来月亮是长了腿的，爬着那竹帘格儿，先是一个白道儿，再是半圆，渐渐地爬得高了，穿衣镜上的圆便满盈了。我们都高兴起来，又都屏住气儿，生怕那是个尘影儿变的，会一口气吹跑了呢。月亮还在竹帘儿上爬，那满圆儿却慢慢儿又亏了，末了，便全没了踪迹，只留下一个空镜，一个失望。奶奶说："它走了，它是匆匆的。你们快出去寻月吧。"

我们都跑了出去，它果然就在院子里，但再也不是那么一个满满的圆了。满院子的白光，是玉玉的，银银的，灯光也没有这般亮的。院子的中央处，是那棵粗粗的桂树，疏疏的枝，疏疏的叶，桂花还没有开，却有了累累的骨朵儿了。我们都走近去，不知道那个满圆儿去哪儿了，却疑心这骨朵儿是繁星儿变的；抬头看着天空，星儿似乎就比平日少了许多。月亮正在头顶，明显大多了，也圆多了，清清晰晰看见里边有个什么东西。

题目1：请在文中用横线勾画出静态描写的句子，句子表达了什么效果？

答：_____

题目2：请在文中用横线勾画出动态描写的句子，句子表达了什么效果？

答：_____

### 2-7 体会顿号

#### 2-7-1 能体会课文中顿号的用法

使用说明：教师随机出示一段话，请学生找一找顿号，再说出或写出顿号的用法，教师根据学生表现情况打分。

示例：花园里的花都盛开了，有玫瑰花、百合花、郁金香、蝴蝶兰，颜色有红的、黄的、粉的、白的，漂亮极了。

题目：阅读上述的这句话，圈出顿号，说明顿号的主要用法。

答：_____

## 2-8 诗文理解与鉴赏

**2-8-1 ～ 2-8-3 能借助注释理解古诗大意并体会其表达的情感**

使用说明：教师随机出示本册中的古诗，请学生说出或写出古诗大意和诗歌表达的情感，教师记录学生表现并打分。

### 己亥杂诗①

[清] 龚自珍

九州生气②恃③风雷，

万马齐喑④究可哀。

我劝天公重抖擞，

不拘一格降人材。


注释

①〔己亥杂诗〕《己亥杂诗》是龚自珍在己亥年(1839)写的一组诗，共315首。这里选的是其中一首。

②〔生气〕活力，生命力。这里指朝气蓬勃的局面。

③〔恃〕依靠。

④〔万马齐喑〕所有的马都沉寂无声。比喻人们沉默不语。喑，沉默。

题目1：阅读古诗，简述古诗大意。

答：_____

_____

_____

题目2：阅读古诗，简单说一说古诗表达的情感。

答：_____

_____

_____

领域三：表达与交流

2 表达

**2-2 写作**

**2-2-1 能通过提取主要信息缩写故事**

使用说明：教师随机出示本册中一段故事，请学生通过提取主要信息缩写故事于下方的横线上，教师记录其表现并打分。

**猎人海力布（节选）**

在我国的一些地区，流传着一个动人的民间故事。

从前有一个猎人，名叫海力布。他热心帮助别人，每次打猎回来，总是把猎物分给大家，自己只留下很少的一份。大家都非常尊敬他。

有一天，海力布到深山去打猎，忽然听见天上有呼救声。他抬头一看，一只老鹰抓着一条小白蛇正从他头上方飞过。他急忙搭箭开弓，对准老鹰射去。老鹰受了伤，丢下小白蛇逃了。

海力布对小白蛇说："可怜的小东西，快回家去吧！"小白蛇说："敬爱的猎人，您是我的救命恩人，我要报答您。我是龙王的女儿，您跟我回去，我爸爸一定会好好酬谢您。我爸爸的宝库里有许多珍宝，您要什么都可以。如果您都不喜欢，可以要我爸爸含在嘴里的那颗宝石。只要嘴里含着那颗宝石，就能听懂各种动物说的话。"海力布想，珍宝我倒不在乎，能听懂动物的话，对一个猎人来说，实在是太好了。他问小白蛇："真有这样一颗宝石吗？"小白蛇说："真的。但是动物说什么话，您只能自己知道。如果对别人说了，您就会变成一块石头。"

缩写故事：＿＿＿＿＿＿＿＿＿＿＿＿＿＿＿＿＿＿＿＿＿＿＿＿＿＿＿＿＿＿

＿＿＿＿＿＿＿＿＿＿＿＿＿＿＿＿＿＿＿＿＿＿＿＿＿＿＿＿＿＿＿＿＿＿

＿＿＿＿＿＿＿＿＿＿＿＿＿＿＿＿＿＿＿＿＿＿＿＿＿＿＿＿＿＿＿＿＿＿

＿＿＿＿＿＿＿＿＿＿＿＿＿＿＿＿＿＿＿＿＿＿＿＿＿＿＿＿＿＿＿＿＿＿

＿＿＿＿＿＿＿＿＿＿＿＿＿＿＿＿＿＿＿＿＿＿＿＿＿＿＿＿＿＿＿＿＿＿

**2-2-2 能写简单的纪实作文**

使用说明：教师随机出示一个写作主题，请学生根据情境书写一篇纪实作文，教师根据学生书写情况打分。

主题：我的心爱之物

### 2-2-3 能写简单的想象作文

使用说明：教师随机出示一个写作主题，请学生根据情境书写一篇想象作文，教师根据学生书写情况打分。

#### 二十年后的家乡

每个人都有自己的家乡，那是我们成长的地方。二十年后我们的家乡会是什么样的呢？让我们来一次时空穿越，到二十年后的家乡去看一看。

首先要大胆想象，二十年后的家乡会发生什么巨变。如，环境有什么变化？人们的工作、生活有什么变化？

然后参考下面的例子，把想象到的场景或者事件梳理一下，列一个习作提纲，明确自己要写什么，从哪些方面来写。

题目：二十年后的家乡

开头：穿越到二十年后，看到了我的家乡。

中间：

1. 环境的变化：山更绿了，水更清了。

2. 工作的变化：机器人在照料着果园。

3. 生活的变化：遇到老同学开着 3D 打印的汽车去郊游。

结尾：表达我对二十年后家乡生活的向往之情。

按照自己编写的习作提纲，分段叙述，把重点部分写具体。

写完后，跟同学互换习作，提出修改建议，再根据同学的建议认真修改习作。


### 2-2-4 能独立撰写书信

生活中，我们会有很多心声想对别人倾诉：告诉爸爸妈妈对某个问题的不同看法，跟朋友诉说自己成长中的点滴烦恼，向为社会作出贡献的人表达敬佩之情……

此刻，你想对谁倾诉，想要说些什么呢？根据下面的提示，选择倾诉对象，把你心里想说的话写下来。

◇对父母或好朋友说

可以回忆你们之间难忘的事，表达你对他们的深厚情感；可以讲讲你对一些事情的不同看法，让他们更深入地了解你；也可以关注他们的生活，向他们提出建议，如，劝他们改掉一些会影响身体健康的坏习惯。

◇对为社会作出贡献的人说

可以说出你对他们的关心，表达你对他们的敬佩和感激。如，2020 年新冠疫情暴发以后，党和政府高度重视，坚持人民至上、生命至上，团结带领全党全国各族人民同心抗疫，取得疫情防控重大决定性胜利。那时发生的事，那些无私奉献的人，让我们难忘、感动。你可以选择其中一位或几位自己敬佩的人，对他们说说心里话，表达自己由衷的敬意。

把你想对他们说的话写成一封信，用恰当的语言表达自己的心里话，让他们了解你的想法，体会到你的感情。

## 2-3 修改习作

### 2-3-1 能自己修改习作中的错误

使用说明：要求学生修改自己的其中一篇习作，教师记录学生修改情况并打分。

## 2-4 使用标点符号

### 2-4-1 能正确使用常用标点符号

使用说明：教师根据学生习作中使用标点符号的情况打分。

3 交流

## 3-3 与人交流

### 3-3-2 与他人交流时能简单复述他人说话的要点

使用说明：教师向学生传达一件事，请学生复述这件事的要点，教师根据学生复述情况打分。

事件：下一周的星期四和星期五，学校会召开运动会，运动会的主要项目有 100 米短跑、800 米长跑、接力跑、跳绳、跳远、踢毽子等项目。我们班上一共可以有 30 人报名，男生女生都可以，你记得在明天之前转告班上的同学，让他们在明天下午 5 点之前于班长那里报名，逾期不候。

# （四）五年级下册语文课程评估材料

### 领域一：识字与写字

#### 1 识字

#### 1-2 认读字词

#### 1-2-1 识字表

使用说明：教师根据出示的识字表，随机指出若干汉字，请学生读出汉字，教师根据认读情况记录正确率并打分。

| | | | | | | | | | |
|---|---|---|---|---|---|---|---|---|---|
| 昼 | 耘 | 供 | 稚 | 漪 | 蚱 | 晃 | 晴 | 樱 | 蚌 |
| 割 | 嘟 | 倭 | 拴 | 啰 | 逛 | 徘 | 徊 | 渺 | 篝 |
| 萌 | 澄 | 澈 | 旖 | 旎 | 瑞 | 莱 | 垠 | 顷 | 峨 |
| 燕 | 缀 | 葬 | 腮 | 虹 | 玷 | 郑 | 秉 | 飕 | 码 |
| 撩 | 绢 | 侨 | 眷 | 瑜 | 忌 | 督 | 幔 | 寨 | 播 |
| 呐 | 弩 | 丞 | 倚 | 箸 | 碟 | 斤 | 俺 | 绰 | 杖 |
| 擒 | 勿 | 肋 | 踉 | 跄 | 呵 | 胯 | 霹 | 雳 | 咆 |
| 哮 | 锤 | 泊 | 芝 | 遂 | 迸 | 涧 | 獐 | 猕 | 猿 |
| 耶 | 挈 | 暝 | 窍 | 楷 | 镌 | 挠 | 劣 | 呵 | 恰 |
| 屉 | 嫣 | 讳 | 晦 | 墩 | 钗 | 敞 | 雯 | 袭 | 喇 |
| 叼 | 岳 | 蓟 | 涕 | 裳 | 襄 | 彭 | 拟 | 谋 | 赴 |
| 殊 | 踌 | 躇 | 黯 | 革 | 沃 | 匪 | 绷 | 衷 | 堪 |
| 筹 | 矜 | 俘 | 镯 | 吓 | 裆 | 企 | 彼 | 褂 | 坞 |
| 嘎 | 绊 | 揪 | 扳 | 腕 | 铸 | 颧 | 疤 | 监 | 侄 |
| 痰 | 揩 | 浆 | 傅 | 袱 | 蘸 | 馅 | 诈 | 怔 | 吾 |
| 弗 | 夫 | 策 | 荐 | 肆 | 桅 | 撕 | 唬 | 龇 | 咧 |
| 瞄 | 尼 | 艄 | 翘 | 姆 | 雇 | 哗 | 毡 | 犊 | 眺 |
| 膘 | 驰 | 爵 | 噜 | 吆 | 哞 | 畜 | 译 | 愧 | 熠 |
| 遐 | 黏 | 刃 | 埃 | 滥 | 淤 | 湛 | 诟 | 禽 | 拇 |
| 弦 | 撅 | 搔 | 窃 | 窥 | 秽 | 轧 | 拧 | 纽 | 仓 |
| 薄 | 庸 | 憎 | 胚 | 祸 | 患 | 赋 | 痴 | 绞 | 嘿 |
| 伊 | 娜 | 窘 | | | | | | | |

### 1-2-2 词语表

使用说明：教师根据出示的词语表，随机指出若干词语，请学生读出词语，教师根据认读情况记录正确率并打分。

| 蝴蝶 | 蜻蜓 | 蚂蚱 | 预计 | 紧急 | 樱桃 | 瞎闹 | 锄头 | 承认 | 随意 |
|---|---|---|---|---|---|---|---|---|---|
| 妒忌 | 委托 | 照办 | 寻思 | 耻笑 | 胸腔 | 探听 | 私自 | 布置 | 调度 |
| 呐喊 | 锻炼 | 慰问 | 眷恋 | 奔赴 | 繁忙 | 武艺 | 拟定 | 参谋 | 损失 |
| 诊所 | 年龄 | 熟练 | 惊疑 | 审视 | 欺负 | 特殊 | 尊重 | 签字 | 绝活 |
| 崭新 | 由衷 | 苍白 | 慈祥 | 荣幸 | 摔跤 | 施行 | 清醒 | 颤抖 | 侵犯 |
| 挺脱 | 肢体 | 格局 | 威严 | 无疑 | 侄子 | 喉咙 | 粉刷 | 师傅 | 吓唬 |
| 船舱 | 派头 | 包袱 | 手法 | 鼓点 | 衔接 | 屏障 | 芝麻 | 神圣 | 桅杆 |
| 保姆 | 轰然 | 难堪 | 发怔 | 赏识 | 脚力 | 垫子 | 窗帘 | 操纵 | 赞许 |
| 遮掩 | 引荐 | 航行 | 停泊 | 取乐 | 放肆 | 仪态 | 端庄 | 远眺 | 骏马 |
| 牲畜 | 海鸥 | 瞄准 | 辽阔 | 纵横 | 船舱 | 吆喝 | 铃铛 | 恢复 | 沉睡 |
| 簇拥 | 沉寂 | 阻挡 | 飞驰 | 码头 | 笼罩 | 板凳 | 享乐 | 附庸 | 渺小 |
| 灯塔 | 拇指 | 接触 | 纽扣 | 相貌 | 团结 | 军令状 | | 下意识 | |
| 露馅儿 | | 脚腕子 | | 眼巴巴 | | 圆滚滚 | | 明晃晃 | |
| 神机妙算 | | 半夜三更 | | 情不自禁 | | 一针见血 | | 一声不吭 | |
| 肃然起敬 | | 手忙脚乱 | | 摩拳擦掌 | | 兴致勃勃 | | 风平浪静 | |
| 哭笑不得 | | 心惊胆战 | | 养尊处优 | | 跃跃欲试 | | 出谋划策 | |
| 半信半疑 | | 手疾眼快 | | 胸有成竹 | | | | | |

### 2 写字

#### 2-1 ～ 2-2 能正确书写本册常用汉字、词语

使用说明：教师准备纸笔，根据下方出示的写字表和上方的词语表，随机抽取简单或复杂的常用汉字和常用词语请学生书写于田字格中，教师进行记录并打分。

| 昼 | 耘 | 桑 | 晓 | 蝴 | 蚂 | 蚱 | 嗡 | 樱 | 拔 |
|---|---|---|---|---|---|---|---|---|---|
| 瞎 | 铲 | 锄 | 割 | 承 | 拴 | 瓢 | 逛 | 妒 | 忌 |
| 曹 | 督 | 委 | 鲁 | 遮 | 寨 | 擂 | 呐 | 插 | 冈 |
| 饥 | 碟 | 斤 | 俺 | 榜 | 杖 | 申 | 兼 | 勿 | 拖 |

续表

| | | | | | | | | | |
|---|---|---|---|---|---|---|---|---|---|
| 悉 | 坠 | 膛 | 截 | 彻 | 岳 | 摩 | 遣 | 涕 | 巫 |
| 彭 | 拟 | 谋 | 瑞 | 损 | 锻 | 炼 | 眷 | 赴 | 搞 |
| 殊 | 尊 | 签 | 革 | 庆 | 诊 | 沃 | 龄 | 匪 | 绷 |
| 审 | 剂 | 施 | 吭 | 崭 | 衷 | 慈 | 祥 | 荣 | 跤 |
| 搂 | 仗 | 鞭 | 欺 | 挠 | 扳 | 腕 | 剃 | 腮 | 疤 |
| 监 | 侄 | 喉 | 咙 | 浆 | 傅 | 袄 | 桶 | 障 | 芝 |
| 圣 | 犯 | 馅 | 轰 | 堪 | 诈 | 傻 | 捏 | 怔 | 矛 |
| 盾 | 誉 | 吾 | 赢 | 拳 | 擦 | 策 | 荐 | 艘 | 航 |
| 肆 | 帽 | 桅 | 撕 | 逗 | 唬 | 钩 | 扭 | 咧 | 舱 |
| 鸥 | 瞄 | 尼 | 斯 | 艇 | 纵 | 翘 | 垫 | 帘 | 姆 |
| 祷 | 嵌 | 簇 | 哗 | 码 | 笼 | 仪 | 眺 | 骏 | 驰 |
| 辽 | 绵 | 凳 | 吆 | 铃 | 铛 | 罐 | 恢 | 踢 | 牲 |
| 畜 | 梁 | 诣 | 禽 | 拇 | 搔 | 痒 | 秒 | 轧 | 拧 |
| 螺 | 纽 | 扣 | 貌 | 仓 | 渺 | 享 | 庸 | 憎 | |

**2-3 ~ 2-5 能用硬笔抄写成段的文字，能做到书写具有一定的速度，保持良好的写字习惯**

使用说明：教师提供纸笔和一段文字，学生进行抄写，教师记录学生书写情况并打分。

一条条运河之间的绿色低地上，黑白花牛，白头黑牛，白腰蓝嘴黑牛，在低头吃草。有的牛背上盖着防潮的毛毡。牛群吃草时非常专注，有时站立不动，仿佛正在思考着什么。牛犊的模样像贵妇人，仪态端庄。老牛好似牛群的家长，无比尊严。极目远眺，四周全是碧绿的丝绒般的草原和黑白两色的花牛。这就是真正的荷兰。

抄写：＿＿＿＿＿＿＿＿＿＿＿＿＿＿＿＿＿＿＿＿＿＿＿＿＿＿＿＿＿＿＿＿

**领域二：阅读与鉴赏**

**1 诵读与理解**

**1-1 朗读课文**

1-1-1 ~ 1-1-3 本册课文范例

使用说明：教师随机出示一篇本册课文，请学生进行朗读，在朗读过程中记录学生能否读准字音、能否流畅不卡顿、能否饱含情感地读完整篇课文。

### 牧场之国

荷兰，是水之国，花之国，也是牧场之国。

一条条运河之间的绿色低地上，黑白花牛，白头黑牛，白腰蓝嘴黑牛，在低头吃草。有的牛背上盖着防潮的毛毡。牛群吃草时非常专注，有时站立不动，仿佛正在思考着什么。牛犊还未长大，却有了端庄的仪态。老牛好似牛群的家长，无比威严。极目远眺，四周全是碧绿的丝绒般的草原和黑白两色的花牛。这就是真正的荷兰。

这就是真正的荷兰。碧绿色的低地镶嵌在一条条运河之间，成群的骏马，匹匹膘肥体壮。除了深深的野草遮掩着的运河，没有什么能够阻挡它们飞驰到远方。辽阔无垠的原野似乎归它们所有，它们是这个自由王国的主人和公爵。

在绿色的草原上，白色的绵羊悠然自得。黑色的猪群不停地呼噜着，像是对什么表示赞许。成千上万的小鸡，成群结队的长毛山羊，在见不到一个人影的绿草地上，安闲地欣赏着这属于它们自己的王国。这就是真正的荷兰。

到了傍晚，才看见有人驾着小船过来，坐上小板凳，给严肃沉默的奶牛挤奶。金色的晚霞铺在西天，远处偶尔传来汽笛声，接着又是一片寂静。在这里，谁都不叫喊吆喝，牛脖子上的铃铛也没有响声，挤奶的人更是默默无言。运河之中，装满奶桶的船只在舒缓平稳地行驶。满载着一罐一罐牛奶的汽车、火车，不停地开往城市。车船过后，一切又恢复了平静。最后一抹晚霞也渐渐消失了，整个天地都暗了下来。狗不叫了，圈里的牛也不再发出哞哞声，马也忘记了踢马房的挡板。沉睡的牲畜，无声的低地，漆黑的夜晚，只有远处的几座灯塔在闪烁着微弱的光。

这就是真正的荷兰。

### 1-2 背诵课文

#### 1-2-1 本册古诗范例

使用说明：教师随机抽取本册需要背诵的古诗（如《秋夜将晓出篱门迎凉有感》《稚子弄冰》《四时田园杂兴（其三十一）》《村晚》《从军行》《闻官军收河南河北》），请学生进行背诵，教师记录学生所背诵古诗的正确率并打分。

#### 秋夜将晓出篱门迎凉有感

[宋]陆游

三万里河东入海，

五千仞岳上摩天。

遗民泪尽胡尘里，

南望王师又一年。

### 1-2-2 本册文言文范例

使用说明：教师随机抽取一篇本册需要背诵的文言文，请学生进行背诵，教师记录学生所背诵课文的正确率并打分。

#### 自相矛盾

楚人有鬻盾与矛者，誉之曰："吾盾之坚，物莫能陷也。"又誉其矛曰："吾矛之利，于物无不陷也。"或曰："以子之矛陷子之盾，何如？"其人弗能应也。夫不可陷之盾与无不陷之矛，不可同世而立。

## 1-3 背诵格言警句

### 1-3-1 能熟练背诵本册格言警句

使用说明：教师随机说出本册需要背诵的格言警句的上半句或下半句，请学生补充完整，教师记录正确个数并打分。

（1）君子喻于义，小人喻于利。

（2）君子坦荡荡，小人长戚戚。

（3）恻隐之心，仁之端也。

（4）多行不义，必自毙。

（5）人有耻，则能有所不为。

## 1-4 默读课文

### 1-4-1 默读课文能达到 300 字 / 分钟

使用说明：教师随机出示本册课文，请学生进行默读，记录学生默读时间和速度，根据学生表现打分。

#### 祖父的园子

我家有一个大花园，这花园里蜜蜂、蝴蝶、蜻蜓、蚂蚱，样样都有。蝴蝶有白蝴蝶、黄蝴蝶。这种蝴蝶小，不太好看。好看的是大红蝴蝶，满身带着金粉。蜻蜓是金的，蚂蚱是绿的。蜜蜂则嗡嗡地飞着，满身绒毛，落到一朵花上，胖乎乎，圆滚滚，就像一个小毛球似的不动了。

花园里边明晃晃的，红的红，绿的绿，新鲜漂亮。

据说这花园，从前是一个果园。祖母喜欢养羊，羊把果树给啃了，果树渐渐地都死了。到我有记忆的时候，园子里就只有一棵樱桃树、一棵李子树，因为樱桃和李子都不大结果子，所以觉得它们并不存在。小的时候，只觉得园子里边就有一棵大榆树。这榆树在园子的西北角上，来了风，榆树先呼叫，来了雨，榆树先冒烟。太阳一出来，榆树的叶子就发光了，它们闪烁得和沙滩上的蚌壳一样。

祖父整天都在园子里，我也跟着他在里面转。祖父戴一顶大草帽，我戴一顶小草帽；祖父栽花，我就栽花；祖父拔草，我就拔草。祖父种小白菜的时候，我就跟在后边，用脚把那下了种的土窝一个一个地溜平。哪里会溜得准，不过是东一脚西一脚地瞎闹。有时不但没有把菜种盖上，反而把它踢飞了。

祖父铲地，我也铲地。因为我太小，拿不动锄头，祖父就把锄头杆拔下来，让我单拿着那个锄头的"头"来铲。其实哪里是铲，不过是伏在地上，用锄头乱钩一阵。我认不得哪个是苗，哪个是草，往往把韭菜当做野草割掉，把狗尾草当做谷穗留着。

祖父发现我铲的那块地还留着一片狗尾草，就问我："这是什么？"

我说："谷子。"

祖父大笑起来，笑够了，把草拔下来，问我："你每天吃的就是这个吗？"

我说："是的。"

我看祖父还在笑，就说："你不信，我到屋里拿来给你看。"

我跑到屋里拿了一个谷穗，远远地抛给祖父，说："这不是一样的吗？"

祖父把我叫过去，慢慢讲给我听，说谷子是有芒针的，狗尾草却没有，只是毛嘟嘟的，很像狗尾巴。

我并不细看，不过马马虎虎承认下来就是了。一抬头，看见一个黄瓜长大了，我跑过去摘下来，吃黄瓜去了。黄瓜还没有吃完，我又看见一只大蜻蜓从旁边飞过，于是丢下黄瓜又去追蜻蜓了。蜻蜓飞得那么快，哪里会追得上？好在一开始我也没有存心一定要追上，跟着蜻蜓跑了几步就又去做别的了。采一朵倭瓜花，捉一个绿蚂蚱，把蚂蚱腿用线绑上，绑了一会儿，线头上只拴着一条腿，而不见蚂蚱了。

玩腻了，我又跑到祖父那里乱闹一阵。祖父浇菜，我也过来浇，但不是往菜上浇，而是拿着水瓢，拼尽了力气，把水往天空一扬，大喊着："下雨啰！下雨啰！"

太阳在园子里是特别大的，天空是特别高的。太阳光芒四射，亮得使人睁不开眼睛，亮得蚯蚓不敢钻出地面来，蝙蝠不敢从黑暗的地方飞出来。凡是在太阳下的，都是健康的、漂亮的。拍一拍手，仿佛大树都会发出声响；叫一两声，好像对面的土墙都会回答似的。

花开了，就像睡醒了似的。鸟飞了，就像在天上逛似的。虫子叫了，就像在说话似的。一切都活了，要做什么，就做什么。要怎么样，就怎么样，都是自由的。倭瓜愿意爬上架就爬上架，愿意爬上房就爬上房。黄瓜愿意开一朵花，就开一朵花，愿意结一个瓜，就结一个瓜。若都不愿意，就是一个瓜也不结，一朵花也不开，也没有人问它。玉米愿意长多高就长多高，它若愿意长上天去，也没有人管。蝴蝶随意地飞，一会儿从墙头上飞来一对黄蝴蝶，一会儿又从墙头上飞走一只白蝴蝶。它们是从谁家来的，又要飞到谁家去？太阳也不知道。

天空蓝悠悠的，又高又远。

可是白云一来，一大团一大团的，从祖父的头上飘过，好像要压到祖父的草帽了。

我玩累了，就在房子底下找个阴凉的地方睡着了。不用枕头，不用席子，把草帽遮在脸上就睡了。

## 2 阅读与理解

### 2-1 阅读方法

2-1-2 能通过快速浏览搜索需要的信息

使用说明：教师随机出示一个段落，请学生快速浏览并找出关键信息，教师根据学生表现打分。

海外有一国土，名曰傲来国。国近大海，海中有一座名山，唤为花果山。那座山正当顶上，有一块仙石。其石有三丈六尺五寸高，有二丈四尺围圆。四面更无树木遮阴，左右倒有芝兰相衬。盖自开辟以来，每受天真地秀，日精月华，感之既久，遂有灵通之意。内育仙胞，一日迸裂，产一石卵，似圆球样大。因见风，化作一个石猴。那猴在山中，却会行走跳跃，食草木，饮涧泉，采山花，觅树果；与狼虫为伴，虎豹为群，獐鹿为友，猕猿为亲；夜宿石崖之下，朝游峰洞之中。

题目1：迅速浏览，写一写仙石的尺寸。

答：_____

_____

_____

### 2-2 词句理解与赏析

2-2-1 ~ 2-2-3 能联系上下文、根据自己的积累推想词句的意思并体会词语的感情色彩

使用说明：教师随机呈现一段话，请学生联系上下文和生活积累推想加横线词语的意思，并写在下方的横线上，同时说一说词语的感情色彩，教师根据学生表现打分。

我曾幻想，山大概是一个圆而粗的柱子吧，顶天立地，<u>好不威风</u>。后来到了济南，才见到山，<u>恍然大悟</u>：山原来是这个样子啊！

题目：写一写加横线词语的意思，并说一说加横线词语的感情色彩。

答：_____

_____

_____

### 2-3 阅读文章

2-3-1 ~ 2-3-2 能抓住说明性文章的要点，能了解说明性文章的基本说明方法

使用说明：教师随机出示本册说明性课文，请学生说出或写出这篇课文的要点是什么；再在

课文中用横线勾画出运用了说明方法的句子，说出或写出句子用的是什么说明方法，教师记录并打分。

<h2 style="text-align:center">威尼斯的小艇</h2>

威尼斯是世界闻名的水上城市，河道纵横交错，小艇成了主要的交通工具。

威尼斯的小艇有二三十英尺长，又窄又深，有点儿像独木舟；船头和船艄向上翘起，像挂在天边的新月；行动轻快灵活，仿佛田沟里的水蛇。

我们坐在船舱里，皮垫子软软的像沙发一般。小艇穿过一座座形式不同的石桥。我们打开窗帘，望望耸立在两岸的古建筑，跟来往的船只打招呼，有说不完的情趣。

船夫的驾驶技术特别好。行船的速度极快，来往船只很多，他操纵自如，毫不手忙脚乱。不管怎么拥挤，他总能左拐右拐地挤过去。遇到极窄的地方，他总能平稳地穿过，而且速度非常快，还能急转弯。两边的建筑飞一般地倒退，我们的眼睛忙极了，不知看哪一处好。

商人夹了大包的货物，匆匆走下小艇，沿河做生意。青年妇女在小艇里高声谈笑。许多孩子由保姆伴着，坐着小艇到郊外去呼吸新鲜的空气。老人带了全家，坐着小艇上教堂去作祷告。

半夜，戏院散场了，一大群人拥出来，走上了各自雇好的小艇。簇拥在一起的小艇一会儿就散开了，消失在弯曲的河道中，远处传来一片哗笑和告别的声音。水面上渐渐沉寂，只见月亮的影子在水中摇晃。高大的石头建筑耸立在河边，古老的桥梁横在水上，大大小小的船都停泊在码头上。静寂笼罩着这座水上城市，古老的威尼斯又沉沉地入睡了。

题目1：阅读文章，说说文章主要说了什么？

答：_____

题目2：阅读文章，说说文章使用了哪些说明方法？

答：_____

**2-3-3 ~ 2-3-4 能阅读简单的非连续性文本（图文），能从非连续性文本中找出需要的信息**

使用说明：教师随机出示本册的非连续性文本，让学生阅读并找出有价值的信息，教师记录学生表现并打分。

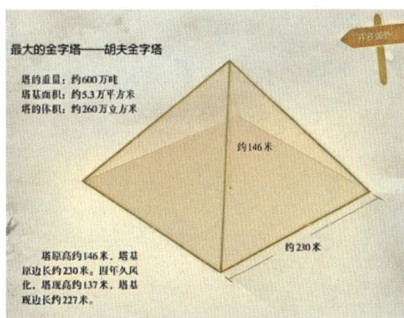

题目1：图片中的图形表示什么意思？

答：＿＿＿＿＿＿＿＿＿＿＿＿＿＿＿＿＿＿＿＿＿＿＿＿＿＿＿

题目2：图片中表示的塔高是多少米？

答：＿＿＿＿＿＿＿＿＿＿＿＿＿＿＿＿＿＿＿＿＿＿＿＿＿＿＿

**2-3-6 ～ 2-3-10 能简单描述叙事性作品的事件梗概、印象深刻的场景和人物，并说说文章表达的思想感情和自己的感受**

使用说明：教师随机出示本册课文，要求学生回答问题，教师记录学生表现并打分。

### 梅花魂

故乡的梅花又开了。一年一度，那朵朵冷艳、缕缕幽芳的梅花，总让我想起漂泊他乡、葬身异国的外祖父。

我出生在东南亚的星岛，从小和外祖父生活在一起。外祖父年轻时读了不少经、史、诗、词，又能书善画，在星岛文坛颇负盛名。我很小的时候，外祖父常常抱着我，坐在花梨木大交椅上，一遍又一遍、不厌其烦地教我读唐诗宋词。每当读到"独在异乡为异客，每逢佳节倍思亲""春草明年绿，王孙归不归""自在飞花轻似梦，无边丝雨细如愁"之类的句子，常会有一颗两颗冰凉的泪珠落在我的腮边、手背。这时候，我会拍着手笑起来："外公哭了！外公哭了！"老人总是摇摇头，长长地叹一口气，说："莺儿，你还小呢，不懂！"

外祖父家中有不少古玩，我偶尔摆弄，老人也不甚在意。唯独书房里那一幅老干虬枝的墨梅图，他分外爱惜，家人碰也碰不得。我五岁那年，有一回到书房玩耍，不小心在上面留了个脏手印，外祖父顿时拉下脸来。有生以来，我第一次听到他训斥我母亲："孩子要管教好，这清白的梅花，是能玷污的吗？"训罢，便用刀片轻轻刮去污迹，又用细绸子慢慢抹净。看见慈祥的外祖父大发脾气，我心里又害怕又奇怪：一幅画而已，有什么稀罕的呢？

有一天，母亲忽然跟我说："莺儿，我们要回中国去！"

"干吗要回去呢？"

"那儿才是我们的祖国呀！"

哦！祖国，就是那拥有长江、黄河、万里长城的地方吗？我欢呼起来，小小的心充满了欢乐。

可是，我马上想起外祖父，我亲爱的外祖父。我问母亲："外公走吗？"

"外公年纪太大了……"

我跑进外祖父的书房，老人正躺在藤椅上。我说："外公，您也回祖国去吧！"

想不到外祖父竟像小孩子一样，呜呜呜地哭了起来……

离别的前一天早上，外祖父早早地起了床，把我叫到书房里，郑重地递给我一卷白杭绸包着的东西。我打开一看，原来是那幅墨梅图，就说："外公，这不是您最宝贵的画吗？"

"是啊，莺儿，你要好好保存！这梅花，是我们中国最有名的花。旁的花，大抵是春暖才开花。她却不一样，愈是寒冷，愈是风欺雪压，花开得愈精神，愈秀气。她是最有品格、最有灵魂、最有骨气的！几千年来，我们中华民族出了许多有气节的人物，他们不管历经多少磨难，不管受到怎样的欺凌，从来都是顶天立地，不肯低头折节。他们就像这梅花一样。一个中国人，无论在怎样的境遇里，总要有梅花的秉性才好！"

回国的那一天正是元旦，虽然热带是无所谓隆冬的，但腊月天气，毕竟也凉飕飕的。外祖父把我们送到码头。风撩乱了老人平日梳理得整整齐齐的银发，我觉得外祖父一下子衰老了许多。

船快开了，母亲只好狠下心来，拉着我登上大客轮。想不到眼含泪水的外祖父也随着上了船，递给我一块手绢——雪白的细亚麻布上绣着血色的梅花。

当年的我，还过于稚嫩，并不懂得，我带走的，岂止是我慈爱的外祖父珍藏的一幅丹青、几朵血梅？我带走的，是身在异国的华侨老人一颗眷恋祖国的赤子心啊！

题目1：阅读文章，文章讲述了什么内容？

答：＿＿＿＿＿＿＿＿＿＿＿＿＿＿＿＿＿＿＿＿＿＿＿＿＿

＿＿＿＿＿＿＿＿＿＿＿＿＿＿＿＿＿＿＿＿＿＿＿＿＿＿＿＿＿＿＿

＿＿＿＿＿＿＿＿＿＿＿＿＿＿＿＿＿＿＿＿＿＿＿＿＿＿＿＿＿＿＿

题目2：阅读文章，简述你印象最深刻的场景？

答：＿＿＿＿＿＿＿＿＿＿＿＿＿＿＿＿＿＿＿＿＿＿＿＿＿

＿＿＿＿＿＿＿＿＿＿＿＿＿＿＿＿＿＿＿＿＿＿＿＿＿＿＿＿＿＿＿

＿＿＿＿＿＿＿＿＿＿＿＿＿＿＿＿＿＿＿＿＿＿＿＿＿＿＿＿＿＿＿

题目3：阅读文章，简述你印象最深刻的人物？

答：＿＿＿＿＿＿＿＿＿＿＿＿＿＿＿＿＿＿＿＿＿＿＿＿＿

＿＿＿＿＿＿＿＿＿＿＿＿＿＿＿＿＿＿＿＿＿＿＿＿＿＿＿＿＿＿＿

＿＿＿＿＿＿＿＿＿＿＿＿＿＿＿＿＿＿＿＿＿＿＿＿＿＿＿＿＿＿＿

题目4：阅读文章，简述文章表达的思想感情和你对这篇文章的感受？

答：＿＿＿＿＿＿＿＿＿＿＿＿＿＿＿＿＿＿＿＿＿＿＿＿＿

＿＿＿＿＿＿＿＿＿＿＿＿＿＿＿＿＿＿＿＿＿＿＿＿＿＿＿＿＿＿＿

＿＿＿＿＿＿＿＿＿＿＿＿＿＿＿＿＿＿＿＿＿＿＿＿＿＿＿＿＿＿＿

### 2-4 ～ 2-5 能说出本册课文的表达顺序和表达方法

使用说明：教师随机出示本册课文，请学生说出或写出课文的表达顺序、体会课文的表达方法，教师记录学生表现情况并打分。

### 月是故乡明

每个人都有个故乡，每个人的故乡都有个月亮。人人都爱自己故乡的月亮。

但是，如果只有孤零零一个月亮，未免显得有点儿孤单。因此，在中国古代诗文中，总有什么东西给月亮当陪衬，最多的是山和水，比如"山高月小""三潭印月"，不可胜数。我的故乡是在山东西北部的大平原上。我小的时候，从来没有见过山，也不知山为何物。我曾幻想，山大概是一个圆而粗的柱子吧，顶天立地，好不威风。后来到了济南，才见到山，恍然大悟：山原来是这个样子啊！因此，我在故乡望月，从来不同山联系。像苏东坡说的"月出于东山之上，徘徊于斗牛之间"，完全是我无法想象的。

至于水，我故乡的小村子里却到处都是。几个大苇坑占了村子面积的一多半。在我这个小孩子眼中，虽不能像洞庭湖"八月湖水平"那样有气派，但也颇有烟波浩渺之势。到了夏天，黄昏后，我躺在坑边场院的地上，数天上的星星。有时候在古柳下面点起篝火，然后上树一摇，成群的知了飞落下来，比白天用嚼烂的麦粒去粘要容易得多。我天天晚上乐此不疲，天天盼望黄昏早早来临。

到了更晚的时候，我走到坑边，抬头看到晴空一轮明月，清光四溢，与水里的那个月亮相映成趣。我当时虽然还不懂什么叫诗兴，可觉得心中油然有什么东西在萌动。有时候在坑边玩很久，才回家睡觉。在梦中见到两个月亮叠在一起，清光更加晶莹澄澈。

我在故乡只待了六年，以后就离乡背井，漂泊天涯。在济南住了十多年，在北京度过四年，又回到济南待了一年，然后在欧洲住了近十一年，又回到北京，到现在已经四十多年了。在这期间，我曾到过将近三十个国家，看到过许许多多的月亮。在风光旖旎的瑞士莱芒湖上，在无边无垠的非洲大沙漠中，在碧波万顷的大海中，在巍峨雄奇的高山上，我都看到过月亮。这些月亮应该说都是美妙绝伦的，我都非常喜欢。但是，看到它们，我立刻就会想到故乡苇坑上面和水中的那个小月亮。对比之下，我感到这些广阔世界的大月亮，无论如何比不上我那心爱的小月亮。不管我离开故乡多远，我的心立刻就飞回去了。我的小月亮，我永远忘不掉你！

我现在年事已高，住的朗润园是燕园胜地。夸大一点儿说，此地有茂林修竹，绿水环流，还有几座土山点缀其间，风光无疑是绝妙的。每逢望夜，一轮当空，月光闪耀于碧波之上，上下空蒙，一碧数顷，荷香远溢，宿鸟幽鸣，真不能不说是赏月胜地。荷塘月色的奇景，就在我的窗外。然而，每逢这样的良辰美景，我想到的却仍然是故乡苇坑里的那个平凡的小月亮。

月是故乡明，我什么时候能够再看到故乡的月亮啊！

题目1：请阅读课文，简述课文的表达顺序是什么？

答：_____

_____

_____

题目 2：请阅读课文，简述课文中运用了哪些表达方法？

答：＿＿＿＿＿＿＿＿＿＿＿＿＿＿＿＿＿＿＿＿＿＿＿＿＿＿＿＿＿＿

＿＿＿＿＿＿＿＿＿＿＿＿＿＿＿＿＿＿＿＿＿＿＿＿＿＿＿＿＿＿＿＿＿＿

＿＿＿＿＿＿＿＿＿＿＿＿＿＿＿＿＿＿＿＿＿＿＿＿＿＿＿＿＿＿＿＿＿＿

### 2-6 人物描写方法

#### 2-6-1 能知道描写人物的基本方法

使用说明：教师出示本册课文，请学生用横线画出文中描写人物的句子，并说出或写出用了什么描写方法，教师根据学生表现打分。

#### 军神

重庆临江门外，一个德国人开设的诊所里，医生沃克端坐在桌后。他头也不抬，冷冷地问："你叫什么名字？"

"刘大川。"

"年龄？"

"二十四岁。"

"什么病？"

"土匪打伤了眼睛。"

沃克医生站起身，熟练地解开病人右眼上的绷带。他愣住了，蓝色的眼睛里闪出一丝惊疑。他重新审视着眼前这个人，冷冷地问："你是干什么的？"

"邮局职员。"

"你是军人！"沃克医生一针见血地说，"我当过军医，这么重的伤势，只有军人才能这样从容镇定！"

病人微微一笑，说："沃克医生，你说我是军人，我就是军人吧。"

沃克医生的目光柔和下来，他吩咐护士："准备手术。"

沃克医生正在换手术服，护士跑来，低声告诉他病人拒绝使用麻醉剂。沃克医生的眉毛扬了起来，他走进手术室，生气地说："年轻人，在这儿要听医生的指挥！"

病人平静地回答："沃克医生，眼睛离脑子太近，我担心施行麻醉会影响脑神经。而我，今后需要一个非常清醒的大脑！"

沃克医生再一次愣住了，竟有点儿口吃地说："你，你能忍受吗？你的右眼需要摘除坏死的眼球，把烂肉和新生的息肉一刀刀割掉！"

"试试看吧。"

手术台上，一向从容镇定的沃克医生，这次双手却有些颤抖。他额上汗珠滚滚，护士帮他擦了一次又一次。最后他忍不住开口对病人说："你挺不住可以哼叫。"

病人一声不吭，他双手紧紧抓住身下的白床单，手背青筋暴起，汗如雨下。他越来越使劲，崭新的白床单居然被抓破了。

脱去手术服的沃克医生擦着汗走过来，由衷地说："年轻人，我真担心你会晕过去。"

病人脸色苍白。他勉力一笑，说："我一直在数你的刀数。"

沃克医生吓了一跳，不相信地问："我割了多少刀？"

"七十二刀。"

沃克医生惊呆了，大声嚷道："你是一个真正的男子汉，一块会说话的钢板！你堪称军神！"

"你过奖了。"

沃克医生的脸上浮现出慈祥的神情。他想说什么又忍住了，挥手让护士出去，然后关上手术室的门，注视着病人，说："告诉我，你的真名叫什么？"

"刘伯承。"

沃克医生肃然起敬："啊，久仰久仰，认识你很荣幸。"刘伯承友好地把手伸了过去。

题目：阅读上述的这篇课文，用横线画出描写人物的句子，并简述用了什么描写方法。

答：_____

_____

_____


### 2-7 体会顿号

#### 2-7-1 能体会课文中顿号的用法

使用说明：教师随机出示本册课文的片段，让学生说说课文中顿号的用法，教师记录学生表现并打分。

#### 祖父的园子（节选）

我家有一个大花园，这花园里蜜蜂、蝴蝶、蜻蜓、蚂蚱，样样都有。蝴蝶有白蝴蝶、黄蝴蝶。这种蝴蝶小，不太好看。好看的是大红蝴蝶，满身带着金粉。蜻蜓是金的，蚂蚱是绿的。蜜蜂则嗡嗡地飞着，满身绒毛，落到一朵花上，胖乎乎，圆滚滚，就像一个小毛球似的不动了。

题目：画线部分的顿号是什么意思？

答：_____

_____

_____

**2-8 诗文理解与鉴赏**

**2-8-1 ～ 2-8-3 能借助注释理解古诗大意并体会其表达的情感**

使用说明：教师随机出示本册中的古诗，请学生说一说古诗大意和诗歌表达的情感，教师记录学生表现并打分。

**村晚**

[宋] 雷震

草满池塘水满陂①，

山衔落日浸寒漪②。

牧童归去横牛背，

短笛无腔③信口④吹。

注释

① 〔陂〕池岸。

② 〔漪〕水中的波纹。

③ 〔腔〕曲调。

④ 〔信口〕随口。

题目 1：阅读古诗，简述古诗大意。

答：_____

_____

_____

题目 2：阅读古诗，简述古诗表达的情感。

答：_____

_____

_____

**领域三：表达与交流**

**2 表达**

**2-2 写作**

**2-2-1 能根据漫画内容写出自己的想法**

使用说明：教师随机出示一则漫画，要求学生根据漫画内容写出自己的想法，教师记录其表现并打分。

**漫画的启示**

漫画往往意味深长，能引发我们的思考。你能读懂下面这两幅漫画吗？从中获得了什么启示？

"你干什么"
"我在乘凉"

待业啄木鸟

这次习作，让我们写一写从漫画中获得的启示。可以从上面两幅漫画中选择一幅来写，也可以写其他漫画。写的时候注意以下几点：

观察：看看漫画写的是什么内容。

思考：借助漫画的标题或简单的文字提示，联系生活中的人或事，思考漫画的含义，获得启示。

撰写：先写清楚漫画的内容，再写出自己的思考。

写完后，同学互换习作读一读，看看从漫画中获得的启示是不是写清楚了，再根据同学的建议修改。

### 2-2-2 能写简单的纪实作文

使用说明：教师随机出示一个写作主题，请学生根据情境书写一篇纪实作文，教师根据学生书写情况打分。

**那一刻，我长大了**

翻阅影集、日记……回忆自己成长的历程，有没有某一个时刻、某一件事情让你突然觉得自己长大了？

今年我过生日，妈妈给我切蛋糕的时候，我发现她的眼角出现了浅浅的皱纹……

今天爷爷走了很远的路，给我买了一双心爱的球鞋。接过爷爷递来的球鞋，我感觉手上沉甸甸的……

三年级的时候，第一次在全校开学典礼上发言，我很紧张。看到同学们鼓励的目光，我又有了信心……

这次习作，写一件自己成长过程中印象最深的事情，要把事情的经过写清楚，还要把感到自己长大了的"那一刻"的情形写具体，记录当时的真实感受。题目自拟。

写完后和同学交流，看看有没有把"那一刻"的情形写具体，根据同学的意见进行修改。

### 2-2-3 能写简单的想象作文

使用说明：教师随机出示一个写作主题，请学生根据情境书写一篇想象作文，教师根据学生书写情况打分。

主题：当我走在乡间的路上……

### 2-2-4 能独立撰写书信

使用说明：教师创设情境，请学生根据情境书写一篇纪实作文和想象作文，教师根据学生书写情况打分。

书写主题：给妈妈的一封信

"生活中，我们会有很多心声想对别人倾诉：告诉爸爸妈妈对某个问题的不同看法，跟朋友诉说自己成长中的点滴烦恼，向为社会作出贡献的人表达钦佩之情。想一想，你现在最想对谁倾诉？把你想对他们说的话写成一封信，用恰当的语言写自己的心里话，让他们体会到你的情感。"

### 2-3 修改习作

### 2-3-1 能自己修改习作中的错误

使用说明：要求学生修改自己的其中一篇习作，教师根据学生修改情况打分。

### 2-4 使用标点符号

### 2-4-1 能正确使用常用标点符号

使用说明：教师根据学生习作中使用标点符号的情况打分。

# 六、六年级语文课程评估

## （一）六年级语文课程评估案例（上册）

### 1. 评估的基本情况

（1）评估时间：2023 年 6 月 16 日

（2）评估地点：衡水市 W 特殊教育机构

（3）评估人员：该生语文老师、个训老师

（4）评估对象具体情况：G 同学，13 岁，男，存在轻度智力障碍和注意力缺陷障碍，社会生活能力处于正常水平，表达顺畅，情绪良好。目前随班就读于 H 市 X 小学六年级，每周五、周六于 W 特殊教育机构接受康复训练，每周日下午由资源教师在资源教室针对该生知识和技能的薄弱部分进行补救。为更好地了解该生对于六年级上册语文知识掌握情况，由该生的语文老师和资源教师共同进行本次评估。

（5）评估说明：评估时该学生已经读六年级下册，采用六年级上册评估表进行评估，旨在了解学生六年级上册语文知识的情况，根据评估结果为六年级下册语文知识学习计划的制订提供依据和教学建议。

### 2. 教师评估表的填写情况

在实际评估过程中，可根据学生的实际情况，选择合适的考试调整与替代性评估方式，以更好地了解学生情况。如：老师对该生的语文学习情况较为熟悉，可灵活选用观察、访谈、测验的方式来进行评估。同时，由于该生存在注意力缺陷多动症，无法一直保持专注配合评估，且爱好画画，因此评估前与学生约定好若较好地配合老师完成评估内容则奖励其用蜡笔画画。在评估过程中，减少使用一问一答的评估方法，而是以出示字词图卡、图片等方式吸引学生注意力，从而获得最为真实的评估结果。

**领域一：识字与写字（得分：21）**

| 次领域 | 评估指标 | 评估题目 | 评分标准 | 评估方法 | 评估结果 |
|---|---|---|---|---|---|
| 1 识字 | 1-1 独立识字 | 1-1-1 有较强的独立识字能力 | 0 不能独立识字 | 1.观察：教师在日常教学过程中，观察学生是否有较强的独立识字能力 2.访谈：访谈家长，了解学生独立识字情况 | 得分：2 |
| | | | 1 能独立识字，但是识字方式单一，识字正确率低 | | 表现：会查字典以及主动请教家长和教师识字 |
| | | | 2 能独立识字，能采用多种方式识字，但有时识字仍会出错 | | |
| | | | 3 有较强的独立识字能力，识字方式多样，识字正确率高 | | |
| | 1-2 认读词语 | 1-2-1 能认读本册词语表中的词语 | 0 无法认读本册词语表中的词语 | 1.观察：教师在日常教学过程中，观察学生认读词语的情况 2.测验：教师出示若干词语，要求学生认读，并记录正确率 | 得分：2 |
| | | | 1 能正确认读本册词语表中30%的词语 | | 表现：不能正确认读不常用、不熟悉的词语 |
| | | | 2 能正确认读本册词语表中60%的词语 | | |
| | | | 3 能正确认读本册词语表中90%的词语 | | |
| 2 写字 | 2-1 书写常用字 | 2-1-1 能正确书写本册常用汉字180个 | 0 无法书写本册常用汉字 | 1.观察：教师在日常教学过程中，观察学生的书写情况 2.测验：教师随机抽取本册写字表中的10个汉字，要求学生书写，记录正确率 | 得分：2 |
| | | | 1 能正确书写本册30%的常用汉字 | | 表现：不能正确书写不熟悉的汉字 |
| | | | 2 能正确书写本册60%的常用汉字 | | |
| | | | 3 能正确书写本册90%的常用汉字 | | |
| | 2-2 书写词语 | 2-2-1 能正确书写本册词语表中的词语 | 0 无法书写本册词语表中常用词语 | 1.观察：教师在日常教学过程中，观察学生书写词语的情况 2.测验：教师随机抽取本册词语表中的10个词语，要求学生书写，记录正确率 | 得分：1 |
| | | | 1 能正确书写本册词语表中30%的常用词语 | | 表现：只能书写笔画较少的二字词语，很多笔画多一点的二字词语以及三字、四字词语不能书写 |
| | | | 2 能正确书写本册词语表中60%的常用词语 | | |
| | | | 3 能正确书写本册词语表中90%的常用词语 | | |
| | 2-3 硬笔书写 | 2-3-1 能使用硬笔规范书写汉字 | 0 不能用硬笔书写汉字 | 1.观察：教师在日常教学过程中，观察学生使用硬笔书写汉字是否规范 2.访谈：访谈家长，了解学生能否使用硬笔规范书写汉字 3.测验：教师随机出示本册写字表中若干汉字，要求学生书写，记录书写情况 | 得分：2 |
| | | | 1 能用硬笔书写汉字，但字体大小不一，间隔不均，笔顺不连贯 | | 表现：笔顺存在错误 |
| | | | 2 能用硬笔书写汉字，字体大小一致，间隔合理，但笔顺不连贯 | | |
| | | | 3 能用硬笔规范书写汉字，字体大小一致，间隔合理，笔顺连贯 | | |

续表

| 次领域 | 评估指标 | 评估题目 | 评分标准 | 评估方法 | 评估结果 |
|---|---|---|---|---|---|
| 2 写字 | 2-3 硬笔书写 | 2-3-2 能使用硬笔端正书写汉字 | 0 不能用硬笔书写汉字 | 1.观察：教师在日常教学过程中，观察学生使用硬笔书写汉字是否端正 2.访谈：访谈家长，了解学生能否使用硬笔端正书写汉字 3.测验：教师随机出示本册写字表中若干汉字，要求学生书写，记录书写情况 | 得分：3 表现： 能够端正书写 |
| | | | 1 书写的汉字大小匀称，但间距不均，笔画不清 | | |
| | | | 2 书写的汉字大小匀称，间距均匀，但笔画不清 | | |
| | | | 3 书写的汉字端正，大小匀称，间距均匀，笔画清晰 | | |
| | | 2-3-3 能使用硬笔整洁书写汉字 | 0 书写的汉字无法辨认 | 1.观察：教师在日常教学过程中，观察学生使用硬笔书写汉字是否整洁 2.访谈：访谈家长，了解学生能否使用硬笔整洁书写汉字 3.测验：教师随机出示本册写字表中若干汉字，要求学生书写，记录书写情况 | 得分：2 表现： 偶尔有涂抹痕迹 |
| | | | 1 书写过程中涂抹痕迹严重 | | |
| | | | 2 书写过程中有轻微的涂抹痕迹 | | |
| | | | 3 书写过程中没有任何涂抹痕迹 | | |
| | | 2-3-4 能使用硬笔美观书写汉字 | 0 书写的汉字无法辨认，字迹丑陋 | 1.观察：教师在日常教学过程中，观察学生书写汉字是否美观 2.访谈：访谈家长，了解学生能否使用硬笔美观洁书写汉字 3.测验：教师随机出示学习过的汉字，要求学生书写汉字，记录其表现 | 得分：2 表现： 能在格内书写汉字但不够美观 |
| | | | 1 书写的汉字横平竖直，但是书写时笔画会超出格子或下横线 | | |
| | | | 2 书写的汉字横平竖直，有顿笔笔锋，但仍不够美观 | | |
| | | | 3 书写的汉字横平竖直，且轻重有度，美观利落 | | |
| | | 2-3-5 能用硬笔书写楷书 | 0 不会使用硬笔书写 | 1.观察：教师在日常教学过程中，观察学习使用硬笔书写楷书的情况 2.访谈：访谈教师或家长，了解学生是否能用硬笔书写楷书 3.测验：教师随机出示学习过的汉字，要求学生硬笔书写楷书，记录其表现 | 得分：1 表现： 对于楷书的书写存在困难 |
| | | | 1 能使用硬笔书写楷书，但字体潦草模糊或超出田字格，笔画错误，辨认困难 | | |
| | | | 2 能使用硬笔书写楷书，但字体过大或过小，排列不齐 | | |
| | | | 3 能用硬笔熟练地独立书写楷书，美观整齐 | | |
| | 2-4 写字姿势习惯 | 2-4-1 写字姿势正确 | 0 书写姿势存在严重问题（如：过于弯腰拢背，眼离书本不足半尺；握笔姿势错误等） | 1.观察：教师在日常教学过程中，观察学生在座位上写字的姿势是否标准 2.访谈：访谈家长，了解学生写字姿势是否正确 3.测验：教师随机出示学习过的汉字，要求学生书写，记录其表现 | 得分：2 表现： 写字姿势正确但还不能自觉保持 |
| | | | 1 书写姿势存在轻度问题（如：轻微幅度的偏头、侧身；眼离书本超过半尺但不足一尺等） | | |
| | | | 2 书写姿势基本正确，只存在书写姿势的个别轻微问题，需要在教师短频提示下进行纠正 | | |
| | | | 3 能自觉地保持正确书写汉字姿势（如：头正、肩平、背直、眼离书本一尺远、胸离书桌一拳远、指离笔尖一寸远） | | |

续表

| 次领域 | 评估指标 | 评估题目 | 评分标准 | 评估方法 | 评估结果 |
|---|---|---|---|---|---|
| 2<br>写字 | 2-4<br>写字姿势<br>习惯 | 2-4-2<br>有良好的书<br>写习惯 | 0 没有养成良好的书写习惯<br><br>1 能在提醒下，做到姿势正确，字迹工整规范<br>2 能独立做到姿势正确，字迹工整规范<br>3 能始终保持良好的书写姿势，养成良好的书写习惯 | 1.观察：教师在日常教学过程中，观察学生是否养成良好的书写习惯<br>2.访谈：访谈家长，了解学生书写汉字时是否有良好的书写习惯 | 得分：2<br><br>表现：<br>不是每次都需要提醒，但是还没有养成习惯 |

## 领域二：阅读与鉴赏（得分：49）

| 次领域 | 评估指标 | 评估题目 | 评分标准 | 评估方法 | 评估结果 |
|---|---|---|---|---|---|
| 1<br><br>诵读与理解 | 1-1<br>普通话朗读课文 | 1-1-1<br>能用普通话正确朗读本册课文 | 0 不会用普通话朗读课文<br>1 能使用普通话朗读课文，但会大量出现音节拼读错误，音调失准等问题<br>2 能使用普通话朗读课文，但会少量出现音节拼读错误，音调失准等问题<br>3 能熟练运用普通话朗读课文，朗读发音正确、字正腔圆，声音饱满 | 1.观察：教师在日常教学过程中，观察学生用普通话朗读课文的正确情况<br>2.测验：教师随机出示一篇本册课文，要求学生用普通话正确地朗读课文，记录学生朗读情况 | 得分：2<br><br>表现：<br>有少量音节拼读错误 |
| | | 1-1-2<br>能用普通话流利朗读本册课文 | 0 不会用普通话朗读课文<br>1 能使用普通话朗读课文，在朗读过程中结巴、阻塞、单字读<br>2 能使用普通话朗读课文，在朗读过程中基本可以做到连贯、流利<br>3 能熟练运用普通话朗读课文，朗读流畅自然，语速适中 | 1.观察：教师在日常教学过程中，观察学生用普通话朗读课文的流利情况<br>2.测验：教师随机出示一篇本册课文，要求学生用普通话流利地朗读课文，记录学生朗读情况 | 得分：3<br><br>表现：<br>朗读课文比较流利 |
| | | 1-1-3<br>能用普通话有感情地朗读本册课文 | 0 不会用普通话朗读课文<br>1 能使用普通话朗读课文，但朗读音量小，声调平平，不会抑扬顿挫<br>2 能使用普通话朗读课文，音量适中，声调有起伏<br>3 能熟练运用普通话朗读课文，朗读饱腹情感、抑扬顿挫，声调起伏有秩 | 1.观察：教师在日常教学过程中，观察学生能否用普通话有感情地朗读本册课文<br>2.测验：教师随机出示一篇本册课文，要求学生用普通话有感情地朗读课文，记录学生朗读情况 | 得分：1<br><br>表现：<br>有感情地朗读课文有困难 |

续表

| 次领域 | 评估指标 | 评估题目 | 评分标准 | 评估方法 | 评估结果 |
|---|---|---|---|---|---|
| 1 诵读与理解 | 1-2 背诵课文 | 1-2-1 能背诵本册要求背诵的现代文 | 0 无法背诵本册指定的现代文 | 1.观察：教师在日常教学过程中，观察学生背诵本册现代文的情况 2.测验：教师随机抽查一段本册要求背诵的现代文，要求学生背诵，记录其表现 | 得分：3 表现： 能背诵要求背诵的现代文，稍有停顿 |
| | | | 1 能背诵本册指定现代文30%的内容 | | |
| | | | 2 能背诵本册指定现代文60%的内容 | | |
| | | | 3 能背诵本册指定现代文90%的内容 | | |
| | | 1-2-2 能背诵本册要求背诵的古诗 | 0 无法背诵本册指定的古诗 | 1.观察：教师在日常教学过程中，观察学生背诵本册古诗的情况 2.测验：教师随机抽查一篇本册要求背诵的古诗，要求学生背诵，记录其表现 | 得分：3 表现： 能背诵要求背诵的古诗，且比较流利 |
| | | | 1 能背诵本册指定古诗30%的内容 | | |
| | | | 2 能背诵本册指定古诗60%的内容 | | |
| | | | 3 能背诵本册指定古诗90%的内容 | | |
| | | 1-2-3 能背诵本册要求背诵的文言文 | 0 无法背诵本册指定的文言文 | 1.观察：教师在日常教学过程中，观察学生背诵本册文言文的情况 2.测验：教师随机抽查一篇本册要求背诵的文言文，要求学生背诵，记录其表现 | 得分：2 表现： 不能背诵不理解的句子和文言词汇 |
| | | | 1 能背诵本册指定文言文30%的内容 | | |
| | | | 2 能背诵本册指定文言文60%的内容 | | |
| | | | 3 能背诵本册指定文言文90%的内容 | | |
| | 1-3 背诵格言警句 | 1-3-1 能够熟练背诵本册格言警句 | 0 无法背诵本册的格言警句 | 1.观察：教师在日常教学过程中，观察学生背诵本册格言警句的情况 2.测验：教师要求学生背诵本册学过的格言警句，记录其表现 | 得分：1 表现： 对格言警句的背诵不熟练，只能在教师说上句的情况下接下句 |
| | | | 1 能背诵本册1—3句格言警句 | | |
| | | | 2 能背诵本册4—6句格言警句 | | |
| | | | 3 能背诵本册7—8句格言警句 | | |
| | 1-4 默读课文 | 1-4-1 默读课文能达到300字/分钟 | 0 不会默读课文 | 1.观察：教师在日常教学过程中，观察学生的默读情况 2.测验：教师随机出示一段本册的课文，要求学生默读，记录其表现 | 得分：3 表现： 默读课文有一定的速度 |
| | | | 1 会默读课文，默读100字/分钟 | | |
| | | | 2 会默读课文，默读200字/分钟 | | |
| | | | 3 会默读课文，默读300字/分钟 | | |
| 2 阅读与理解 | 2-1 默读搜集信息 | 2-1-1 能根据需要在默读时搜集信息 | 0 不会默读课文 | 1.观察：教师在日常教学过程中，观察学生在默读时能否搜集信息 2.测验：教师出示一篇默读课文，要求学生带着问题默读后能说出答案，记录其表现 | 得分：2 表现： 能在默读时搜集信息但需要教师提示 |
| | | | 1 能在默读前明白要搜集哪方面的信息 | | |
| | | | 2 能在教师提示下，在默读时搜集需要的信息 | | |
| | | | 3 能根据需要在默读时搜集信息，且搜集到的信息相关度较高 | | |

续表

| 次领域 | 评估指标 | 评估题目 | 评分标准 | 评估方法 | 评估结果 |
|---|---|---|---|---|---|
| 2<br>阅读与理解 | 2-2<br>词句理解与赏析 | 2-2-1<br>能联系上下文理解词句的意思 | 0 不能联系上下文，推想词句的意思 | 1.观察：教师在日常教学过程中，观察学生能否结合上下文理解词句的意义<br>2.测验：教师呈现一段课文，要求学生理解其中关键词句的含义，记录其表现 | 得分：1 |
| | | | 1 能联系上下文推想词句意思，但是理解不正确 | | 表现：<br>只知道词句本身的意思，不能理解文中词句的具体含义 |
| | | | 2 能联系上下文推想词句意思，但是理解不完整 | | |
| | | | 3 能系上下文找到全部信息，正确完整推想词句的意思 | | |
| | | 2-2-2<br>能结合生活积累，理解词句的意思 | 0 不能联系生活积累，推想词句的意思 | 1.观察：教师在日常教学过程中，观察学生是否能够结合生活积累，理解词句的意义<br>2.访谈：访谈教师或家长，了解学生能否结合生活积累，理解词句的意义<br>3.测验：教师呈现词语，要求学生结合生活积累理解词语意思，记录其表现 | 得分：2 |
| | | | 1 能联系生活积累推想词句意思，但是理解不正确 | | 表现：<br>能理解生活中常用词语的意思，但需要教师提示 |
| | | | 2 能联系生活积累推想词句意思，但是理解不完整 | | |
| | | | 3 能联系生活积累找到全部信息，正确完整推想词句的意思 | | |
| | | 2-2-3<br>能体会课文中关键词句表达情意的作用 | 0 不能找到文中的关键词句（如：中心句） | 1.观察：教师在日常教学过程中，观察学生能否找到体现作者思想感情的关键词句<br>2.测验：教师出示课文片段，要求学生找出体现作者思想感情的关键词句，并赏析，记录其表现 | 得分：2 |
| | | | 1 能在他人提示下，在文中找到体现作者思想情感的关键词句 | | 表现：<br>能找到关键词句，但是仅停留在"找到"的层面，不能进行赏析 |
| | | | 2 能独立地找到课文中体现作者思想感情的关键词句 | | |
| | | | 3 能找到课文中体现作者思想感情的关键词句，并说出作用 | | |
| | | 2-2-4<br>能联系上下文，辨别文中词语的感情色彩 | 0 不知道词语的感情色彩，也无法辨别 | 1.观察：教师在日常教学过程中，观察学生能否联系上下文辨别词语的感情色彩<br>2.访谈：访谈教师或同学，了解学生能否辨别文中词语的感情色彩<br>3.测验：教师出示课文片段，要求学生辨别文中画线词语的感情色彩，记录其表现 | 得分：1 |
| | | | 1 不能辨别文中词语的感情色彩，但是大概知道词语的感情色彩是指什么（词义中所反映的主体对客观对象的情感倾向、态度、评价等内容，如：褒贬、悲喜等） | | 表现：<br>知道词语本身的感情色彩，但不能结合文章判断具体词语的感情色彩 |
| | | | 2 能联系上下文，记录词语并了解其感情色彩，积累辨别词语感情色彩的经验 | | |
| | | | 3 能联系上下文，正确辨别文中词语的感情色彩 | | |

续表

| 次领域 | 评估指标 | 评估题目 | 评分标准 | 评估方法 | 评估结果 |
|---|---|---|---|---|---|
| 2<br>阅读与理解 | 2-3<br>阅读文章 | 2-3-1<br>能阅读说明性文章 | 0 无法阅读说明性文章 | 1.观察：教师在日常教学过程中，观察学生学习说明性文章的情况<br>2.测验：教师出示一篇说明性文章，要求学生说出大意，记录其表现 | 得分：2 |
| | | | 1 阅读说明性文章，能找到说明对象 | | 表现：<br>能掌握说明文的文章要点和大意，但是对于说明顺序和方法的判断有误 |
| | | | 2 阅读说明性文章，能找到文章要点，初步理解文章大意 | | |
| | | | 3 阅读说明性文章，能掌握文章大意，了解文章说明的顺序、要点和方法 | | |
| | | 2-3-2<br>能阅读叙事性作品 | 0 无法阅读叙事性作品 | 1.观察：教师在日常教学过程中，观察学生能否简单描述叙事性作品的时间梗概<br>2.访谈：访谈教师或家长，学生在阅读叙事性作品后能否了解事件梗概 | 得分：2 |
| | | | 1 能在他人指导下顺利读完叙事性作品 | | 表现：<br>能简述叙事性作品中的主要人物及相关事件 |
| | | | 2 能在阅读叙事性作品后简要阐述文中的人物及事件 | | |
| | | | 3 阅读叙事性作品，能阐述主要内容，梳理情节，了解事件梗概 | | |
| | 2-4<br>交流阅读感受 | 2-4-1<br>能与他人交流自己的阅读感受 | 0 无法与他人交流自己的阅读感受 | 1.观察：教师在日常教学过程中，观察学生与他人交流自己的阅读感受的情况<br>2.访谈：访谈教师、家长或其他同学，了解学生在阅读后与他人交流自己的阅读感受的情况 | 得分：1 |
| | | | 1 能向他人说出自己的阅读感受，但只能简单表达态度（如：喜欢或不喜欢这篇文章） | | 表现：<br>能简单表达对文章或书籍的喜欢与否，不能深入交流 |
| | | | 2 能听取他人的阅读感受，并说出自己的阅读感受，但不够具体、深入（如：看完这篇文章我很感动） | | |
| | | | 3 能与他人交流自己的阅读感受，具体、深入，能够结合生活实际（如：看完这篇文章我很感动，我很喜欢文中的××，我以后也要学习……） | | |
| | 2-5<br>体会人物形象 | 2-5-1<br>能从环境描写中体会人物形象 | 0 无法找到文中环境描写的句子，不能体会人物的形象 | 1.观察：教师在日常教学过程中，观察学生能否通过环境描写体会人物形象<br>2.测验：教师出示课文片段，要求学生找出其中有关环境描写的句子，并说出体会到的人物形象，记录其表现 | 得分：2 |
| | | | 1 能找到文中环境描写的句子，但无法体会人物形象。（如：《青山不老》中"杨树、柳树，如臂如股，劲挺在山洼山腰。看不见它们的根，山洪涌下的泥埋住了树的下半截，树却勇敢地顶住了它的凶猛。这山已失去了原来的坡形，依着一层层的树形成一层层的梯"。体现了老人与环境做斗争的不屈精神和造福后代的情怀） | | 表现：<br>只能说出人物形象中最鲜明的一个，（如：坚韧）不能说出其他的形象特点 |
| | | | 2 能通过文中的环境描写体会人物形象但不全面 | | |
| | | | 3 能通过文中的环境描写全面、深入地体会人物形象 | | |

续表

| 次领域 | 评估指标 | 评估题目 | 评分标准 | 评估方法 | 评估结果 |
|---|---|---|---|---|---|
| 2<br>阅读与理解 | 2-5<br>体会人物形象 | 2-5-2<br>能从语言描写中体会人物形象 | 0 无法找到文中语言描写的句子，不能体会人物的形象<br>1 能找到文中人物语言描写的句子，但无法体会人物形象。(如:《穷人》中"你怎么啦？不愿意吗？你怎么啦，桑娜？""你瞧，他们在这里啦。"体现了桑娜和渔夫宁可自己吃苦也要帮助别人的美好品质)<br>2 能通过文中人物语言描写体会人物形象但不全面<br>3 能通过文中人物语言描写全面、深入地体会人物形象 | 1.观察：教师在日常教学过程中，观察学生能否通过语言描写体会人物形象<br>2.测验：教师出示课文片段，要求学生找出其中有关人物语言描写的句子，并说出体会到的人物形象，记录其表现 | 得分：2<br><br>表现：<br>只能说出人物形象中最鲜明的一个，(如：善良)不能说出其他的形象特点 |
| | | 2-5-3<br>能从心理描写中体会人物形象 | 0 无法找到文中心理描写的句子，不能体会人物的形象<br>1 能找到文中人物心理描写的句子，但无法体会人物形象。(如:《穷人》中"桑娜沉思：丈夫不顾惜身体，冒着寒冷和风暴出去打鱼，她自己也从早到晚干活，还只能勉强填饱肚子。孩子们没有鞋穿，不论冬夏都光着脚跑来跑去；吃的是黑面包，菜只有鱼。不过，感谢上帝，孩子们都还健康，没什么可抱怨的。"体现了桑娜的积极乐观和坚强)<br>2 能通过文中人物心理描写体会人物形象但不全面<br>3 能通过文中人物心理描写全面、深入地体会人物形象 | 1.观察：教师在日常教学过程中，观察学生能否通过心理描写体会人物形象<br>2.测验：教师出示课文片段，要求学生找出其中有关人物心理描写的句子，并说出体会到的人物形象，记录其表现 | 得分：2<br><br>表现：<br>只能说出人物形象中最鲜明的一个，(如：乐观)不能说出其他的形象特点 |
| | | 2-5-4<br>能通过小说主要情节感受人物形象 | 0 不能找到或说出小说的主要情节<br>1 能说出小说主要情节，但无法通过情节感受人物形象(如:《穷人》记叙了在一个寒风呼啸的夜晚，桑娜与渔夫主动收养已故邻居西蒙的两个孤儿的故事，真实地反映了沙俄专制制度下劳动人民的悲惨生活，赞美了桑娜和渔夫宁可自己吃苦也要帮助别人的美好品质)<br>2 能通过小说主要情节，初步感受人物的形象<br>3 能通过小说主要情节全面、深入地体会人物形象 | 1.观察：教师在日常教学过程中，观察学生能否通过小说情节感受人物形象<br>2.访谈：访谈教师或家长，了解学生能否找到小说主要情节，并说出感受到人物形象<br>3.测验：教师出示小说片段，要求学生说出主要情节，并说出感受到人物形象，记录其表现 | 得分：2<br><br>表现：<br>只能说出人物形象中最鲜明的一个，(如：善良)不能说出其他的形象特点 |

续表

| 次领域 | 评估指标 | 评估题目 | 评分标准 | 评估方法 | 评估结果 |
|---|---|---|---|---|---|
| 2 阅读与理解 | 2-5 体会人物形象 | 2-5-5 能对课文中主要人物形象说出自己的感受 | 0 不能找到或说出课文中的主要人物 | 1.观察：教师在日常教学过程中，观察学生能否对课文中主要人物形象说出自己的感受<br>2.访谈：访谈其他同学，了解学生对文中主要人物形象的感受<br>3.测验：教师出示一篇课文，要求学生说出对课文中的主要人物形象说出自己的感受，记录其表现 | 得分：2<br><br>表现：<br>只能对人物形象进行简单描述 |
| | | | 1 能找到课文中的主要人物，没有感受或无法说出自己的感受 | | |
| | | | 2 能找到课文中出现的主要人物，并能简单描述该人物形象 | | |
| | | | 3 能找到课文中出现的主要人物，并对该人物形象说出自己的感受 | | |
| | 2-6 了解表达顺序 | 2-6-1 能说出本册课文的表达顺序 | 0 不理解表达顺序是什么 | 1.观察：教师在日常教学过程中，观察学生能否理解表达顺序，能否体会文章的表达顺序<br>2.访谈：访谈家长，了解学生能否在阅读了解文章的表达顺序<br>3.测验：教师出示课文片段，要求学生说出文章的表达顺序，记录其表现 | 得分：1<br><br>表现：<br>比较熟悉时间顺序，其他两个顺序不熟悉，需要教师提示 |
| | | | 1 能在阅读中掌握时间顺序类文章的表达（如：我今天早上7点出门，乘公交车，8点到学校） | | |
| | | | 2 能在阅读中掌握空间顺序类文章的表达（我在散步，经过这条街道的西端，看到了一段美丽的静水河流） | | |
| | | | 3 能在阅读中掌握逻辑顺序类文章的表达（如：毕业典礼上，校长讲话中提到学生们找工作时要有奋斗精神，坚定自己的梦想，并通过不断学习和努力实现） | | |
| | 2-7 知道表达方法 | 2-7-1 能说出本册课文的表达方法 | 0 不知道表达方法有什么（记叙、描写、说明、抒情、议论） | 1.观察：教师在日常教学过程中，观察学生能否体会课文的表达方法<br>2.访谈：访谈教师，了解学生在学习课文过程中能否说出课文所运用的表达方法<br>3.测验：教师出示课文片段，要求学生说出文章所运用的表达方法，记录其表现 | 得分：0<br><br>表现：<br>完全不知道表达方法，平时分析课文时，学生不感兴趣，提问时学生比较茫然 |
| | | | 1 能在他人提示和帮助下，说出本册课文运用的表达方法 | | |
| | | | 2 能独立说出本册课文运用的表达方法，但有时存在错误 | | |
| | | | 3 能独立、正确地说出本册课文运用的表达方法 | | |
| | 2-8 使用分号 | 2-8-1 能在阅读中了解并使用分号 | 0 不认识分号，不能正确使用 | 1.观察：教师在日常教学过程中，观察学生能否了解分号的一般用法<br>2.测验：教师呈现分号图卡和句子，看学生能否认识分号，并要求学生说出其在句中的用法，记录其表现 | 得分：2<br><br>表现：<br>认识分号，能说出"分号前后的句子很像，说的是一件事"，只是不够准确 |
| | | | 1 能认识分号（如：教师呈现分号图卡，学生能正确认读） | | |
| | | | 2 能说出分号的一般用法，但不完全正确 | | |
| | | | 3 能正确使用分号（如：并列关系的句子之间使用分号） | | |

续表

| 次领域 | 评估指标 | 评估题目 | 评分标准 | 评估方法 | 评估结果 |
|---|---|---|---|---|---|
| 2 阅读与理解 | 2-9 诗文理解与鉴赏 | 2-9-1 能借助注释理解古诗文大意 | 0 无法借助注释理解古诗文大意<br>1 能借助注释理解古诗文中字词的含义<br>2 能借助注释理解古诗文中句子的含义<br>3 能借助注释理解古诗文大意 | 1. 观察：教师在日常教学过程中，观察学生借助注释理解古诗文大意的情况<br>2. 测验：教师提供一篇古诗／文言文及其注释，要求学生说出其大意，记录其表现 | 得分：2<br>表现：<br>能理解词句的含义但还不能理解完整古诗或古文 |
| | | 2-9-2 能理解诗文大意 | 0 无法阅读诗文，不了解诗文大意<br>1 能初步把握诗文大意，简单说出诗文所描写的对象（人物、景物等）<br>2 能大体把握诗文大意，简单说出诗文的基本内容(如：事件、地点等)<br>3 能理解诗文大意，完整、详细地说出诗文的内容 | 1. 观察：教师在日常教学过程中，观察学生在学习诗文时理解诗文大意的情况<br>2. 测验：教师出示一篇本册诗文，让学生说出诗文大意，记录其表现 | 得分：1<br>表现：<br>对诗文的理解有困难，仅能说出诗文的描写对象 |
| | | 2-9-3 能体会诗文情感 | 0 无法阅读诗文，不能体会诗文的情感<br>1 能找到表达诗文情感的词眼或关键句<br>2 能通过词眼或关键句，结合文章背景初步体会诗文的情感<br>3 能体会并完整准确地说出诗文的所表达的情感 | 1. 观察：教师在日常教学过程中，观察学生对诗文情感的把握情况<br>2. 测验：教师出示一篇本册诗文，要求学生说出诗文所表达的情感，记录其表现 | 得分：1<br>表现：<br>对于体会诗文情感存在困难，只能机械记忆笔记 |
| 3 文学积累 | 3-1 课外阅读 | 3-1-1 本学期课外阅读总量不少于25万字 | 0 无课外阅读量<br>1 本学期阅读课外总量 1～80000 字<br>2 本学期阅读课外总量 80000～160000 字<br>3 本学期阅读课外总量 160000～240000 字 | 1. 观察：教师在日常教学过程中，观察学生在学校或家庭的阅读情况<br>2. 访谈：访谈家长或其他同学，了解学生本学期阅读课外书数量 | 得分：1<br>表现：<br>在家长或教师要求下能够进行指定课外书的阅读，自身对阅读的兴趣不高 |

**领域三：表达与交流（得分：32）**

| 次领域 | 评估指标 | 评估题目 | 评分标准 | 评估方法 | 评估结果 |
|---|---|---|---|---|---|
| 1 倾听 | 1-1 听人说话 | 1-1-1 听人说话认真、耐心 | 0 听他人讲话，无法保持安静，马上离开<br>1 听他人讲话，能保持安静倾听，但无法说出他人讲话的内容<br>2 听他人讲话，能耐心安静倾听，说出部分他人讲话的内容<br>3 听他人讲话，能完整复述他人讲话的主要内容，抓住要点 | 1. 观察：教师在日常教学过程中，观察学生听人说话时的表现<br>2. 访谈：访谈家长或其他同学，了解学生听人说话能否做到认真耐心 | 得分：2<br>表现：<br>不能完整复述他人的讲话内容，主要内容会有遗漏 |

续表

| 次领域 | 评估指标 | 评估题目 | 评分标准 | 评估方法 | 评估结果 |
|---|---|---|---|---|---|
| 1 倾听 | 1-1 听人说话 | 1-1-2 听人说话能抓住要点 | 0 不能理解他人说话内容<br>1 能理解他人说话内容，但是无法抓住要点<br>2 能理解他人说话内容，但是只能抓住部分要点<br>3 能理解他人说话内容，能抓住所有要点 | 1.观察：教师在日常教学过程中，观察学生能否理解他人说话内容，抓住要点<br>2.访谈：访谈家长或其他同学，了解该生能否理解他人说话内容，抓住说话要点 | 得分：2<br>表现：只有在多次、缓慢地重复下才能抓住说话人的所有要点，一般情况下只能抓住部分要点 |
| 2 表达 | 2-1 观察积累 | 2-1-1 能养成留心观察周围事物的习惯 | 0 对周围事物没有兴趣，也不会留心观察周围事物<br>1 能在他人要求下，观察周围事物<br>2 能主动观察周围感兴趣的事物<br>3 能主动观察周围事物，并形成习惯 | 1.观察：教师在日常教学过程中，观察学生能否留心观察周围事物及观察的频率<br>2.访谈：访谈家长，了解学生能否留心观察周围事物 | 得分：3<br>表现：养成了留心观察周围事物的习惯 |
| | | 2-1-2 能在观察周围事物过程中积累习作素材 | 0 无观察周围事物的习惯<br>1 能养成观察周围事物的习惯<br>2 能在观察中，有意识地丰富自己的见闻<br>3 能留心观察周围事物，珍视个人的独特感受，并积累习作素材 | 1.观察：教师在日常教学过程中，观察学生能否在观察周围事物过程中积累习作素材<br>2.访谈：访谈家长，了解学生能否在观察周围事物的过程中积累习作素材 | 得分：2<br>表现：在观察时会丰富自己的见闻，能说出来但还没有想到观察见闻可以成为习作素材 |
| | | 2-1-3 能写摘录笔记 | 0 没有摘录行为，无法完成摘录笔记<br>1 能在他人要求下，完成指定的摘录内容<br>2 能在学习或生活中，主动摘录优美的词语或句子<br>3 能在学习或生活中，主动摘录优美的词语和句子，并对其进行分类整理（如：排比句、比喻句） | 1.观察：教师在日常教学过程中，通过收集笔记本观察学生能摘录笔记情况<br>2.访谈：访谈家长，了解学生摘录笔记的情况 | 得分：1<br>表现：在教师要求下才会摘录 |
| | 2-2 写作 | 2-2-1 能写简单的纪实作文 | 0 不能撰写纪实作文，或记叙混乱，缺乏内容<br>1 能撰写纪实作文，但内容不完整（如：只有时间、地点、人物）<br>2 能详细撰写简单的纪实作文，要素齐全，内容具体<br>3 能详细撰写简单的纪实作文，要素齐全，内容具体，语言生动形象 | 1.观察：教师在日常教学过程中，通过收集习作本，观察学生能否书写简单的纪实作文<br>2.访谈：访谈家长或其他同学，了解学生能否书写简单的纪实作文<br>3.测验：教师创设情境，要求学生书写一篇纪实作文，记录其表现 | 得分：1<br>表现：撰写完整的纪实作文有困难，仅有时间、地点、人物，对事件的描述模糊 |

续表

| 次领域 | 评估指标 | 评估题目 | 评分标准 | 评估方法 | 评估结果 |
|---|---|---|---|---|---|
| 2 表达 | 2-2 写作 | 2-2-2 能写简单的想象作文 | 0 不能发挥想象完成作文 | 1.观察：教师在日常教学过程中，通过收集习作本，观察学生能否书写简单的想象作文 2.访谈：访谈家长或其他同学，了解学生能否书写简单的想象作文 3.测验：教师创设情境，要求学生书写一篇想象作文，记录其表现 | 得分：1 表现：能写想象的内容，如续写童话故事，但是不能撰写详细、具体的想象作文 |
| | | | 1 能够简单想象，把故事写完整 | | |
| | | | 2 能详细书写想象作文，内容具体并分段表述 | | |
| | | | 3 能根据内容表达的需要分段表述，并表达自己的感情 | | |
| | | 2-2-3 能写倡议书 | 0 不能撰写倡议书，也不知道倡议书对应的格式要求 | 1.观察：教师在日常教学过程中观察学生能否书写倡议书 2.访谈：访谈家长或其他同学，了解学生能否正确书写倡议书 3.测验：教师假设情境，要求学生书写一篇倡议书，记录其表现 | 得分：0 表现：完全不知道倡议书是什么 |
| | | | 1 不能撰写倡议书，但存在大量格式错误 | | |
| | | | 2 能撰写倡议书，但仍有少量格式错误 | | |
| | | | 3 能详细撰写倡议书，格式正确，表述完整 | | |
| | | 2-2-4 能在本学期独立完成 8 次写作 | 0 无法独立完成写作 | 1.观察：教师在日常教学过程中，通过学生习作本，观察并记录学生写作情况 2.访谈：访谈家长或其他同学，了解学生本学期写作情况 | 得分：2 表现：习作本中有 3 篇要求撰写的文章 |
| | | | 1 能在本学期独立完成 2 次写作 | | |
| | | | 2 能在本学期独立完成 5 次写作 | | |
| | | | 3 能在本学期独立完成 8 次写作 | | |
| | 2-3 修改习作 | 2-3-1 能自己修改习作中的错误 | 0 不能发现自己习作中出现的错误 | 1.观察：教师在日常教学过程中，观察学生能否自己修改习作中存在的错误 2.访谈：访谈家长或其他同学，了解学生能否自己修改习作中存在的错误 3.测验：教师出示一篇待修改习作，要求学生修改习作中的错误，记录其表现 | 得分：2 表现：能发现习作中的一些问题，但修改习作需要教师的简单提示 |
| | | | 1 能发现习作中的错误，但不会修改 | | |
| | | | 2 能在他人提示下，修改习作中的错误 | | |
| | | | 3 能发现自己习作中的错误，并正确修改 | | |
| | | 2-3-2 能与他人交换修改习作 | 0 不能与他人交换修改习作，有抵触心理 | 1.观察：教师在日常教学过程中，观察学生能否与他人交换修改习作 2.访谈：访谈班上其他同学，了解学生能否与他人交换修改习作 | 得分：2 表现：能与他人交换修改习作，但需要教师的要求 |
| | | | 1 能修改他人习作，但不愿让他人修改自己的习作 | | |
| | | | 2 能在他人要求下，与他人交换修改习作 | | |
| | | | 3 能主动与他人交换修改习作 | | |

续表

| 次领域 | 评估指标 | 评估题目 | 评分标准 | 评估方法 | 评估结果 |
|---|---|---|---|---|---|
| 2 表达 | 2-4 使用标点符号 | 2-4-1 能根据表达需要，正确使用常用标点符号 | 0 不认识标点符号，不能正确使用标点符号<br>1 能在他人提示和帮助下，正确使用标点符号<br>2 能独立使用标点符号，但存在使用错误的情况<br>3 能独立且正确地在写作中使用标点符号 | 1. 观察：教师在日常教学过程中，观察学生在作业中使用标点符号的情况<br>2. 访谈：访谈家长或其他同学，了解学生能否正确使用标点符号<br>3. 测验：教师创设情境，要求学生完成写作，记录标点符号使用情况 | 得分：2<br><br>表现：在习作以及平时造句中能使用标点符号，偶尔有错误 |
| 3 交流 | 3-1 参与讨论 | 3-1-1 能在讨论时表达自己的意见 | 0 在与人交流时无法进行表达与发言，保持沉默<br>1 在与人交流时，能进行简短的表达（如：同意、反对）<br>2 在与人交流时，能表达自己的意见，有条理<br>3 在讨论中，敢于发表自己的意见，说清自己的观点，作出自己的判断 | 1. 观察：教师在日常教学过程中，通过观察学生在讨论时的表现，了解学生发表意见的情况<br>2. 访谈：访谈家长或其他同学，了解学生在讨论时表达自己意见的情况 | 得分：3<br><br>表现：乐于参加讨论，并且愿意表达意见，观点鲜明，表述清晰，非常希望他人认可自己的说法 |
| | | 3-1-2 表达有条理，语调适当 | 0 在表达时没有条理，语序混乱<br>1 能够表达出想要说的内容，但是不够清晰，逻辑混乱<br>2 能够清晰表达想说的内容，但是语调夸张<br>3 表达能够有条理，语调适当 | 1. 观察：教师在日常教学过程中，观察学生表达情况<br>2. 访谈：访谈家长或同学，了解该生能否做到表达有条理，语调适当 | 得分：2<br><br>表现：对自己的观点很自信，非常希望被认可，所以语调有些夸张 |
| | 3-2 文明用语 | 3-2-1 能抵制不文明的语言 | 0 无法抵制不文明的语言，不注意语言美<br>1 能抵制不文明语言，但仅能做到自己不说不文明语言<br>2 能抵制不文明语言，只能身边亲戚朋友说不文明语言时及时制止<br>3 能抵制不文明的语言，并在日常使用礼貌用语 | 1. 观察：教师在日常教学过程中，观察学生在日常学习、生活中是否抵制不文明的语言<br>2. 访谈：访谈家长或其他同学，了解该生平时是否抵制不文明的语言 | 得分：2<br><br>表现：会主动和长辈打招呼，问他人问题时用"您"，在有同学说脏话时会制止对方 |

续表

| 次领域 | 评估指标 | 评估题目 | 评分标准 | 评估方法 | 评估结果 |
|---|---|---|---|---|---|
| 3 交流 | 3-3 尊重他人 | 3-3-1 与人交流能尊重理解对方 | 0 与人交流不能尊重理解对方，没有礼貌，态度不端正<br>1 与人交流时能够保持尊重他人的态度，但是无法理解交流内容<br>2 与人交流时能够保持尊重他人的态度，但是无法全面理解交流内容<br>3 与人交流能尊重理解对方，态度端正 | 1. 观察：教师在日常教学过程中，观察学生与人交流时的表现<br>2. 访谈：访谈家长或其他同学，了解该生与人交流时的情况 | 得分：2<br>表现：对于理解交流内容有困难 |
| | 3-4 推荐书籍 | 3-4-1 能向同学推荐自己阅读过的书籍 | 0 不与同学交流读书情况，不向同学推荐任何书籍<br>1 能与同学交流读书情况，但不会向同学推荐书籍<br>2 能与同学交流读书情况，并向同学推荐自己阅读过的书籍<br>3 能向同学推荐自己阅读过的书籍并说明推荐理由 | 1. 观察：教师在日常教学过程中，观察学生是否会向其他同学推荐自己阅读过的书籍<br>2. 访谈：访谈家长或其他同学，学生能否推荐自己阅读过的书籍 | 得分：1<br>表现：不会向同学推荐书籍 |
| | 3-5 恰当发言 | 3-5-1 能根据对象和场合作恰当的发言 | 0 不说话，无法进行表达与发言<br>1 能发表自己的意见，但在表达时言语不当，意思含糊<br>2 能清楚地发表自己的意见，但缺乏对象意识和场合意识，言辞不当<br>3 能根据对象和场合，清楚、有条理地表达自己的意见，作恰当的发言 | 1. 观察：教师在日常教学过程中，观察学生能否根据对象和场合作恰当的发言<br>2. 访谈：访谈家长或其他同学，了解学生能否根据对象和场合作恰当的发言 | 得分：2<br>表现：任何场合下，学生都很渴望被注意，被认可，不注意听其他人的发言 |

**领域四：梳理与探究（得分：7）**

| 次领域 | 评估指标 | 评估题目 | 评分标准 | 评估方法 | 评估结果 |
|---|---|---|---|---|---|
| 1 梳理 | 1-1 梳理汉字 | 1-1-1 知道汉字特点并能分类整理本册汉字 | 0 无法发现本册汉字的特点和书写规律<br>1 能说出本册汉字的特点但不完整（如：知道"玻璃"读 [bō li]，都是王字旁，但不能说出是左右结构）<br>2 能完整地说出本册汉字的特点但不能分类整理（音、形、义及书写规律）<br>3 能根据汉字的特点分类整理本册汉字 | 1. 观察：教师在日常教学过程中，观察学生能否发现所学汉字的特点<br>2. 测验：教师给出本册的十个汉字，要求学生能正确说出汉字的音、形、义特点，记录其表现 | 得分：1<br>表现：有的汉字能说出读音，有的能说出偏旁，很难说出汉字的全部特点 |

续表

| 次领域 | 评估指标 | 评估题目 | 评分标准 | 评估方法 | 评估结果 |
|---|---|---|---|---|---|
| 2<br>探究 | 2-1<br>参与活动 | 2-1-1<br>能参与校园活动 | 0 不积极参与活动，没有参与活动的主动性<br>1 主动参加校园活动，如打扫校园、运动会、文艺汇演、做志愿者、参观博物馆等，感受活动的乐趣与意义，积累活动的经验<br>2 能结合语文学习的知识与经验，主动与他人交流自己的所见所闻所想，积极表达自己在活动中的感受<br>3 能结合语文学习的知识与经验，用图文的方式整理、描述自己在活动中的见闻和想法 | 1.观察：教师在日常教学过程中，观察学生参与校园活动的情况<br>2.访谈：访谈其他同学，了解学生在校园活动中的表现 | 得分：1<br>表现：<br>参加校园活动很积极，但是只是享受活动过程以及他人的赞扬 |
| | 2-2<br>资料的查找与呈现 | 2-2-1<br>能掌握资料查找的基本方法 | 0 不会查找资料，不了解查找资料的方法<br>1 能在他人的提示帮助下，初步了解查找资料的基本方法（如向他人求助、利用网络资源、查找图书馆资料等）<br>2 能够独立至少使用上述一种方式，获取资料<br>3 能够综合利用网络、图书馆、向他人求助等方法，获取资料 | 1.观察：教师在日常教学过程中，观察学生获取资料的情况<br>2.访谈：访谈家长或其他同学，了解学生获取资料的途径 | 得分：2<br>表现：<br>需要家长或教师的提示和帮助 |
| | | 2-2-2<br>能运用多种媒介呈现信息 | 0 无法运用多种媒介呈现信息<br>1 能运用较为简单的媒介呈现信息（如：纸笔）<br>2 能使用稍有难度的媒介呈现信息（如：Word、PPT）<br>3 能综合使用运用多种媒介呈现信息（如：音视频） | 1.观察：教师在日常教学过程中，观察学生呈现信息的方式<br>2.访谈：访谈家长或其他同学，学生能否运用多种媒介呈现信息 | 得分：1<br>表现：<br>一般学生会选择画画、写话等方式呈现信息 |
| | 2-3<br>辨别是非善恶 | 2-3-1<br>能根据影视作品中的故事情节和人物学习辨别是非善恶 | 0 不明白是非善恶的意思，不能根据影视作品中的故事情节和人物学习辨别是非善恶<br>1 能在他人的提示帮助下，理解影视作品中故事情节、人物形象表现的是非善恶，能够初步与实际生活联系<br>2 能独立理解影视作品中故事情节、人物形象表现的是非善恶，建立与实际生活的联系，但是存在将是非善恶混淆的情况<br>3 能明白影视作品中故事情节、人物所表现的是非善恶，能根据其表现学习辨别 | 1.观察：教师在日常教学过程中，观察学生辨别人物是非善恶的情况<br>2.访谈：访谈家长，了解学生能否理解影视作品中人物形象，并根据其表现辨别是非善恶 | 得分：2<br>表现：<br>无需他人提示，也会尝试理解影视作品中人物的是非善恶，但是有些模糊，并且不能据此辨别现实中的是非善恶 |

3.学生书写情况（部分示例）

（1）常用汉字的书写

| 汇 | 雷 | 抽 | 橡 | 拢 | 息 | 勺 | 绥 | 雅 |
|---|---|---|---|---|---|---|---|---|
| 虹 | | | | | | | | |

（2）常用词语的书写

| 无 | 私 | 一 | 致 | 理 | 论 | ' | 干 | ' |
|---|---|---|---|---|---|---|---|---|
| ' | 千 | 孙 | 生 | 态 | ' | 悠 | 平 | ' |
| ' | | 一 | 望 | 无 | 险 | | | |

（3）抄写文段

小时候，我无论对什么花都不懂得欣赏。父亲总是指指点点地告诉我这是檐梅花，那是木兰花……但我除得记了些名字外，并不喜欢

（4）书写纪实作文

生日

上个星期三，是爸爸的生日。我们一起吃了蛋糕，很好吃，还想再吃了。爸爸很开心，我们都很开心。

（5）书写想象作文

假如我是一只鸟

假如我是一只鸟，就可以在天空飞，想去哪里就去哪里。可以去和天上的云一起玩，那是一件多么快乐的事啊！

4.教师使用评估材料（部分示例）

（1）部分生字卡片

| | | |
|---|---|---|
| 毯 | 玻 | 璃 |
| 窥 | 幽 | 雅 |

（2）部分词语卡片

| | | |
|---|---|---|
| 线条 | 柔美 | 惊叹 |
| 礼貌 | 拘束 | 举杯 |

## 5. 评估表得分侧面图

### 语文课程评估侧面图（六年级上册）

学生姓名：G 同学　　第一次评估时间：2023.6.16　　颜色：黑色　　评估者：语文老师、个训老师

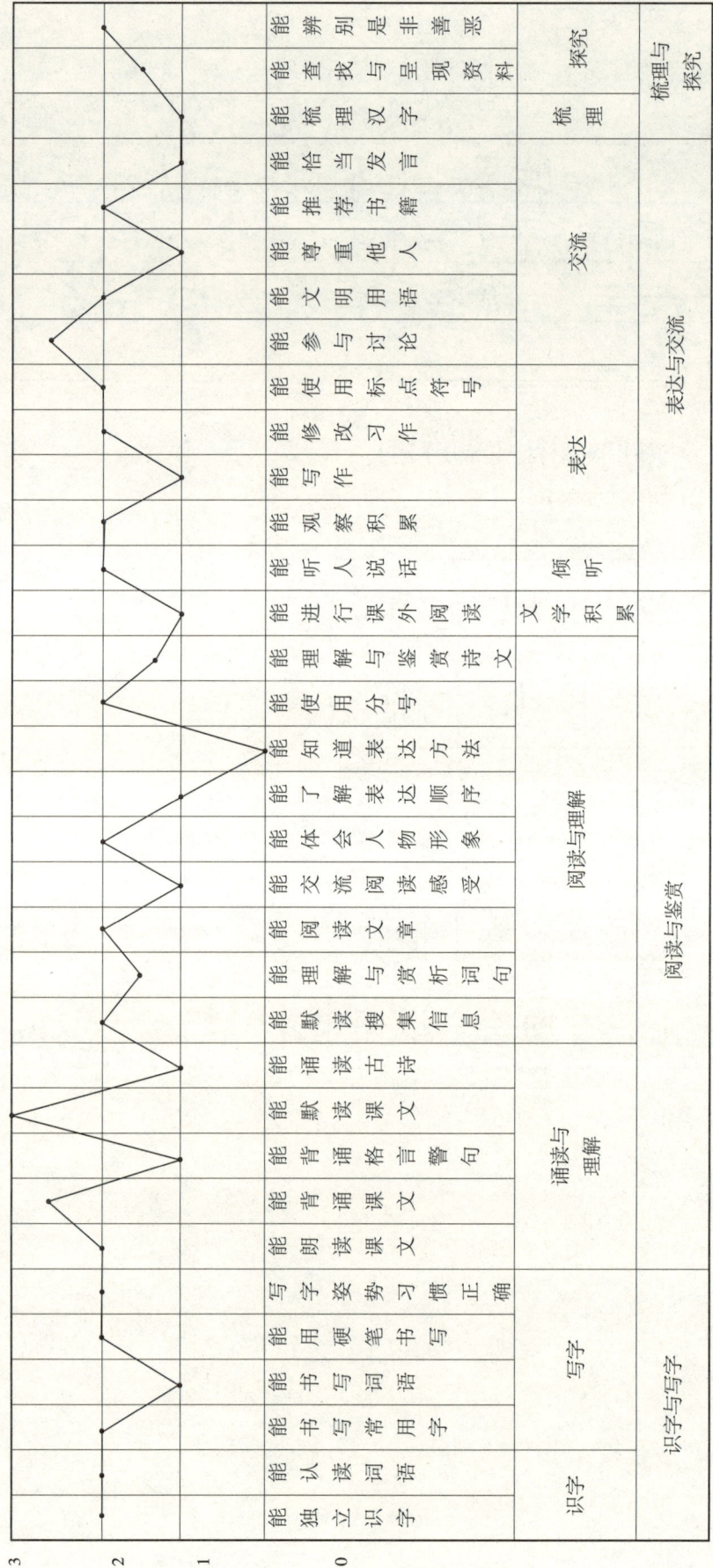

| 评估项目 | 二级领域 | 一级领域 |
|---|---|---|
| 能独立识字 | 识字 | 识字与写字 |
| 能认读词语 | 识字 | 识字与写字 |
| 能书写常用字 | 写字 | 识字与写字 |
| 能书写词语 | 写字 | 识字与写字 |
| 能用硬笔书写 | 写字 | 识字与写字 |
| 写字姿势习惯正确 | 写字 | 识字与写字 |
| 能朗读课文 | 诵读与理解 | 阅读与鉴赏 |
| 能背诵课文 | 诵读与理解 | 阅读与鉴赏 |
| 能背诵格言警句 | 诵读与理解 | 阅读与鉴赏 |
| 能诵读古诗 | 诵读与理解 | 阅读与鉴赏 |
| 能默读课文 | 诵读与理解 | 阅读与鉴赏 |
| 能默读搜集信息 | 阅读与理解 | 阅读与鉴赏 |
| 能理解与赏析词句 | 阅读与理解 | 阅读与鉴赏 |
| 能阅读文章 | 阅读与理解 | 阅读与鉴赏 |
| 能交流阅读感受 | 阅读与理解 | 阅读与鉴赏 |
| 能体会人物形象 | 阅读与理解 | 阅读与鉴赏 |
| 能了解表达顺序 | 阅读与理解 | 阅读与鉴赏 |
| 能知道表达方法 | 阅读与理解 | 阅读与鉴赏 |
| 能使用分号 | 阅读与理解 | 阅读与鉴赏 |
| 能理解与鉴赏诗文 | 文学积累 | 阅读与鉴赏 |
| 能进行课外阅读 | 文学积累 | 阅读与鉴赏 |
| 能听人说话 | 倾听积累 | 表达与交流 |
| 能观察积累 | 表达 | 表达与交流 |
| 能写作 | 表达 | 表达与交流 |
| 能修改习作 | 表达 | 表达与交流 |
| 能使用标点符号 | 表达 | 表达与交流 |
| 能参与讨论 | 交流 | 表达与交流 |
| 能文明用语 | 交流 | 表达与交流 |
| 能尊重他人 | 交流 | 表达与交流 |
| 能推荐书籍 | 交流 | 表达与交流 |
| 能恰当发音 | 交流 | 表达与交流 |
| 能梳理汉字 | 梳理 | 梳理与探究 |
| 能查找与呈现资料 | 探究 | 梳理与探究 |
| 能辨别是非善恶 | 探究 | 梳理与探究 |

得分刻度：3　2　1　0

### 6.评估结果分析

#### （1）评估结果

| 领域 | 现况摘要 | |
|---|---|---|
| | 优势 | 弱势 |
| 识字与写字 | 能正确朗读和书写出所学的大部分汉字词语，用硬笔书写汉字时，能基本做到规范、端正和整洁，能够自觉保持正确的写字姿势 | 书写词语存在困难，还没有养成良好的写字习惯 |
| 阅读与鉴赏 | 能够基本达到正确流利地朗读课文，具有良好的默读和背诵能力 | 不擅长有感情地朗读课文，不知道表达方法，课外阅读量少，学生的理解能力较差，无论现代文还是古诗的理解都存在困难，需要多加重视和帮助 |
| 表达与交流 | 口语表达能力较好，能够尊重他人，文明用语，乐于讨论，能够清晰地表达自己的意见 | 书面表达能力有待提高，书写纪实作文和想象作文都存在一定困难，不会写倡议书 |
| 梳理与探究 | 有探究意识，愿意参加校园活动，能够按要求独立查找资料，能在观看影视作品后表达对人物是非善恶的看法 | 对本册汉字的熟悉度仍需提高，参与活动只停留在活动表面，不能在活动中积累经验和见闻，也很难抒发自己的感受，不擅长使用多媒体 |

#### （2）总体评价

通过评估表的得分结果以及侧面图可以看出，该生对于六年级上册所学知识有一定的掌握，在背诵文章、口语表达等方面比较突出，在读写汉字和朗读课文方面也有一定能力。但是该生对于词句、文章、古诗的理解存在很大的困难，书面表达能力也亟须提高。

#### （3）教学建议

①该生具有良好的识字写字能力和书写习惯，对于较难的词语，可通过词语含义的解释、多次重复抄写等让学生掌握书写。

②该生的理解能力有待提高，教师可从提高学生的阅读兴趣入手，鼓励学生挑选自己喜欢的文章，教师设计一些问题，引导学生在阅读完回答这些问题，随着学生阅读量的提高，循序渐进，在设计问题时加深对理解能力的要求，从简单的词句到段落再到文章和古诗的中心大意。

③该生的口语表达能力较好，但书面表达能力不高，书写纪实作文、想象作文等都存在困难，且表达内容层次不够丰富，教师可以设计一些学生感兴趣的作文题目或者举办作文竞赛等帮助学生提高习作能力。

④该生能够参加校园活动，但停留在参加这一环节，并不能在活动中积累经验和见闻，也很难抒发自己的感受，教师和家长可以在以后学生参加活动时，布置相关任务，如：要求学生在参加活动后表达自己的感受等。

⑤该生对辨别人物的是非善恶存在困难，教师可选择一些人物特征鲜明的电影，组织观影活动，既提高学生的语文学习兴趣，也在潜移默化中学习辨别人物的是非善恶。

# （二）六年级语文课程评估表填写说明（下册）

**领域一：识字与写字**

| 次领域 | 评估指标 | 评估题目 | 评估方法 | 填写说明 |
|---|---|---|---|---|
| 1<br>识字 | 1-1<br>独立识字 | 1-1-1<br>能有较强的独立识字能力 | 1.观察：教师在日常教学过程中，观察学生是否有较强的独立识字能力<br>2.访谈：访谈教师或家长，了解学生独立识字情况 | 教师可酌情选择观察、访谈的方式，了解学生独立识字的能力 |
| | 1-2<br>认读词语 | 1-2-1<br>能认读本册词语表中词语 | 1.观察：教师在日常教学过程中，观察学生认读词语的情况<br>2.测验：教师出示若干词语，要求学生认读，并记录正确率 | 教师可酌情选择观察、测验的方式，了解学生认读本册词语的能力 |
| 2<br>写字 | 2-1<br>书写常用字 | 2-1-1<br>能正确书写本册常用汉字120个 | 1.观察：教师在日常教学过程中，观察学生的写字情况<br>2.测验：教师随机抽取本册写字表中的10个汉字，要求学生书写，记录正确率（如10个汉字中能正确书写3个、6个、9个） | 教师可酌情选择观察、测验的方式，了解学生正确书写本册常用汉字的数量 |
| | 2-2<br>书写词语 | 2-2-1<br>能正确书写本册词语表中的词语 | 1.观察：教师在日常教学过程中，观察学生书写词语的情况<br>2.测验：教师随机抽取本册词语表中的10个词语，要求学生书写，记录正确率（如10个词语中能正确书写3个、6个、9个） | 教师可酌情选择观察、测验的方式，了解学生正确书写本册词语的数量 |
| | 2-3<br>硬笔书写 | 2-3-1<br>能使用硬笔规范书写汉字 | 1.观察：教师在日常教学过程中，观察学生使用硬笔书写汉字是否规范<br>2.访谈：访谈家长，了解学生能否使用硬笔规范书写汉字<br>3.测验：教师随机出示本册写字表中若干汉字，要求学生书写，记录书写情况 | 教师可酌情选择观察、访谈、测验的方式，了解学生硬笔书写汉字的规范情况 |
| | | 2-3-2<br>能使用硬笔端正书写汉字 | 1.观察：教师在日常教学过程中，观察学生使用硬笔书写汉字是否端正<br>2.访谈：访谈家长，了解学生能否使用硬笔端正书写汉字<br>3.测验：教师随机出示本册写字表中若干汉字，要求学生书写，记录书写情况 | 教师可酌情选择观察、访谈、测验的方式，了解学生使用硬笔书写汉字的端正情况 |

续表

| 次领域 | 评估指标 | 评估题目 | 评估方法 | 填写说明 |
|---|---|---|---|---|
| 2<br>写字 | 2-3<br>硬笔书写 | 2-3-3<br>能使用硬笔整洁书写汉字 | 1.观察：教师在日常教学过程中，观察学生使用硬笔书写汉字是否整洁<br>2.访谈：访谈家长，了解学生能否使用硬笔整洁书写汉字<br>3.测验：教师随机出示本册写字表中若干汉字，要求学生书写，记录书写情况 | 教师可酌情选择观察、访谈、测验的方式，了解学生使用硬笔书写汉字的整洁情况 |
| | | 2-3-4<br>能使用硬笔美观书写汉字 | 1.观察：教师在日常教学过程中，观察学生书写汉字是否美观<br>2.访谈：访谈家长，了解学生能否使用硬笔美观书写汉字<br>3.测验：教师随机出示学习过的汉字，要求学生书写汉字，记录其表现 | 教师可酌情选择观察、访谈、测验的方式，了解学生使用硬笔书写汉字的美观情况 |
| | | 2-3-5<br>能用硬笔书写楷书 | 1.观察：教师在日常教学过程中，观察学习使用硬笔书写楷书的情况<br>2.访谈：访谈教师或家长，了解学生是否能用硬笔书写楷书<br>3.测验：教师随机出示学习过的汉字，要求学生硬笔书写楷书，记录其表现 | 教师可酌情选择观察、访谈、测验的方式，了解学生使用硬笔书写楷书的情况 |
| | 2-4<br>书写速度 | 2-4-1<br>书写汉字有一定的速度 | 1.观察：教师在日常教学过程中，观察学生能否做到书写具有一定的速度<br>2.访谈：访谈家长，了解学生能否做到书写具有一定的速度<br>3.测验：教师随机出示学习过的汉字，要求学生抄写，观察学生书写速度，记录其表现 | 教师可酌情选择观察、访谈、测验的方式，了解学生书写汉字的情况 |
| | 2-5<br>写字姿势习惯 | 2-5-1<br>写字姿势正确 | 1.观察：教师在日常教学过程中，观察学生在座位上写字的姿势是否标准<br>2.访谈：访谈家长，了解学生写字姿势是否正确<br>3.测验：教师随机出示学习过的汉字，要求学生书写，记录其表现 | 教师可酌情选择观察、访谈、测验的方式，了解学生的写字姿势 |
| | | 2-5-2<br>有良好的书写习惯 | 1.观察：教师在日常教学过程中，观察学生是否养成良好的书写习惯<br>2.访谈：访谈家长，了解学生书写汉字时是否有良好的书写习惯 | 教师可酌情选择观察、访谈的方式，了解学生的写字习惯 |

领域二：阅读与鉴赏

| 次领域 | 评估指标 | 评估题目 | 评估方法 | 填写说明 |
|---|---|---|---|---|
| 1<br>诵读与理解 | 1-1<br>普通话朗读课文 | 1-1-1<br>能用普通话正确朗读本册课文 | 1.观察：教师在日常教学过程中，观察学生用普通话朗读课文的正确情况<br>2.测验：教师出示一篇本册课文，要求学生用普通话正确地朗读课文，记录学生朗读情况 | 教师可酌情选择观察、测验的方式，了解学生使用普通话正确朗读本册课文的能力 |
| | | 1-1-2<br>能用普通话流利朗读本册课文 | 1.观察：教师在日常教学过程中，观察学生用普通话朗读课文的流利情况<br>2.测验：教师出示一篇本册课文，要求学生用普通话流利地朗读课文，记录学生朗读情况 | 教师可酌情选择观察、测验的方式，了解学生使用普通话流利朗读本册课文的能力 |
| | | 1-1-3<br>能用普通话有感情地朗读本册课文 | 1.观察：教师在日常教学过程中，观察学生能否用普通话有感情地朗读本册课文<br>2.测验：教师出示一篇本册课文，要求学生用普通话有感情地朗读课文，记录学生朗读情况 | 教师可酌情选择观察、测验的方式，了解学生使用普通话朗读本册课文的感情程度 |
| | 1-2<br>背诵课文 | 1-2-1<br>能背诵本册要求背诵的现代文 | 1.观察：教师在日常教学过程中，观察学生背诵本册现代文的情况<br>2.测验：教师随机抽查一段本册要求背诵的现代文，要求学生背诵，记录其表现 | 教师可酌情选择观察、测验的方式，了解学生背诵本册现代文的能力 |
| | | 1-2-2<br>能背诵本册要求背诵的古诗 | 1.观察：教师在日常教学过程中，观察学生背诵本册古诗的情况<br>2.测验：教师随机抽查一篇本册要求背诵的古诗，要求学生背诵，记录其表现 | 教师可酌情选择观察、测验的方式，了解学生背诵本册古诗的能力 |
| | | 1-2-3<br>能背诵本册要求背诵的文言文 | 1.观察：教师在日常教学过程中，观察学生背诵本册文言文的情况<br>2.测验：教师随机抽查一篇本册要求背诵的文言文，要求学生背诵，记录其表现 | 教师可酌情选择观察、测验的方式，了解学生背诵本册文言文的能力 |
| | 1-3<br>背诵格言警句 | 1-3-1<br>能够熟练背诵本册格言警句 | 1.观察：教师在日常教学过程中，观察学生背诵本册格言警句的情况<br>2.测验：教师要求学生背诵本册学过的格言警句，记录其表现 | 教师可酌情选择观察、测验的方式，了解学生背诵本册格言警句的能力 |
| | 1-4<br>默读课文 | 1-4-1<br>默读课文能达到300字/分钟 | 1.观察：教师在日常教学过程中，观察学生的默读情况<br>2.测验：教师随机出示一段本册的课文，要求学生默读，记录其表现 | 教师可酌情选择观察、测验的方式，了解学生默读课文的能力 |

续表

| 次领域 | 评估指标 | 评估题目 | 评估方法 | 填写说明 |
|---|---|---|---|---|
| 2<br>阅读与理解 | 2-1<br>词句理解与赏析 | 2-1-1<br>能联系上下文理解词句的意思 | 1. 观察：教师在日常教学过程中，观察学生能否结合上下文理解词句的意义<br>2. 测验：教师呈现一段课文，要求学生理解其中关键词句的含义，记录其表现 | 教师可酌情选择观察、测验的方式，了解学生联系上下文理解词句的能力 |
| | | 2-1-2<br>能结合生活积累，理解词句的意思 | 1. 观察：教师在日常教学过程中，观察学生是否能够结合生活积累，理解词句的意义<br>2. 访谈：访谈教师或家长，了解学生能否结合生活积累，理解词句的意义<br>3. 测验：教师呈现词语，要求学生结合生活积累理解词语意思，记录其表现 | 教师可酌情选择观察、测验的方式，了解学生结合生活理解词句的能力 |
| | | 2-1-3<br>能体会课文中关键词句表达情意的作用 | 1. 观察：教师在日常教学过程中，观察学生能否找到体现作者思想感情的关键词句<br>2. 测验：教师出示课文片段，要求学生找出体现作者思想感情的关键词句并赏析，记录其表现 | 教师可酌情选择观察、测验的方式，了解学生体会课文中关键词句表达情意的能力 |
| | | 2-1-4<br>能联系上下文，辨别文中词语的感情色彩 | 1. 观察：教师在日常教学过程中，观察学生能否联系上下文辨别词语的感情色彩<br>2. 访谈：访谈教师或同学，了解学生能否辨别文中词语的感情色彩<br>3. 测验：教师出示课文片段，要求学生辨别文中画线词语的感情色彩，记录其表现 | 教师可酌情选择观察、访谈、测验的方式，了解学生联系上下文辨别词语感情色彩的能力 |
| | 2-2<br>阅读文章 | 2-2-1<br>能阅读叙事性作品 | 1. 观察：教师在日常教学过程中，观察学生能否简单描述叙事性作品的时间梗概<br>2. 访谈：访谈教师或家长，学生在阅读叙事性作品后能否了解事件梗概 | 教师可酌情选择观察、访谈的方式，了解学生阅读叙事性作品的能力 |
| | | 2-2-2<br>能简单描述在叙事性作品自己印象最深刻的场景、人物和细节 | 1. 观察：教师在日常教学过程中，观察学生能否对叙事性课文中的人物形象说出自己的感受<br>2. 访谈：访谈家长或其他同学，了解学生在学习叙事性课文后对文中人物形象的看法和感受<br>3. 测验：教师出示一篇叙事性课文，要求学生说出对课文中的人物形象的感受 | 教师可酌情选择观察、访谈、测验的方式，了解学生描述叙事性作品中场景、人物和细节的能力 |

续表

| 次领域 | 评估指标 | 评估题目 | 评估方法 | 填写说明 |
|---|---|---|---|---|
| 2<br>阅读与理解 | 2-2<br>阅读文章 | 2-2-3<br>能边读边思考，从中捕捉信息 | 1. 观察：教师在日常教学过程中，观察学生能否做到边读边思考，从文章中捕捉信息<br>2. 测验：教师随机出示一段本册课文，要求学生阅读文章后回答问题，记录其表现 | 教师可酌情选择观察、测验的方式，了解学生边读边思考的能力 |
| | | 2-2-4<br>能从简单的非连续性文本中找到有价值的信息 | 1. 观察：教师在日常教学过程中，观察学生在阅读非连续性文本的表现情况<br>2. 测验：教师出示一则非连续性文本阅读材料，要求找到指定的信息，记录其表现 | 教师可酌情选择观察、测验的方式，了解学生从非连续文本中寻找有价值信息的能力 |
| | | 2-2-5<br>能尝试使用多种媒体阅读 | 1. 观察：教师在日常教学过程中，观察学生阅读情况<br>2. 访谈：访谈教师或家长，学生的阅读情况 | 教师可酌情选择观察、访谈的方式，了解学生使用多种媒体阅读的能力 |
| | 2-3<br>交流阅读感受 | 2-3-1<br>能与他人交流自己的阅读感受 | 1. 观察：教师在日常教学过程中，观察学生与他人交流自己的阅读感受的情况<br>2. 访谈：访谈家长或其他同学，了解学生在阅读后与他人交流自己的阅读感受的情况 | 教师可酌情选择观察、访谈的方式，了解学生与他人交流自己阅读感受的能力 |
| | 2-4<br>体会人物形象 | 2-4-1<br>能通过外貌描写体会人物形象 | 1. 观察：教师在日常教学过程中，观察学生能否通过外貌描写体会人物形象<br>2. 测验：教师出示课文片段，要求学生找出其中有关外貌描写的句子，并说出体会到的人物形象，记录其表现 | 教师可酌情选择观察、测验的方式，了解学生通过外貌描写体会人物形象的能力 |
| | | 2-4-2<br>能通过神态描写体会人物形象 | 1. 观察：教师在日常教学过程中，观察学生能否通过神态描写体会人物形象<br>2. 测验：教师出示课文片段，要求学生找出其中有关神态描写的句子，并说出体会到的人物形象，记录其表现 | 教师可酌情选择观察、测验的方式，了解学生通过神态描写体会人物形象的能力 |
| | | 2-4-3<br>能通过动作描写体会人物形象 | 1. 观察：教师在日常教学过程中，观察学生能否通过动作描写体会人物形象<br>2. 测验：教师出示课文片段，要求学生找出其中有关人物动作描写的句子，并说出体会到的人物形象，记录其表现 | 教师可酌情选择观察、测验的方式，了解学生通过动作描写体会人物形象的能力 |

续表

| 次领域 | 评估指标 | 评估题目 | 评估方法 | 填写说明 |
|---|---|---|---|---|
| 2<br>阅读与理解 | 2-4<br>体会人物形象 | 2-4-4<br>能对课文中主要人物形象说出自己的的感受 | 1.观察：教师在日常教学过程中，观察学生能否对课文中主要人物形象说出自己的感受<br>2.访谈：访谈其他同学，了解学生对文中主要人物形象的感受<br>3.测验：教师出示一篇课文，要求学生对课文中的主要人物形象说出自己的表现，记录其表现 | 教师可酌情选择观察、访谈、测验的方式，了解学生对课文主要人物的感受能力 |
|  | 2-5<br>了解表达顺序 | 2-5-1<br>能说出本册课文的表达顺序 | 1.观察：教师在日常教学过程中，观察学生能否理解表达顺序，能否体会文章的表达顺序<br>2.访谈：访谈教师或家长，学生能否在阅读了解文章的表达顺序<br>3.测验：教师出示课文片段，要求学生说出文章的表达顺序，记录其表现 | 教师可酌情选择观察、访谈、测验的方式，了解学生对课文表达顺序的掌握情况 |
|  | 2-6<br>知道表达方法 | 2-6-1<br>能说出本册课文的表达方法 | 1.观察：教师在日常教学过程中，观察学生能否体会课文的表达方法<br>2.访谈：访谈教师，了解学生在学习课文过程中能否说出课文所运用的表达方法<br>3.测验：教师出示课文片段，要求学生说出文章所运用的表达方法，记录其表现 | 教师可酌情选择观察、访谈、测验的方式，了解学生对课文表达方法的掌握情况 |
|  | 2-7<br>诗文理解与鉴赏 | 2-7-1<br>能借助注释理解古诗文大意 | 1.观察：教师在日常教学过程中，观察学生借助注释理解古诗文大意的情况<br>2.测验：教师提供一篇古诗／文言文及其注释，要求学生说出其大意，记录其表现 | 教师可酌情选择观察、测验的方式，了解学生借助注释理解古诗文大意的能力 |
|  |  | 2-7-2<br>能理解诗文大意 | 1.观察：教师在学生日常学习中，观察学生在学习诗文时，理解诗文大意的情况<br>2.测验：教师出示一篇本册诗文，让学生说出诗文大意，记录其表现 | 教师可酌情选择观察、测验的方式，了解学生借助理解诗文大意的能力 |
|  |  | 2-7-3<br>能体会诗文情感 | 1.观察：教师在学生日常学习中，观察学生对诗文情感的把握情况<br>2.测验：教师出示一篇本册诗文，让学生说出诗文所表达的情感，记录其表现 | 教师可酌情选择观察、测验的方式，了解学生体会诗文感情的能力 |
| 3<br>文学积累 | 3-1<br>课外阅读 | 3-1-1<br>本学期课外阅读总量不少于25万字 | 1.观察：教师在日常教学过程中，观察学生在学校或家庭的阅读情况<br>2.访谈：访谈家长或其他同学，了解学生本学期阅读课外书数量 | 教师可酌情选择观察、访谈的方式，了解学生本学期课外阅读总量 |

领域三：表达与交流

| 次领域 | 评估指标 | 评估题目 | 评估方法 | 填写说明 |
|---|---|---|---|---|
| 1<br>倾听 | 1-1<br>听人说话 | 1-1-1<br>听人说话认真、耐心 | 1.观察：教师在日常教学过程中，观察学生听人说话时的表现<br>2.访谈：访谈家长或其他同学，了解学生听人说话能否做到认真耐心 | 教师可酌情选择观察、访谈的方式，了解学生听人说话的能力 |
| | | 1-1-2<br>听人说话能抓住要点 | 1.观察：教师在日常教学过程中，观察学生能否理解他人说话内容，抓住要点<br>2.访谈：访谈家长或其他同学，了解该生能否理解他人说话内容，抓住说话要点 | 教师可酌情选择观察、访谈的方式，了解学生听人说话抓住要点的能力 |
| 2<br>表达 | 2-1<br>观察积累 | 2-1-1<br>能养成留心观察周围事物的习惯 | 1.观察：教师在日常教学过程中，观察学生能否留心观察周围事物及观察的频率<br>2.访谈：访谈家长，了解学生能否留心观察周围事物 | 教师可酌情选择观察、访谈的方式，了解学生观察周围事物的能力 |
| | | 2-1-2<br>能积累习作素材 | 1.观察：教师在日常教学过程中，通过收集学生的笔记本，观察学生积累习作素材的情况<br>2.访谈：访谈家长或其他同学，了解学生在学习和日常生活中，积累习作素材的情况 | 教师可酌情选择观察、访谈的方式，了解学生记录习作素材的能力 |
| | | 2-1-3<br>能写读书笔记 | 1.观察：教师在日常教学过程中，通过收集笔记本观察学生能否写读书笔记<br>2.访谈：访谈家长或其他同学，了解学生写读书笔记的情况 | 教师可酌情选择观察、访谈的方式，了解学生书写读书笔记的能力 |
| | 2-2<br>写作 | 2-2-1<br>能写简单的纪实作文 | 1.观察：教师在日常教学过程中，通过收集习作本，观察学生能否书写简单的纪实作文<br>2.访谈：访谈家长或其他同学，了解学生能否书写简单的纪实作文<br>3.测验：教师创设情境，要求学生书写一篇纪实作文，记录其表现 | 教师可酌情选择观察、访谈、测验的方式，了解学生书写简单记实作文的能力 |
| | | 2-2-2<br>能写简单的想象作文 | 1.观察：教师在日常教学中，通过收集习作本，观察学生能否书写简单的想象作文<br>2.访谈：访谈家长或其他同学，了解学生能否书写简单的想象作文<br>3.测验：教师创设情境，要求学生书写一篇想象作文，记录其表现 | 教师可酌情选择观察、访谈、测验的方式，了解学生书写简单想象作文的能力 |
| | | 2-2-3<br>能在本学期独立完成8次写作 | 1.观察：教师在日常教学过程中，通过学生习作本，观察并记录学生写作情况<br>2.访谈：访谈家长或其他同学，了解学生本学期写作情况 | 教师可酌情选择观察、访谈的方式，了解学生本学期独立写作情况 |

续表

| 次领域 | 评估指标 | 评估题目 | 评估方法 | 填写说明 |
|---|---|---|---|---|
| 2<br>表达 | 2-3<br>修改习作 | 2-3-1<br>能自己修改习作中的错误 | 1. 观察：教师在日常教学过程中，观察学生能否自己修改习作中存在的错误<br>2. 访谈：访谈家长或其他同学，了解学生能否自己修改习作中存在的错误<br>3. 测验：教师出示一篇待修改习作，要求学生修改习作中的错误，记录其表现 | 教师可酌情选择观察、访谈、测验的方式，了解修改自己习作的能力 |
| | | 2-3-2<br>能主动与他人交换修改习作 | 1. 观察：教师在日常教学过程中，观察学生能否与他人交换修改习作<br>2. 访谈：访谈班上其他同学，了解学生能否与他人交换修改习作 | 教师可酌情选择观察、访谈的方式，了解学生与他人交换修改习作的情况 |
| | 2-4<br>使用标点符号 | 2-4-1<br>能按要求正确使用常用标点符号 | 1. 观察：教师在日常教学过程中，观察学生在作业中使用标点符号的情况<br>2. 访谈：访谈家长或其他同学，了解学生能否正确使用标点符号<br>3. 测验：教师创设情境，要求学生完成写作，记录标点符号使用情况 | 教师可酌情选择观察、访谈、测验的方式，了解学生正确使用常用标点符号的能力 |
| 3<br>交流 | 3-1<br>参与讨论 | 3-1-1<br>能在讨论时表达自己的意见 | 1. 观察：教师在日常教学过程中，观察学生在讨论时的表现，了解学生发表意见的情况<br>2. 访谈：访谈家长或其他同学，了解学生在讨论时表达自己意见的情况 | 教师可酌情选择观察、访谈的方式，了解学生在讨论时表达自己意见的情况 |
| | | 3-1-2<br>表达有条理，语调适当 | 1. 观察：教师在日常教学过程中，观察学生表达情况<br>2. 访谈：访谈家长或同学，了解该生能否做到表达有条理，语调适当 | 教师可酌情选择观察、访谈的方式，了解学生表达情况 |
| | 3-2<br>文明用语 | 3-2-1<br>能抵制不文明的语言 | 1. 观察：教师在日常教学过程中，观察学生在日常学习、生活中是否抵制不文明的语言<br>2. 访谈：访谈家长或其他同学，了解该生平时是否抵制不文明的语言 | 教师可随酌情选择观察、访谈的方式，了解学生文明用语的情况 |
| | 3-3<br>尊重他人 | 3-3-1<br>与人交流能尊重理解对方 | 1. 观察：教师在日常教学过程中，观察学生与人交流时的表现<br>2. 访谈：访谈家长或其他同学，了解该生与人交流时的情况 | 教师可酌情选择观察、访谈的方式，了解学生在与他人交流时尊重、理解的情况 |
| | 3-4<br>恰当发言 | 3-4-1<br>能根据对象和场合作恰当的发言 | 1. 观察：教师在日常教学过程中，观察学生能否根据对象和场合作恰当的发言<br>2. 访谈：访谈家长或其他同学，了解学生能否根据对象和场合作恰当的发言 | 教师可酌情选择观察、访谈的方式，了解学生根据对象和场合进行发言的能力 |

**领域四：梳理与探究**

| 次领域 | 评估指标 | 评估题目 | 评估方法 | 填写说明 |
|---|---|---|---|---|
| 1 梳理 | 1-1 梳理字词 | 1-1-1 知道汉字特点并能分类整理本册汉字 | 1. 观察：教师在日常教学过程中，观察学生对汉字特点的整理情况<br>2. 访谈：访谈家长，了解学生对汉字特点的掌握情况 | 教师可酌情选择观察、访谈的方式，了解学生分类整理汉字特点的能力 |
| 2 探究 | 2-1 资料的查找与运用 | 2-1-1 能运用学过的方法搜集并整理资料 | 1. 观察：教师在日常教学及综合性学习活动中，观察学生查找资料的方法<br>2. 访谈：访谈家长或其他同学，该生资料查找的情况 | 教师可酌情选择观察、访谈的方式，了解学生收集整理资料的能力 |
| | | 2-1-2 能运用多种媒介呈现信息 | 1. 观察：教师在日常教学及综合性学习活动中，观察学生呈现信息的方式<br>2. 访谈：访谈家长或其他同学，了解学生能否运用多种媒介呈现信息 | 教师可酌情选择观察、访谈的方式，了解学生运用多媒介呈现信息的能力 |
| | | 2-1-3 能查找资料解决生活中的问题 | 1. 观察：教师在日常教学及综合性学习活动中，观察学生能否查找资料解决生活中的问题<br>2. 访谈：访谈家长，了解学生能否通过查找资料解决生活中的问题 | 教师可酌情选择观察、访谈的方式，了解学生查找资料解决生活中问题的能力 |
| | 2-2 策划活动 | 2-2-1 能策划毕业联欢会 | 1. 观察：教师在日常教学及综合性学习活动中，观察学生能否策划简单的校园活动<br>2. 访谈：访谈其他同学，了解学生策划校园活动的情况 | 教师可酌情选择观察、访谈的方式，了解学生策划毕业联欢会的能力 |
| | | 2-2-2 能策划简单的社会活动 | 1. 观察：教师在日常教学及综合性学习活动中，观察学生能否策划简单的社会活动<br>2. 访谈：访谈家长或其他同学，了解学生策划社会活动的情况 | 教师可酌情选择观察、访谈的方式，了解学生策划简单社会活动的能力 |
| | 2-3 开展专题探究 | 2-3-1 能通过调查访问、讨论演讲等方式，开展专题探究活动 | 1. 观察：教师在语文探究活动中，观察学生开展专题探究活动的情况<br>2. 访谈：访谈家长或其他同学，了解学生开展专题探究的形式 | 教师可酌情选择观察、访谈的方式，了解学生通过调查访问、讨论演讲等方式开展专题探究活动的能力 |
| | 2-4 撰写活动总结 | 2-4-1 能写活动总结 | 1. 观察：教师在日常教学及综合性活动中观察学生撰写活动总结的情况<br>2. 访谈：访谈家长或其他同学，了解学生撰写活动总结的情况 | 教师可酌情选择观察、访谈的方式，了解学生撰写活动总结的能力 |
| | 2-5 成长纪念册 | 2-5-1 能设计并制作成长纪念册 | 1. 观察：教师在日常教学及综合性活动中，观察学生制作成长纪念册的情况<br>2. 访谈：访谈家长或其他同学，了解学生制作成长纪念册的情况 | 教师可酌情选择观察、访谈的方式，了解学生设计制作成长纪念册的能力 |

# （三）六年级上册语文课程评估材料

领域一：识字与写字

1 识字

**1-2 认读词语**

1-2-1 词语表

使用说明：教师根据出示的词语表，随机指出若干词语，请学生读出词语，教师根据认读情况记录正确率并打分。

| | | | | | | | | | |
|---|---|---|---|---|---|---|---|---|---|
| 绿毯 | 线条 | 柔美 | 惊叹 | 回味 | 乐趣 | 洒脱 | 玻璃 | 衣裳 | 彩虹 |
| 马蹄 | 礼貌 | 拘束 | 举杯 | 感人 | 会心 | 微笑 | 宅院 | 幽雅 | 伏案 |
| 浑浊 | 笨拙 | 眼帘 | 参差 | 单薄 | 文思 | 梦想 | 迷蒙 | 模糊 | 花蕾 |
| 恰如 | 衣襟 | 恍然 | 愁怨 | 顺心 | 平淡 | 日寇 | 奋战 | 险要 | 悬崖 |
| 攀登 | 山涧 | 雹子 | 屹立 | 眺望 | 喜悦 | 壮烈 | 豪迈 | 不屈 | 政府 |
| 外宾 | 汇集 | 预定 | 爆发 | 就位 | 宣告 | 雄伟 | 肃静 | 语调 | 完毕 |
| 检阅 | 制服 | 坦克 | 一致 | 距离 | 高潮 | 次序 | 疙瘩 | 疲倦 | 冰棍 |
| 橡皮 | 跺脚 | 颓然 | 沮丧 | 抽屉 | 发达 | 理论 | 类似 | 猜测 | 起源 |
| 适当 | 氧气 | 提供 | 能源 | 昼夜 | 神秘 | 观测 | 拍摄 | 斑点 | 枯萎 |
| 干燥 | 沙漠 | 磁场 | 因素 | 考察 | 培养 | 咆哮 | 惊慌 | 嗓子 | 拥戴 |
| 沙哑 | 党员 | 呻吟 | 废话 | 吞没 | 猛然 | 渔夫 | 风暴 | 轰鸣 | 沉思 |
| 抱怨 | 倾听 | 探望 | 照顾 | 困难 | 阴冷 | 渔网 | 糟糕 | 忧虑 | 苔藓 |
| 草坪 | 甘蔗 | 瀑布 | 增加 | 缝隙 | 谚语 | 尽量 | 斗篷 | 情况 | 袖子 |
| 瓦蓝 | 衣柜 | 预报 | 喧闹 | 遮盖 | 讲座 | 酱油 | 逗引 | 嘴唇 | 晶莹 |
| 摇篮 | 壮观 | 和蔼 | 资源 | 有限 | 矿产 | 无私 | 慷慨 | 节制 | 枯竭 |
| 贡献 | 毁坏 | 滥用 | 生态 | 设想 | 例如 | 基地 | 目睹 | 子孙 | 谱写 |
| 钢琴 | 幽静 | 茅屋 | 失明 | 纯熟 | 清幽 | 琴键 | 景象 | 陶醉 | 家景 |
| 郑重 | 供品 | 祭器 | 讲究 | 盼望 | 厨房 | 毡帽 | 项圈 | 刺猬 | 伶俐 |
| 经历 | 潮汛 | 预告 | 烟雾 | 昏沉 | 错综 | 澄碧 | 荡漾 | 解散 | 退缩 |
| 瘦削 | 浮动 | 瞬间 | 凝视 | 骤然 | 凌乱 | 陡然 | 目的地 | | |
| 热乎乎 | | 手榴弹 | | 湿淋淋 | | 后脑勺 | | 活生生 | |
| 农作物 | | 软绵绵 | | 全神贯注 | | 斩钉截铁 | | 排山倒海 | |

续表

| | | | | |
|---|---|---|---|---|
| 热血沸腾 | 居高临下 | 粉身碎骨 | 惊天动地 | 威风凛凛 |
| 呆头呆脑 | 暴露无遗 | 技高一筹 | 别出心裁 | 大步流星 |
| 念念有词 | 忘乎所以 | 心满意足 | 跌跌撞撞 | 心惊肉跳 |
| 汹涌澎湃 | 自作自受 | 断断续续 | 一望无际 | |

## 2 写字

### 2-1 ～ 2-4 能用硬笔书写常用汉字、词语，保持良好的写字姿势

使用说明：教师准备纸笔，根据下方出示的写字表和上方的词语表，随机抽取简单或复杂的常用汉字和常用词语请学生书写于下方的田字格中，教师进行记录并打分。

| | | | | | | | | |
|---|---|---|---|---|---|---|---|---|
| 毯 | 玻 | 璃 | 裳 | 虹 | 蹄 | 腐 | 稍 | 微 | 缀 |
| 窥 | 幽 | 雅 | 案 | 拙 | 薄 | 糊 | 蕾 | 恰 | 襟 |
| 恍 | 怨 | 德 | 鹊 | 蝉 | 律 | 崖 | 渡 | 索 | 寇 |
| 副 | 榴 | 弹 | 抡 | 贯 | 棋 | 悬 | 沸 | 涧 | 鼋 |
| 屹 | 悦 | 迈 | 屈 | 政 | 府 | 宾 | 盏 | 栏 | 汇 |
| 爆 | 宣 | 阅 | 制 | 坦 | 距 | 隆 | 射 | 凛 | 疙 |
| 瘩 | 棍 | 裁 | 筹 | 橡 | 雕 | 跺 | 颊 | 汩 | 丧 |
| 溜 | 趴 | 屉 | 谜 | 尚 | 氧 | 倾 | 揭 | 斑 | 燥 |
| 漠 | 磁 | 素 | 盗 | 培 | 咆 | 哮 | 嗓 | 哑 | 揪 |
| 瞪 | 呻 | 废 | 汹 | 涌 | 澎 | 湃 | 熄 | 掀 | 困 |
| 唉 | 淋 | 嘿 | 糟 | 嘛 | 皱 | 勺 | 棚 | 苔 | 薛 |
| 坪 | 蔗 | 瀑 | 增 | 缝 | 谚 | 袖 | 篷 | 缩 | 疯 |
| 瓦 | 柜 | 喧 | 甩 | 嚷 | 蒜 | 酱 | 唇 | 蹦 | 涯 |
| 莺 | 莹 | 裹 | 篮 | 蔼 | 资 | 矿 | 慷 | 慨 | 贡 |
| 陡 | 滥 | 基 | 哉 | 巍 | 弦 | 锦 | 曝 | 矣 | 谱 |
| 莱 | 茵 | 盲 | 纯 | 键 | 缕 | 陶 | 郑 | 拜 | 租 |
| 厨 | 毡 | 羞 | 撒 | 缚 | 猬 | 伶 | 俐 | 窜 | 搁 |
| 综 | 澄 | 萍 | 漾 | 削 | 瞬 | 凝 | 骤 | 掷 | |

领域二：阅读与鉴赏

1 诵读与理解

**1-1 普通话朗读课文**

1-1-1 ～ 1-1-3 本册课文范例

使用说明：教师根据下方出示的课文范例，请学生进行朗读，在朗读过程中记录学生能否正确读准字音、能否流畅不卡顿、能否饱含情感地读完整篇课文。

桥

黎明的时候，雨突然大了。像泼。像倒。

山洪咆哮着，像一群受惊的野马，从山谷里狂奔而来，势不可当。

村庄惊醒了。人们翻身下床，却一脚踩进水里。是谁惊慌地喊了一嗓子，一百多号人你拥我挤地往南跑。近一米高的洪水已经在路面上跳舞了。人们又疯了似的折回来。

东面、西面没有路。只有北面有座窄窄的木桥。

死亡在洪水的狞笑声中逼近。

人们跌跌撞撞地向那木桥拥去。

木桥前，没腿深的水里，站着他们的党支部书记，那个全村人都拥戴的老汉。

老汉清瘦的脸上淌着雨水。他不说话，盯着乱哄哄的人们。他像一座山。

人们停住脚，望着老汉。

老汉沙哑地喊话："桥窄！排成一队，不要挤！党员排在后边！"

有人喊了一声："党员也是人。"

老汉冷冷地说："可以退党，到我这儿报名。"

竟没人再喊。一百多人很快排成队，依次从老汉身边奔上木桥。

水渐渐蹿上来，放肆地舔着人们的腰。

老汉突然冲上前，从队伍里揪出一个小伙子，吼道："你还算是个党员吗？排到后面去！"老汉凶得像只豹子。

小伙子瞪了老汉一眼，站到了后面。

木桥开始发抖，开始痛苦地呻吟。

水，爬上了老汉的胸膛。最后，只剩下了他和小伙子。

小伙子推了老汉一把，说："你先走。"

老汉吼道："少废话，快走。"他用力把小伙子推上木桥。

突然，那木桥轰的一声塌了。小伙子被洪水吞没了。

老汉似乎要喊什么，猛然间，一个浪头也吞没了他。

一片白茫茫的世界。

五天以后，洪水退了。

一个老太太，被人搀扶着，来这里祭奠。

她来祭奠两个人。

她丈夫和她儿子。

### 1-2 背诵课文

#### 1-2-1 本册现代文范例

使用说明：教师随机抽取一篇本册需要背诵的现代文（如《月光曲》），请学生进行背诵，教师记录学生所背诵课文的正确率并打分。

#### 月光曲

皮鞋匠静静地听着。他好像面对着大海，月亮正从水天相接的地方升起来。微波粼粼的海面上，霎时间洒满了银光。月亮越升越高，穿过一缕一缕轻纱似的微云。忽然，海面上刮起了大风，卷起了巨浪。被月光照得雪亮的浪花，一个连一个朝着岸边涌过来……皮鞋匠看看妹妹，月光正照在她那恬静的脸上，照着她睁得大大的眼睛。她仿佛也看到了，看到了她从来没有看到过的景象——月光照耀下的波涛汹涌的大海。

#### 1-2-2 本册古诗范例

使用说明：教师随机抽取一首本册需要背诵的古诗（包括《宿建德江》《六月二十七日望湖楼醉书》《西江月·夜行黄沙道中》《浪淘沙》《江南春》《书湖阴先生壁》等），请学生进行背诵，教师记录学生所背诵古诗的正确率并打分。

#### 六月二十七日望湖楼醉书

[宋]苏轼

黑云翻墨未遮山，

白雨跳珠乱入船。

卷地风来忽吹散，

望湖楼下水如天。

#### 1-2-3 本册文言文范例

使用说明：教师随机抽取一篇本册需要背诵的文言文（如《伯牙鼓琴》），请学生进行背诵，教师记录学生所背诵课文的正确率并打分。

#### 伯牙鼓琴

伯牙鼓琴，锺子期听之。方鼓琴而志在太山，锺子期曰："善哉乎鼓琴，巍巍乎若太山。"

少选之间而志在流水，锺子期又曰："善哉乎鼓琴，汤汤乎若流水。"锺子期死，伯牙破琴绝弦，终身不复鼓琴，以为世无足复为鼓琴者。

## 1-3 背诵格言警句

### 1-3-1 能够熟练背诵本册格言警句

使用说明：教师随机说出格言警句的上半句或下半句，请学生补充完整，教师记录正确个数并打分。

（1）无情未必真豪杰，怜子如何不丈夫。

（2）其实地上本没有路，走的人多了，也便成了路。

（3）惟有民魂是值得宝贵的，惟有他发扬起来，中国才有真进步。

（4）我们从古以来，就有埋头苦干的人，有拼命硬干的人，有为民请命的人，有舍身求法的人……这就是中国的脊梁。

（5）捐躯赴国难，视死忽如归。

（6）祖宗疆土，当以死守，不可以尺寸与人。

（7）位卑未敢忘忧国。

## 1-4 默读课文

### 1-4-1 默读课文能达到 300 字 / 分钟

使用说明：教师随机出示一篇课文（如《灯光》），请学生进行默读，记录学生默读时间和速度，根据学生表现打分。

### 灯光

我爱到天安门广场走走，尤其是晚上。广场上无数盏灯静静地照耀着周围的宏伟建筑，令人心头光明而又温暖。

清明节前的一个晚上，我又漫步在广场上，忽然背后传来一声赞叹："多好啊！"我心头微微一震，是什么时候听到过这句话来着？噢，对了，那是很久以前了。于是，我沉入了深深的回忆。

1947 年的初秋，当时我是战地记者。挺进豫皖苏平原的我军部队，把国民党军五十七师紧紧地包围在一个叫沙土集的村子里。激烈的围歼战就要开始了。天黑的时候，我摸进一片茂密的沙柳林，在匆匆挖成的交通沟里找到了突击连，来到了郝副营长的身边。

郝副营长是一位著名的战斗英雄，虽然只有二十二岁，已经打过不少仗了。今晚就由他带领突击连去攻破守敌的围墙，为全军打通歼灭敌军的道路。大约一切准备工作都完成了，这会儿，他正倚着交通沟的胸墙坐着，一手拿着火柴盒，夹着自制的烟卷，一手轻轻地划着火柴。他并没有点烟，却借着微弱的亮光看摆在双膝上的一本破旧的书。书上有一幅插图，画的是一盏吊着的电灯，一个孩子正在灯下聚精会神地读书。他注视着那幅图，默默地沉思着。

"多好啊！"他在自言自语。突然，他凑到我的耳朵边轻轻地问："记者，你见过电灯吗？"

我不由得一愣，摇了摇头，说："没见过。"我说的是真话。我从小生活在农村，真的没见过电灯。

"听说一按电钮，那玩意就亮了，很亮很亮。"他又划着一根火柴，点燃了烟，又望了一眼图画，深情地说："赶明儿胜利了，咱们也能用上电灯，让孩子们都在那样亮的灯光底下学习，该多好啊！"他把头靠在胸墙上，望着漆黑的夜空，完全陷入了对未来的憧憬里。

半个小时以后，我刚回到团指挥所，战斗就打响了。三发绿色的信号弹升上天空，接着就是震天动地的炸药包爆炸声。守敌的围墙被炸开一个缺口，突击连马上冲了进去。没想到后续部队遭到敌人炮火的猛烈阻击，在黑暗里找不到突破口，和突击连失去了联系。

整个团指挥所的人都焦急地钻出了地堡，望着黑魆魆的围墙。突然，黑暗里出现一星火光，一闪，又一闪。这火光虽然微弱，对于寻找突破口的部队来说已经足够亮了，战士们靠着这微弱的火光冲进了围墙。围墙里响起了一片喊杀声。

后来才知道，在这千钧一发的时刻，是郝副营长划着了火柴，点燃了那本书，举得高高的，为后续部队照亮了前进的路。可是，火光暴露了他自己，他被敌人的机枪打中了。

这一仗，我们消灭了敌人的一个整编师。战斗结束后，我们把郝副营长埋在茂密的沙柳丛里。这位年轻的战友为了让孩子们能够在电灯底下学习，不惜牺牲自己的生命，他自己却没有来得及见一见电灯。

事情已经过去很长时间了。在天安门前璀璨的华灯下面，我又想起这位亲爱的战友来。

## 2 阅读与理解

### 2-1 默读搜集信息

#### 2-1-1 能根据需要在默读时搜集信息

使用说明：教师随机出示一篇课文（如《开国大典》），要求学生带着问题默读后能说出答案，记录其表现并打分。

### 开国大典

1949年10月1日，中华人民共和国中央人民政府成立，在首都北京举行典礼。参加开国大典的，有中华人民共和国中央人民政府主席、副主席、各位委员，有中国人民政治协商会议全体代表，有工人、农民、学校师生、机关工作人员、城防部队，总数达三十万人。观礼台上还有外宾。

会场在天安门广场。广场呈丁字形。丁字形一横的北面是一道河，河上并排架着五座白石桥；再北面是城墙，城墙中央高高耸起天安门的城楼。丁字形的一竖向南直伸到中华门。在一横一竖的交点的南面，场中挺立着一根电动旗杆。

主席台设在天安门城楼上。城楼檐下，八盏大红宫灯分挂两边。靠着城楼左右两边的石栏，八面红旗迎风招展。

丁字形的广场汇集了从四面八方来的群众队伍。早上六点钟起，就有群众的队伍入场了。人们有的擎着红旗，有的提着红灯。进入会场后，按照预定的地点排列。工人队伍中，有从老远的长辛店、丰台、通县来的铁路工人，他们清早到了北京车站，一下火车就直奔会场。郊区的农民是五更天摸着黑起床，步行四五十里路赶来的。到了正午，天安门广场已经成了人的海洋，红旗翻动，像海上的波浪。

下午三点整，会场上爆发出一阵排山倒海的掌声，中华人民共和国中央人民政府主席毛泽东出现在主席台上，跟群众见面了。三十万人的目光一齐投向主席台。

中央人民政府秘书长林伯渠宣布典礼开始。中央人民政府主席、副主席、各位委员就位。接着，毛泽东主席宣布："中华人民共和国中央人民政府今天成立了！"

这庄严的宣告，这雄伟的声音，使全场三十万人一齐欢呼起来。这庄严的宣告，这雄伟的声音，经过无线电广播，传到长城内外，传到大江南北，使全中国人民的心一齐欢跃起来。

接着，升国旗。毛主席亲自按动连通电动旗杆的电钮，新中国的国旗——五星红旗在雄壮的《义勇军进行曲》中徐徐上升。三十万人一齐脱帽肃立，一齐抬起头，瞻仰这鲜红的国旗。五星红旗升起来了，表明中国人民从此站起来了。

升旗的时候，礼炮响起来。每一响都是五十四门大炮齐发，一共二十八响。起初是全场肃静，只听见炮声和乐曲声，只听见国旗和其他许多旗帜飘拂的声音，到后来，每一声炮响后，全场就响起一阵雷鸣般的掌声。

接着，毛主席在群众一阵又一阵的掌声中宣读中央人民政府的公告。他用强有力的语调向全世界发出新中国的声音。他读到"选举了毛泽东为中央人民政府主席"这一句的时候，广场上的人们热爱领袖的心情融成一阵热烈的欢呼。观礼台上同时响起一阵掌声。

毛主席宣读公告完毕，阅兵式开始。中国人民解放军朱德总司令任检阅司令员，聂荣臻将军任阅兵总指挥。朱总司令和聂将军同乘汽车，先检阅部队，然后朱总司令回到主席台，宣读中国人民解放军总部的命令。受检阅的部队就由聂将军率领，在《中国人民解放军进行曲》的乐曲声中，由东往西，缓缓进场。

开头是海军两个排，雪白的帽子，跟海洋一个颜色的蓝制服。接着是步兵一个师，以连为单位，列成方阵，齐步行进。接着是炮兵一个师，野炮、榴弹炮等各式各样的炮，都排成一字形的横列前进。接着是一个战车师，各种装甲车和坦克车两辆或三辆一排，整整齐齐地前进；战士们挺着胸膛站在战车上，像钢铁巨人一样。接着是一个骑兵师，"红马连"一色红马，"白马连"一色白马，六马并行，马腿的动作完全一致。以上这些部队，全都以相等的距离和相同的速度经过主席台前。当战车部队经过的时候，人民空军的飞机也一队队排成人字形，飞过天空。毛主席首先向空中招手。群众看见了，都把头上的帽子、手里的报纸和别的东西抛上天去，欢呼声盖过了飞机的隆隆声。

两个半钟头的检阅，广场上不断地欢呼，不断地鼓掌，一个高潮接着一个高潮。群众差不多把嗓子都喊哑了，把手掌都拍麻了，还觉得不能够表达自己心里的欢喜和激动。

阅兵式完毕，已经是傍晚的时候。天安门广场上的灯笼火把全都点起来，一万支礼花陆续射入天空。天上五颜六色的火花结成彩，地上千千万万的灯火一片红。群众游行就在这时候开始。游行队伍分东西两个方向出发，他们擎着灯，舞着火把，高呼"中国共产党万岁！""中华人民共和国万岁！""中央人民政府万岁！"他们一队一队按照次序走，走到正对天安门的白石桥前，就举起灯笼火把，高声欢呼"毛主席万岁！""毛主席万岁！"毛主席在城楼上主席台前边，向前探着身子，不断地向群众挥手，不断地高呼"人民万岁！""同志们万岁！"

晚上九点半，游行队伍才完全走出会场。两股"红流"分头向东城、西城的街道流去，光明充满了整个北京城。

题目：是谁带领队伍打了胜仗？他是怎么做的？最后的结局是什么？

### 2-2 词句理解与赏析

### 2-2-1 ~ 2-2-2 能联系上下文、生活积累理解文中词句的意义

使用说明：教师呈现一段课文（如《只有一个地球》），请学生联系上下文说出或写出问题答案，教师根据学生表现打分。

#### 只有一个地球

据有幸飞上太空的宇航员介绍，他们在天际遨游时遥望地球，映入眼帘的是一个晶莹的球体，上面蓝色和白色的纹痕相互交错，周围裹着一层薄薄的水蓝色"纱衣"。地球，这位人类的母亲，这个生命的摇篮，是那样美丽壮观，和蔼可亲。

但是，在群星璀璨的宇宙中，地球是渺小的。它是一个半径不到 6400 千米的星球。它只有这么大，不会再长大。

地球所拥有的自然资源也是有限的。拿矿产资源来说，它不是谁的恩赐，而是经过几百万年，甚至几亿年的地质变化才形成的。地球是无私的，它向人类慷慨地提供矿产资源。但是，如果不加节制地开采，必将加速地球上矿产资源的枯竭。

人类生活所需要的水资源、土地资源、生物资源等，本来是可以不断再生，长期给人类作贡献的。但是，因为人们随意毁坏自然资源，不顾后果地滥用化学品，不但使它们不能再生，还造成了一系列生态灾难，给人类生存带来了严重的威胁。

有人会说，宇宙空间不是大得很吗，那里有数不清的星球，在地球资源枯竭的时候，我们不能移居到别的星球上去吗？

科学家已经证明，至少在以地球为中心的 40 万亿千米的范围内，没有适合人类居住的第二个星球。人类不能指望地球被破坏以后再移居到别的星球上去。

不错，科学家们提出了许多设想，例如，在火星或者月球上建造移民基地。但是，即使这些

设想能实现，也是遥远的事情。

"我们这个地球太可爱了，同时又太容易破碎了！"这是宇航员遨游太空目睹地球时发出的感叹。

只有一个地球，如果它被破坏了，我们别无去处。如果地球上的各种资源都枯竭了，我们很难从别的地方得到补充。我们要精心地保护地球，保护地球的生态环境。让地球更好地造福于我们的子孙后代吧！

题目1：文中的"纱衣"是指什么？

答：_____

_____

_____

题目2："我们这个地球太可爱了，同时又太容易破碎了！"作者为什么这么说？结合生活，谈谈你的理解。

答：_____

_____

_____

**2-2-3 ～ 2-2-4 能体会课文中关键词句表达情意的作用，辨别文中词语的感情色彩**

使用说明：教师出示课文片段（如《狼牙山五壮士》），要求学生阅读文章后，说出或写出问题答案，教师记录学生表现并打分。

### 狼牙山五壮士

1941 年秋，日寇集中兵力，向我晋察冀根据地大举进犯。当时，七连奉命在狼牙山一带坚持游击战争。经过一个多月英勇奋战，七连决定向龙王庙转移，把掩护群众和连队转移的任务交给了六班。

为了拖住敌人，七连六班的五个战士一边痛击追上来的敌人，一边有计划地把大批敌人引上了狼牙山。他们利用险要的地形，把冲上来的敌人一次又一次地打了下去。班长马宝玉沉着地指挥战斗，让敌人走近了，才下命令狠狠地打。副班长葛振林打一枪就大吼一声，好像细小的枪口喷不完他的满腔怒火。战士宋学义扔手榴弹总要把胳膊抡一个圈，好使出浑身的力气。胡德林和胡福才这两个小战士把脸绷得紧紧的，全神贯注地瞄准敌人射击。敌人始终不能前进一步。在崎岖的山路上，横七竖八地躺着许多敌人的尸体。

五位战士胜利地完成了掩护任务，准备转移。面前有两条路：一条通往主力转移的方向，走这条路可以很快追上连队，可是敌人紧跟在身后；另一条通向狼牙山的顶峰棋盘陀，那儿三面都是悬崖绝壁。走哪条路呢？为了不让敌人发现群众和连队主力，班长马宝玉斩钉截铁地说了一声：

"走！"带头向棋盘陀走去。战士们热血沸腾，紧跟在班长后面。<u>他们知道班长要把敌人引上绝路。</u>

五位壮士一面向顶峰攀登，一面依托大树和岩石向敌人射击。山路上又留下了许多具敌人的尸体。到了狼牙山峰顶，五位壮士居高临下，继续向紧跟在身后的敌人射击。不少敌人坠落山涧，粉身碎骨。班长马宝玉负伤了，子弹都打完了，只有胡福才手里还剩下一颗手榴弹。他刚要拧开盖子，马宝玉抢前一步，夺过手榴弹插在腰间，猛地举起一块大石头，大声喊道："同志们！用石头砸！"顿时，<u>石头像雹子一样，带着五位壮士的决心，带着中国人民的仇恨，向敌人头上砸去。</u>山坡上传来一阵叽里呱啦的叫声，敌人纷纷滚落深谷。

又一群敌人扑上来了。马宝玉嗖的一声拔出手榴弹，拧开盖子，用尽全身气力扔向敌人。随着一声巨响，手榴弹在敌群中开了花。

五位壮士屹立在狼牙山顶峰，眺望着群众和部队主力远去的方向。他们回头望望还在向上爬的敌人，脸上露出胜利的喜悦。班长马宝玉激动地说："同志们，我们的任务胜利完成了！"说罢，<u>他把那支从敌人手里夺来的枪砸碎了，然后走到悬崖边上，像每次发起冲锋一样，第一个纵身跳下深谷。</u>战士们也昂首挺胸，相继从悬崖往下跳。狼牙山上响起了他们壮烈豪迈的口号声：

"打倒日本帝国主义！"

"中国共产党万岁！"

<u>这是英雄的中国人民坚强不屈的声音！这声音惊天动地，气壮山河！</u>

题目1：谈谈你对画线词语"满腔怒火、全神贯注"的理解。

答：＿＿＿＿＿＿＿＿＿＿＿＿＿＿＿＿＿＿＿＿＿＿＿＿＿＿

＿＿＿＿＿＿＿＿＿＿＿＿＿＿＿＿＿＿＿＿＿＿＿＿＿＿＿＿＿＿

＿＿＿＿＿＿＿＿＿＿＿＿＿＿＿＿＿＿＿＿＿＿＿＿＿＿＿＿＿＿

题目2：请在文中勾画出体现作者思想感情的句子，联系上下文，说一说表达了作者什么样的思想感情。

答：＿＿＿＿＿＿＿＿＿＿＿＿＿＿＿＿＿＿＿＿＿＿＿＿＿＿

＿＿＿＿＿＿＿＿＿＿＿＿＿＿＿＿＿＿＿＿＿＿＿＿＿＿＿＿＿＿

＿＿＿＿＿＿＿＿＿＿＿＿＿＿＿＿＿＿＿＿＿＿＿＿＿＿＿＿＿＿

## 2-3 阅读文章

### 2-3-1 能够阅读说明性文章

使用说明：教师出示一篇说明性课文（如《故宫博物院》），请学生说出或写出题目答案，教师记录学生表现并打分。

### 故宫博物院

在北京城的中心，有一座城中之城，这就是紫禁城，如今人们习惯叫它故宫。这是明清两代的皇宫，是我国现存的最大最完整的古代宫殿建筑群，有六百多年的历史了。这座宫殿现在已经成为我国最大的博物院——故宫博物院。

紫禁城城墙十米多高，有四座城门：南边午门，北边神武门，东西两边分别是东华门、西华门。宫城呈长方形，占地七十二万平方米。城墙外是五十多米宽的护城河。城墙的四角，各有一座玲珑奇巧的角楼。故宫建筑群规模宏大，建筑精美，布局统一，集中体现了我国古代建筑艺术的独特风格。

从天安门往里走，沿着一条笔直的大道穿过端门，就到了午门的前面。午门俗称"五凤楼"，是紫禁城的正门。走进午门，是一个宽阔的广场，弯弯的内金水河像一条玉带横贯东西，河上是五座精美的汉白玉石桥。桥的北面是太和门，一对威武的铜狮守卫在门的两侧。

进了太和门，就来到紫禁城的中心——三大殿：太和殿、中和殿、保和殿。三座大殿矗立在八米多高的台基上。台基有三层，每层的边缘都有汉白玉栏杆围绕着，栏杆上面刻着龙凤流云，四角和望柱下面伸出一千多个圆雕璃首，璃首嘴里都有一个小圆洞，是台基的排水管道。

太和殿俗称"金銮殿"，高二十七米，面积近两千三百八十平方米，是故宫最大的殿堂。在湛蓝的天空下，那金黄色的琉璃瓦重檐屋顶，显得格外辉煌。殿檐斗拱、额枋、梁柱，装饰着金龙和玺彩画。正面是十二根红色大圆柱，金琐窗，朱漆门，同台基上的白色栏杆相互衬映，色彩鲜明，雄伟壮丽。

大殿正中是一个约两米高的朱漆方台，上面安放着金銮宝座，背后是雕龙屏。方台两旁有六根高大的蟠龙金柱，每根大柱上都盘绕着矫健的金龙。仰望殿顶，中央藻井有一条巨大的雕金蟠龙，从龙口里垂下一颗银白色大圆珠，周围环绕着六颗小珠，龙头、宝珠正对着下面的宝座。梁枋间彩画绚丽，有双龙戏珠、单龙翔舞，有行龙、升龙、降龙，多态多姿，龙身周围还衬托着流云火焰。

太和殿建在紫禁城的中轴线上。这条线也是北京城的中轴线，向南从午门到天安门延伸到正阳门、永定门，往北从神武门到地安门、鼓楼、钟楼，全长约八公里。

太和殿是举行重大典礼的地方。皇帝即位、生日、婚礼和元旦等，都在这里接受朝贺。每逢大典，皇帝端坐在宝座上，殿外的台基上下，文武百官分列左右，中间御道两边排列着仪仗，大殿廊下，鸣钟击磬，乐声悠扬。台基上的香炉和盘龙香亭里点起檀香或松柏枝，烟雾缭绕。

太和殿后面是中和殿。这是一座亭子形大殿，殿顶把四道垂脊攒在一起，正中安放着一个大圆镏金宝顶，轮廓非常优美。举行大典时，皇帝先在这里休息。

中和殿后面是保和殿。乾隆以后，这里是举行最高一级考试——殿试的地方。

从保和殿出来，下了石级是一个长方形小广场。广场西起隆宗门，东到景运门。它把紫禁城分为前后两大部分。广场以南，主要建筑是三大殿和东西两侧的文华殿、武英殿，叫"外朝"。广场北面乾清门以内叫"内廷"，是皇帝和后妃们起居生活的地方，主要建筑有乾清宫、交泰殿、坤宁宫和东六宫、西六宫。

乾清宫是皇帝的寝宫，也是皇帝处理日常政务的地方，后来还在这里接见外国使节。

乾清宫后面是交泰殿，交泰殿后面是坤宁宫。坤宁宫是清代皇帝结婚的地方。

乾清宫、交泰殿、坤宁宫合称"后三宫"。布局和前三殿基本一样，但庄严肃穆的气氛减少了，彩画图案也有明显的变化。前三殿的图案以龙为主，后三宫凤凰逐渐增加，出现了双凤朝阳、龙凤呈祥的彩画，还有飞凤、舞凤、凤凰牡丹等图案。

后三宫往北是御花园。御花园面积不是很大，有大小建筑二十多座，但毫无拥挤和重复的感觉。这里的建筑布局、环境气氛，和前几部分迥然不同。亭台楼阁、池馆水榭，掩映在青松翠柏之中；假山怪石、花坛盆景、藤萝翠竹，点缀其间。来到这里，仿佛进入苏州园林。

从御花园出顺贞门，就到了紫禁城的北门——神武门，对面就是景山。据说景山是明代修建紫禁城的时候，在原有土丘的基础上，用护城河等处挖出的泥土堆起来的，现在成了风景优美的景山公园。站在景山的高处望故宫，重重殿宇，层层楼阁，道道宫墙，错综相连而又井然有序。这样宏伟的建筑群，这样和谐统一的布局，不能不令人惊叹。

题目1：请问文章主要说了什么内容?

答：_____

_____

_____

题目2：请在文中用横线勾画出使用了说明方法的句子，句子使用了什么说明方法?

答：_____

_____

_____

### 2-5 体会人物形象

#### 2-5-1 ～ 2-5-4 能从环境、语言、心理、小说情节中体会人物形象

使用说明：教师出示课文片段（如《穷人》），让学生找出其中有关环境、语言、心理描写的句子，并说出或写出体会到的人物形象，教师记录学生表现并打分。

#### 穷人

渔夫的妻子桑娜坐在火炉旁补一张破帆。屋外寒风呼啸，汹涌澎湃的海浪拍击着海岸，溅起一阵阵浪花。海上正起着风暴，外面又黑又冷，这间渔家的小屋里却温暖而舒适。地扫得干干净净，炉子里的火还没有熄，食具在搁板上闪闪发亮。挂着白色帐子的床上，五个孩子正在海风呼啸声中安静地睡着。丈夫清早驾着小船出海，这时候还没有回来。桑娜听着波涛的轰鸣和狂风的怒吼，感到心惊肉跳。

古老的钟发哑地敲了十下，十一下……始终不见丈夫回来。桑娜沉思：丈夫不顾惜身体，冒

着寒冷和风暴出去打鱼，她自己也从早到晚地干活，还只能勉强填饱肚子。孩子们没有鞋穿，不论冬夏都光着脚跑来跑去；吃的是黑面包，菜只有鱼。不过，孩子们都还健康，没什么可抱怨的。桑娜倾听着风暴的声音，"他现在在哪儿？老天啊，保佑他，救救他，开开恩吧！"她自言自语着。

睡觉还早。桑娜站起身来，把一块很厚的围巾包在头上，提着马灯走出门去。她想看看灯塔上的灯是不是亮着，丈夫的小船能不能望见。海面上什么也看不见。风掀起她的围巾，卷着被刮断的什么东西敲打着邻居小屋的门。桑娜想起了傍晚就想去探望的那个生病的女邻居。"没有一个人照顾她啊！"桑娜一边想一边敲了敲门。她侧着耳朵听，没有人答应。

寡妇的日子真困难啊！"桑娜站在门口想，"孩子虽然不算多——只有两个，可是全靠她一个人张罗，如今又加上病。唉，寡妇的日子真难过啊！进去看看吧！"

桑娜一次又一次地敲门，仍旧没有人答应。

"喂，西蒙！"桑娜喊了一声，心想，莫不是出什么事了？她猛地推开门。

屋子里没有生炉子，又潮湿又阴冷。桑娜举起马灯，想看看病人在什么地方。首先投入眼帘的是对着门的一张床，床上仰面躺着她的女邻居。她一动不动。桑娜把马灯举得更近一些，不错，是西蒙。她头往后仰着，冰冷发青的脸上显出死的宁静，一只苍白僵硬的手像要抓住什么似的，从稻草铺上垂下来。就在这死去的母亲旁边，睡着两个很小的孩子，都是卷头发、圆脸蛋，身上盖着旧衣服，蜷缩着身子，两个浅黄头发的小脑袋紧紧地靠在一起。显然，母亲在临死的时候，拿自己的衣服盖在他们身上，还用旧头巾包住他们的小脚。孩子呼吸均匀而平静，睡得正香甜。

桑娜用头巾裹住睡着的孩子，把他们抱回家里。她的心跳得很厉害，自己也不知道为什么要这样做，但是觉得非这样做不可。她把这两个熟睡的孩子放在床上，让他们同自己的孩子睡在一起，又连忙把帐子拉好。

桑娜脸色苍白，神情激动。她忐忑不安地想："他会说什么呢？这是闹着玩的吗？自己的五个孩子已经够他受的了……是他来啦？……不，还没来！……为什么把他们抱过来啊？……他会揍我的！那也活该，我自作自受……嗯，揍我一顿也好！"

门吱嘎一声，仿佛有人进来了。桑娜一惊，从椅子上站起来。

"不，没有人！天啊，我为什么要这样做？……如今叫我怎么对他说呢？……"桑娜沉思着，久久地坐在床前。

门突然开了，一股清新的海风冲进屋子。魁梧黧黑的渔夫拖着湿淋淋的被撕破了的渔网，一边走进来，一边说："嘿，我回来啦，桑娜！"

"哦，是你！"桑娜站起来，不敢抬起眼睛看他。

"瞧，这样的夜晚！真可怕！"

"是啊，是啊，天气坏透了！哦，鱼打得怎么样？"

"糟糕，真糟糕！什么也没有打到，还把网给撕破了。倒霉，倒霉！天气可真厉害！我简直记不起几时有过这样的夜晚了，还谈得上什么打鱼！还好，总算活着回来啦。……我不在，你在家里做些什么呢？"

渔夫说着，把网拖进屋里，坐在炉子旁边。

"我？"桑娜脸色发白，说，"我嘛……缝缝补补……风吼得这么凶，真叫人害怕。我可替你担心呢！"

"是啊，是啊，"丈夫喃喃地说，"这天气真是活见鬼！可是有什么办法呢！"

两个人沉默了一阵。

"你知道吗？"桑娜说，"咱们的邻居西蒙死了。"

"哦？什么时候？"

"我也不知道，大概是昨天。唉！她死得好惨啊！两个孩子都在她身边，睡着了。他们那么小……一个还不会说话，另一个刚会爬……"桑娜沉默了。

渔夫皱起眉，他的脸变得严肃、忧虑。"嗯，是个问题！"他搔搔后脑勺说，"嗯，你看怎么办？得把他们抱来，同死人待在一起怎么行！哦，我们，我们总能熬过去的！快去！别等他们醒来。"

但桑娜坐着一动不动。

"你怎么啦？不愿意吗？你怎么啦，桑娜？"

"你瞧，他们在这里啦。"桑娜拉开了帐子。

题目1：请阅读课文，在文中用横线画出一处环境描写的句子，体会人物形象。

答：_____

_____

_____

题目2：请阅读课文，在文中用横线画出一处语言描写的句子，体会人物形象。

答：_____

_____

_____

题目3：请阅读课文，在文中用横线画出一处心理描写的句子，体会人物形象。

答：_____

_____

_____

题目4：请阅读课文，说出文章主要情节，体会人物形象。

答：_____

_____

_____

**2-5-5 能对课文中主要人物形象说出自己的感受**

使用说明：教师出示一篇课文（如《少年闰土》），要求学生说出自己对课文中的人物形象的感受，教师记录学生情况并打分。

### 少年闰土

深蓝的天空中挂着一轮金黄的圆月，下面是海边的沙地，都种着一望无际的碧绿的西瓜，其间有一个十一二岁的少年，项带银圈，手捏一柄钢叉，向一匹猹尽力的刺去，那猹却将身一扭，反从他的胯下逃走了。

这少年便是闰土。我认识他时，也不过十多岁，离现在将有三十年了；那时我的父亲还在世，家景也好，我正是一个少爷。那一年，我家是一件大祭祀的值年。这祭祀，说是三十多年才能轮到一回，所以很郑重；正月里供祖像，供品很多，祭器很讲究，拜的人也很多，祭器也很要防偷去。我家只有一个忙月（我们这里给人做工的分三种：整年给一定人家做工的叫长年；按日给人做工的叫短工；自己也种地，只在过年过节以及收租时候来给一定的人家做工的称忙月），忙不过来，他便对父亲说，可以叫他的儿子闰土来管祭器的。

我的父亲允许了；我也很高兴，因为我早听到闰土这名字，而且知道他和我仿佛年纪，闰月生的，五行缺土，所以他的父亲叫他闰土。他是能装弶捉小鸟雀的。

我于是日日盼望新年，新年到，闰土也就到了。好容易到了年末，有一日，母亲告诉我，闰土来了，我便飞跑的去看。他正在厨房里，紫色的圆脸，头戴一顶小毡帽，颈上套一个明晃晃的银项圈，这可见他的父亲十分爱他，怕他死去，所以在神佛面前许下愿心，用圈子将他套住了。他见人很怕羞，只是不怕我，没有旁人的时候，便和我说话，于是不到半日，我们便熟识了。

我们那时候不知道谈些什么，只记得闰土很高兴，说是上城之后，见了许多没有见过的东西。

第二日，我便要他捕鸟。他说：

"这不能。须大雪下了才好。我们沙地上，下了雪，我扫出一块空地来，用短棒支起一个大竹匾，撒下秕谷，看鸟雀来吃时，我远远地将缚在棒上的绳子只一拉，那鸟雀就罩在竹匾下了。什么都有：稻鸡，角鸡，鹁鸪，蓝背……"

我于是又很盼望下雪。

闰土又对我说：

"现在太冷，你夏天到我们这里来。我们日里到海边捡贝壳去，红的绿的都有，鬼见怕也有，观音手也有。晚上我和爹管西瓜去，你也去。"

"管贼么？"

"不是。走路的人口渴了摘一个瓜吃，我们这里是不算偷的。要管的是獾猪，刺猬，猹。月亮地下，你听，啦啦的响了，猹在咬瓜了。你便捏了胡叉，轻轻地走去……"

我那时并不知道这所谓猹的是怎么一件东西——便是现在也没有知道——只是无端的觉得状

如小狗而很凶猛。

"他不咬人么？"

"有胡叉呢。走到了，看见猹了，你便刺。这畜生很伶俐，倒向你奔来，反从胯下窜了。他的皮毛是油一般的滑……"

我素不知道天下有这许多新鲜事：海边有如许五色的贝壳；西瓜有这样危险的经历，我先前单知道他在水果店里出卖罢了。

"我们沙地里，潮汛要来的时候，就有许多跳鱼儿只是跳，都有青蛙似的两个脚……"

阿！闰土的心里有无穷无尽的希奇的事，都是我往常的朋友所不知道的。他们不知道一些事，闰土在海边时，他们都和我一样只看见院子里高墙上的四角的天空。

可惜正月过去了，闰土须回家里去，我急得大哭，他也躲到厨房里，哭着不肯出门，但终于被他父亲带走了。他后来还托他的父亲带给我一包贝壳和几支很好看的鸟毛，我也曾送他一两次东西，但从此没有再见面。

题目：请说一说自己对文中主要人物有什么感受。

答：＿＿＿＿＿＿＿＿＿＿＿＿＿＿＿＿＿＿＿＿＿＿＿

＿＿＿＿＿＿＿＿＿＿＿＿＿＿＿＿＿＿＿＿＿＿＿＿＿＿＿

＿＿＿＿＿＿＿＿＿＿＿＿＿＿＿＿＿＿＿＿＿＿＿＿＿＿＿

### 2-6 ～ 2-7 了解表达顺序、表达方法

使用说明：教师出示一篇文章，请学生说出或写出文章的表达顺序、表达方法，教师记录学生表现并打分。

我们读过英雄黄继光的故事，这篇课文的主人公同样是一位抗美援朝英雄。默读课文，找出描写"我"心理活动的句子，体会邱少云是怎样一位"伟大的战士"。课文写了邱少云和战友们潜伏的山沟环境，又写了邱少云任凭烈火烧身纹丝不动，结合相关内容说说两者有什么联系。

#### 我的战友邱少云

天亮以前，我们在 391 高地的山坳里，找了一条比较隐蔽的山沟潜伏起来。

太阳渐渐爬上山头，晒干了我们身上的寒霜，早上冻麻了的腿也开始暖和起来。我们本来打算趁这时候在温暖的阳光下睡一会儿，因为已经熬了整整一夜，而且当天晚上还有激烈的战斗在等着，需要养养精神，好完成晚上的战斗任务，可是我怎么也合不上眼睛。谁能趴在敌人的鼻子底下睡大觉呢？

我发现这条干涸的小山沟并不十分隐蔽。我们离敌人太近了，前面几十米就是敌人的前沿阵地。我们不但可以看见敌人设置的铁丝网和胸墙，而且可以看见敌人主阵地上的地堡和火力点，甚至连敌人的谈话声都听得见。可以想见，敌人居高临下，发现我们当然更容易。我们必须僵卧着一

动不动，一声低低的咳嗽或者轻轻地蜷一下腿，都可能被敌人发觉。

我们全靠身上的伪装掩护自己。我看了一下前面，班长和几个战士都伏在枯黄的茅草里，身上也披着厚厚的茅草作为伪装，猛一看去，很难发现他们。我又看了看伏在不远处的邱少云，他也全身伪装，隐蔽得更好，相隔这么近，我都几乎找不到他。

我们的炮兵不断地向敌人阵地上轰击，山顶上不时地腾起一团一团的青烟，敌人阵地前沿的地堡一个接一个地被掀翻了。炮兵的轰击不但摧毁了敌人的一部分工事，便于我们晚上突击，而且把敌人打得躲进隐蔽洞里，保证了潜伏部队的安全。

看到山顶上敌人被我军炮火轰击的情景，我只盼望快点儿天黑，好痛痛快快地打一仗。看看太阳，却老是停在原来的地方，就像钉住了似的。

约莫 11 点钟的时候，突然一发烟幕弹飞来，在附近爆炸了，一排一排的炮弹跟着打过来。显然，狡猾的敌人对他们阵地前沿的安全极不放心，又没有胆量冒着我军的炮火到这一带来搜索，只好把看家本领“火力警戒”拿出来了。

附近的荒草着火了，火苗子呼呼地蔓延着，烧得枯黄的茅草毕毕剥剥地响。恶毒的敌人竟使用燃烧弹来进行搜索了。

不一会儿，火已经烧到我面前，火苗子一伸一伸的，烤得我脸上热辣辣地疼。幸而面前有一堆不长草的乱石头挡着，火才没烧到我身上。

忽然，一阵浓重的棉布焦味钻进我的鼻子，我扭头一看，哎呀！火烧到了邱少云身上！他的棉衣已经烧着了，浑身火苗乱窜，看样子是溅上了燃烧弹的油液。趁着风势，一团烈火把他整个包围了。

这个时候，邱少云如果迅速从火堆里跳出来，就地打几个滚，身上的火是可以扑灭的。卧在他附近的任何一个人，如果跳过去把他拉出来，扯掉他着火的棉衣，也能救出自己的战友。但是这样一来，我们就会被山头上敌人的哨兵发觉，那么不仅是我们这一个班要牺牲在这里，也不仅是埋伏在我们身后的整个潜伏部队要受到重大损失，更严重的是准备了好久的作战计划要完全落空。

我的心紧缩着，我担心这个年轻的战士会实在忍耐不住突然跳起来，或者突然叫出声来。我几次回过头来，不敢朝他那儿看，不忍看着我的战友被活活烧死，但是我又忍不住不看。我心里像刀绞一般，眼泪模糊了我的眼睛。

烈火在我的战友邱少云身上烧了半个多钟头才渐渐熄灭。这个伟大的战士，像千斤巨石，伏在那儿纹丝不动，直到牺牲前的最后一息，都没发出哪怕是极轻微的一声呻吟。

黄昏时，我们勇猛地冲上了敌人的阵地。在 391 高地上沸腾着激动人心的口号：“为邱少云同志报仇！”

我当时的感觉，仿佛邱少云同志并没有牺牲，他和我们一起向敌人冲锋！

我永远忘不了那一天——1952 年 10 月 12 日。

题目 1：请阅读课文，阅读完后说一说课文的表达顺序是什么。

答：_____

_____

_____

题目 2：请阅读课文，说一说课文中运用了哪些表达方法。

答：_____

_____

_____

### 2-8 使用分号

#### 2-8-1 能在阅读中了解并使用分号

使用说明：教师呈现分号图卡和句子，看学生能否认识分号，并要求学生说出其在句中的用法，教师记录学生表现并打分。

例句：

有的人活着，他已经死了；有的人死了，他还活着。

### 2-9 诗文理解与鉴赏

#### 2-9-1 能够通过注释把握古诗文大意

使用说明：教师出示一首古诗文及其注释（包括《宿建德江》《六月二十七日望湖楼醉书》《西江月·夜行黄沙道中》《浪淘沙》（其一）《江南春》《书湖阴先生壁》），让学生说出或写出古诗大意和作者感情，教师记录学生情况并打分。

#### 西江月①·夜行黄沙道中②

[宋] 辛弃疾

明月别枝③惊鹊，清风半夜鸣蝉。

稻花香里说丰年，听取蛙声一片。

七八个星天外，两三点雨山前。

旧时茅店④社林⑤边，路转溪桥忽见⑥。

注释

①〔西江月〕词牌名。

②〔夜行黄沙道中〕词题。黄沙即黄沙岭，在今江西上饶的南面。

③〔别枝〕横斜的树枝。

④〔茅店〕用茅草盖的旅舍。

⑤〔社林〕社庙丛林。社，社庙，土地庙。

⑥〔见〕同"现"。

题目：借助注释说出本首古诗大意。

答：_____

_____

_____

### 2-9-2 ～ 2-9-3 能理解诗文大意、体会情感

使用说明：教师出示一首本册诗文（包括《宿建德江》《六月二十七日望湖楼醉书》《西江月·夜行黄沙道中》《浪淘沙》（其一）《江南春》《书湖阴先生壁》），让学生说出诗文大意和情感，教师记录学生表现并打分。

**浪淘沙**

[ 唐 ] 刘禹锡

九曲黄河万里沙，

浪淘风簸自天涯。

如今直上银河去，

同到牵牛织女家。

题目1：阅读诗文，说出诗文大意。

答：_____

_____

_____

题目2：阅读诗文，说出诗文表达的思想感情。

答：_____

_____

_____

### 领域三：表达与交流

2 表达

**2-2 ～ 2-4 能正确使用标点符号进行写作，并能修改习作错误**

### 2-2-1 ～ 2-2-2 能写简单的纪实作文、想象作文

使用说明：教师创设情境，要求学生书写一篇纪实和想象作文，并要求学生选择其中一篇习作进行修改，教师记录学生使用标点、写作及修改情况并打分。

作文1：回忆生活中难忘的一天，想想这一天发生了什么，写一篇记叙文，不少于550字。

作文2：假如我是一名老师、一名消防员、一位农民、一名工程师……请充分发挥想象，以"假如我是……"为题，写一篇不少于550字的作文。

### 2-2-3 能写倡议书

使用说明：教师假设情境，要求学生书写一篇倡议书，教师记录学生表现并打分。

主题：号召同学们节约用水、重复利用

# （四）六年级下册语文课程评估材料

### 领域一：识字与写字

#### 1 识字

#### 1-2 认读词语

#### 1-2-1 词语表

使用说明：教师根据出示的词语表，随机指出若干词语，请学生读出词语，教师根据认读情况并打分。

| 热情 | 自傲 | 饺子 | 鞭炮 | 眨眼 | 通宵 | 间断 | 截然 | 燃放 | 小贩 |
|---|---|---|---|---|---|---|---|---|---|
| 彼此 | 贺年 | 骆驼 | 恰好 | 一律 | 彩绘 | 分外 | 感觉 | 沸腾 | 何况 |
| 搅和 | 资格 | 可靠 | 罢了 | 猜想 | 肿胀 | 惊异 | 总之 | 染缸 | 解释 |
| 筷子 | 浪漫 | 奈何 | 流落 | 凄凉 | 防御 | 寂寞 | 宴会 | 恐惧 | 倒霉 |
| 忧伤 | 书籍 | 缺乏 | 处境 | 理智 | 控制 | 抛弃 | 侵袭 | 倾覆 | 宽慰 |
| 深重 | 困境 | 确乎 | 空虚 | 不禁 | 挪移 | 觉察 | 叹息 | 徘徊 | 微风 |
| 何曾 | 游丝 | 明媚 | 时光 | 拨弄 | 草丛 | 画报 | 停顿 | 晃动 | 耽搁 |
| 沉郁 | 漫长 | 休止 | 惊惶 | 亲吻 | 依偎 | 挽回 | 荒凉 | 埋头 | 幼稚 |
| 含糊 | 避免 | 局势 | 严峻 | 轻易 | 尖锐 | 僻静 | 魔鬼 | 苦刑 | 冷笑 |
| 残暴 | 匪徒 | 法庭 | 安定 | 占据 | 会意 | 执行 | 过度 | 革命 | 解放 |
| 彻底 | 利益 | 意义 | 剥削 | 压迫 | 批评 | 兴旺 | 目标 | 责任 | 牺牲 |
| 制度 | 寄托 | 哀思 | 真理 | 领域 | 建树 | 疑问 | 敏感 | 提取 | 明显 |
| 无聊 | 吻合 | 偶然 | 文献 | 证据 | 系统 | 整理 | 灵感 | 机遇 | 机器 |
| 钟楼 | 洪亮 | 街心 | 盲人 | 坚硬 | 清脆 | 单调 | 请求 | 加速 | 齿轮 |

续表

| 玻璃 | 唯恐 | 丑恶 | 恐怖 | 证实 | | | |
| --- | --- | --- | --- | --- | --- | --- | --- |
| 摆摊儿 | | 腊八粥 | | 要不然 | | 赤裸裸 | 见微知著 |
| 万象更新 | | 万不得已 | | 心平气和 | | 重见天日 | 焉知非福 |
| 翻箱倒柜 | | 死得其所 | | 五湖四海 | | 司空见惯 | 不可思议 |

## 2 写字

**2-1 ~ 2-5 能用硬笔书写常用汉字、词语，保持良好的写字姿势，并有一定的书写速度**

使用说明：教师准备纸笔，根据下方出示的写字表和上方的词语表，随机抽取简单或复杂的常用汉字和常用词语请学生书写于下方的田字格中，教师进行记录并打分。

| 蒜 | 醋 | 饺 | 摊 | 拌 | 眨 | 宵 | 燃 | 贩 | 彼 |
| --- | --- | --- | --- | --- | --- | --- | --- | --- | --- |
| 贺 | 轿 | 骆 | 驼 | 恰 | 腊 | 粥 | 咽 | 匙 | 盏 |
| 搅 | 稠 | 肿 | 熬 | 褐 | 缸 | 脏 | 筷 | 侯 | 皎 |
| 章 | 泣 | 盈 | 脉 | 栖 | 鸦 | 惧 | 凄 | 寞 | 宴 |
| 霉 | 籍 | 聊 | 乏 | 栅 | 控 | 贷 | 剔 | 毙 | 袭 |
| 覆 | 藏 | 挪 | 徘 | 徊 | 蒸 | 裸 | 媚 | 砖 | 蚁 |
| 叨 | 绊 | 绞 | 耽 | 揉 | 绽 | 搓 | 惶 | 吻 | 偎 |
| 络 | 锤 | 凿 | 焚 | 稚 | 避 | 峻 | 啪 | 瞪 | 僻 |
| 瞅 | 靴 | 魔 | 刑 | 哼 | 绑 | 啃 | 袍 | 执 | 彻 |
| 迁 | 泰 | 追 | 批 | 标 | 牺 | 炊 | 葬 | 援 | 俱 |
| 弗 | 辩 | 域 | 惯 | 阄 | 盐 | 溅 | 蕊 | 魏 | 搜 |
| 蚯 | 蚓 | 版 | 阶 | 脆 | 拦 | 玻 | 璃 | 恶 | 怖 |

## 领域二：阅读与鉴赏

### 1 诵读与理解

#### 1-1 普通话朗读课文

1-1-1 ~ 1-1-3 本册课文范例

使用说明：教师根据下方出示的课文范例，请学生进行朗读，在朗读过程中记录学生能否正确读准字音、能否流畅不卡顿、能否饱含情感地读完整篇课文。

**为人民服务**

我们的共产党和共产党所领导的八路军、新四军，是革命的队伍。我们这个队伍完全是为着解放人民的，是彻底地为人民的利益工作的。张思德同志就是我们这个队伍中的一个同志。

人总是要死的，但死的意义有不同。中国古时候有个文学家叫做司马迁的说过："人固有一死，或重于泰山，或轻于鸿毛。"为人民利益而死，就比泰山还重；替法西斯卖力，替剥削人民和压迫人民的人去死，就比鸿毛还轻。张思德同志是为人民利益而死的，他的死是比泰山还要重的。

因为我们是为人民服务的，所以，我们如果有缺点，就不怕别人批评指出。不管是什么人，谁向我们指出都行。只要你说得对，我们就改正。你说的办法对人民有好处，我们就照你的办。"精兵简政"这一条意见，就是党外人士李鼎铭先生提出来的；他提得好，对人民有好处，我们就采用了。只要我们为人民的利益坚持好的，为人民的利益改正错的，我们这个队伍就一定会兴旺起来。

我们都是来自五湖四海，为了一个共同的革命目标，走到一起来了。我们还要和全国大多数人民走这一条路。我们今天已经领导着有九千一百万人口的根据地，但是还不够，还要更大些，才能取得全民族的解放。我们的同志在困难的时候，要看到成绩，要看到光明，要提高我们的勇气。中国人民正在受难，我们有责任解救他们，我们要努力奋斗。要奋斗就会有牺牲，死人的事是经常发生的。但是我们想到人民的利益，想到大多数人民的痛苦，我们为人民而死，就是死得其所。不过，我们应当尽量地减少那些不必要的牺牲。我们的干部要关心每一个战士，一切革命队伍的人都要互相关心，互相爱护，互相帮助。

今后我们的队伍里，不管死了谁，不管是炊事员，是战士，只要他是做过一些有益的工作的，我们都要给他送葬，开追悼会。这要成为一个制度。这个方法也要介绍到老百姓那里去。村上的人死了，开个追悼会。用这样的方法，寄托我们的哀思，使整个人民团结起来。

### 1-2 背诵课文

#### 1-2-1 本册现代文范例

使用说明：教师随机抽取一篇需要背诵的现代文，请学生进行背诵，教师记录学生所背诵课文的正确率并打分。

**为人民服务**

人总是要死的，但死的意义有不同。中国古时候有个文学家叫做司马迁的说过：人固有一死，或重于泰山，或轻于鸿毛。为人民利益而死，就比泰山还重；替法西斯卖力，替剥削人民和压迫人民的人去死，就比鸿毛还轻。张思德同志是为人民利益而死的，他的死是比泰山还要重的。

因为我们是为人民服务的，所以，我们如果有缺点，就不怕别人批评指出。不管是什么人，谁向我们指出都行。只要你说得对，我们就改正。你说的办法对人民有好处，我们就照你的办。"精兵简政"这一条意见，就是党外人士李鼎铭先生提出来的；他提得好，对人民有好处，我们就采用了。只要我们为人民的利益坚持好的，为人民的利益改正错的，我们这个队伍就一定会兴旺起来。

#### 1-2-2 本册古诗范例

使用说明：教师随机抽取一首本册需要背诵的古诗（包括《寒食》《迢迢牵牛星》《十五夜望月》

《马诗》《石灰吟》《竹石》），请学生进行背诵，教师记录学生所背诵古诗的正确率并打分。如：

### 十五夜望月

［唐］王建

中庭地白树栖鸦，

冷露无声湿桂花。

今夜月明人尽望，

不知秋思落谁家。

### 1-2-3 本册文言文范例

使用说明：教师随机抽取一首本册需要背诵的文言文，请学生进行背诵，教师记录学生所背诵课文的正确率并打分。

### 学弈①

弈秋②，通国③之善弈者也。使弈秋诲二人弈，其一人专心致志，惟弈秋之为听④；一人虽听之，一心以为有鸿鹄⑤将至，思援⑥弓缴⑦而射之。虽与之⑧俱学，弗若⑨之矣。为⑩是其智弗若⑪与？曰：非然⑫也。

注释

①本文选自《孟子·告子·上》，题目为后人所加。弈，下棋。

②〔弈秋〕"秋"是人名，因善于下根，所以称为事秋。

③〔通国〕全国。

④〔惟弈秋之力听〕只听弈秋的教诲。

⑤〔鹄〕指天鹅、大雁一类的鸟。

⑥〔援〕引，拉。

⑦〔缴〕系在箭上的丝绳。这里指带有丝绳的箭。射出后可以将箭收回。

⑧〔之〕他，指专心致志的那个人。

⑨〔弗者〕不如。

⑩〔为〕因为。

⑪〔与〕同"欤"，句末语气词，表示疑问。这里读 yú。

⑫〔然〕这样。

### 1-3 背诵格言警句

#### 1-3-1 能够熟练背诵本册格言警句

使用说明：教师随机说出格言警句的上半句或下半句，请学生补充完整，教师记录正确个数并打分。

（1）有意栽花花不发，无心插柳柳成荫。

（2）良药苦口利于病，忠言逆耳利于行。

（3）树欲静而风不止，子欲养而亲不待。

（4）常将有日思无日，莫把无时当有时。

（5）书到用时方恨少，事非经过不知难。

（6）读书须用意，一字值千金。

（7）莫道君行早，更有早行人。

（8）听君一席话，胜读十年书。

（9）路遥知马力，日久见人心。

（10）近水知鱼性，近山识鸟音。


### 1-4 默读课文

#### 1-4-1 默读课文能达到 300 字 / 分钟

使用说明：教师随机出示一篇课文，请学生进行默读，记录学生默读时间和速度，教师根据学生表现打分。

#### 表里的生物

我小时候住在一座小城里，城里没有工厂，所以也没有机器的声音。我那时以为凡能发出声音的，都是活的生物。早晨有鸟叫得很好听，夜里有狗吠得很怕人，夏天蝉在绿树上叫，秋晚有各种的虫在草丛中唱不同的歌曲。钟楼上的钟不是活的，有时却洪亮地响起来，那是有一个老人在敲；街心有时响着三弦的声音，那是一个盲人在弹。哪里有死的东西会自己走动，并且能自动地发出和谐的声音呢？

可是父亲怀里的表有时放在桌子上，不但它的秒针会自己走动，并且它坚硬的表盖里还会发出清脆的声音：嘀嗒，嘀嗒……没有一刻的休息，这声音比蝉鸣要柔和些，比虫的歌曲要单调些。

一天，我对父亲说：

"我爱听这表的声音。"

我一边说一边向着表伸出手去。父亲立刻把我的手拦住了，他说：

"只许听，不许动。"

停了一会儿，他又添上一句：

"小孩儿不许动表。"

他这么说，就更增加了表的神秘。"不许动"，里边该是什么东西在响呢？我对于它的好奇心一天比一天增加。树上的蝉，草里的虫，都不会轻易被人看见，我想：表里边一定也有一个蝉或虫一类的生物吧，这生物被父亲关在表里，不许小孩子动。

越不许我动，我越想动，但是我又不敢，因此很痛苦。这样过了许多天。父亲一把表放在桌子上，我的眼睛就再也离不开它。有一次，父亲也许看我的样子太可怜了，也许自己有什么高兴的事，他对我笑着说："你来，我给你看看表里是什么在响，可是只许看，不许动。"

没有请求，父亲就自动给我看，我高兴极了，同时我的心也加速跳动。父亲取出一把小刀，把表盖拨开，我的面前立即呈现出一个美丽的世界：蓝色的、红色的小宝石，钉住几个金黄色的齿轮，里边还有一个小尾巴似的东西不停地摆来摆去。这小世界不但被表盖保护着，还被一层玻璃蒙着。我看得入神，唯恐父亲再把这美丽的世界盖上。但是，过了一会儿，父亲还是把表盖上了。父亲的表里边真是好看。

此后我就常常请求父亲把他的表打开给我看，有时父亲答应我，有时也拒绝我，这要看他高兴不高兴。有一回，父亲又把表打开了，我问：

"为什么还蒙着一层玻璃呢？"

"这就是叫你只许看，不许动。"父亲回答。

"为什么呢？"我又问。

"这摆来摆去的是一个小蝎子的尾巴，一动就要蜇你。"

我吓了一跳，蝎子是多么丑恶而恐怖的东西，为什么把它放在这样一个美丽的世界里呢？但是我也感到愉快，证实我的猜测没有错：表里边有一个活的生物。我继续问：

"为什么把那样可怕的东西放在这么好的表里？"

父亲没有回答。我只想，大半因为它有好听的声音吧。但是一般的蝎子都没有这么好听的声音，也许这里边的蝎子与一般的不同。

后来我见人就说："我有蟋蟀在钵子里，蝈蝈在葫芦里，鸟儿在笼子里，父亲却有一个小蝎子在表里。"

这样的话我不知说了多久，也不知道到什么时候才不说了。


## 2 阅读与理解

### 2-1 词句理解与赏析

#### 2-1-1 ～ 2-1-2 能联系上下文、生活积累理解文中词句的意义

使用说明：教师呈现一段课文，请学生联系上下文说出或写出问题答案，教师根据学生表现打分。

#### 十六年前的回忆

1927 年 4 月 28 日，我永远忘不了那一天。那是父亲的被难日，离现在已经十六年了。

那年春天，父亲每天夜里回来得很晚。每天早晨，不知道什么时候他又出去了。有时候他留

在家里，埋头整理书籍和文件。我蹲在旁边，看他把书和有字的纸片投到火炉里去。

我奇怪地问他："爹，为什么要烧掉呢？怪可惜的。"

待了一会儿，父亲才回答："不要了就烧掉。你小孩子家知道什么！"

父亲是一向是慈祥的，从没有骂过我们，更没有打过我们。我总爱向父亲问许多幼稚可笑的问题。他不论多忙，对我的问题总是很感兴趣，总是耐心地讲给我听。这一次不知道为什么，父亲竟这样含糊地回答我。

后来听母亲说，军阀张作霖要派人来搜查。为了避免党组织被破坏，父亲只好把一些书籍和文件烧掉。才过了两天，果然出事了。工友阎振三一早上街买东西，直到夜里还不见回来。第二天，父亲才知道他被抓到警察厅里去了。我们心里都很不安，为这位工友着急。

局势越来越严峻，父亲的工作也越来越紧张。他的朋友劝他离开北京，母亲也几次劝他。父亲坚决地对母亲说："不是常对你说吗？我是不能轻易离开北京的。你要知道现在是什么时候，这里的工作多么重要。我哪能离开呢？"母亲只好不再说什么了。

可怕的一天果然来了。4月6日的早晨，妹妹换上了新夹衣，母亲带她到儿童娱乐场去散步了。父亲在里间屋里写字，我坐在外间的长木椅上看报。短短的一段新闻还没看完，就听见啪，啪……几声尖锐的枪声，接着是一阵纷乱的喊叫。

"什么？爹！"我瞪着眼睛问父亲。

"没有什么，不要怕。星儿，跟我到外面看看去。"

父亲不慌不忙地向外走去。我紧跟在他身后，走出院子，暂时躲在一间僻静的小屋里。

一会儿，外面传来一阵沉重的皮鞋声。我的心剧烈地跳动起来，用恐惧的眼光瞅了瞅父亲。

"不要放走一个！"窗外响起粗暴的吼声。穿灰制服和长筒皮靴的宪兵，穿便衣的侦探，穿黑制服的警察，一拥而入，挤满了这间小屋。他们像一群魔鬼似的，把我们包围起来。他们每人拿着一支手枪，枪口对着父亲和我。在军警中间，我发现了前几天被捕的工友阎振三。他的胳膊上拴着绳子，被一个肥胖的便衣侦探拉着。

那个满脸横肉的便衣侦探指着父亲问阎振三："你认识他吗？"

阎振三摇了摇头。他那披散的长头发中间露出一张苍白的脸，显然是受过苦刑了。

"哼！你不认识？我可认识他。"侦探冷笑着，又吩咐他手下的那一伙，"看好，别让他自杀！"

他们仔细地把父亲全身搜了一遍。父亲保持着他那惯有的严峻态度，没有向他们讲任何道理。因为他明白，对他们是没有道理可讲的。

残暴的匪徒把父亲绑起来，拖走了。我也被他们带走了。在高高的砖墙围起来的警察厅的院子里，我看见母亲和妹妹也都被带来了。我们被关在女拘留所里。

十几天过去了，我们始终没看见父亲。有一天，我们正在啃手里的窝窝头，听见警察喊我们母女的名字，说是提审。

在法庭上，我们跟父亲见了面。父亲仍旧穿着他那件灰布旧棉袍，可是没戴眼镜。我看到了他那乱蓬蓬的长头发下面的平静而慈祥的脸。

"爹！"我忍不住喊出声来。母亲哭了，妹妹也跟着哭起来了。

"不许乱喊！"法官拿起惊堂木重重地在桌子上拍了一下。

父亲瞅了瞅我们，没有说一句话。他的神情非常安定，非常沉着。他的心被一种伟大的力量占据着。这个力量就是他平日对我们讲的——他对于革命事业的信心。

"这是我的妻子。"他指着母亲说。接着他又指了一下我和妹妹，"这是我的两个孩子。"

"她是你最大的孩子吗？"法官指着我问父亲。

"是的，我是最大的。"我怕父亲说出哥哥来，就这样抢着说了。我不知道当时哪里来的机智和勇敢。

"不要多嘴！"法官怒气冲冲的，又拿起他面前那块木板狠狠地拍了几下。

父亲立刻就会意了，接着说："她是我最大的孩子。我的妻子是个乡下人，我的孩子年纪都还小，她们什么也不懂，一切都跟她们没有关系。"父亲说完了这段话，又望了望我们。

法官命令把我们押下去。我们就这样跟父亲见了一面，匆匆分别了。想不到这竟是我们最后一次见面。

28日黄昏，警察叫我们收拾行李出拘留所。

我们回到家里，天已经全黑了。第二天，舅姥爷到街上去买报。他是哭着从街上回来的，手里无力地握着一份报。我看到报上用头号字登着"李大钊等昨已执行绞刑"，立刻感到眼前蒙了一团云雾，昏倒在床上了。母亲伤心过度，昏过去三次，每次都是刚刚叫醒又昏过去了。

过了好半天，母亲醒过来了，她低声问我："昨天是几号？记住，昨天是你爹被害的日子。"

我又哭了，从地上捡起那张报纸，咬紧牙，又勉强看了一遍。低声对母亲说："妈，昨天是4月28日。"

题目：联系上下文、结合生活积累，理解文中画线词句的意义。

答：_____

_____

_____


### 2-1-3 ～ 2-1-4 能体会关键词句表达情意的作用，辨别词语的感情色彩

使用说明：教师出示课文片段，要求学生阅读文章后，说出或写出问题答案，教师记录学生表现并打分。

**那个星期天**

我还记得我的第一次盼望。那是一个星期天，从早晨到下午，一直到天色昏暗下去。

　　那个星期天母亲答应带我出去，去哪儿已经记不清了，可能是动物园，也可能是别的什么地方。总之她很久之前就答应了，就在那个星期天带我出去玩，这不会错。一个人平生第一次盼一个日子，都不会错。而且就在那天早晨，母亲也还是这样答应的：去，当然去。我想到底是让我盼来了。

　　起床，刷牙，吃饭，那是个春天的早晨，阳光明媚。走吗？等一会儿，等一会儿再走。我跑出去，站在街门口，等一会儿就等一会儿。我藏在大门后，藏了很久。我知道不会是那么简单的一会儿，我得不出声地多藏一会儿。母亲出来了，可我忘了吓唬她，她手里怎么提着菜篮？您说了去！等等，买完菜，买完菜就去。买完菜马上就去吗？嗯。

　　这段时光不好挨。我踏着一块块方砖跳，跳房子，等母亲回来。我看着天看着云彩走，等母亲回来，焦急又<u>兴奋</u>。我蹲在院子的地上，用树枝拨弄着一个蚁穴，爬着去找更多的蚁穴。院子里就我一个孩子，没人跟我玩。我坐在草<u>丛</u>里翻看一本画报，那是一本看了多少回的电影画报。那上面有一群比我大的女孩子，一个个都非常漂亮。我坐在草<u>丛</u>里看她们，想象她们的家，想象她们此刻在干什么，想象她们的兄弟姐妹和她们的父母，想象她们的声音。去年的荒草<u>丛</u>里又有了绿色，院子很大，空空落落。

　　母亲买菜回来却又翻箱倒柜忙开了。走吧，您不是说买菜回来就走吗？好啦好啦，没看我正忙呢吗？真奇怪，该是我有理的事啊？不是吗，我不是一直在等着，母亲不是答应过了吗？整个上午我就跟在母亲腿底下：去吗？去吧，走，怎么还不走啊？走吧……我就这样念念叨叨地追在母亲的腿底下，看她做完一件事又去做一件事。我还没有她的腿高，那两条不停顿的腿至今都在我眼前晃动，它们不停下来，它们好几次绊在我身上，我好几次差点儿绞在它们中间把它们碰倒。

　　下午吧，母亲说，下午，睡醒午觉再去。去，母亲说，下午，准去。但这次怨我，怨我自己，我把午觉睡过了头。醒来时我看见母亲在洗衣服。要是那时就走还不晚。我看看天，还不晚。还去吗？去。走吧？洗完衣服。这一次不能原谅。我不知道那堆衣服要洗多久，可母亲应该知道。我蹲在她身边，看着她洗。我一声不吭，盼着。我想我再不离开半步，再不把觉睡过头。我想衣服一洗完我马上拉起她就走，决不许她再耽搁。我看着盆里的衣服和盆外的衣服，我看着太阳，看着光线，我一声不吭。看着盆里揉动的衣服和绽开的泡沫，我感觉到周围的光线渐渐暗下去，渐渐地凉下去沉郁下去，越来越远越来越缥缈，我一声不吭，忽然有点儿明白了。

　　我现在还能感觉到那光线漫长而急遽的变化，孤独而惆怅的黄昏的到来，并且听得见母亲咔嚓咔嚓搓衣服的声音，那声音永无休止就像时光的脚步。那个星期天。就在那天。母亲发现男孩儿蹲在那儿一动不动，发现他在哭，在不出声地流泪。我感到母亲惊惶地甩了甩手上的水，把我拉过去拉进她的怀里。我听见母亲在说，一边亲吻着我一边不停地说："噢，对不起，噢，对不起……"那个星期天，本该是出去的，去哪儿记不得了。男孩儿蹲在那个又大又重的洗衣盆旁，依偎在母亲怀里，闭上眼睛不再看太阳，光线正无可挽回地消逝，一派荒凉。

　　**题目 1：说说文章画横线的词语的感情色彩和在文中的含义。**

答：_____

_____

_____

题目2：说一说这篇文章表达了作者什么样的思想感情。

答：_____

_____

_____

**2-2 阅读文章**

**2-2-2 能简单描述在叙事性作品中自己印象最深刻的场景、人物和细节**

使用说明：教师出示一篇课文，要求学生简单描述印象最深刻的场景、人物和细节，教师记录学生表现并打分。

### 鲁滨逊漂流记（节选）

在岛上待了十一二天以后，我忽然想到，由于没有本子、笔和墨水，我将没法估算日子，甚至分不清休息日和工作日。为了避免这种情况，我用刀子在一根大木杆上刻了一些字，并把它竖在我第一次登岸的地方，上面刻着："1659 年 9 月 30 日，我在这里登岸。"在这根方木杆的侧面，我每天用刀子刻一道痕，每第七道刻痕比其他的长一倍，每月第一天的刻痕再长一倍，这样，我就有了日历。

我几次到船上去，取出了许多东西。有几件虽然不值什么钱，对我来说却很有用，比如笔、墨水，还有纸，在船长、大副、炮手和木匠保管的物品中找到的几个包裹、三四个罗盘、几台数学仪器，还有日晷、望远镜、地图和航海类的书籍。我把它们一股脑堆在一起，以备不时之需。

还要提到的是，我们的船上有一条狗和两只猫。那两只猫是我带上岸的；至于那条狗，是在我带着第一批货上岸的第二天，它自己从船上跳出来，游上岸到我这儿来的，在以后的许多年里是我的可信任的仆役。我不稀罕它给我弄来什么东西，也不稀罕它同我做伴，我只需要它同我聊聊天，但是它却办不到。找到了笔、墨水和纸之后，我尽最大的可能节省使用。只要我还有墨水，就能把事情记得非常准确。但是墨水用完以后，我就办不到了，因为我想尽办法还是制造不出墨水来。

尽管我收罗了这么多东西，还是缺少许多，比如墨水，还有用来挖土或者运土的铲子、鹤嘴锄、铁锹，以及针线。至于内衣之类，虽然缺乏，但我很快就习惯了。

没有工具，干什么都困难重重。我几乎花了一年工夫才完全布置好我那个用栅栏围起来的小小的住所。那些尖桩或者圆桩沉得很，我要使出全力才举得起来。我花了好长的时间才砍下那些木材，并且在林子里加工好，再花上更长的时间把它们运回家。也就是说，我需要花两天时间砍成一根木桩并运回来，在第三天才把它打进地里。我最初用一根很沉的木棒打桩，后来想到了用铁撬棒打。尽管如此，打起桩来还是很费劲，而且非常麻烦。

但是，我既然不得不干这活儿，又有的是时间，有什么必要介意呢？这活儿要是干完了的话，除了在岛上转悠，寻找吃的以外，那我也没有其他的事可干了。

我现在开始认真考虑我的处境。我一一记下我经历的事情，并不是想把自身的遭遇传给后人看，而是要把一直萦系在我心头、不断折磨着我的想法吐露出来。我的理智现在已经逐渐能够控制我的沮丧心情，我开始尽可能地安慰自己，把我遇到的凶险和幸运作个对比，使自己能够心平气和。我按照商业簿记中借方和贷方的格式，如实记录了我所遇到的幸与不幸：

坏处

我被抛弃在一座可怕的荒岛上，没有重见天日的希望。

我被单独剔出来，与世隔绝，受尽苦难。

我被从人类中分离出来，成为一个孤独的人。

我没有衣服穿。

我没有任何防御力量或者手段来抵抗人或野兽的侵袭。

没有人可以同我说话，或者宽慰我。

好处

但是我还活着，没有像我的伙伴们一样被淹死。

但是，我也免于死亡，而船上其他人员都已丧命。

但是，我在这片荒芜的土地上既没有挨饿，也没有奄奄待毙。

但是，我身在热带，即使有衣服也不用穿。

但是，在这里我看不见会伤害我的野兽，在非洲海岸上，我却看见过。要是我的船在那儿倾覆，该怎么办呢？

但是，船漂到了离岸很近的地方，我取出了很多必需品，有些甚至够我用一辈子。

总的说来，这是世界上少有的叫人受尽折磨的处境，但是其中也有一些值得宽慰的东西。这场世界上苦难最深重的经历告诉世人：在困境中，我们可以把好处和坏处对照起来看，并且从中找到一些东西来宽慰自己。

现在，我对自己的处境稍稍有了一点儿焉知非福的想法，我不再远眺大海，一心想看到船的踪影了。我着手调整我的生活方式，尽我可能把一切安排得舒舒服服。

题目1：简单描述文段中印象最深刻的场景。

答：_____

_____

_____

题目2：简单描述文段中印象最深刻的人物。

答：_____

_____

_____

题目3：简单描述文段中印象最深刻的细节。

答：_____

_____

_____

### 2-2-3 能边读边思考，从中捕捉信息

使用说明：教师随机出示一段课文，要求学生阅读文章后回答问题，教师记录学生表现并打分。

#### 匆匆

燕子去了，有再来的时候；杨柳枯了，有再青的时候；桃花谢了，有再开的时候。但是，聪明的，你告诉我，我们的日子为什么一去不复返呢？——是有人偷了他们吧：那是谁？又藏在何处呢？是他们自己逃走了吧：现在又到了哪里呢？

我不知道他们给了我多少日子，但我的手确乎是渐渐空虚了。在默默里算着，八千多日子已经从我手中溜去，像针尖上一滴水滴在大海里，我的日子滴在时间的流里，没有声音，也没有影子。我不禁头涔涔而泪潸潸了。

去的尽管去了，来的尽管来着，去来的中间，又怎样地匆匆呢？早上我起来的时候，小屋里射进两三方斜斜的太阳。太阳他有脚啊，轻轻悄悄地挪移了，我也茫茫然跟着旋转。于是——洗手的时候，日子从水盆里过去；吃饭的时候，日子从饭碗里过去；默默时，便从凝然的双眼前过去；我觉察他去得匆匆了，伸出手遮挽时，他又从遮挽着的手边过去；天黑时，我躺在床上，他便伶伶俐俐地从我身上跨过，从我脚边飞去了；等我睁开眼和太阳再见，这算又溜走了一日；我掩面叹息，但是新来的日子的影儿又开始在叹息里闪过了。

在逃去如飞的日子里，在千门万户的世界里的我能做什么呢？只有徘徊罢了，只有匆匆罢了。在八千多日的匆匆里，除徘徊外，又剩些什么呢？过去的日子如轻烟，被微风吹散了，如薄雾，被初阳蒸融了。我留着些什么痕迹呢？我何曾留着像游丝样的痕迹呢？我赤裸裸来到这世界，转眼间也将赤裸裸地回去吧？但不能平的，为什么偏要白白走这一遭啊？

你聪明的，告诉我，我们的日子为什么一去不复返呢？

题目：文段中两次使用了一连串的问句，边读边思考，说说表达了作者怎样的内心感受。

答：_____

----

----

**2-2-4 能从简单的非连续性文本中找到有价值的信息**

使用说明：教师出示一则非连续性文本材料，要求学生找到指定的信息，教师记录学生表现并打分。

材料一：中国烟民已超过 3 亿，占全球吸烟者总数的 1/3，二手烟民更高达 7.4 亿人。每年约有 120 万人死于烟草诱发的相关疾病。（世界卫生组织资料）

材料二：全球大约每 6 秒就有一个吸烟者死亡。一个十几岁就开始吸烟并连续吸烟 20 年或更长时间的人，要比从不吸烟的人平均少活 20 ～ 25 年。（CCTV 新闻）

材料三：《中国烟草控制规划（2012—2015 年）》称烟草危害大，今后三年，我国将研究制定全国性公共场所禁烟法规，并确定今后三年我国吸烟率降低的目标为 3% 以下。（选自工信部、国家市场监督管理总局在官网上发布的新闻）

题目 1：这三则材料主要想告诉读者什么？以下说法不正确的一项是（　　）。

A. 中国烟民数量多

B. 我国将研究制定禁烟法规

C. 吸烟危害大

D. 不吸烟的人不会死于相关疾病

题目 2：三则材料中都有运用到的说明方法是（　　）。

A. 举例子　　　　B. 列数字　　　　C. 作比较　　　　D. 打比方

题目 3：根据材料信息，当你跟家人在饭店吃饭时，遇到一位叔叔吸烟，影响到了其他人，你想劝劝他，以下说法得体的是（　　）。

A. 叔叔，不要吸烟，呛死人了。

B. 叔叔，你吞云吐雾很爽，我们可惨了！

C. 叔叔，吸烟有害健康，为了你和我们大家的健康，请不要吸烟啦！

D. 叔叔，吸烟会生病的，别吸了。

## 2-4 体会人物形象

### 2-4-1 能通过外貌描写体会人物形象

使用说明：教师出示含有外貌描写的课文片段，让学生找出其中有关人物描写的句子，并说出体会到的人物形象，教师记录学生表现并打分。

"波莉姨妈已经陷入了悲痛和绝望之中，她那满头的灰发几乎全变白了。"

题目：请说说波莉姨妈的外貌。

答：_____

_____

_____


## 2-4-2 能通过神态描写体会人物形象

使用说明：教师出示含有神态描写的课文片段，让学生找出其中有关人物描写的句子，并说出体会到的人物形象，教师记录学生表现并打分。

"父亲瞅了瞅我们，没有说一句话。他的神情非常安定，非常沉着。他的心被一种伟大的力量占据着。"

题目：请说说父亲的神态。

答：_____

_____

_____


## 2-4-3 ～ 2-4-4 能从动作描写中体会人物形象，并说说自己的感受

使用说明：教师出示含有动作描写的课文片段，让学生找出其中有关人物描写的句子，并说出体会到的人物形象，教师记录学生表现并打分。

一天早晨，毛主席正在看地图，忽然抬起头，问警卫员："昨天这个时候门口花椒树下的碾子有碾米声，现在怎么没动静了呢？"警卫员说："报告主席，为了不影响您工作，我和村长商量后，他请乡亲们到别处碾去了。

毛主席皱了皱眉，严肃地说："这会影响群众吃饭的，不能因为我们在这里工作影响群众的生活。这样吧，交给你一个任务，尽快把乡亲们请到这里来碾米。""是！"警卫员拔腿就走。

题目1：请说说毛主席的动作。

答：_____

_____

_____


题目2：请说说"警卫员拔腿就走"在文中的作用。

答：_____

_____

_____

### 2-5 ～ 2-6 了解表达顺序、表达方法

使用说明：教师出示一篇文章，请学生说出或写出文章的表达顺序、表达方法，教师记录学生表现并打分。

#### 北京的春节

按照北京的老规矩，春节差不多在腊月的初旬就开始了。"腊七腊八，冻死寒鸦"，这是一年里最冷的时候。可是，到了严冬，不久便是春天，所以人们并不因为寒冷而减少过年与迎春的热情。在腊八那天，家家都熬腊八粥。这种特制的粥是祭祖祭神的，可是细一想，它倒是农业社会一种自傲的表现——这种粥是用各种米，各种豆，与各种干果（杏仁、核桃仁、瓜子、荔枝肉、莲子、花生米、葡萄干、菱角米……）熬成的。这不是粥，而是小型的农业产品展览会。

腊八这天还要泡腊八蒜。把蒜瓣放到高醋里，封起来，为过年吃饺子用。到年底，蒜泡得色如翡翠，醋也有了些辣味，色味双美，使人忍不住要多吃几个饺子。在北京，过年时，家家吃饺子。

从腊八起，铺户就加紧上年货，街上增加了货摊子——卖春联的、卖年画的、卖蜜供的、卖水仙花的等等，他们都是只在这个季节才会出现的。这些摊子都让孩子们的心跳得更快一些。在胡同里，吆喝的声音也比平时更多更复杂，其中也有仅在腊月才出现的，像卖松枝的、薏仁米的、年糕的等等。

孩子们准备过年，第一件事是买杂拌儿。这是用各种干果（花生、胶枣、榛子、栗子等）与蜜饯掺和成的，普通的带皮，高级的没有皮——例如普通的用带皮的榛子，高级的就用榛仁。孩子们喜欢吃这些零七八碎儿，即使没有饺子吃，也必须买杂拌儿。他们的第二件事是买爆竹，特别是男孩子们。恐怕第三件事才是买玩意儿——风筝、空竹、口琴等——和年画。

孩子们忙乱，大人们也紧张。他们必须预备过年吃的喝的用的一切，也必须赶快给孩子做新鞋新衣，好在新年时显出万象更新的气象。

腊月二十三过小年，差不多就是过春节的"彩排"。在老年间，这天晚上家家祭灶王，从一擦黑儿，鞭炮就响起来，人们随着鞭炮声把灶王的纸像焚化，美其名曰送灶王上天。在前几天，街上就有好多卖麦芽糖与江米糖的，糖形或为长方块或为大小瓜形。按旧日的说法，用糖粘住灶王的嘴，他到了天上就不会向玉帝报告家中的坏事了。现在，还有卖糖的，但是只由大家享用，并不再粘灶王的嘴了。

过了二十三，大家就更忙了，春节眨眼就要到了啊。在除夕以前，家家必须把春联贴好，必须大扫除一次，名曰扫房。必须把肉、鸡、鱼、青菜、年糕什么的都预备充足，至少足够吃用一个星期的——按老习惯，铺户多数关五天门，到正月初六才开张。假若不预备下几天的吃食，临时不容易补充。

除夕真热闹。家家赶做年菜，到处是酒肉的香味。老少男女都穿起新衣，门外贴好红红的对联，屋里贴好各色的年画，哪一家都灯火通宵，不许间断，鞭炮声日夜不绝。在外边做事的人，除非

万不得已，必定赶回家来，吃团圆饭，祭祖。这一夜，除了很小的孩子，没有什么人睡觉，都要守岁。

初一的光景与除夕截然不同：除夕，街上挤满了人；初一，铺户都上着板子，门前堆着昨夜燃放的爆竹纸皮，全城都在休息。

男人们在午前就出动，到亲戚家、朋友家去拜年。女人们在家中接待客人。城内城外许多寺院开放，任人游览，小贩们在庙外摆摊儿，卖茶、食品和各种玩具。北城外的大钟寺、西城外的白云观、南城的火神庙（厂甸）是最有名的。可是，开庙最初的两三天，并不十分热闹，因为人们正忙着彼此贺年，无暇顾及。到了初五初六，庙会开始风光起来。孩子们特别热心去逛，为的是到城外看看野景，可以骑毛驴，还能买到那些新年特有的玩具。白云观外的广场上有赛轿车赛马的，在老年间，据说还有赛骆驼的。这些比赛并不为争谁第一谁第二，而是在观众面前表演骡马与骑者的美好姿态和娴熟技能。

多数铺户在初六开张，又放鞭炮，从黎明到清早，全城鞭炮声不绝。虽然开了张，可是除了卖吃食与其他重要日用品的铺子，大家并不很忙，铺中的伙计们还可以轮流去逛庙会、逛天桥和听戏。

元宵（或汤圆）上市，春节的又一个高潮到了。除夕是热闹的，可是没有月光；元宵节呢，恰好是明月当空。大年初一是体面的，家家门前贴着鲜红的春联，人们穿着新衣裳，可是它还不够美；元宵节，处处悬灯结彩，整条大街像是办喜事，火炽而美丽。有名的老铺都要挂出几百盏灯来：有的一律是玻璃的，有的清一色是牛角的，有的都是纱灯；有的通通彩绘《红楼梦》或《水浒传》故事，有的图案各式各样。这在当年，也就是一种广告。灯一悬起，任何人都可以进到铺中参观，晚间灯中都点上蜡烛，观者就更多。这广告可不庸俗。干果店在灯节还要做一批杂拌儿生意，所以每每独出心裁，制成各样的冰灯，或用麦苗做成一两条碧绿的长龙，把顾客招来。

孩子们买各种花炮燃放，即使不跑到街上去淘气，在家中也照样能有声有光地玩耍。家中也有灯：走马灯、宫灯、各形各色的纸灯，还有纱灯，里面有小铃，到时候就叮叮地响。大家还必须吃元宵啊。这的确是美好快乐的日子。

一眨眼，到了残灯末庙，学生该去上学，大人又去照常做事，春节在正月十九结束了。腊月和正月，在农村正是大家最闲的时候。过了灯节，天气转暖，大家就又去忙着干活儿了。北京虽是城市，可是它也跟着农村一齐过年，而且过得分外热闹。

题目1：想一想课文是按照怎样的顺序描写老北京人过春节的。

答：_____

_____

_____

题目2：说说《北京的春节》运用了什么表达方法。

答：＿＿＿＿＿＿＿＿＿＿＿＿＿＿＿＿＿＿＿＿＿＿

＿＿＿＿＿＿＿＿＿＿＿＿＿＿＿＿＿＿＿＿＿＿＿＿＿＿＿

＿＿＿＿＿＿＿＿＿＿＿＿＿＿＿＿＿＿＿＿＿＿＿＿＿＿＿

### 2-7 诗文理解与鉴赏

#### 2-7-1 能通过注释理解文言文大意

使用说明：教师提供一篇文言文及其注释，让学生说出文言文大意，教师记录学生表现并打分。

#### 两小儿辩日①

孔子东游，见两小儿辩斗②，问其故。

一儿曰："我以日始出时去人近，而日中时远也。"

一儿曰："我以③日初出远，而日中④时近也。"

一儿曰："日初出大如车盖⑤，及⑥日中则如盘盂⑦，此不为远者小而近者大乎？"

一儿曰："日初出沧沧凉凉⑧，及其日中如探汤⑨，此不为近者热而远者凉乎？"

孔子不能决也。

两小儿笑曰："孰⑩为⑪汝⑫多知⑬乎？"

注释

① 本文选自《列子·汤问》，题目为后人所加。

②〔辩斗〕辩论，争论。

③〔以〕认为。

④〔日中〕正午。

⑤〔车盖〕古时车上的圆形篷盖，像雨伞一样。

⑥〔及〕到，到了。

⑦〔盘盂〕盛物的器皿。

⑧〔沧沧凉凉〕寒凉。

⑨〔探汤〕把手伸到热水里去。这里指天气很热。汤，热水。

⑩〔孰〕谁。

⑪〔为〕同"谓"，说。

⑫〔汝〕你。

⑬〔知〕同"智"，智慧。

题目：借助注释说出本首古诗大意。

答：＿＿＿＿＿＿＿＿＿＿＿＿＿＿＿＿＿＿＿＿＿＿＿＿＿＿＿＿＿＿＿＿＿＿＿

＿＿＿＿＿＿＿＿＿＿＿＿＿＿＿＿＿＿＿＿＿＿＿＿＿＿＿＿＿＿＿＿＿＿＿＿＿＿＿

＿＿＿＿＿＿＿＿＿＿＿＿＿＿＿＿＿＿＿＿＿＿＿＿＿＿＿＿＿＿＿＿＿＿＿＿＿＿＿

### 2-7-2 ～ 2-7-3 能理解诗文大意、体会诗文情感

使用说明：教师出示一篇诗文，让学生说出诗文大意和情感，教师记录学生表现并打分。

**十五夜望月**

[唐]王建

中庭地白树栖鸦，

冷露无声湿桂花。

今夜月明人尽望，

不知秋思落谁家。

题目1：阅读诗文，说出诗文大意。

答：＿＿＿＿＿＿＿＿＿＿＿＿＿＿＿＿＿＿＿＿＿＿＿＿＿＿＿＿＿＿＿＿＿＿＿

＿＿＿＿＿＿＿＿＿＿＿＿＿＿＿＿＿＿＿＿＿＿＿＿＿＿＿＿＿＿＿＿＿＿＿＿＿＿＿

＿＿＿＿＿＿＿＿＿＿＿＿＿＿＿＿＿＿＿＿＿＿＿＿＿＿＿＿＿＿＿＿＿＿＿＿＿＿＿

题目2：阅读诗文，说出诗文表达的思想感情。

答：＿＿＿＿＿＿＿＿＿＿＿＿＿＿＿＿＿＿＿＿＿＿＿＿＿＿＿＿＿＿＿＿＿＿＿

＿＿＿＿＿＿＿＿＿＿＿＿＿＿＿＿＿＿＿＿＿＿＿＿＿＿＿＿＿＿＿＿＿＿＿＿＿＿＿

＿＿＿＿＿＿＿＿＿＿＿＿＿＿＿＿＿＿＿＿＿＿＿＿＿＿＿＿＿＿＿＿＿＿＿＿＿＿＿

### 领域三：表达与交流

**2 表达**

**2-2 ～ 2-4 能正确使用标点符号进行写作，并能修改习作错误**

**2-2-1 ～ 2-2-2 能写简单的纪实作文、想象作文**

使用说明：教师创设情境，要求学生书写一篇纪实和想象作文，并要求学生选择其中一篇习作进行修改，教师记录学生使用标点、写作及修改情况并打分。

作文1：回忆生活中难忘的一天，想想这一天发生了什么，写一篇记叙文。

作文2：假如我是一名老师、一名消防员、一位农民、一名工程师……，请充分发挥想象，以"假如我是……"为题，写一篇想象作文。

# 参考文献

[1] 教育部.语文义务教育教科书一年级上册 [M].北京：人民教育出版社，2016.

[2] 教育部.语文义务教育教科书一年级下册 [M].北京：人民教育出版社，2016.

[3] 教育部.语文义务教育教科书二年级上册 [M].北京：人民教育出版社，2016.

[4] 教育部.语文义务教育教科书二年级下册 [M].北京：人民教育出版社，2016.

[5] 教育部.语文义务教育教科书三年级上册 [M].北京：人民教育出版社，2016.

[6] 教育部.语文义务教育教科书三年级下册 [M].北京：人民教育出版社，2016.

[7] 教育部.语文义务教育教科书四年级上册 [M].北京：人民教育出版社，2016.

[8] 教育部.语文义务教育教科书四年级下册 [M].北京：人民教育出版社，2016.

[9] 教育部.语文义务教育教科书五年级上册 [M].北京：人民教育出版社，2016.

[10] 教育部.语文义务教育教科书五年级下册 [M].北京：人民教育出版社，2016.

[11] 教育部.语文义务教育教科书六年级上册 [M].北京：人民教育出版社，2016.

[12] 教育部.语文义务教育教科书六年级下册 [M].北京：人民教育出版社，2016.

[13] 温儒敏，陈先云.语文义务教育教科书教师教学用书一年级上册 [M].北京：人民教育出版社，2016.

[14] 温儒敏，陈先云.语文义务教育教科书教师教学用书一年级下册 [M].北京：人民教育出版社，2017.

[15] 温儒敏，陈先云.语文义务教育教科书教师教学用书二年级上册 [M].北京：人民教育出版社，2017.

[16] 温儒敏，陈先云.语文义务教育教科书教师教学用书二年级下册 [M].北京：人民教育出版社，2018.

[17] 温儒敏，陈先云.语文义务教育教科书教师教学用书三年级上册 [M].北京：人民教育出版社，2018.

[18] 温儒敏，陈先云.语文义务教育教科书教师教学用书三年级下册 [M].北京：人民教育出版社，2019.

[19] 温儒敏，陈先云.语文义务教育教科书教师教学用书四年级上册 [M].北京：人民教育出版社，2019.

[20] 温儒敏，陈先云.语文义务教育教科书教师教学用书四年级下册 [M].北京：人民教育出版社，2019.

[21] 温儒敏，陈先云.语文义务教育教科书教师教学用书五年级上册 [M].北京：人民教育出版社，2019.

[22] 温儒敏，陈先云.语文义务教育教科书教师教学用书五年级下册 [M].北京：人民教育出版社，2019.

[23] 温儒敏，陈先云.语文义务教育教科书教师教学用书六年级上册 [M].北京：人民教育出版社，2019.

[24] 温儒敏，陈先云.语文义务教育教科书教师教学用书六年级下册 [M].北京：人民教育出版社，2019.

[25] 王辉，胡建郭，王磊，等.培智义务教育课程评估手册 [M].长沙：湖南大学出版社，2019.